D1929913

Kohlhammer

Beiträge zur Wissenschaft vom Alten und Neuen Testament

Herausgegeben von

Walter Dietrich
Ruth Scoralick
Reinhard von Bendemann
Marlis Gielen

Band 232

Veronika Burz-Tropper (Hrsg.)

Gottes-Bilder

Zur Metaphorik biblischer Gottesrede

Verlag W. Kohlhammer

Die Drucklegung des vorliegenden Bandes wurde gefördert durch den Austrian Science Fund: FWF T-627 G-19 (Hertha Firnberg Projekt „Gottes-Rede im Johannesevangelium“).

1. Auflage 2022

Gesamtherstellung: W. Kohlhammer GmbH, Stuttgart

Print:
ISBN 978-3-17-040978-1

E-Book-Format:
pdf: 978-3-17-040979-8

Inhaltsverzeichnis

Prolegomena

Veronika Burz-Tropper

Von 17. bis 19. Februar 2021 fand, bedingt durch die Corona-Pandemie (leider nur) online, an der Katholisch-Theologischen Fakultät der Universität Wien eine Projekttagung im Rahmen meines vom FWF geförderten Hertha-Firnberg-Projektes „Gottes-Rede im Johannesevangelium“ (Austrian Science Fund [FWF]: T-627) statt. Inhaltlich hat sich die Tagung mit dem Titel „Gottes-Bilder. Symposion zur Metaphorik biblischer Gottesrede“ dem Thema Rede von Gott, d. h. der Theo-Logie im strikten Wortsinn, gewidmet. Diese „Gottes-Rede“ kam gerade in der neutestamentlichen Wissenschaft bisher, verglichen mit Christologie, Pneumatologie, Ekklesiologie, Soteriologie und Eschatologie, kaum eigens in den Blick. Bereits vor mehr als 50 Jahren hatte Nils A. Dahl „theo-logy“ im strikten Wortsinn als „the neglected factor“ in der neutestamentlichen Theologie bezeichnet.[1] Als Grund für die spärliche Behandlung des Gottesthemas in der neutestamentlichen Wissenschaft führt Dahl ganz grundsätzlich die Geschichte der christlichen Theologie an, die absolut christozentrisch geprägt war/ist. Innerneutestamentlich liegt es seiner Meinung nach daran, dass es kaum thematische Formulierungen bezüglich Gott, d. h. keine Gotteslehre im engen Sinn, in den neutestamentlichen Texten gibt und dass Erwähnungen Gottes eigentlich immer in Kontexten vorkommen, die andere Themen behandeln.[2] Er hält fest:

> There is no uniform New Testament doctrine of God, but rather considerable diversity; one need only contrast the letters of Paul and the Book of Revelation, or the Lucan and the Johannine writings. This variety, however, ought to have been cause for investigations, not for neglect.[3]

1 So der Titel eines Aufsatzes Nils A. Dahl, The Neglected Factor in New Testament Theology, in: ders. (Hg.), Jesus the Christ. The Historical Origins of Christological Doctrine. ed. Donald H. Juel, Minneapolis 1991 (1975), 153–163.

2 Vgl. ebd., 155f.

3 Ebd., 156.

Diesem Statement bezogen auf das neutestamentliche Gottesbild ist absolut zuzustimmen, auch wenn in neuerer Zeit in der neutestamentlichen Wissenschaft durchaus ein Aufbruch hin zu dieser Thematik erkennbar ist.[4] In der alttestamentlichen Wissenschaft war und ist Gott selbst immer wieder Thema.[5]

Das im Februar 2021 abgehaltene Symposion nahm einen zentralen Aspekt der biblischen Gottesrede bzw. jeglicher Gottesrede in den Blick: die Metaphorik.[6] Grundsätzlich ist es dem Menschen ja nur möglich, von Gott in mensch-

4 Siehe dazu etwa die Habilitationsschrift von Christiane Zimmermann, Die Namen des Vaters. Studien zu ausgewählten neutestamentlichen Gottesbezeichnungen vor ihrem frühjüdischen und paganen Sprachhorizont (AJEC 69), Leiden u. a. 2007, das Projekt von Reinhard Feldmeier und Hermann Spieckermann, die im Jahr 2011 als Göttinger Neu- und Alttestamentler gemeinsam eine umfangreiche Monographie zur biblischen Gotteslehre herausbrachten (Reinhard Feldmeier/Hermann Spieckermann, Der Gott der Lebendigen. Eine biblische Gotteslehre [Topoi Biblischer Theologie/Topics of Biblical Theology 1], Tübingen 2011), und Kurt Erlemann, Wer ist Gott? Antworten des Neuen Testaments, Neukirchen-Vluyn 2008. Daneben gibt es eine Reihe an kleineren und größeren Arbeiten, die sich der Gottesvorstellung in einzelnen neutestamentlichen Schriften widmen. Vgl. dazu Zimmermann, Die Namen des Vaters, 5 Anm. 22. Bei einer im Jahr 2017 veranstalteten Tagung in Wien wurde bereits der johanneische Gott-Vater selbst ins Zentrum gerückt und es erfolgte eine Annäherung aus verschiedenen Perspektiven. Siehe dazu den Tagungsband, der mittlerweile auch als OA-Publikation vorliegt: Veronika Burz-Tropper (Hg.), Studien zum Gottesbild im Johannesevangelium (WUNT 2,483), Tübingen 2019 (DOI: 10.1628/978-3-16-156963-0).

5 Vgl. etwa: Georg Fischer, Theologien des Alten Testaments (NSK.AT 31), Stuttgart 2012. Gottfried Vanoni, „Du bist doch unser Vater" (Jes 63,16). Zur Gottesvorstellung des Ersten Testaments (SBS 159), Stuttgart 1995; Bernhard Lang, Jahwe, der biblische Gott. Ein Porträt, München 2002; Annette Böckler, Gott als Vater im Alten Testament. Traditionsgeschichtliche Untersuchungen zur Entstehung und Entwicklung eines Gottesbildes, Gütersloh 2000; Brigitte Seifert, Metaphorisches Reden von Gott im Hoseabuch (FRLANT 166), Göttingen 1996; Sarah J. Dille, Mixing Methaphors. God as Mother and Father in Deutero-Isaiah (JSOT.SS 398), London u. a. 2004; Nicole Rüttgers, Gott als Vater im Jeremiabuch. Eine exegetische Analyse (FzB 136), Würzburg 2019. Weiterführend siehe bspw. die Literaturliste bei Thomas Hieke, Aspekte alttestamentlicher Gottesvorstellung, in: Karlheinz Ruhstorfer (Hg.), Gotteslehre. Theologie studieren – Modul 7 (Theologie studieren im modularisierten Studiengang/UTB 3896), Stuttgart u. a. 2014, 19–72: 69–72. Für die hellenistisch-jüdische Literatur vgl. Angelika Strotmann, „Mein Vater bist du!", (Sir 51,10). Zur Bedeutung der Vaterschaft Gottes in kanonischen und nichtkanonischen frühjüdischen Schriften (FTS 39), Frankfurt a. M. 1991.

6 Vgl. dazu Jochen Flebbe, Jesus Tora. Christologie und Gesetz im Johannesevangelium vor dem Hintergrund antik-jüdischer Torametaphorik (BBB 190), Göttingen u. a. 2020, 17–39, wo der Autor in seinem ersten Kapitel „Die Metapher. Ein Essay" einführende Überlegungen zum Thema bietet; weiters Ulrich H. J. Körtner, Theologie des Wortes Gottes. Positionen, Probleme, Perspektiven, Göttingen 2001, 135–143. Einen kurzen Überblick dazu aus diversen Perspektiven bietet auch der Artikel „Metapher" in: Oda Wischmeyer (Hg.), Lexikon der Bibelhermeneutik. Begriffe - Methoden - Theorien - Konzepte (de Gruyter Texte), Berlin 2013.

licher Sprache[7] zu sprechen. Menschliche Rede von Gott ist immer nur in menschlichen Begriffen und Bildern möglich.[8] Sie ist also Metaphern-Rede.[9] Unter dieser spezifischen Perspektive wurde daher ein Blick auf die biblischen Texte geworfen.

Ich bringe hier eingangs ein Beispiel für die Definitionen einer Theologie des Neuen Testaments bzw. die Formulierung ihrer Aufgabenstellung, die mir selbst in meiner wissenschaftlichen Arbeit wichtig geworden ist: Joachim Gnilka hält am Beginn seiner „Theologie des neuen Testaments“ fest:

> Um zu erklären, worin die Aufgabe besteht, eine Theologie des Neuen Testaments zu entwerfen, empfiehlt es sich, die beiden in diesem Begriff vereinigten Wörter aufzugreifen. Denn es läßt sich gerade so eine Besonderheit dieses hier vorliegenden Versuches, eine Theologie des Neuen Testaments zu schreiben, anzeigen. [...] Theologie ist der Logos, die Rede von Gott. Wir haben die Unbekümmertheit, als Theologen von Gott zu reden, verloren. Und das ist gut so. Man kann von Gott nicht reden wie von einem Baum, einem anderen Menschen und anderen äußeren Wirklichkeiten, die ihr Wort durch sich selbst erzwingen, weil sie im Raum unserer Erfahrungen an einer bestimmten Stelle einfach vorkommen, bemerkte K. Rahner. Unser unbekümmertes Reden von Gott, das seine Unverfügbarkeit mißachtete oder gedankenlos übersah, hat mit dazu beigetragen, daß das Wort „Gott“ aus der ernsthaften Rede der Menschen zurückgedrängt wurde und fast nur noch in Floskeln und gedankenlosen Worthülsen nistet. Dieser Hintergrund macht das allgemeine und gewöhnliche Problem aus, eine Theologie, auch die des Neuen Testaments, zu konzipieren. [...] Das Neue Testament aber redet vom Handeln Gottes in Jesus Christus und damit von den Erfahrungen, die Menschen im Glauben an dieses befreiende und rettende Handeln gemacht haben und diese bezeugen. Neutestamentliche Theologie läßt sich demnach umreißen als Beschreibung des rettenden Handelns Gottes in Jesus Christus, wie es im Neuen Testament oder: in seinen einzelnen Schriften bezeugt wird.[10]

Was Georg Fischer schließlich in seinen Theologien des Alten Testaments in Bezug auf die alttestamentlichen Schriften sagt, gilt ebenso für die neutestamentlichen, wie generell für jedes Reden, Schreiben von Gott und auch für das Darstellen Gottes.

> [J]edes Reden von Gott [ist] nur ein schwaches und immer zugleich auch unzutreffendes Abbilden dessen, wer und wie „Gott“ wirklich ist, trotz allen menschlichen Bemühens darum und aller Offenheit jener Personen, die aus tiefem Glauben, mit vollem Einsatz und oft höchster Kunstfertigkeit von ihm in den biblischen Schriften Zeugnis abgelegt haben.[11]

---

7 Einen instruktiven Überblick über die Theorien religiöser Sprache bietet etwa Körtner, Theologie des Wortes Gottes (Anm. 6) 94–110.

8 Vgl. Hieke, Aspekte alttestamentlicher Gottesvorstellung (Anm. 5) 59.68.

9 Vgl. etwa Ulrich H. J. Körtner, Gottes Wort in Person. Überlegungen zu einer metaphorologischen Christologie, in: Christian Danz/Michael Hackl (Hg.), Transformationen der Christologie. Herausforderungen, Krisen und Umformungen (Wiener Forum für Theologie und Religionswissenschaft) 2019, 103–121: 103: „Religiöse Rede von Gott ist ihrem Wesen nach stets metaphorische Rede.“

10 Joachim Gnilka, Theologie des Neuen Testaments (HThK Suppl. 5), Freiburg i. Br. 1994, 9 mit Verweis auf Karl Rahner, Grundkurs des Glaubens, Freiburg i. Br. u. a. 1984, 55.

11 Fischer, Theologien des Alten Testaments (Anm. 5) 250.

In der christlichen Tradition setzte sich bekanntermaßen das alttestamentliche Bilderverbot (Ex 20,4f.; 34,17; Lev 19,4; Dtn 4,15–19; 5,8) nicht durch. Eine Einführung zu den Gottesbildern in der Kunst gibt der erste Beitrag von Wolfgang Augustyn. Es sind ja immer Bilder, sprachliche oder auch künstlerische, die wir beim Gedanken an Gott, sowohl in der Wissenschaft als auch jeder Mensch privat und subjektiv, im Kopf bzw. auf der Zunge oder vor Augen haben. Denn es gilt mit Ruben Zimmermann festzuhalten:

> Religiöse Sprache ist bildliche Sprache. Dies gilt ungeachtet des alttestamentlichen Bilderverbots in besonderem Mass für die Sprache der Bibel, sogar bis hinein in die Rede von Gott oder Jesus. Der Reiz eines Sprachbildes liegt darin, dass es eine Aussage mittels einer eigenen, figurativen Gegenstandswelt formuliert. Das Gemeinte wird über das Vorstellungsvermögen der Kommunikationsteilnehmer vermittelt und nicht in begrifflich-abstrakter Weise versprachlicht. Sprachliche Bilder sind in diesem Sinne eine bestimmte Form der „uneigentlichen" Redeweise.[12]

Mit Harald Weinrich kann man „alle Arten des sprachlichen Bildes von der Alltagsmetapher bis zum poetischen Symbol"[13] als Metapher verstehen. Seit mehr als 2000 Jahren gibt es Definitionen von Metapher und Metaphorik, angefangen bei Aristoteles, Cicero und Quintilian.[14] Mittlerweile bietet sich diesbezüglich Interessierten eine schier unbewältigbare Menge an Literatur zur Theoriebildung an.[15] Der Beitrag von Ruben Zimmermann zu „Ein Bild ist nicht genug. ‚Mixed Metaphors' und deren Wert für die biblische Gottesrede" bietet geneigten Leser*innen des Bandes eine kurze Einführung. Insgesamt ist die Metaphorizität

---

12 Ruben Zimmermann, Metapherntheorie und biblische Bildersprache. Ein methodologischer Versuch, ThZ 56 (2000) 108–133: 108.

13 Harald Weinrich, Semantik der Metapher, Fl 1,1-2 (1967) 3–17: 5.

14 Einen kurzen Überblick zu Aristoteles sowie zur neueren Metapherntheorie bietet etwa Silke Petersen, Brot, Licht und Weinstock. Intertextuelle Analysen johanneischer Ich-bin-Worte (NT.S 127), Leiden 2008, 116f.; siehe des Weiteren Seifert, Metaphorisches Reden von Gott im Hoseabuch (Anm. 5), die zunächst einen Überblick über die klassische Metapherntheorie bietet (11–19) und dann ebenfalls auf neuere Theorien eingeht (19–59). Sie widmet sich in einem eigenen Kapitel schließlich auch noch speziell der Theorie der theologischen Metapher (60–75) sowie „Gottesmetapher und Offenbarung (75–86). Vgl. auch die beiden instruktiven Artikel von Paul Ricœur, Stellung und Funktion der Metapher in der biblischen Sprache, in: ders./Eberhard Jüngel (Hg.), Metapher. Zur Hermeneutik religiöser Sprache. Mit einer Einführung von Pierre Gisel (ET. SH), München 1974, 45–70 sowie Eberhard Jüngel, Metaphorische Wahrheit. Erwägungen zur theologischen Relevanz der Metapher als Beitrag zur Hermeneutik einer narrativen Theologie, in: ebd., 71–122.

15 Einen guten einführenden Überblick für Exeget*innen bietet etwa Zimmermann, Metapherntheorie und biblische Bildersprache. Ein methodologischer Versuch (Anm. 12). Siehe auch Petra von Gemünden, Vegetationsmetaphorik im Neuen Testament und seiner Umwelt. Eine Bildfelduntersuchung (NTOA 18), Freiburg i. Br./Göttingen 1993, 4–45. Siehe weiters die instruktiven Beiträge in Ruben Zimmermann (Hg.), Bildersprache verstehen. Zur Hermeneutik der Metapher und anderer bildlicher Sprachformen. Mit einem Geleitwort von Hans-Georg Gadamer (Übergänge 38), München 2000.

religiöser Rede kein neues Thema.[16] Was sich im Laufe der Tagung jedenfalls herausgestellt hat und für alle – Referent*innen wie Teilnehmer*innen – in irgendeiner Weise Relevanz hatte, ist die Feststellung, dass eine Metapher immer auch ein Moment des Neuen, des Nicht-Erwarteten und der Sinn- bzw. Wirklichkeitsstiftung in sich hat.[17]

Ich freue mich ausgesprochen, dass ich eine Reihe ausgewiesener Expert*innen im Bereich des Alten und Neuen Testaments sowie zwei namhafte Systematiker gewinnen konnte, sich im Rahmen der Tagung und nun auch in den Beiträgen des vorliegenden Bandes in einem ihrer jeweiligen Spezialgebiete mit der Metaphorik bzw. Bildlichkeit der Gottes-Rede auseinanderzusetzen.

Nach den beiden schon erwähnten einführenden Beiträgen von Wolfgang Augustyn zum Gottesbild in der Kunst und Ruben Zimmermann zu „Mixed Metaphors" eröffnen die zwei alttestamentlichen Beiträge von Thomas Hieke und Katharina Pyschny den Reigen derjenigen, die sich mit spezifischen Themen der biblischen Gottesrede auseinandersetzen. Thomas Hieke setzt ein mit Überlegungen zu „Metaphernsprengern" im Alten Testament anhand von Hos 11. Katharina Pyschny[18] beschäftigt sich mit den Gottesmetaphern in den Psalmen. Loren T. Stuckenbruck bietet mit seinem Beitrag einen Einblick in die Bildersprache der zwischentestamentlichen Literatur anhand des Henochbuches. Markus Tiwald eröffnet die neutestamentlichen Beiträge mit religionspsychologischen Überlegungen zum jesuanischen Gottesbild, das stark vom „Vater" geprägt ist. Kurt Erlemann gibt mit seinem Beitrag einen Einblick in das kontrastive Gottesbild der Gleichnisse Jesu. Mein eigener Beitrag nimmt das johanneische Gottesbild in den Blick. Jochen Flebbe beleuchtet die Metaphorik in der Gottesrede bei Paulus, Andrea Taschl-Erber im Kolosser- und Epheserbrief und Konrad Huber in der Offenbarung des Johannes. Abgerundet wurde das Symposion durch zwei systematische Vorträge zu Metapher und Bildlichkeit in der Gottesrede, aus protestantischer Sicht von Malte Dominik Krüger und aus katholischer Perspektive von Jakob Helmut Deibl, die nun auch den Band abschließen.

Mit dem vorliegenden Band liegen nun die Ergebnisse einer erkenntnisreichen und spannenden Tagung zur Metaphorik der biblischen Gottesrede, die uns

16 Vgl. dazu etwa Benedikt Gilich, Die Verkörperung der Theologie. Gottesrede als Metaphorologie (ReligionsKulturen 8), Stuttgart 2011, der sich insgesamt mit der Metaphorologie als theologischem Diskursort auseinandersetzt. FN 5 (11) bietet einen ersten kleinen Überblick über Forschungsliteratur. Das zweite Kapitel „Zwischen metaphorologischer Theologie und theologischer Metaphorologie" (29–89) bringt einen informativen Überblick über den theologischen Metapherndiskurs.

17 Vgl. dazu auch Petersen, Brot, Licht und Weinstock (Anm. 14), 124.127; Gilich, Die Verkörperung der Theologie (Anm. 16) 15, Anm. 18 sowie speziell Kap. 4.2 „Von ‚Metaphors we live by' zur ‚Philosophy in the flesh' (154–259), wo sich der Autor mit den (kognitiven) Theorien von Lakoff und Johnson auseinandersetzt.

18 Frau Kollegin Jun.-Prof. Dr. Katharina Pyschny sei an dieser Stelle auch noch einmal ausdrücklich gedankt, dass sie nach einer Absage mit ihrem Beitrag zu den Psalmen für den Band eingesprungen ist.

dem biblischen Gott, von dem wir ganz und gar nicht unbekümmert gesprochen haben, wieder etwas näherkommen ließ, auch als Publikation und damit allen am Thema Interessierten vor. Deutlich wird dabei jedenfalls, was bereits Jürgen Werbick in seiner Gotteslehre festgehalten hat:

> Die Gott-Metaphern versinnlichen Gott, aber sie bilden ihn nicht ab, sie nennen ihn, aber sie legen ihn nicht begrifflich fest; sie sprechen sein Wesen und sein Wollen aus, aber sie leiten kein Glaubensgesetz daraus ab. Sie bilden Gott der menschlichen Vorstellungskraft ein, ohne die Menschen auf ein Bild – auf ihre eigenen Projektionen – zu fixieren; sie provozieren die Vorstellungskraft, das ihr nachspürende Denken und Sprechen, sich vorzustellen und auszusprechen, wie Gott ist, wenn er treffend und doch nicht festlegend König, Liebhaber und Geliebter, Richter, Hirte, Schöpfer, Helfer, Sturmwind, Befreier, Vater und Mutter, Erzieher, Rächer, Revolutionär, Retter genannt werden darf.[19]

Der vorliegende Sammelband bündelt die Ergebnisse dreier produktiver und konstruktiver Tage mit sehr angeregter Diskussion. Den Kolleginnen und Kollegen sei nochmals für ihre Mitwirkung an der Tagung, ebenso wie für die Bereitschaft zur vorliegenden gemeinsamen Publikation gedankt.

Mein ganz besonderer Dank gilt auch Frau Prof. Dr. Marlis Gielen und Herrn Prof. Dr. Reinhard von Bendemann für die freundliche und unkomplizierte Aufnahme des Tagungsbandes in die Reihe der „Beiträge zur Wissenschaft vom Alten und Neuen Testament" und dem Verlag Kohlhammer, insbesondere Herrn Dr. Sebastian Weigert, Herrn Florian Specker und Frau Janina Schüle, für die freundliche und kompetente verlegerische Betreuung. Frau Prof. Marlis Gielen sei auch für den freundlichen und konstruktiven Austausch im review-Verfahren herzlich gedankt!

Schließlich geht mein Dank auch an jene Institution und Menschen, die zur Realisierung der Tagung und des Sammelbandes ihren Beitrag im Hintergrund geleistet haben. Besonders zu erwähnen ist die grundsätzliche finanzielle Unterstützung durch die Projektmittel meines Hertha-Firnberg-Projektes (Austrian Science Fund [FWF]: T-627).

Mein ganz besonders herzlicher Dank gilt der Organisationsassistentin am Institut für Bibelwissenschaft an der Katholisch-Theologischen-Fakultät der Universität Wien, Frau Katharina Rötzer, für die immer hilfsbereiten und perfekten organisatorischen wie drucktechnischen Hilfestellungen, die zum sehr guten Gelingen der Tagung wie des Bandes ganz wesentlich beigetragen haben!

19 Jürgen Werbick, Bilder sind Wege. Eine Gotteslehre, München 1992, 64.

Sich ein Bild machen? Gottesbilder in den Bildkünsten

Wolfgang Augustyn

1. Hinführung

Die Frage nach der Metaphorik biblischer Gottesrede, mit der in den Schriften des Alten und Neuen Testaments Gottesbilder formuliert sind, berührt die grundsätzlichen Fragen nach der Versprachlichung von Gottesbildern und deren Kontext. Die Theorie der Metaphorik und Geschichte ihres vielfältig variierten Gebrauchs gehört seit Jahrzehnten, besonders innerhalb der Philosophie und der Vergleichenden Literaturwissenschaft, zu den immer wieder diskutierten Themen.[1] Oft wurde kritisiert, dass es weder antiken noch mittelalterlichen Autoren gelungen war, den spezifischen semiotischen Status der Metapher im

1 Die Form der Metapher ist wahrscheinlich der in jüngerer Zeit am ausführlichsten behandelte Tropus. Es seien aus der umfangreichen neueren Literatur nur genannt: Harald Weinrich, Metapher, HWP 5 (1980) 1179–1186; Gerhard Kurz, Die schwierige Metapher, DVfLG 5 (1978) 544–577; erweitert in: ders., Metapher, Allegorie, Symbol, Göttingen 1982, 7–26; Hans Blumenberg, Paradigmen einer Metaphorologie, Frankfurt a. M. [2]1999; Bernhard H. F. Taureck, Metaphern und Gleichnisse in der Philosophie. Versuch einer kritischen Ikonologie der Philosophie (stw 1666), Frankfurt a. M. 2004; Rolf Eckard, Metaphertheorien. Typologie, Darstellung, Bibliographie, Berlin u. a. 2005; Lutz Danneberg/Carlos Sperhase/Dirk Werle (Hg.), Begriffe, Metaphern und Imaginationen in Philosophie und Wissenschaftsgeschichte (Wolfenbütteler Forschungen 120), Wiesbaden 2009; Petra Gehring, Erkenntnis durch Metaphern? Methodologische Bemerkungen zur Metaphernforschung, in: Matthias Junge (Hg.), Metaphern in Wissenskulturen, Wiesbaden 2009, 203–220; Jörg Hagemann, Metapher und Metonymie, in: ders./Sven Staffeldt (Hg.), Semantiktheorien. Lexikalische Analysen im Vergleich, Tübingen 2017, 231–263. Zur Frage auch Äußerungen aus den Kunst- und Literaturwissenschaften: Johannes Endres, Unähnliche Ähnlichkeit. Zu Analogie, Metapher und Verwandtschaft, in: Martin Gaier/Jeanette Kohl/Alberto Saviello (Hg.), Similitudo. Konzepte der Ähnlichkeit in Mittelalter und Früher Neuzeit, München 2021, 30–58; Udo Friedrich, Historische Metaphorologie, in: Christiane Ackermann/Michael Egerding (Hg.), Literatur- und Kulturtheorie in der Germanistischen Mediävistik. Ein Handbuch, Berlin u. a. 2015, 169–211; ders., Die Metapher als Figur der Ambiguität im Mittelalter, in: Oliver Auge/Christiane Witthöft (Hg.), Ambiguität im Mittelalter. Formen zeitgenössischer Reflexion und interdisziplinärer Rezeption, Berlin u. a. 2016, 83–109.

Vergleich zu anderen Formen des Anders-Redens (Allegorie, Ironie) oder vergleichbaren Tropen (Metonymie, Synekdoche) hinreichend zu definieren.[2] In der modernen Semiotik und Sprachtheorie wird der schon im griechischen Terminus der Metaphorá ausgedrückte Vorgang einer Übertragung, der ebenso der Allegorie wie der Metapher zugrunde liegt, durchaus unterschiedlich qualifiziert, doch ist die metaphorische Rede, über deren Charakter schon in der Antike, vor allem durch Aristoteles, nachgedacht wurde, im biblischen Zusammenhang mehr als eine literarische Gebrauchsform, auch wurde die Metapher in jüngerer Zeit als mögliche theologische Sprachform neu in Erinnerung gebracht.[3]

Das Versprachlichen von Gottesbildern ist eine Ausdrucksform des „Sich ein Bild von Gott Machens", ein Bemühen, das gleichermaßen Religionswissenschaft, Archäologie, Vor- und Frühgeschichte oder Ethnologie beschäftigt, das in der Religionsethnologie jenseits der „formes élémentaires de la vie religieuse"[4] beschrieben wurde und in verschiedenen Kulturen auch zu Artefakten, zu „Bildern" Gottes, führte. Die Interessen der Religionsphänomenologie und der Kunstgeschichte treffen sich insofern, als es jeweils neben der seit Jahrzehnten betriebenen, differenzierten, auf historische Gestaltungsprozesse und Objekte zielenden Forschung gerade in den letzten Jahren eine intensive grundsätzliche Reflexion über das Phänomen des religiösen Bildes, dessen Möglichkeiten, Bedingungen und Grenzen, gerade im Christentum gibt.[5]

---

2 Ekkehard Eggs, Metapher, in: Historisches Wörterbuch der Rhetorik, Tübingen 2001, 1099–1183: 1100.

3 Vgl. mit Berufung auf Paul Ricœur (Stellung und Funktion der Metapher in der biblischen Sprache, in: Paul Ricœur/Eberhard Jüngel, Metapher, München 1974 [EvTh. Sonderheft], 45–70; ders., Die lebendige Metapher, München 1986): Jürgen Werbick, Metapher, LThK 3 (1998) 189f.; ders., Trugbilder oder Suchbilder? Ein Versuch über die Schwierigkeit, das biblische Bilderverbot theologisch zu befolgen, in: Ingo Baldermann (Hg.), Die Macht der Bilder (JBTh 13), Neukirchen-Vluyn 1999, 3–27: 18–23.

4 Vgl. Emile Durkheim, Les formes élémentaires de la vie religieuse, Paris 1968; dt.: Die elementaren Formen des religiösen Lebens, Frankfurt a. M. [2]1984; Mircea Eliade, Das Heilige und das Profane (rowohlts deutsche enzyklopädie 31), Reinbek bei Hamburg 1957; danach revidierte Ausgabe: ders., Le sacré et le profane, Paris 1965; dt.: Das Heilige und das Profane. Vom Wesen des Religiösen, Frankfurt a. M. 1984.

5 Vgl. u. a. Johannes Rauchenberger, Biblische Bildlichkeit. Kunst – Raum theologischer Erkenntnis, Paderborn u. a. 1999; Alex Stock, Bilderfragen. Theologische Gesichtspunkte, Paderborn u. a. 2004; Annette Weissenrieder/Friederike Wendt, Images as Communication. The Methods of Iconography, in: dies./Petra von Gemünden (Hg.), Picturing the New Testament. Studies in Ancient Visual Images (WUNT 2,193), Tübingen 2005, 3–49; Jean-Pierre Wils, Kunst. Religion. Versuch über ein prekäres Verhältnis, Tübingen 2014; Frank Burch Brown, The Oxford Handbook of Religion and the Arts, Oxford 2014; Klaus Krüger, Grazia. Religiöse Erfahrung und ästhetische Evidenz (Figura. Ästhetik, Geschichte, Literatur 5), Göttingen 2016, bes. 7–26; Christian Neddens u. a. (Hg.), Spektakel der Transzendenz. Kunst und Religion in der Gegenwart, Würzburg 2017; Thomas Crow, No Idol. The Missing Theology of Art, Sydney 2017.

Den genannten Disziplinen ist mit der Kunstgeschichte das Bewusstsein gemeinsam, dass es sich bei der Frage nach Gottesbildern in den Künsten im Hinblick auf das Christentum anders verhält als in anderen Religionen. Es geht um den bildlichen Niederschlag des Glaubens an einen einzigen Gott, der das Christentum zusammen mit Judentum und Islam von den vielen polytheistischen Religionen und deren Vorstellungen absetzt. Dass ein (als Person gedachter) Gott verborgen und zugleich gegenwärtig sei, berührt ein religionsphilosophisches Kernproblem der Gottesfrage, ob und wie Gott gedacht, erkannt und erfahren werden kann, wenn er doch, wie die Theologen ihn beschreiben, in absoluter Unverfügbarkeit vollkommen, unendlich, einzig und ewig ist. Es ist dann nur folgerichtig, dass eine ontologische Wirklichkeit Gottes postuliert wird, die als dem Menschen entrückt, entzogen gedacht werden muss. Der Mensch, konditioniert durch Individualität und Endlichkeit, kann den als *vollkommen* gedachten Gott notwendigerweise nicht wesensmäßig erkennen; die Vorstellung, dass Gott vollkommen sei, bleibt im Rahmen einer philosophischen Deduktion angesichts der Erfahrung begrenzten, menschlichen Erkennens selbst Hypothese. Dennoch ist die Überlieferung des Christentums geprägt vom Glauben an die Offenbarung und von der Überzeugung einer diesseitigen, geschichtlichen und auch sinnfälligen Erfahrbarkeit Gottes.

2. Das Bilderverbot

Das alttestamentliche Verbot, sich „von Gott ein Bild" zu machen (Ex 20,4f.; 34,17; Lev 19,4; Dtn 4,15–19; 5,8f.), ist das Postulat eines unverfügbaren, einzigen Gottes. Im Gegensatz dazu steht das Pantheon der antiken Götter und vergöttlichten Heroen, deren menschliche Gestalt und menschliches Handeln aufgrund pointiert menschlicher Regungen und Empfindungen geradezu einlud, diese Gottheiten in Bildern zu veranschaulichen und in dieser Konkretheit eine Brücke vom Diesseits des verehrenden Subjekts zur jenseitigen Welt seiner Götter zu schlagen, deren Launen besänftigt und deren Wohlwollen und Hilfe durch Opfer erkauft werden mussten (und konnten).[6] Die Zurückhaltung, die man sich

6 Mircea Eliade, Histoire de croyances et des idées religieuses 1–3, Paris 1976–1983; hier nach der dt. Ausgabe: Geschichte der religiösen Ideen, Bd. 1–3, Freiburg i. Br. 1978–1983, hier Bd. 1, 230–278, und Bd. 2, 239–262; Jean-Pierre Vernant, Mythe et societé en Grèce ancienne, Paris 1981 (dt.: Mythos und Gesellschaft im alten Griechenland, Frankfurt a. M. 1987 [es 1381. NS 381]; Paul Veyne, Les Grecs ont-ils cru à leurs mythes?, Paris 1983 (dt.: Glaubten die Griechen an ihre Mythen? Ein Versuch über die konstitutive Einbildungskraft, Frankfurt a. M. 1987 [es 1326; NS 226]); Martin P. Nilsson, Geschichte der griechischen Religion (HKAW 5,2,1–2), Bd. 1–2, München ^{3}1976/^{4}1988; Hermann Funke, Götterbild, RAC XI, 659–828; Tanja Scheer, Die Gottheit und ihr Bild. Untersuchungen zur Funk-

schließlich seit nachexilisch-frühjüdischer Zeit dem figürlichen Bild gegenüber auferlegte, gründete in dessen grundsätzlicher Ambivalenz: Fragwürdig erschien die suggestive Qualität von Bildern, die Artefakte bleiben und einer anderen Realitätsebene angehören als die Menschen, die sie hervorbringen und betrachten. Je näher die von Menschen gestalteten Objekte den inneren Bildern, Bedürfnissen, Ängsten und Hoffnungen der Menschen rücken, je genauer sie diesen Vorstellungen Ausdruck verleihen, desto stärker schien die Wechselbeziehung, die zwischen Betrachter und Betrachtetem entstehen kann. In dieser Weise interpretierte man in der älteren Literatur auch die Ursprungsintention des alttestamentlichen Bilderverbots im Dekalog (Ex 20,4 und Dtn 5,6–21), mit dem die Andersheit der jüdischen Gottesvorstellung als eines unweltlichen, durch den Menschen nicht verfügbaren Gottes gemeint gewesen sei. Dies sah man in den erläuternden Zusätzen Ex 20,4b („Kein Abbild von etwas, was im Himmel oben, auf der Erde unten oder im Wasser unter der Erde ist.") bzw. Dtn 4,12–20 artikuliert.[7] Wieweit das alttestamentliche Bilderverbot tatsächlich reichte, ob es mehr war als nur das Verbot von Bildern des einen Gottes, wurde immer wieder diskutiert.[8] In der jüngeren Literatur wird diese Vorschrift vorsichtiger beurteilt. Die auf Bildlichkeit grundsätzlich ausgedehnte, restriktive

---

tion griechischer Kultbilder in Religion und Politik (Zetemata 105), München 2000; Simona Bettinetti, La statua di culto nella pratica rituale greca, Bari 2001; Andrea De Santis, Götterbilder und Theorie des Bildes in der Antike, in: Reinhard Hoeps (Hg.), Handbuch der Bildtheologie 1, Paderborn u. a. 2007, 53–80; Franz Gniffke, Bilder und Götterstatuen im Neuplatonismus, in: ebd., 81–119.

7 Martin Noth, Das zweite Buch Mose. Exodus (ATD 5), Göttingen [7]1984, 130f.; Gerhard von Rad, Das fünfte Buch Mose. Deuteronomium (ATD 8), Göttingen [4]1983, 41f.

8 Vgl. u. a. Christoph Dohmen, Das Bilderverbot (BBB 62), Frankfurt a. M. [2]1987; ders., Der Dekaloganfang und sein Ursprung, Bib. 74 (1993) 175–195; Tryggve Mettinger, No Graven Image? Israelite Aniconism in Its Ancient Near Eastern Context (CB.OT 42), Stockholm 1995; Christoph Uehlinger, Bilderkult. Bibel, RGG[4] 1 (1998) 1565–1570; ders., Bilderverbot, ebd., 1574–1577; Angelika Berlejung, Die Theologie der Bilder. Herstellung und Einweihung von Bildern in Mesopotamien und die alttestamentliche Bilderpolemik (OBO 162), Freiburg i. Ü. 1998; Christoph Uehlinger, Vom Bilderkult zum Bilderverbot. Zeugnisse und Etappen eines Bruchs, WUB 11 (1999) 44–53; Michael B. Dick, Prophetic Parodies of Making the Cult Images, in: ders. (Hg.), Born in Heaven, Made on Earth. The Making of the Cult Image in the Ancient Near East, Winona Lake 1999, 1–54; Rolf Rendtorff, Was verbietet das alttestamentliche Bilderverbot?, in: Reinhold Bernhardt/Ulrike Link-Wieczorek (Hg.), Metapher und Wirklichkeit. Die Logik der Bildhaftigkeit im Reden von Gott, Mensch und Natur, Göttingen 1999, 54–65; Paul M. van Buren, Idol Works of Art and Language. Or: What is Wrong with Graven Images, in: ebd., 66–72; Frank-Lothar Hossfeld, Das Werden des alttestamentlichen Bilderverbotes im Kontext von Archäologie, Rechtsentwicklung und Prophetie, in: Bernd Janowski/Nino Zchomelidse (Hg.), Die Sichtbarkeit des Unsichtbaren. Zur Korrelation von Text und Bild im Wirkungskreis der Bibel (AGWB 3), Stuttgart 2003, 11–22; Christoph Uehlinger, Exodus, Stierbild und biblisches Kultbildverbot. Religionsgeschichtliche Voraussetzungen eines biblisch-theologischen Spezifikums, in: Christof Hardmeier/Rainer Kessler/Andreas Ruwe (Hg.), Freiheit und Recht. FS F. Crüsemann, Gütersloh 2003, 42–77; Christoph Dohmen, Exodus 19–40 (HThKAT), Freiburg i. Br. u. a.

Deutung des Bilderverbots scheint ein Missverständnis gewesen zu sein, auf das vor Jahrzehnten schon Gerhard von Rad hinwies und das Klaus Müller vor einiger Zeit einmal als semantische Überdehnung („Semantic overstretch") charakterisierte.[9] Die durchgängige generelle Bilderfeindlichkeit und Bildvermeidung im Judentum ist ein Mythos, die Ansätze dazu waren Ergebnis einer Kultbildkritik im Rahmen der Abgrenzung und Sicherung der eigenen Identität durch Israel im Blick auf die Nachbarreligionen. Im Frühjudentum kannte man bis in den Jerusalemer Tempel hinein Bilder und Bildlichkeit; wie weit diese reichte, wurde in den letzten Jahren immer wieder kontrovers diskutiert.[10] Die archäologischen Zeugnisse aus dem spätantiken Judentum belegen eine reiche Bilderwelt, durchaus mit szenischen Darstellungen nach dem Pentateuch, etwa in den Synagogen von Naaran, Bet Alfa und Dura Europos.[11]

Im Christentum konstituierte diese Vorschrift eine eigentümliche Ambivalenz, die man durch die Jahrhunderte verfolgen kann, eine wechselhafte Antino-

---

2004, 106–113; Eckart Otto, Deuteronomium 4,44–11,32 (HThKAT), Freiburg i. Br. u. a. 2004, 725–734.

9 Gerhard von Rad, Theologie des Alten Testaments, Bd. 1, München 61969, 225–232; Klaus Müller, „Bilderverbot" oder: Wie ein theologisches Missverständnis zum philosophischen Mythos wird, in: Hans Joas (Hg.), Die Zehn Gebote. Ein widersprüchliches Erbe? (Schriften des Deutschen Hygiene-Museums 5), Köln u. a. 2006, 33–45: 34.

10 Othmar Keel, Warum im Jerusalemer Tempel kein anthropomorphes Kultbild gestanden haben dürfte, in: Gottfried Boehm (Hg.), Homo pictor (Colloquium Rauricum 7), München u. a. 2001, 244–281: 260–277; anders dagegen: Herbert Niehr, Götterbilder und Bilderverbot, in: Manfred Oeming/Konrad Schmid (Hg.), Der eine Gott und die Götter. Polytheismus und Monotheismus im antiken Israel (AThANT 82), Zürich 2003, 222–247; ders., Einblicke in die Konfliktgeschichte des Bildes im antiken Syrien-Palästina, in: Hoeps, Bildtheologie (Anm. 6) 25–52; zu dieser Frage auch: Manfred Görg, Das alttestamentliche Bilderverbot und seine Bedeutung im frühen Judentum, in: ders., Studien zur biblisch-ägyptischen Religionsgeschichte (SBAB 14), Stuttgart 1992, 239–251; ders., Das Bild Gottes im Alten Testament, in: Eckhard Leuschner/Marc Hesslinger (Hg.), Das Bild Gottes in Judentum, Christentum und Islam, Petersberg 2009, 15–28.

11 Zu Dura Europos u. a. Pierre Prigent, Le Judaisme et l'image (TSAJ 24), Tübingen 1990, 174–263; Joseph Gutmann (Hg.), The Dura-Europos Synagogue. A Re-evaluation (1932–1992), Atlanta 1992; Rachel Hachili, Ancient Jewish Art and Architecture in the Diaspora, Leiden 1998, 96–197; zur Frage allgemein: Günter Stemberger, Biblische Darstellungen auf Mosaikfußböden spätantiker Synagogen, in: Baldermann, Macht der Bilder (Anm. 3) 145–170; Rainer Stichel, Gab es eine Illustration der jüdischen Heiligen Schrift in der Antike?, in: Tesserae. FS für Josef Engemann (JAC.E 18), Münster 1992, 93–111. Aus nachantiker Zeit gibt es eine reiche Tradition, Torah und die jüdische Gebetsliteratur (Haggadah, Mahzor, Esther-Rolle) zu bebildern, wenn auch ohne Bilder Gottes. – Ein analoges Problem ist der Bildergebrauch im Islam, wo Bilder Gottes als „Darstellungen einer göttlichen Präsenz durch Schleier-, Licht- und Farbmetaphern oder sogar moderate Anthropomorphismen" (Christiane Gruber, Realabsenz. Gottesbilder in der islamischen Kunst zwischen 1300 und 1600, in: Leuschner/Hesslinger, Bild Gottes [Anm. 10] 153–179: 176) mindestens zeitweise nachweisbar sind; zusammenfassend: Silvia Naef, Bilder und Bilderverbot im Islam, München 2007.

mie von Wort und Bild. Hatte man sich in der Frühzeit des Christentums polemisch gegen den Bildgebrauch in den nichtchristlichen Religionen gewandt und damit auch im Sinn des alttestamentlichen Bilderverbots einem Bildverständnis widersprochen, wonach mit dem Bild auch Teilhabe an der Macht des Dargestellten verbunden sei, opponierten die christlichen Theologen vor allem auch gegen die in ihrer Umwelt vertretene Überzeugung, dass von einem Bildwerk, einem Götterbild, Heilswirkungen ausgehen könnten. In der Literatur der Patristik werden die Bildwerke heidnischer Götter als machtlos beschrieben, sie seien von Menschenhand gemacht und tot, können nicht sehen oder hören, seien eben wirklich nicht mehr als das Gold oder Silber, aus dem sie gefertigt sind (Diognet, Minucius Felix, Tertullian).[12] Clemens von Alexandrien formulierte eine Synthese: Das einzige Bild Gottes sei der Mensch oder vielmehr Christus, dessen lebendiges Abbild der Mensch sei. Die Aufgabe des Menschen sei es, in guten Werken Gott, d. h. Christus, nachzuahmen und so das Urbild aller Bilder zu ehren.[13]

Vorbehalte im Christentum gegenüber Bildern und Bildwerken blieben bis ins 4. Jahrhundert wirksam, obwohl die ersten christlichen Bilder im frühen 3. Jahrhundert nachweisbar sind.[14] Die Anerkennung der christlichen Religion unter Konstantin und schließlich der Status als Staatskirche bedeutete öffentliche Sichtbarkeit und machte die Einrichtung von Sakralräumen, statt der bis dahin genutzten Hauskirchen, notwendig. Die Basilika als Entfaltungsraum für die Liturgie wurde besonders ausgeschmückt, die Bildkünste in den Dienst von Liturgie und Sakralarchitektur gestellt.[15] Dazu gehörte auch zwischen dem 4. und 7. Jahrhundert die Ausprägung einer eigenen Bildüberlieferung zu Themen wie Gottes- und Christusbild. Seit dem 4. Jahrhundert gab es ein starkes Interesse am repräsentativen Christusbild. Allerdings kam es immer wieder bis ins frühe Mittelalter zu erbitterten Auseinandersetzungen um die Berechtigung von Bildern, deren Konkretheit für Viele zwangsläufig im Widerspruch zur Vorstellung eines mit menschlicher Erkenntnis nicht zu erfassenden und damit – jenseits symbolischer Bilder – auch nicht darstellbaren Gottes zu stehen schien. Im 8. Jahrhundert eskalierte dieser Konflikt im Osten im sog. Bilderstreit, der mit dem Sieg des

---

12 Johannes Kollwitz, Bild 3 (christlich), RAC 2 (1954) 318–341: 319–320; Alex Stock, Frühchristliche Bildpolemik. Das Neue Testament und die Apologetik des 2. Jahrhunderts, in: Hoeps, Bildertheologie (Anm. 6) 120–138.

13 Clemens von Alexandrien, Protr. 10,98,3; Strom. 5,94,5–6; 7,16,6.

14 Paul Corby Finney, The Invisible God – The Earliest Christians on Art, New York/Oxford 1994; Jean-Michel Spieser, Die Anfänge der christlichen Ikonographie, in: Hoeps, Bildertheologie (Anm. 6) 139–170.

15 Alfons Fürst, Die Liturgie der Alten Kirche. Geschichte und Theologie, Münster 2008, 62–80; Arne Effenberger, Frühchristliche Kunst und Kultur. Von den Anfängen bis zum 7. Jahrhundert, München 1986, 85–87.

Bildgebrauchs und der Bilderverehrung endete.[16] Im Westen verstummte die Kritik am Bilderwesen, an Bildgebrauch und Praktiken der Bildverehrung nie völlig, führte aber erst in der Zeit der Reformation wieder zu radikaler Ablehnung bis zum Ikonoklasmus: Die Reformer setzten auf die Kraft des Wortes, je strenger desto mehr. Sie postulierten die Abkehr vom Bild und lehnten die durch Bilder angesprochene sinnlich-visuelle Erfahrung im Glauben ab, setzten an deren Stelle das Hören auf die Heilige Schrift und den Gehorsam den darin enthaltenen Weisungen gegenüber.[17]

3. Die Darstellung Gottes in den ersten christlichen Jahrhunderten

Die Geschichte der christlichen Kunst in den ersten Jahrhunderten der Kirchengeschichte hatte gezeigt, wie schwierig es war, die innerhalb eines längeren Zeitraums entfaltete Gotteslehre des Christentums in Bilder umzusetzen, die im Sinn der Theologie als angemessen und unmissverständlich gelten konnten. Die fruchtbare, aber nahezu nie gänzlich konfliktfreie Beziehung zwischen theologischer Reflexion und künstlerischer Ausdrucksform in der Gestaltung religiöser Themen ist oft beschrieben worden.[18]

---

16 Dietrich Stein, Der Beginn des byzantinischen Bilderstreites und seine Entwicklung bis in die 40er Jahre des 8. Jahrhunderts (MByM 25), München 1980; Hans Georg Thümmel, Bilder, 4. Alte Kirche; 5. Mittelalter: 5/1. Byzanz, TRE 6 (1980) 525–540; ders., Bilderlehre und Bilderstreit. Arbeiten zur Auseinandersetzung über die Ikone und ihre Begründung vornehmlich im 8. und 9. Jahrhundert (ÖC. N. F. 40), Würzburg 1991; ders., Die Frühgeschichte der ostkirchlichen Bilderlehre. Texte und Untersuchungen zur Zeit vor dem Bilderstreit (TU 139), Berlin 1992; Günter Lange, Der byzantinische Bilderstreit und das Bilderkonzil von Nikaia (787), in: Hoeps, Bildertheologie (Anm. 6) 171–190.

17 Jean Wirth, Die Bestreitung des Bildes vom Jahr 1000 bis zum Vorabend der Reformation, in: Hoeps, Bildertheologie (Anm. 6) 191–212; Thomas Lentes, Zwischen Adiaphora und Artefakt. Bildbestreitung in der Reformation, in: ebd., 213–240; Walther von Loewenich, Bilder, 5/2. Im Westen, TRE 6 (1980) 540–546. Erst im 18. und 19. Jahrhundert kam es mit der Kritik an der pietistischen Feindschaft der Kunst gegenüber und der neuen Besinnung auf Innerlichkeit und individuelle Empfindung zu neuen, auch in der Philosophie rezipierten Bemühungen um das Verhältnis von Kunst und Religion: Ernst Müller, Ästhetische Religiosität und Kunstreligion. In den Philosophien von der Aufklärung bis zum Ausgang des deutschen Idealismus, Berlin 2004; Malte Dominik Krüger, Das andere Bild Christi. Spätmoderner Protestantismus als kritische Bildreligion (Dogmatik in der Moderne 18), Tübingen 2017.

18 Vgl. dazu u. a. André Grabar, Christian Iconography. A Study of Its Origins (Andrew W. Mellon Lectures in the Fine Arts 10), Princeton 1968; Gerhard B. Ladner, Handbuch der frühchristlichen Symbolik. Gott Kosmos Mensch, Wiesbaden 1996.

Seit patristischer Zeit wurde gegen die Bilderfeinde und Bilderstürmer immer wieder betont, den Bildern eigne ein Verweischarakter; mit ihrer Hilfe lerne man, sich dessen zu erinnern, worauf die Bilder den Betrachter hinweisen sollten. Die großen kappadokischen Theologen in der zweiten Hälfte des 4. Jahrhunderts – Basileios, Gregor von Nyssa und Gregor von Nazianz – betonten einhellig, wie wichtig Bilder für den Glauben seien: Ihre Wirkung übertreffe das gesprochene Wort, verschaffe einem Argument Evidenz, stütze die Erinnerung.[19] Ob

Abb. 1: Gott bei der Erschaffung des Menschen: Rom, Vatikanische Museen, Museo Pio Cristiano, Sarkophag Nr. 104 (Szene 1 links oben), 2. Viertel des 4 Jh.

man einem Bild Verehrung entgegenbringen dürfe, gar solle, wurde bekanntlich im Westen und Osten in der Folgezeit unterschiedlich beurteilt. Dies beruhte auf differierenden theologischen Auffassungen darüber, wie der Charakter eines Bildes einzuschätzen sei, und spiegelt sich in der oszillierenden Semantik der zu Begriffen gewordenen Wörter zu Gesicht, Bild und Person: *eikon, prosopon* und *facies, effigies, imago* und *persona.*[20]

Die Entscheidung für Bilder war Voraussetzung dafür, dass im Rahmen der christlichen Ikonographie auch neue Bildformeln gesucht und erprobt werden konnten, Verbreitung und Billigung fanden, oder auf Ablehnung stießen und

19 Theodor Klauser, Die Äußerungen der alten Kirche zur Kunst, ICCA 6 (Ravenna 1962), Rom 1965, 223–238, 242; Gerhard B. Ladner, The Concept of the Image in the Greek Fathers and the Byzantine Iconoclastic Controversy, DOP 7 (1953) 127–149.

20 Vgl. Gerhard von Rad/Gerhard Kittel/Hermann Kleinknecht, εἰκών, ThWNT 2 (1935) 378–380; Eduard Lohse, πρόσωπον, ThWNT 6 (1959) 769–781; Raimund Daut, Imago. Untersuchungen zum Bildbegriff der Römer (BKAW NF, R.2, 56), Heidelberg 1975; Walter Dürig, Imago. Ein Beitrag zur Terminologie und Theologie der Römischen Liturgie (MThS II. Syst. Abt. 5), München 1952.

Abb. 2: Szenen aus dem Leben Christi: Rom, Schatzkammer von S. Peter, Sarkophag des Stadtpräfekten Iunius Bassus, um 360.

verworfen wurden. Bilder gebrauchte man für den Schmuck von Kirchen, aber auch für die Dekoration von Gräbern. Seit dem 4. Jahrhundert begegnen bald Bildfolgen, die als Anfangsbild Gott in menschlicher Gestalt bei der Erschaffung des Menschen zeigen (*Abb. 1*),[21] oder Bilder Christi, auch Darstellungen zu Szenen der Passionsgeschichte wie auf der Vorderwand des berühmten, im 16. Jahrhundert unter St. Peter, nahe dem Petrusgrab, gefundenen Marmorsarkophages für den 359 gestorbenen Stadtpräfekten Roms Junius Bassus (*Abb. 2*) und seit dem 5. Jahrhundert auch Darstellungen des Gekreuzigten.[22] Der Bildzyklus umfasst hier

21 Die Frage, ob der sog. Dogmatische Sarkophag aus dem zweiten Viertel des 4. Jahrhunderts, der im Baldachinfundament der 1823 abgebrannten Basilika Paolo furori le mura gefunden wurde und zu dem ein Gegenstück aus derselben Werkstatt in Arles bekannt ist, bereits die „theologische Diskussion um das trinitarische Dogma auf der Ebene der privaten, laienchristlich bestimmten Grabkunst“ (Effenberger, Frühchristliche Kunst und Kultur [Anm. 15] 179) widerspiegelt, wurde intensiv diskutiert. Widerspruch – es handle sich um Gott und zwei Begleiter (Engel?) – formulierte Renate Pillinger, Anthropomorphe Darstellungen Gott-Vaters in alttestamentlichen Szenen der frühchristlichen Kunst, in: Baldermann, Macht der Bilder (Anm. 3) 171–194. Zur Vorstellung Gottes in menschlicher Gestalt auch: Christoph Markschies, Gottes Körper. Jüdische, christliche und pagane Gottesvorstellungen in der Antike, München 2016; ders., Gottes Körper. Eine vernachlässigte Dimension antiker christlicher Religiosität und Theologie, in: Jahrbuch der Bayerischen Akademie der Schönen Künste 31 (2017) 165–180.

22 Zum Sarkophag des Junius Bassus: Nikolaus Himmelmann, Typologische Untersuchungen an römischen Sarkophagreliefs des 3. und 4. Jahrhunderts nach Christus, Mainz 1973, 13–28; Hugo Brandenburg, Italien, in: Beat Brenk (Hg.), Spätantike und frühes Christentum (PKG Suppl.), Frankfurt a. M. u. a. 1980, 178, Nr. 76. – Zur Darstellung des Gekreuzigten:

als neue Themen gegenüber den bis dahin häufigen Wunderszenen Ereignisse der Passionsgeschichte und alttestamentliche Geschehnisse, die in einem typologischen Bezug als heilsgeschichtliche Präfigurationen der Heilstaten Christi zu verstehen sind. Die Folge setzt links oben ein mit dem Opfer Abrahams, es schließt die Verhaftung des Petrus an, in der Mitte thront Christus über Caelus, daneben in zwei Feldern ist zu sehen, wie Christus vor Pilatus geführt wird. Im unteren Register von links nach rechts der aussätzige Ijob, Adam und Eva beim Sündenfall, Christus beim Einzug in Jerusalem, Daniel in der Löwengrube sowie das Martyrium des Paulus.

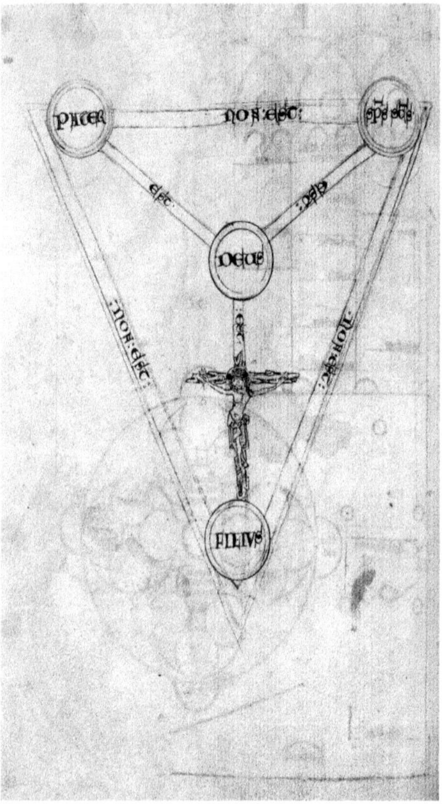

Abb. 3: Trinitätsschema („Scutum fidei") in: Petrus Riga, De operibus septem dierum (London, British Library, Ms. Cotton Faustina B VII, fol. 43v), um 1214.

Je genauer und ausführlicher theologische Definitionen die Vorstellungen von Gottes Wesen und Wirken zu konkretisieren schienen, desto schwieriger musste es werden, solche Vorstellungen mit den Mitteln künstlerischer Ausdrucksformen ins Bild zu bringen. Die Theologen der frühen Kirche hatten versucht, auf dem Fundament biblischer Texte und in der Auseinandersetzung mit der Philosophie ihrer Zeit die Gottesvorstellung des Christentums zu präzisieren. Irenäus von Lyon, Athenagoras und Tertullian, Athanasius, die kappadokischen Theologen und vor allem Augustinus entfalteten die Vorstellung von der *Trinitas divinitatis* in Vater, Sohn und Geist und prägten die Grundformel *una substantia – tres personae*. Mit Hilfe eines differenzierten Begriffsapparats definierte man Gott als Re-

Elisabeth Lucchesi-Palli/Geza Jászai, LCI 2 (1970) 606–642: 607–613; Effenberger, Frühchristliche Kunst und Kultur (Anm. 15) 252. Zur Tradition des Christusbildes u. a. Herbert Alexander Stützer, Das Christusbild im alten Rom, Mün. 41 (1988) 93–98; Jean-Michel Spieser, Von der Anonymität zur Herrlichkeit Christi. Der Aufstieg der Bilder in der frühchristlichen und byzantinischen Epoche, WUB 14 (1999) 2–33; Rainer Kahsnitz, Das Bild des toten Heilands am Kreuz in ottonischer Zeit, ZDVKW 66 (2012) 50–101; Martin Büchsel, Die Entstehung des Christusporträts. Bildarchäologie statt Bildhypnose, Mainz 2003.

alität in drei Personen (Subsistenzen, Hypostasen), aber in einer göttlichen Substanz. Die drei Personen in Gott sind gleich, gleich ewig und gleich allmächtig, zugleich aber auch voneinander verschieden: Der Vater hat keinen Ursprung, der Sohn ist aus der Subsistenz des Vaters gezeugt und zwar vom Vater allein. Der Geist ist nicht gezeugt, sondern geht aus dem Vater und dem Sohn hervor (am *filioque* sollten sich später jene Streitigkeiten entzünden, die 1054 zum Schisma mit den Ostkirchen führten). Eine jede göttliche Person ist ganz in jeder anderen (sog. Perichorese) und eine jede von ihnen ist der eine wahre Gott.[23] Die göttlichen Personen sind im Sein und Wirken nicht voneinander zu trennen und als wirkendes Prinzip eins. Man hat diese vor allem durch Augustinus geprägte Definition[24] seit dem 13. Jahrhundert häufig in graphischen Schemata veranschaulicht (*Abb. 3*).[25]

4. Die Darstellung der Trinität

Das trinitarische Gottesbild führte in der Überlieferungsgeschichte der christlichen Ikonographie zu sehr verschiedenen Formulierungen dieses Themas.[26] In vielen Fällen konnte die relative Anschaulichkeit eines theologischen Aspekts

---

23 Wolfhart Pannenberg, Die Aufnahme des philosophischen Gottesbegriffs als dogmatisches Problem der frühchristlichen Theologie, ZKG 70 (4. F. 7) (1959) 1–45 (wieder in: ders., Grundfragen systematischer Theologie. Gesammelte Aufsätze, Göttingen ²1971, 296–346); Carl Andresen, Zur Entstehung und Geschichte des trinitarischen Personbegriffs, ZNW 52 (1961) 1–39; Georg Kretschmar, Studien zur frühchristlichen Trinitätstheologie (BHTh 21), Tübingen 1956.

24 Vgl. u. a. Leo Scheffczyk, Lehramtliche Formulierungen und Dogmengeschichte der Trinität, MySal 2 (1967) 146–220; Ludwig Ott, Grundriß der Dogmatik, Freiburg i. Br. u. a. ⁹1978, 65–92; Franz Courth, Trinität in der Schrift und Patristik (HDG 3,3), Freiburg i. Br. 1988; ders., Trinität in der Scholastik, Freiburg i. Br. 1985 (HDG 3,4); ders., Trinität (HDG 2,5), Freiburg i. Br. 1996; zu Augustinus: Michael Schmaus, Die psychologische Trinitätslehre des hl. Augustinus, Münster 1927 (²1967); ders., Das Fortwirken der augustinischen Trinitätspsychologie bis zur karolingischen Zeit, in: Vitae et Veritati. Festgabe für Karl Adam, Düsseldorf 1956, 44–56.

25 Vgl. in den Handschriften des 12. und frühen 13. Jahrhunderts mit dem „Dialogus" des Petrus Alfonsi die Trinitätsdiagramme zur Veranschaulichung des zweifachen Hervorgehens des Heiligen Geistes: Alexander Patschovsky, Die Trinitätsdiagramme Joachims von Fiore († 1202). Ihre Herkunft und semantische Struktur im Rahmen der Trinitätsikonographie von deren Anfängen bis ca. 1200, in: ders. (Hg.), Die Bildwelt der Diagramme Joachims von Fiore. Zur Medialität religiös-politischer Programme im Mittelalter, Ostfildern 2003, 56–114: 106–113; zum „scutum fidei" nun auch: Andrea Worm, Geschichte und Weltordnung. Graphische Modelle von Zeit und Raum in Universalchroniken vor 1500, Berlin 2021, 90–95.

26 Vgl. Wolfgang Augustyn, Die Darstellung der Trinität. Das schwierige Gottesbild im Spiegel der Bildüberlieferung, in: Leuschner/Hesslinger, Bild Gottes (Anm. 10) 45–80.

nur erreicht werden, weil man die Vernachlässigung eines anderen in Kauf zu nehmen bereit war. Dies galt weniger dort, wo man innerhalb erzählender Darstellungen das Eingreifen Gottes zu schildern suchte, als vielmehr dann, wenn Bilder mit katechetischem oder didaktischem Ziel theologische Zusammenhänge vergegenwärtigen sollten. Es lag nahe, dort in Bildern an die Dreifaltigkeit zu erinnern, wo der neutestamentliche Text dies zu empfehlen schien (*Abb. 4*).

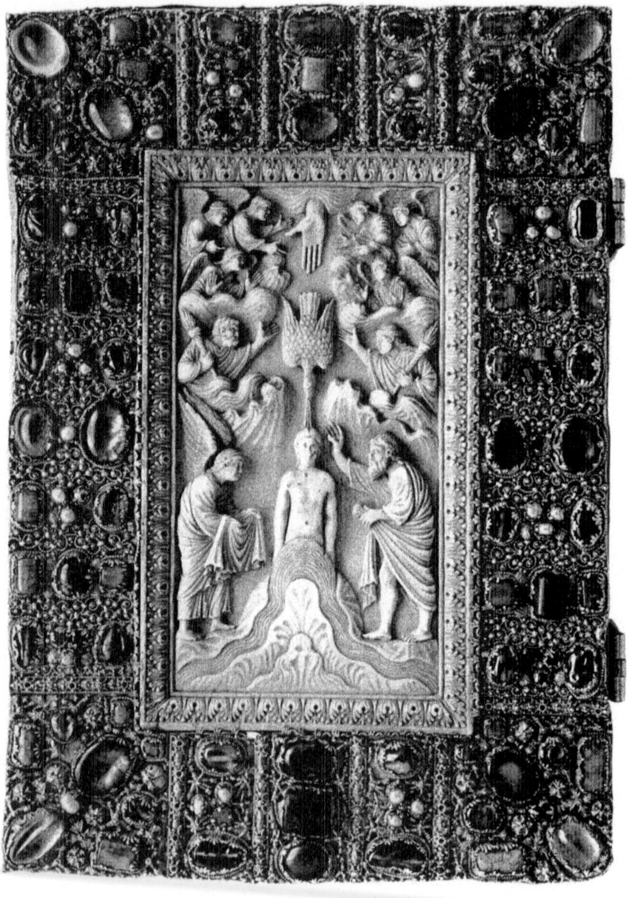

Abb. 4: Taufe Christi: Elfenbein auf dem Buchdeckel eines Evangeliars (München, Bayerische Staatsbibliothek, clm 4451), Lothringen (?), um 980/1000.

Zu der in Mt 3,16f. (parr Mak 1,10f.; Lk 3,21f.) geschilderten Taufe Jesu im Jordan durch Johannes den Täufer, die in der Auslegungsgeschichte des Evangeliums immer wieder als Hinweis auf die Trinität interpretiert wurde, war es spätestens seit dem 6. Jahrhundert gebräuchlich, Johannes und Jesus bei der Taufe zu zeigen, sowie die Hand Gottes und die auf Jesus herabkommende Taube des Hl. Geistes, wie man es auf dem spätkarolingischen Elfenbein sehen kann, das den Buchdeckel eines Evangeliars aus dem Bamberger Domschatz schmückt, heute in der Bayerischen Staatsbibliothek. Sosehr in den Bildern zum Leben Jesu die Wirkungen seiner Menschwerdung anschaulich werden, sosehr sind regelmäßig auch die Bemühungen erkennbar, die Verbindung zur göttlichen, über Zeit und Raum stehenden Wirklichkeit zum Ausdruck zu bringen, etwa wenn auf der Mitteltafel eines Sieneser Triptychons aus der Zeit um 1360 die Dreifaltigkeit in Gestalt dreier gleichgestaltiger Männer und das Kreuz zu sehen ist, oder wenn die Hände Gottvaters die Geisttaube in Empfang nehmen, die den irdischen Leib des gerade am Kreuz verstorbenen Jesus verlässt, wie in einem Missale aus Arras um die Mitte des 13. Jahrhunderts in der Bibliothèque municipale von Arras.[27]

Zu den Anlässen, die Dreifaltigkeit zu zeigen, gehörten auch jene Textstellen des Alten Testaments, die seit der Exegese durch die Kirchenväter als Hinweise auf die Trinität gelesen wurden. Dies betraf in erster Linie die in Genesis 18 berichtete Begegnung Abrahams mit den drei Männern, die er im Eichenhain von Mamre bewirtete, und Psalm 109. Den Exegeten war schon früh aufgefallen, dass Abraham sich vor den drei Männern verehrungsvoll zu Boden warf, außerdem, dass Abrahams Gäste von sich wechselnd im Plural und im Singular sprachen und von sich „der Herr" sagten. Man war sich sicher, darin entweder Christus in Begleitung zweier Engel zu erkennen oder die drei Personen der Dreifaltigkeit. Die zweite Deutung bevorzugte Ambrosius, der diese Stelle im 4. Jahrhundert in seinem Werk *‚De Abraham'* ausführlich kommentiert (*tres suscipiens, unum adorans*), und damit eine Interpretation vorgegeben hatte, der sich viele anschlossen. Die erste Deutung führte zu einem Bildtyp, bei dem einer der drei (oft der mittlere) Besucher hervorgehoben ist, wie wohl auch in der Darstellung des Mosaiks in S. Maria Maggiore in Rom aus der Zeit um 430 (*Abb.* 5), oder sogar durch

27 München, Bayerische Staatsbibliothek, Deckel zu cod. lat. mon. 4451 (Evangeliar, Mainz, 2. Viertel 9. Jahrhundert): Prachteinbände 870–1685. Schätze aus dem Bestand der Bayerischen Staatsbibliothek München, Ausstellungskatalog, München 2001, 15f., Nr. 2, mit Abb.; zur Ikonographie Günter Ristow, Die Taufe Christi, Recklinghausen 1965; Taufe Jesu, LCI 4 (1972) 247–255; Beispiele auch bei, Gertrud Schiller, Ikonographie der christlichen Kunst, Bd. 1, Gütersloh [3]1981, Abb. 346–372. – Triptychon in San Diego, Timken Art Gallery, ehem. in New Yorker Privatbesitz (Duveen Brothers), Millard Meiss, Painting in Florence and Siena after the Black Death, Princeton 1951, 34, Taf. 50; Michael Mallory, An Early Quattrocento Trinity, ArtB 14 (1966) 85–89; François Boespflug, Trinität. Dreifaltigkeitsbilder im späten Mittelalter, Paderborn 2001, 63. – Arras, Bibliothèque municipale, M 49, fol. 82v, Missale aus Mont-Saint-Eloi: Wolfgang Braunfels, Die Heilige Dreifaltigkeit (Lukas-Bücherei zur christlichen Ikonographie 6), Düsseldorf 1954, XXXIX und Abb. 40.

einen Kreuznimbus ausgezeichnet ist, wie z. B. in der Millstätter Genesis, einer altdeutschen Genesisparaphrase aus dem 12. Jahrhundert.[28]

Abb. 5: Abrahams Philoxenie, Mosaik in Rom, S. Maria Maggiore, um 430.

Anderen Darstellungen liegen komplexe Argumentationen zugrunde: Im sog. Kostbaren Evangeliar Bischof Bernwards von Hildesheim aus dem Jahr 1011 ist dem Johannesevangelium eine Bildseite vorangestellt, auf der die Menschwerdung, das als „Selbstmitteilung Gottes" beschriebene Geschehen, vor Augen gestellt wird (*Abb. 6*): Im Himmel thront Gott – mit Krone und Kreuznimbus – auf

28 Zu Darstellungen von Abrahams Philoxenie und zu Ps 109: Augustyn, Darstellung der Trinität (Anm. 26) 50–52.

der Sphaera, in der Glorie. Er hält das Buch des Lebens in der Linken (dieses sprechend mit dem Wort *Vita* beschriftet), während seine Rechte eine Scheibe mit dem *Agnus Dei* hält als Erinnerung an die von Johannes dem Täufer verkündigte Ankunft des Lammes. Es gehen Strahlen von Gott aus, die sich auf ein Kind beziehen, das, ebenfalls mit einem Kreuznimbus ausgezeichnet, nicht in einer Krippe liegt, sondern auf einem Altar: Der zeitgenössische Betrachter sollte an diesem Bild erkennen: Christus, der Logos, ist Mensch geworden, um durch sein Opfer die Welt zu erlösen, jenes Opfer am Kreuz, das immer wieder auf dem Altar gnadenhaft wiederholt und während jeder Messe dort stets neu vergegenwärtigt wird. Markant ist die Trennung zwischen den himmlischen Sphären, in denen der überzeitliche Gott thront, und der irdischen Wirklichkeit, in die das Kind eintritt: Personifikationen, die an Okeanos und Gaia erinnern, die alten antiken Gottheiten des Meeres und der Erde, sind hier die Repräsentanten der irdischen Welt im Gegensatz zur himmlischen. Den Meeresgott begleiten Tiere des Wassers – Delphin und Fische –, die Personifikation der Erde, die mit dem Arm um einen Baum greift, birgt in ihrem Schoß Mann und Frau, die Stammeltern des Menschengeschlechts, Adam und Eva. Während die Frau nach der verbotenen Frucht greift, die die Schlange ihr im Maul entgegenstreckt, greift Adam wie zur Bekräftigung des Sündenfalls nach dem Schwanz der Schlange. Die Korrelation von Sünden-

Abb. 6: Inkarnation: Bildseite vor dem Johannes-Evangelium im sog. Kostbaren Evangeliar Bernwards (Hildesheim, Dombibliothek), 1011.

fall, Erlösung durch Menschwerdung und Selbstopfer Christi und Altarsakrament ist hier augenfällig, der theologische Zusammenhang von ökonomischer Trinität und Soteriologie stringent veranschaulicht.

Ähnlich, wenn auch mit anderer Akzentuierung, zeigt dies noch das Fresko Raffaels von 1509/1510 mit der *Disputà* in der *Stanza della Segnatura*.[29] Päpste, Kirchenlehrer, Bischöfe disputieren über die Eucharistie in der Monstranz auf dem Altar, während darüber die Personen der Dreifaltigkeit jene gnadenhafte Realität konstituieren, die durch das Altarsakrament repräsentiert wird. Gottvater ist wiedergegeben als Greis, entsprechend der aus dem Danielbuch bekannten Charakterisierung, Christus im Lichtglanz des Auferstandenen, der, flankiert von Maria und Johannes, sowie im Kreis der Apostel und biblischen Glaubenszeugen (Stephanus) seine Wundmale weist, während von ihm und dem Vater die Taube des Hl. Geistes ausgeht.

5. Das Christusbild als Gottesbild

Man beließ es jedoch nicht dabei, sondern gebrauchte das Christusbild als Bildformel für das Gottesbild schlechthin. Das Apsismosaik aus S. Michele in Africisco in Ravenna, entstanden um 545, das sich seit dem 19. Jahrhundert in Berliner Museumsbesitz befindet, zeigt den jugendlichen Christus mit dem Kreuzstab und aufgeschlagenem Buch. Auf dessen Seiten liest man *Qui vidit me vidit et patrem*, die Antwort Jesu auf die Bitte des Philippus: „Herr zeige uns den Vater" (Joh 14,8). „Wer mich sieht", so antwortet ihm Jesus, „der sieht auch den Vater." (Joh 14,9) Sohn und Vater sind eins (*Ego et Pater unum sumus;* Joh 10,30). Oberhalb des Christusbildes sieht man den im Himmel thronenden Gottvater.[30]

---

29 Aus der reichen Literatur mit unterschiedlich akzentuierten Herleitungsversuchen des Programms: Inge Habig, Die Kirchenlehrer und die Eucharistie. Ein Beitrag zur Disputà Raffaels und zu einem Bildthema in ihrer Nachfolge, RQS 68 (1973) 35–49; Heinrich Pfeiffer S. J., Zur Ikonographie von Raffaels Disputa. Egidio da Viterbo und die christlich-platonische Konzeption der Stanza della Segnatura (MHP 37), Rom 1975, bes. 198–208; Christiane L. Joost-Gaugier, Raphael's Disputa. Medieval Theology Seen Through the Eyes of Pico della Mirandola, and the Possible Inventor of the Program Tommaso Inghirami, GBA 129 (1997) 65–84; Giovanni Reale, Raffaello: la „Disputa". Una interpretazione filosofica e teologica dell'affresco con la prima presentazione analitica dei singoli personaggi e dei particolari simbolici e allegorici emblematici, Mailand 1998, 28–41; Jörg Traeger, „Disputa del Sacramento". Zum Titel von Raffaels Wandbild im Vatikan, in: Wolfgang Liebenwein/Anchise Tempestini (Hg.), Gedenkschrift für Richard Harprath, München u. a. 1998, 469–476; Timothy Verdon, La teologia della Stanza della Segnatura. „Dominus finis est humanae historiae" ..., 1., ACr 86 (1998) 241–251; aber: Boespflug, Trinität (Anm. 27) 202f.

30 Corrado Ricci, Tavole storiche dei mosaici di Ravenna, Bd. 8,2. Michele in Affricisco, Rom 1937.

Das ganze Hochmittelalter hindurch war es jedoch nicht nur zulässig, sondern eine der am meisten gebrauchten Bildformeln für Gottvater, diesen im Typus Christi wiederzugeben und ihn mit einem Kreuznimbus auszuzeichnen.[31] Diese Bildformel, für die sich zahllose Beispiele aufbieten lassen, zeigte dem Betrachter die Perichorese, das Ineinssein der göttlichen Personen an, vermittelte, dass Gottvater und der eingeborene Sohn in ihrer Wirkweise nicht voneinander zu trennen sind. Folgerichtig kann am Beginn einer der illustrierten *Bibles moralisées*, einer Gruppe von ausführlich kommentierten Bibelexzerpten mit Bildern für das französische Königshaus, entstanden im zweiten Viertel des 13. Jahrhunderts in Paris, der göttliche Demiurg, der Schöpfer der Erde, der mit einem Zirkel die Grenze der Erde bestimmt, dabei aussehen, wie man Christus zu sehen gewohnt war (hier im Wiener Exemplar[32]): als erwachsenen bärtigen Mann mit Kreuznimbus (*Abb. 7*).

Abb. 7: Gott als Schöpfer der Welt: Bible moralisée (Wien, Österreichische Nationalbibliothek, Cod. 2554, fol. 1v), Paris, um 1220/30.

31 Dass es jenseits einer trinitarischen Gleichsetzung auch eine biblische Grundierung für dieses Motiv gab, ist an Kol 1,15–20 erkennbar: Helmut Merklein, Christus als Bild Gottes im Neuen Testament, in: Baldermann, Macht der Bilder (Anm. 3) 53–75.

32 Wien, Österreichische Nationalbibliothek, cod. 2554, fol. 1v, Paris, um 1220/1230 (mit französischem Text); Bible moralisée. Faksimile Ausgabe im Originalformat des Cod. Vind. 2554 der Österreichischen Nationalbibliothek (Codices Selecti, XL und XL*), Graz/Paris 1973; vgl. die Beiträge im Kommentarband. Die Anwendung des Zirkels in der Hand Gottes erinnere hier an den wahren Urheber der Welt. Katherine H. Tachau, God's Compass and Vana Curiositas. Scientific Study in the Old French Bible Moralisee, ArtB 80 (1998) 7–33. Zur Tradition des Demiurgen-Motivs u. a. Adelheid Heimann, Three Illustrations from the Bury St. Edmunds Psalter and their Prototypes. Notes on the Iconography of Some Anglo Saxon Drawings, JWCI 29 (1966) 39–59: 52; Friedrich Ohly, Deus Geometra. Skizzen zur Geschichte einer Vorstellung von Gott, in: Norbert Kamp/Joachim Wollasch (Hg.), Tradition

Daneben gab es eine reiche Tradition symbolischer Darstellungsformen, mit denen man das komplexe Thema der Trinität wenigstens ansatzweise zu veranschaulichen suchte, bis zu allegorischen Synthesen wie dem von Jan Provoost gemalten Bild aus dem ersten Viertel des 16. Jahrhunderts (*Abb. 8*), in dem die einzelnen Glaubenssätze des Credo als additive Bildmotive einer einzigen Bildkomposition einbeschrieben wurden: Gott, der die Welt geschaffen hat, über sie wacht und sie bewahrt, Gott im Mensch gewordenen, vom Heiligen Geist empfangenen und durch die Jungfrau geborenen Christus, dem Lamm Gottes, der die Welt durch seinen Tod erlöst hat und als endzeitlicher Richter wiederkehren wird.[33]

Betrachtet man die christliche Bildüberlieferung, scheint es freilich, als sei das Bild Christi als Bild des Mensch gewordenen Gottes dem Betrachter oft näher gerückt als jenes des übermächtigen Weltenschöpfers in seiner fernen Allmacht, Unnahbarkeit und Majestät. Christus, Gottes menschliches Gesicht, als Kind in der Krippe, als Mann am Kreuz, auf die Welt gekommen, um sie zu erlösen, und dafür das menschliche Leben, Schmerz und Tod auf sich zu nehmen, hat Künstler und Betrachtende gleichermaßen fasziniert. Die oft drastische Realität

Abb. 8: Allegorie von Jan Provoost (Paris, Musée du Louvre), Brügge, 1. Viertel 16. Jahrhundert.

als historische Kraft. Interdisziplinäre Forschungen zur Geschichte des frühen Mittelalters, Berlin u. a. 1982, 1–42.

33 Maximiliaan P. J. Martens (Hg.), Memling und seine Zeit. Brügge und die Renaissance. Ausstellungskatalog, Brügge u. a. 1998, 102.

des Passionsgeschehens in Wort und Text darzustellen,[34] war seit dem Mittelalter nicht nur ein Argument für eine stark vom Inkarnationsgedanken geprägte Christologie, sondern auch ein Instrument aktiver Teilhabe.[35] Die großen spirituellen Lehrer des Spätmittelalters erläuterten in ihren Handreichungen für die private fromme Praxis der Gläubigen, dass die Betrachtung gerade der Passion in aufeinanderfolgenden Schritten geschehen solle: Nach der anfänglichen *Imaginatio* und persönlichen Anteilnahme folge die *rememoratio*, ein Akt der theologischen Reflexion, *compassio* und gefühlshafte Teilnahme sollen anschließen, gefolgt von *oratio* und *imitatio Christi*.[36] Bei diesem Fortschreiten in der Angleichung des Einzelnen an Christus helfen Bilder, Bildwerke, deren appellativer Charakter den Zeitgenossen bewusst war. Der Dominikanermystiker Heinrich Seuse gebraucht in seinen deutschen Schriften *glichheit* für *similitudo*, die Angleichung des Gläubigen an Christus im Sinne der Christusnachahmung.[37] Das Mitfühlen und Nachempfinden der Passion erschien als geistliches Ziel und als Weg der aktiven Teilhabe an dem durch Christus gewirkten Heilsgeschehen. Aus dieser Haltung entstanden im Spätmittelalter Bildwerke, die man unter dem nicht unproblematischen Begriff des Andachtsbilds zusammenfasst, mit denen man in

---

34 Zur literarischen Überlieferung u. a. Walter Haug/Burghart Wachinger (Hg.), Die Passion Christi in Literatur und Kunst des Spätmittelalters (Fortuna vitrea 12), Tübingen 1993.

35 Aus der umfangreichen Literatur seien hier nur genannt: Bernd Moeller, Frömmigkeit in Deutschland um 1500, ARG 56 (1965) 5–31; Martin Elze, Das Verständnis der Passion Jesu im ausgehenden Mittelalter und bei Luther, in: Geist und Geschichte der Reformation. FS Hanns Rückert (AKG 38), Berlin 1966, 127–151; Ulrich Köpf, Kreuz. 4. Mittelalter, TRE 19 (1990) 732–761: 734–750.

36 Vgl. Fritz Oskar Schupisser, Schauen mit den Augen des Herzen. Zur Methodik der spätmittelalterlichen Passionsmeditation, besonders in der Devotio moderna und bei den Augustinern, in: Haug/Wachinger, Passion Christi (Anm. 34) 169f.

37 Agneszieka Madej-Anderson, „Glicheit“. Medien und Modelle der Ähnlichkeit bei Heinrich Seuse, in: Gaier/Kohl/Saviello, Similitudo (Anm. 1) 101–127. Zum Problem grundsätzlich auch Frank O. Büttner, Imitatio pietatis. Motive der christlichen Ikonographie als Modelle zur Verähnlichung, Berlin 1983.

der Kunstgeschichte Bildwerke bezeichnet, die als Einzelmotive aus dem Zusammenhang szenischer Darstellungen herausgenommen wurden, um den Betrachter in Gebet und Meditation zu unterstützen, wie zum Beispiel der kreuztragende Christus, der vor der Kreuzigung rastende Christus (*Abb. 9*) oder der „Ecce homo".[38]

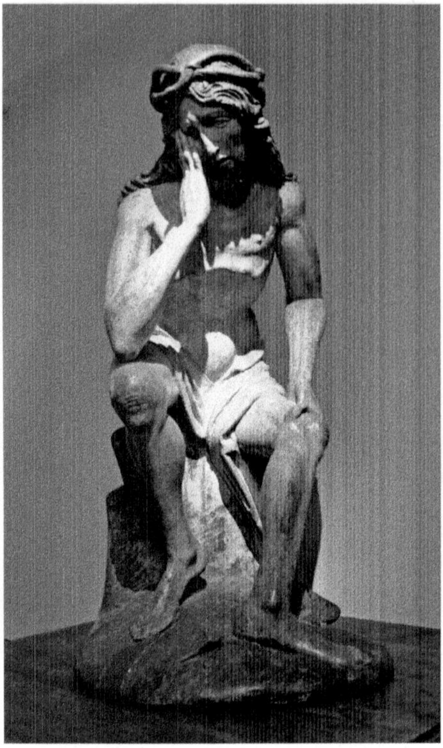

Abb. 9: Christus in der Rast (Frankfurt, Liebieghaus), Sachsen oder Thüringen, um 1500.

Die geradezu körperliche Nähe, die mit der Präsenz eines Bildes auch die Nähe zum Dargestellten zu versprechen scheint, kennzeichnet die aneignende, individuelle Christusfrömmigkeit in Spätmittelalter und Barockzeit.[39] Gleichzeitig schien damit auch ein Prozess der Grenzüberschreitung möglich, ein „künstlerischer Übergang in eine visionäre Realität", ein Vorgang, den die Kunst dem Betrachtenden, dem Betenden, zu vermitteln schien, aber auch dem Künstler. Eine solche Grenzüberschreitung, bei der man religiöse Erfahrung und Ästhetik verknüpfte,

38 Aus der umfangreichen Literatur zum Problem des „Andachtsbilds" seien hier genannt: Adolf Reinle, Andachtsbild, LMA 1 (1977) 582–588; Otto von Simson, Andachtsbild 1, TRE 2 (1978) 661–668. – Zu den genannten Motiven u. a. Ute Ulbert-Schede, Das Andachtsbild des kreuztragenden Christus in der deutschen Kunst, Diss. phil., München 1968; Barbara Wilk, Die Darstellung der Kreuztragung Christi und verwandte Szenen bis um 1300, Diss. phil., Tübingen 1969; Gert von der Osten, Christus im Elend. Ein niederdeutsches Andachtsbild, Westfalen 30 (1952) 185–198; Ulrike Meier, Christus im Elend, in: Denkmalpflege in Sachsen 1894–1994, Bd. 2, Halle a. d. S. 1998, 259–288; Wolfgang Augustyn, ‚Christus in der Rast'. Zum Gnadenbild der Wallfahrt von Herrgottsruh, in: Adelheid Riolini-Unger (Hg.), Die Herrgottsruh-Wallfahrt in Friedberg (Bay.), Friedberg 2000, 54–65. – Gert von der Osten, Der Schmerzensmann, Berlin 1935; Christian Hecht, Der Schmerzensmann, in: Leuschner/Hesslinger, Bild Gottes (Anm. 10) 128–152.

39 Frank O. Büttner, Das Christusbild auf niedrigster Stilhöhe. Ansichtigkeit und Körpersichtigkeit in narrativen Passionsdarstellungen der Jahrzehnte um 1300, WJKG 46/47 (1993/94) 99–130; Johannes Tripps, Das handelnde Bildwerk in der Gotik. Forschungen zu den Bedeutungsschichten und der Funktion des Kirchengebäudes und seiner Ausstattung in der Hoch- und Spätgotik, Berlin ^{2}2000; ders., Bilder und private Devotion, in: Bildersturm. Wahnsinn oder Gottes Wille? Katalog zur Ausstellung, Bernisches Museum, Musée

schien erst recht dort möglich, wo die unmittelbare Begegnung mit Christus geschehen konnte, in der Eucharistie, in welcher der Christus der Passion gegenwärtig wird. In der zeitgenössischen Mystik imaginierte man diese Begegnung bis zur Anbetung des am Kreuz blutenden Christus, was die zeitgenössischen Künstler ins Bild setzten.[40] Dass von der barocken Mystik, wie sie in der Herz-Jesu-Frömmigkeit des 17. Jahrhunderts entfaltet worden war, im 19. Jahrhundert, ihres ekstatischen Elements entkleidet, nur sentimentalische Verinnerlichung übrigblieb,[41] ist bekannt, war allerdings auch Indiz für die längst angebrochene Krise des religiösen Bildes in einer sich in einem durchgreifenden Säkularisierungsprozess wandelnden Umwelt.[42]

6. Das „Gottesbild" in der Moderne

Viele Künstler des späten 19. Jahrhunderts (Odilon Redon, Paul Gauguin, Maurice Denis, James Ensor) bzw. des 20. Jahrhunderts (Edvard Munch, Emil Nolde, Lovis Corinth, Piet Mondrian, Alexej Jawlensky, Georges Rouault, Pablo Picasso, Marc Chagall, Henri Matisse, Fernand Léger, Germaine Richter, Aurelie Nemours, Francis Bacon, Antonio Tàpies, Graham Sutherland, Antonio Saura, Georg Baselitz oder Candace Carter)[43] haben sich religiösen Themen zugewandt – häufig ohne Auftrag und ohne dass sie dies als Ausdruck eines persönlichen Bekenntnisses verstanden wissen wollten – und haben die Kreuzigung Christi dargestellt, weil sie darin eine exemplarische Ausdrucksform menschlichen Schicksals und Leidens erkannten und zeigen wollten. Diese Bilder und Objekte bis ins frühe 21. Jahrhundert belegen die intensiven Bemühungen, die gewohnte Ver-

---

de l'Œuvre Notre-Dame, Strassburg/Zürich 2000, 38–45; Christof L. Diedrichs, Terribilis est locus hic. Zum Verhältnis des Gläubigen zu Reliquie und Bild im Mittelalter, in: Kristin Marek u. a. (Hg.), Bild und Körper im Mittelalter, Paderborn 2006, 257–272.

40 Vgl. dazu Klaus Krüger, Bildpräsenz – Heilspräsenz. Ästhetik der Liminalität (Figura 6), Göttingen 2018.

41 Vgl. schon die Klage von Karl Künstle, Ikonographie der christlichen Kunst, Bd. 1, Freiburg i. Br. 1928, 615–618.

42 Zu der umfangreichen und kontroversen Literatur siehe die Angaben bei Augustyn, Darstellung der Trinität (Anm. 26) 80, Anm. 161; Jean-Pierre Wils, Das Bild Gottes in der Moderne. Eine fundamental-ästhetische Studie, in: Hoeps, Bildertheologie (Anm. 6) 236–258.

43 Peter Baum u. a., Christusbild im 20. Jahrhundert, Ausstellungskatalog, Linz 1981; Günter Rombold/Horst Schwebel, Christus in der Kunst des 20. Jahrhunderts, Freiburg i. Br. u. a. 1983; Clemens Jöckle, Das Christusbild des 19. und frühen 20. Jahrhunderts, Mün. 41 (1988) 119–126; Peter B. Steiner, Christusbild in der Gegenwart, Mün. 41 (1988) 127–136; Valérie da Costa, Das Neue Erscheinen Christi, WUB 18 (2000) 43–83; Martin Roman Deppner, "The Stations of the Cross". Ein jüdisch-christlicher Dialog in der Kunst. Marc Chagall und Barnett Newman, in: Leuschner/Hesslinger, Bild Gottes (Anm. 10) 259–272.

trautheit mit diesen Themen aufzubrechen, ein Vorgang, den man als „Unterlaufene Autonomie, unterlaufene Ikonographie" charakterisierte.[44] Entweder entzog man etwa das Abendmahl seiner historischen Entrückung als fernes Geschehen einst im Jerusalemer Saal und aktualisierte es, wie Harald Duwe in seinem Bild 1981, der eine Männergesellschaft – Porträts von Freunden des Künstlers, die mit ihm über die Möglichkeit eines aktuellen religiösen Bildes diskutiert hatten –, anachronistisch in Kleidung und Habitus der 1970er-Jahre beim Abendessen zeigte (Tutzing, Evangelische Akademie),[45] oder indem man ein Abendmahl zeigte, das nur Frauen feiern, wie auf einem Triptychon von 1991/92 die amerikanische Künstlerin Candace Carter,[46] oder ein Abendmahl in der traditionellen Bildkomposition, an dem nur Menschen mit geistigen Beeinträchtigungen teilnehmen, wie es der Photograph Raoef Mamedov 1998 in einer Serie imaginierte,[47] oder eben eine Leerstelle bot wie auf der Photographie von Julia Krahn mit der leeren Tafel.[48] Der alltäglichen Vereinnahmung des Gekreuzigten suchte man zu wehren und ihn durch Strategien der Verfremdung einer allzu selbstverständlichen Nähe zu entheben, wie etwa José Clement Orozco, der 1932–1934 einen revolutionären Jesus malte, der sein Kreuz mit der Axt fällt, oder William H. Johnson, dessen Christus dunkle Hautfarbe hat (1944),[49] oder erst recht Joseph Beuys mit seinem aus Holz, Zeitungspapier, Nagel, Draht, Nähgarn und Flaschen montierten Objekt „Kreuzigung" aus dem Jahr 1962/63 (Stuttgart, Staatsgalerie).[50] Aus jüngster Zeit sind Versuche bekannt, das vertraute Bild

---

44 Johannes Rauchenberger, Bestreiten, aber unterlaufen. Zum Kreativitätspotential zwischen christlichen Bildwelten und Gegenwartskunst am Beginn des 21. Jahrhunderts, in: Hoeps, Bildertheologie (Anm. 6) 354–375. – Vgl. zu künstlerischen Ausdrucksformen der Transzendenzerfahrung am Rand oder außerhalb traditioneller, kirchlich orientierter Prägungen u. a. Hans Hofstätter, Der Gekreuzigte ist überall, in: Wieland Schmied (Hg.), Zeichen des Glaubens – Geist der Avantgarde, Stuttgart 1980, 80–82; „Ein Einsehen ermöglichen": Ein Gespräch mit Friedhelm Mennekes über das Religiöse in der Kunst, in: HerKorr 62 (2008) 502–507; Crow, No Idols (Anm. 5); Jean-Pierre Wils, Sprechen die religiösen Bilder noch?, in: Neddens u. a., Spektakel (Anm. 5) 49–70.

45 Steiner, Christusbild (Anm. 43) 130.

46 Da Costa, Erscheinen Christi (Anm. 43) 78.

47 Christian Neddens, Das Geheimnis des Menschen im Christusbild zeitgenössischer Kunst, in: Neddens u. a., Spektakel (Anm. 5) 187–221: 212, Abb. 14.

48 Ebd., 197, Abb. 4.

49 José Clement Orozco, Zyklus "Epic of the New World Culture", Hannover/New Hampshire, Dartmoth College, Hood Museum of Art, 1932–1934; Da Costa, Erscheinen Christi (Anm. 43) 80f.; William H. Johnson, Kreuzigung, Washington D. C., National Museum of American Art.

50 „Dennoch ist in dem dreimal aufgemalten Kreuz und trotz der maximalen Unähnlichkeit der Müll-Materialien mit dem christlichen Kreuzgeschehen die intendierte Bedeutung signalisiert. Der ‚armselige Dingabfall' löste einen ‚Wahrnehmungsschock' aus, der den Betrachter auffordert, die bloßen Fakten metaphorisch zu überhöhen" (Werner Hofmann, Die Moderne im Rückspiegel. Hauptwege der Kunstgeschichte, München 1998, 376). Beuys beschäftigte sich immer wieder mit dem Thema: Friedhelm Mennekes, Joseph Beuys: Christus Denken. Thinking Christ, Stuttgart 1996, 163–193; Hans Markus Horst, Kreuz und

des Gekreuzigten in seiner Aussage dramatisch zu steigern, wie es der schottische Bildhauer David Mach mit dem mit zahllosen Nadeln besetzten Christuskörper tat („Die Harder, Coat hanger sculpture", 2011) oder der aus Algerien stammende französische Künstler Adel Abdessemed mit seiner Serie von Christuskörpern aus Stacheldraht („Décor", 2011/2012).[51] Ganz anders, in einer offensiven Umkehrung der Fixierung auf die Passion, suchte der britische Künstler Cosmo Sarson den Auferstandenen Christus 2013 in ein Bild der Lebensbejahung zu fassen und imaginierte diesen in verschiedenen Varianten als Breakdancer mit wehendem Lendentuch (*Abb. 10*), eine reziproke Verschränkung von Gottes- und Menschenbild, bei der offenbleibt, ob man ein solches Bild als Ergebnis der „Säkularisierung des Christusbildes oder als religiöse Aufladung des Menschenbildes"[52] deutet. Solchen Bilderfindungen liegen – unabhängig davon, wie man den Bildgebrauch einschätzt – Übertragungen zugrunde. Es werden darin wechselnde gesellschaftliche, politische und kulturelle Vorstellungen und Bilder auf Christus projiziert, die nicht nur die historische Befangenheit der Projizierenden spiegeln, sondern mit denen auch eine überzeitliche Dimension postuliert scheint, die trotz aller anachronistischen, bisweilen geradezu radikal anmutenden Aktualisierung mit dem Christusbild verbunden wird.

Christus. Die religiöse Botschaft im Werk von Joseph Beuys, Stuttgart 1998, 175–252, zum Objekt von 1962/63 besonders 202f.; dazu auch Johannes Stüttgen, Zeitstau. Im Kraftfeld des erweiterten Kunstbegriffs von Joseph Beuys, Stuttgart 1988, 10–21; Steiner, Christusbild (Anm. 43) 130f.; Ralf van Bühren, Kunst und Kirche im 20. Jahrhundert, Paderborn u. a. 2008, zu Beuys 392f.

51 Neddens u. a., Spektakel (Anm. 5) 208f., Abb. 12f.

52 Ebd., 216.

Abb. 10: Breakdancing Jesus, Wandgemälde von Cosmo Sarson in Bristol, 2013.

7. Sich ein Bild machen?

Solche Übertragungsprozesse sind zunächst der Sprache eigen[53] und konstituieren auch die Gottesbilder im Text der Bibel und ihre Rezeption.[54] Auch sie sind – als Bilder von Bildern – Teil der hier beschriebenen, vielfältigen Tradition des „Sich ein Bild Machens“: Beispiele für Gottesbilder in den Bildkünsten. Als ein Beispiel für das intrikate Verhältnis von Sprachform und (künstlerischer) Verbildlichung und den möglichen mehrfachen Übertragungen sei hier eine der durchgehend illustrierten karolingischen Psalterhandschriften aus dem frühen Mittelalter genannt, der sog. Stuttgarter Psalter, der um 830 vielleicht in der Abtei Saint-Germain-des-Prés geschrieben und illustriert wurde.[55] Die Varianten der Bebilderung korrespondieren der Vielfalt der literarischen Sprachformen, die im Psalter Anwendung gefunden hatten. Bei den zahlreichen, interlinear eingeschobenen Zeichnungen in der Stuttgarter Psalter-Handschrift lassen sich drei „modi“ des Illustrierens unterscheiden, als erste Gruppe jene Bilder, bei denen man den reinen Wortsinn ins Bild brachte oder einen im Text genannten Gegenstand, als zweite Gruppe diejenigen Illustrationen, bei denen man (historische) Ereignisse aus dem Bibeltext wiedergab oder sich auf historische Realitäten außerhalb des Textes bezog, und schließlich die dritte Gruppe, deren Bildkompositionen ein übertragenes Verständnis der Textstelle zugrunde liegt,

---

53 Vgl. dazu grundsätzlich u. a. Friedrich, Metaphorologie (Anm. 1); Dietmar Peil, Überlegungen zur Bildfeldtheorie, BGDS(T) 112 (1990) 209–241; Britta Bußmann u. a. (Hg.), Übertragungen. Formen und Konzepte von Reproduktion in Mittelalter und Früher Neuzeit (Trends in Medieval Philology 5), Berlin 2005; Franziska Wenzel, Intermediale und intramediale Übertragung. Mittelalterliche Bezeichnungspraktiken in metaphorischer Rede und Illustration, in: dies./Pia Selmayr (Hg.), Übertragung – Bedeutungspraxis und „Bildlichkeit“ in Literatur und Kunst des Mittelalters (Imagines medii aevi 39), Wiesbaden 2017, 1–22. Zu Anwendungsfällen: Hans-Jörg Spitz, Die Metaphorik des geistigen Schriftsinns. Ein Beitrag zur allegorischen Bibelauslegung des ersten christlichen Jahrtausends (MMAS 12), München 1972; Sabrina Keim, Marienlob im Spätmittelalter. Studien zur Interferenz von poetologischer und theologisch-mariologischer Metaphorik, Leipzig 2020.

54 Vgl. Annette Wiesheu, Die Hirtenrede des Johannesevangelium. Wandlungen in der Interpretation eines biblischen Textes im Mittelalter (6.–12. Jahrhundert), Paderborn 2007; Monika Suchan, Die Metapher des Hirten im früheren Mittelalter (Millennium-Studien 56), Berlin 2015.

55 Stuttgart, Württembergische Landesbibliothek, Bibl. fol. 23, fol. 2r. Zur Handschrift: Der Stuttgarter Bilderpsalter, Stuttgart 1965–1968, Bd. 1: Faksimile; Bd. 2: Kommentarband, darin besonders: Florentine Mütherich, Die Stellung der Bilder in der frühmittelalterlichen Psalterillustration (151–222); dies., Die verschiedenen Bedeutungsschichten in der frühmittelalterlichen Psalterillustration, FMSt 6 (1972) 232–244: 237; Heinz Meyer, Die Metaphern des Psaltertextes in den Illustrationen des Stuttgarter Bilderpsalters, in: Christel Meier/Uwe Ruberg (Hg.), Text und Bild. Aspekte des Zusammenwirkens zweier Künste in Mittelalter und früher Neuzeit, Wiesbaden 1980, 175–208; Felix Heinzer, Wörtliche Bilder. Zur Funktion der Literal-Illustration im Stuttgarter Psalter (um 830) (Wolfgang Stammler Gastprofessur für Germanische Philologie. Vorträge 13), Berlin/New York 2005.

ohne das – umgekehrt – die Beziehung von Text und Bild hermeneutisch unklar bleibt. Diese Übertragung einer allegorischen oder typologischen Textdeutung setzt Traditionen der Textexegese voraus, die in diesem Fall ebenso über literarische wie künstlerische Quellen vermittelt sein konnten, Textkommentare und bereits illustrierte Handschriften, die als exemplarisch für die Ikonographie rezipiert wurden.[56] Die Metaphorik der Psalmen schlägt sich hier vor allem in den Bildern der ersten Gruppe nieder, auch wenn es zwischen illustrierten Metaphern und „anderen Bildinhalten zeichenhafter Funktion, die ebenfalls auf Metapherntraditionen zurückgehen können",[57] Unterschiede gibt. Als ein Beispiel für die Verbildlichung einer Metapher sei hier nur an das Bild zu Ps 23 (Vg: Ps 22) erinnert (*Abb. 11*), dessen Text das Bild des Hirten bestimmt, die Bilder von Quelle und Bach, deretwegen der Psalm aufgrund seiner Auslegung zum Taufpsalm wurde.[58] Als Hirte ist Christus mit der „Crux hastata" zu sehen. Im Text nicht erwähnt sind die beiden Bäume, rechts als Feigenbaum der Baum der Erkenntnis mit der Schlange, dementsprechend gegenüber wohl der Baum des Lebens.

Abb. 11: Christus als Hirte, Bild zu Ps 23 (Vg: Ps 22) im Stuttgarter Psalter (Stuttgart, Württembergische Landesbibliothek, Bibl. fol. 23, fol. 28v), um 830.

56 Meyer, Metaphern (Anm. 55) bes. 177–179.

57 Ebd., 181.

58 Jean Daniélou, Le Psaume 22 dans l'exégèse patristique, in: Richesses et déficiences des anciens psautiers latins (CBLa 3), Rom 1959, 189–211: 193–201; dt.: Jean Daniélou, Liturgie und Bibel. Die Symbolik der Sakramente bei den Kirchenvätern, München 1963, 180–192.

Später konnten die mit der metaphorischen Diktion verknüpften Übertragungen zu umfangreichen Allegorien führen.

Eines der wirkmächtigsten Bilder biblischer Sprache war die Gleichsetzung von Christus und Wort Gottes im Prolog des Johannesevangeliums, die auch in den Bildkünsten artikuliert wurde.[59] Immer schon galt der Gott der Bibel als Gott des Wortes, verstand man den Bibeltext als „Wort Gottes",[60] konnte Augustinus von einer Doppeloffenbarung Gottes im Wort und in der Schöpfung schreiben. Auf dieser Exegese beruht die Vorstellung von den zwei Büchern, dem „Buch der Schrift" (das durch Gottes „Diktat" von den Händen inspirierter Verfasser verschriftlicht worden war[61]) und dem „Buch der Natur".[62] Um die im Prolog zum Johannesevangelium formulierte Identität von Christus und Wort ins Bild zu setzen, bediente man sich der Metapher des Buchs, die in der Passionsfrömmigkeit des 13. Jahrhunderts und später immer wieder auf den „Liber vitae" bezogen und damit in einer mehrfachen Übertragung mit dem gekreuzigten Christus gleichgesetzt wurde.[63] Der Zisterziensertheologe Isaak von Stella (1100–1178) formulierte, Christus sei sichtbar in der Schrift und greifbar im Sakrament. Wenn er nicht mehr im Fleisch gegenwärtig sei, dann sei er es in der Schrift. Der Text des Evangeliums wird zur leiblichen Gegenwart des sichtbaren Worts.[64] Der französische Benediktiner Petrus Berchorius führte im 14. Jahrhundert dieses Modell

59 Wolfgang Augustyn, Inkarnationschristologie in den Bildkünsten des Mittelalters. Ein Beitrag zur Rezeptionsgeschichte des Johannesprologs, in: Irmtraud Fischer u. a. (Hg.), Der Streit um die Schrift (JBTh 31), Göttingen u. a. 2018, 245–264.

60 Zur Metaphorik: Klaus Schreiner, Buchstabensymbolik, Bibelorakel, Schriftmagie. Religiöse Bedeutung und lebensweltliche Funktionen heiliger Schriften im Mittelalter und in der Frühen Neuzeit, in: Horst Wenzel u. a. (Hg.), Die Verschriftlichung der Welt. Bild, Text und Zahl in der Kultur des Mittelalters und der Frühen Neuzeit (Schriften des Kunsthistorischen Museums 5), Wien 2000, 58–103: 60f.

61 Vgl. etwa die Formulierung Alkuins, der den Bibeltext erklärte als Addition himmlischer Worte („coelestia verba") weil sie durch Gottes Diktat („dictante Deo") zustande gekommen und damit himmlischen Ursprungs („caelestis originis") seien: Ernst Dümmler (Hg.), Alcvini sive Albini Epistolae (MGH. Ep. 2), Berlin 1985, 422–424 (Nr. 264): 423; 31.

62 Erich Rothacker, Das „Buch der Natur". Materialien und Grundsätzliches zur Metapherngeschichte, aus dem Nachlaß, hg. und bearb. von Wilhelm Perpeet, Bonn 1979; Hans Blumenberg, Die Lesbarkeit der Welt, Frankfurt a. M. 1979; Andreas Speer, Die entdeckte Natur. Untersuchungen zu Begründungsversuchen einer „scientia naturalis" im 12. Jahrhundert (STGMA 45), Leiden u. a. 1995; Steven F. H. Stowell, The Spiritual Language of Art. Medieval Christian Themes in Writings on Art of the Italian Renaissance (SMRT 186), Leiden u. a. 2015, 130–142.

63 Augustyn, Inkarnationschristologie (Anm. 59) 254–258.

64 Isaak von Stella, Sermo 9,7, in: Sermones – Predigten, hg. von Wolfgang Gottfried Buchmüller/Bernhard Kohout-Berghammer (FC 52,1), Freiburg i. Br. u. a. 2012, Bd. 1, 264f. Bisher nicht untersucht scheint die Frage, inwieweit der Autor in dieser Aussage theologische Vorstellungen alludierte wie jene der Suffizienz der Schrift – dazu Yves M. J. Congar, Die Tradition und die Traditionen, Bd. 1, Mainz 1965, 141–151; zum „Schriftprinzip" der Frühscholastik: Hermann Schüssler, Der Primat der Heiligen Schrift als theologisches und kanonistisches Problem im Spätmittelalter (VIEG 86), Wiesbaden 1977, 1–23; vgl. Gaetano

weiter aus und sah Leben und Sterben Christi wie eine Handschrift an: Der menschgewordene Gottessohn sei vom Vater diktiert, im Schoß Mariens vom Heiligen Geist auf jungfräuliches Pergament geschrieben, der Welt zur Kenntnis gebracht in der Offenbarung der Geburt, korrigiert in der Passion, abgeschabt bei der Geißelung, punktiert und durchstoßen bei der Durchbohrung der Wunden, auf ein Lesepult gestellt bei der Kreuzigung, bemalt durch die Vergießung des Bluts, gebunden in der Auferstehung, disputiert bei der Himmelfahrt. Geöffnet und aufgeschlagen werde das Buch Christus beim letzten Gericht.[65] Bild wurde diese Vorstellung bei der Illustration einer Sammlung volkssprachlicher Texte aus dem zweiten Drittel des 14. Jahrhunderts.[66] Die Wiedergabe Christi mit ausgespannten Armen am Kreuz und die beiden blanken Seiten eines aufgeschlagenen Buchs sind gewissermaßen „überblendet" (*Abb. 12*). Dementsprechend sieht man in einem französischen Stundenbuch aus der Zeit um 1430/35 Maria vor Christus als Kind knien, der in einen Codex eingebunden scheint (*Abb. 13*).

Sowohl bei Christus als Breakdancer von Cosmo Sarson als auch bei dem im Buch geborgenen Christus des spätmittelalterlichen Stundenbuchs handelt es sich um das Ergebnis einer positiven Distanzierung, bei der gleichzeitig Nähe und Andersheit artikuliert sind. Der Theologe Jürgen Werbick hat vor einigen Jahren den Gebrauch der Metapher für das theologische Reden neu in Erinnerung gerufen, um „das Verhältnis v[on] Ähnlichkeit und Unähnlichkeit im Sprechen v[on] Gott und seiner endzeitl[ichen] Herrschaft spannungsreicher als in der Lehre v[on] der Analogie ausdrücken zu können."[67]

In den Künsten scheint das, wenn man sich ein Bild macht, leichter und schwerer zugleich.

Raciti, Isaac de l'Etoile, DSp 7,2 (1971) 2012–2038; Alexander Fidora, „Mysteria magis delectant". Die Exegese des Zisterzienserabtes Isaak von Stella, in: Ineke van't Spijker (Hg.), The Multiple Meaning of Scripture. The Role of Exegesis in Early Christian and Medieval Culture (Commentaria 2), Leiden u. a. 2009, 273–290.

65 „Christus enim est quidam liber scriptus in pelle virginea et in camera virginis gloriose digitis spiritus sancti. Iste enim liber fuit dictatus in patris dispositione, scriptus in matris conceptione, expositus in nativitatis manifestatione, correctus in passione, rasus in flagellatione, punctatus in vulnerum infixione, super pulpitum positus in crucifixione, illuminatus in sanguinis effusione, et illigatus in resurrectione, et disputatus in ascensione [...] Apertus vero erit et explicatus in iudicii promulgatione": Petrus Berchorius (Pierre Bersuire), Repertorium morale II, s.v. »Liber«, zit. nach Ausgabe Nürnberg: Anton Koberger 1499, 199r.

66 Zu den drei illustrierten Handschriften der Textsammlung (Chantilly, Musée Condé, ms. fr. 1267; Paris, Bibl. nat. de France, ms. fr. 1136 und ms. nouv. acq. fr. 4338): Cornelia Logemann, Heilige Ordnungen. Die Bild-Räume der „Vie de Saint-Denis" (1317) und die französische Buchmalerei des 14. Jahrhunderts (pictura et poesis 24), Köln u. a. 2009, 157, Anm. 323.

67 Werbick, Metapher (Anm. 1) 190.

Abb. 12: Christus am Kreuz in einer Bibelpara-phrase (Paris, Bibl. nat. de France, Ms. fr. 1136, fol. 100r), Frankreich, 2. Viertel 14. Jahrhundert.

Abb. 13: Maria vor dem Christuskind im sog. Rohan-Stundenbuch (Paris, Bibl. nat. de France, Ms. lat. 9471, fol. 133r), Frankreich, um 1430/1435.

Bildnachweis:
Abb. 1,2: Zentralinstitut für Kunstgeschichte, München; Abb. 3: British Library, London; Abb. 4: Bayerische Staatsbibliothek, München; Abb. 5, 8: Archiv des Verf.; Abb. 6: Dombibliothek Hildesheim; Abb. 7: Österreichische Nationalbibliothek Wien; Abb. 9: Museum Liebieghaus, Frankfurt; Abb. 10: https://cosmosarson.com/street-art#/bristol/; Abb. 11: Württembergische Landesbibliothek, Stuttgart; Abb. 12, 13: Bibliothéque nationale de France, Paris.

Ein Bild ist nicht genug. „Mixed Metaphors“ und ihr Wert für die biblische Gottesrede

Ruben Zimmermann

1. Hinführung

> „Herzlich lieb habe ich dich, Herr, meine Stärke!
> Herr, mein Fels, meine Burg[1], mein Erretter;
> mein Gott, mein Hort, auf den ich traue,
> mein Schild und Berg meines Heiles und mein Schutz!“

Für betende Menschen sind solche Worte aus Psalm 18 tröstlich und aufbauend, Ausdruck einer Glaubensgewissheit. Der glaubende Rezipient und die nachsprechende Gottsuchende zögern keine Sekunde, dass hier sinnvolle und verstehbare Sätze über Gottes Kraft und Beistand formuliert sind. Mit einem Schritt Abstand fragt der vernünftige Geist hingegen, ob es logisch sinnvoll ist, Gott in einem Atemzug sowohl als „Fels“ als auch als „Burg“ zu bezeichnen. Die kritische Bibelwissenschaftlerin mag prüfen, ob hier nicht vielleicht verschiedene Traditionslinien oder gar Quellen etwas unbeholfen vermischt wurden. Der Sprachwissenschaftler attestiert schlechten Stil, denn die anthropomorphe Rede vom „Schild“ eines Kämpfers und die topologisch-spatiale Metapher vom „Berg“ passen doch kaum in einen Satz. Und die Anzahl von acht Begriffen (Stärke, Fels, Burg, Erretter, Hort, Schild, Berg und Schutz) kann man wohl kaum noch als ästhetisch akzeptablen Pleonasmus bezeichnen, sondern einfach nur als heillose Überfrachtung dieser vier Verszeilen.

Das Beispiel führt uns mitten hinein in die „Gottes-Bilder, die Metaphorik biblischer Gottesrede“, so der Titel der diesem Band zugrunde liegenden Tagung. „Die Metapher ist das Basisphänomen religiöser Sprache und entsprechend die Grundfigur der biblischen Rede. [...] Dementsprechend wird (auch) von Gott metaphorisch gesprochen.“[2] Aber wie kann es dann sein, dass in einer

1 Die Parallelstelle aus Psalm 30,3 war Introitus-Psalm in der Woche der Konferenz, und wurde im Vortrag eingangs zitiert.

2 Philipp Stoellger, Art. Metapher III. Systematisch-theologisch, in: Oda Wischmeyer (Hg.), Lexikon der Bibelhermeneutik, Berlin/Boston 2013, 378–379.

maßgeblichen biblischen Gotteslehre[3] das Stichwort „Metapher“ im über 40-seitigen höchst differenzierten Sachregister nicht vorkommt? Der Eintrag „Gottesprädikate“ verweist auf „Eigenschaften Gottes“, diese sind dann mit Allmacht, Ewigkeit, Heiligkeit Gottes nur bedingt metaphorisch und greifen auf Begriffe der dogmatischen Tradition zurück. Taugen Metaphern doch nicht, um aus ihnen eine Gotteslehre zu bauen? Sind Metaphern doch nur illustrative, pädagogische Krücken, „uneigentliche“ Rede, die nicht wahrheitsfähig ist? Ist „ein *Bild* also doch nicht genug“ (s. Titel), um von Gott zu sprechen?

Oder kann man ganz im Gegenteil mit Eberhard Jüngel sagen: Gott kommt nicht nur vorrangig, sondern gar ursprünglich und eigentlich in der Metapher zur Sprache, was er dann zugleich die „metaphorische Wahrheit“ nennt.[4] Brauchen wir vielleicht sogar Metaphern, um von Gott zu reden? Können wir überhaupt anders als in Metaphern von Gott reden, denn auch Prädikate wie Schöpfer, Ewiger, schon gar Vater sind doch nichts Anderes als lexikalisierte Metaphern?

So gestellt, weisen die Fragen in das Feld der Systematischen Theologie, die auf ihre Weise auch Antworten zu geben versucht.[5] Ich möchte mich hier als Exeget zunächst mit der nüchternen Feststellung begnügen, dass in der Bibel häufig in Metaphern von Gott gesprochen wird. So können wir auf deskriptiver Ebene weiterfragen: Wie funktioniert diese „bildliche“ Rede über Gott? Welche sprachlichen Besonderheiten zeichnen sie aus und worin liegt ihr theologisches Potential? Gibt es bessere und schlechtere Gottesbilder, und was sind Kriterien solcher Bewertungen? Warum kommt eine Metapher bzw. ein Sprachbild selten allein? Wie sind diese Metaphernkombinationen (so mein Eingangsbeispiel aus Psalm 18) zu beurteilen? Zeigen sie tatsächlich schlechten Stil an, oder können wir hier eine typische Form religiöser Metaphorik der Gottesrede erkennen, die theologisch sogar von besonderem Wert ist? Der Titel dieses Beitrages ist in diesem Fragenkomplex deshalb von mir so zu lesen: „*ein* Bild ist nicht genug“ und stellt zugleich meine These vorweg. Es bedarf stets mehrerer Bilder und Metaphern, um von Gott zu sprechen. Genau diese Metaphernkombinationen, die so genannten „Mixed Metaphors“, sollen in diesem Artikel im Fokus stehen. Bevor ich diese genauer in den Blick nehme, müssen allerdings einige Grundüberlegungen zur Metaphorik in Erinnerung gerufen werden.

3 Reinhard Feldmeier/Hermann Spieckermann, Der Gott der Lebendigen, Tübingen [1]2011, 3., überarb. Aufl. 2020, 679–723.

4 Vgl. Eberhard Jüngel, Metaphorische Wahrheit, in: ders., Entsprechungen. Gott – Wahrheit – Mensch, Tübingen [2]1986, 103–157.

5 Vgl. wegweisend Sally McFague, Metaphorical Theology. Models of God in Religious Language, Philadelphia 1982; sowie die Beiträge von Malte Dominik Krüger, Die Bildlichkeit der Gottesrede in der neueren evangelischen Theologie. Beobachtungen und Überlegungen und Jakob Helmut Deibl, Metapher und Zwischenraum. Thesen zur an-archischen Gottesrede der Bibel in diesem Band.

2. Metaphern und Gottesbilder – eine funktionale Grundorientierung

2.1 Metapher

Die Metaphernreflexion ist so alt wie die abendländische Geistesgeschichte. Gleichwohl gibt es immer wieder Phasen, in denen sie besonders in den Vordergrund, oder auch wieder in die zweite Reihe rückt. Als ich vor gut 20 Jahren im Zuge meiner Arbeit an der Dissertation „Geschlechtermetaphorik und Gottesverhältnis"[6] etwas grundsätzlicher in die Metapherntheorien eingetaucht bin, war mein Doktorvater der Meinung, dass dieser Theorie-Überblick und innovative Methodologie-Vorschlag doch Wert für eine eigene methodische Orientierung sei, da man zumindest in der Bibelwissenschaft der 1990er Jahre noch wenig und methodisch unreflektiert metapherntheoretisch arbeitete.[7] Inzwischen ist die Bedeutung der Metapher für die biblische Sprache wieder zum Grundwissen jeder und jedes Theologiestudierenden geworden. Die Analyse bildlicher Sprachformen zählt zur exegetisch-methodischen Grundbildung des Proseminars.[8]

Aber auch auf der Ebene der wissenschaftlichen Metapherndiskussion scheint sich so etwas wie ein Grundkonsens eingespielt zu haben. Alte Polarisierungen wie zwischen Substitutions- und Interaktionstheorie, der Traditions- oder Innovationsorientierung, oder der Frage, ob die Metapher ein Problem poetischer Sprache oder nicht auch der Alltagssprache darstellt, scheinen überwunden. Auch die Philosophie musste den Erkenntnisgewinn durch Metaphern, ja die tragende Rolle von Metaphern in der Philosophiegeschichte anerkennen,

---

6 Vgl. Ruben Zimmermann, Geschlechtermetaphorik und Gottesverhältnis. Traditionsgeschichte und Theologie eines Bildfelds in Urchristentum und antiker Umwelt (WUNT 2,122), Tübingen 2001, jetzt auch online unter https://publications.ub.uni-mainz.de/opus/volltexte/2017/56462/pdf/ 56462.pdf.

7 Vgl. Ruben Zimmermann, Metapherntheorie und biblische Bildersprache. Ein methodologischer Versuch, ThZ 56,2 (2000) 108–133; Pionierarbeit in der deutschsprachigen neutestamentlichen Exegese leistete z. B. Petra von Gemünden, Vegetationsmetaphorik im Neuen Testament und seiner Umwelt. Eine Bildfelduntersuchung (NTOA 18), Fribourg/Göttingen 1993. Früher war die Metapher insbesondere in der Gleichnisexegese wiederentdeckt worden, vgl. Hans Weder, Die Gleichnisse Jesu als Metaphern. Traditions- und redaktionsgeschichtliche Analysen (FRLANT 120), Göttingen ^{4}1990 (1. Aufl. 1978); Bernhard Heininger, Metaphorik, Erzählstruktur und szenisch-dramatische Gestaltung in den Sondergutgleichnissen bei Lukas (NTA.NF 24), Münster 1991.

8 Vgl. z. B. Sönke Finnern/Jan Rüggemeier, Methoden der neutestamentlichen Exegese. Ein Lehr- und Arbeitsbuch, Tübingen 2016, 152f., 167–169.

wie Bücher von Bernhard H. F. Taureck oder Ralf Konersmann belegen.[9] Ich kann mich hier deshalb auf eine sehr kurze Wiederholung einiger Basis-Elemente zur Metapher beschränken. Als Textwissenschaftler konzentriere ich mich dabei auf die Metapher als Textphänomen in den drei Dimensionen von Syntax, Semantik und Pragmatik.[10]

(1) Syntax: Die Metapher ist eine zweiteilige Texteinheit. Der Begriff „double unit" wurde von Richards[11] in die Diskussion eingeführt und besagt soviel wie, dass die Metapher nie nur aus einem Wort bestehen kann. Eine Metapher ist immer ein kleines Stück „Text", bei dem zwei Elemente in einer syntaktischen Einheit aufeinander bezogen werden. Auch wenn man diese Teile mit unterschiedlichen Begriffen belegt hat, ist die „Doppeleinheit" als Grundstruktur der Metapher grundsätzlich anerkannt. Die beiden Teile wurden z. B. als „Vehicle" und „Tenor" (Richards[12]), „Frame" und „Focus" (Black[13]) „Bildspendender und Bildempfangender Bereich"[14] oder „Source domain" und „Target domain" (Lakoff/Johnson, Kövecses[15]) bezeichnet.

Wie die Begriffe schon andeuten, sind die Bereiche nicht einfach austauschbar und asyndetisch nebeneinander gestellt. Vielmehr weisen sie eine prädikative Gerichtetheit auf, bei der das eine Element Bildspender (source domain), das andere Bildempfänger (target domain) wird. Die Interaktion der Bereiche vollzieht sich durch geregelte, konventionelle Verknüpfungen, wie ich an einigen Beispielen zu biblischen Gottesmetaphern erläutern möchte: So etwa durch Genitivmetaphern („Die Hand des Herrn [...]", Ex 9,3), in Appositionsmetaphern („Der Herr, die Quelle des lebendigen Wassers", Jer 17,13 bzw. „Herr Zebaoth, du gerechter Richter", Jer 11,20) oder mit präpositionalen Satzkonstruktionen („Vor dir ist Freude in Fülle und Wonne zu deiner Rechten ewiglich", Ps 16,11). Auch in rhetorischen Fragen können Gottesmetaphern formuliert werden:

---

9 Vgl. Bernhard H. F. Taureck, Metaphern und Gleichnisse in der Philosophie, Frankfurt a. M. 2004, oder Ralf Konersmann (Hg.), Wörterbuch der philosophischen Metaphern, Studienausgabe, Darmstadt 2014.

10 Vgl. zum Folgenden Zimmermann, Metapherntheorie (Anm. 7), sowie ders., Art. Metapher, Neutestamentlich, in: Oda Wischmeyer (Hg.), Lexikon der Bibelhermeneutik, Berlin/Boston 2013, 377–378.

11 Vgl. Ivor Armstrong Richards, The Philosophy of Rhetoric, New York 1936, insb. chap. 5 „Metaphor", dt. Übersetzung (gekürzt) „Die Metapher" in: Anselm Haverkamp (Hg.), Theorie der Metapher (WdF 389), Darmstadt ^{2}1996, 31–52: 37.

12 Richards, Metapher (Anm. 11) 36.

13 Max Black, Die Metapher (urspr. 1954), in: Haverkamp, Theorie (Anm. 11) 55–79: 58.

14 Harald Weinrich, Sprache in Texten, Stuttgart 1976, 297.

15 George Lakoff/Mark Johnson, Metaphors We Live by, Chicago/London 1980, 3–6; Zoltán Kövecses, Metaphor. A Practical Introduction, New York ^{2}2010, 17–32. In der späteren Weiterentwicklung kognitivistischer Metapherntheorie der „Conceptual Blending Theory" werden drei bzw. vier Ebenen („mental spaces") unterschieden: zweifacher „Input space" („source domain" und „target domain"), „generic space" und „blended space", vgl. Gilles Fauconnier/Mark Turner, The Way We Think. Conceptual Blending and the Mind's Hidden Complexities, New York 2002, 40–50.

„Kann auch eine Frau ihr Kindlein vergessen, dass sie sich nicht erbarme über den Sohn ihres Leibes?“ (Jes 49,15). Aber auch längere hymnische oder narrative Texteinheiten, wie z. B. das Weinberglied (Jes 5,1–5) oder die Parabel vom verlorenen Sohn respective barmherzigen Vater (Lk 15,11–32), können als Kontextmetapher bezeichnet werden. Mittels der gerichteten Verknüpfung wird eine unbekannte, komplexe oder schwer zugängliche Größe durch eine alltägliche, bekannte Größe näher qualifiziert. In meinen Beispielen wurde die konkrete Erfahrung mit Wasserquelle, Richter, Mutter oder Winzer als *source domain* herangezogen, um die *target domain* „GOTT“ näher zu beschreiben.

Hier bin ich allerdings schon bei der *(2) Semantik*, der Bedeutungsdimension der Metapher angekommen. Die beiden syntaktisch aufeinander bezogenen Größen sind zugleich semantische Felder, die sich gerade durch ihre Inkompatibilität auszeichnen. Sie passen „eigentlich“ nicht zusammen, denn z. B. bezogen auf die Wasser-Quellen-Metaphorik können wir konstatieren, dass H_2O erst einmal keine Eigenschaft oder ein Element Gottes ist. So beliebt auch die Vater-Metapher in der jüdisch-christlichen Tradition sein mag,[16] so wenig wird man doch in der Lage sein, den in unserer Welt üblichen „genetischen Vaterschaftstest“ durchzuführen, auch kann die Vaterschaft Gottes weder dogmatisch noch philosophisch schlüssig abgeleitet werden. Der religiöse Begriff „Gott“ ist semantisch einer anderen Domäne als der soziale Rollenbegriff „Vater“ zuzuordnen. Indem beide Felder im Text verbunden sind, wird diese Spannung aber nicht einfach in eine dritte Bedeutungsdimension (*tertium comparationis*) hinein aufgelöst. Wie unterschiedliche Metapherntheoretiker herausgearbeitet haben, lebt die Metapher gerade davon, dass sie diesen Widerspruch hervorhebt.[17] Man hat deshalb folgerichtig von der Metapher als einer „widersprüchliche[n] Prädikation“ (Weinrich[18]) oder einem „kalkulierten Kategorienfehler“ (Ricœur[19]) gesprochen. Dabei sind für uns zwei Punkte interessant:

a) Nicht selten ist die *source domain* dem Konkreten, Dinglichen, Materialen verhaftet, während die *target domain* etwas Abstraktes wie „Zeit“ oder gar etwas Transzendentes wie „Gott“ erfasst. Indem nun „Gott“ mit konkreten, diesseitigen Elementen verbunden wird, wird er mit Vorstellungen und Erfahrungen der Welt oder zugespitzt mit den Niederungen menschlicher Alltagserfahrung verbunden. Man könnte dies auch die körperliche oder – theologisch gesprochen – die inkarnatorische Dimension der Gottes-Metapher

---

16 Vgl. dazu den Beitrag von Markus Tiwald, Die Vatermetaphorik Jesu. Religionspsychologische Überlegungen zum jesuanischen Gottesbild in diesem Band.

17 Donald Davidson, Was Metaphern bedeuten (urspr. 1978), in: Anselm Haverkamp (Hg.), Die paradoxe Metapher, Frankfurt a. M. 1998, 49–75.

18 Vgl. Harald Weinrich, Semantik der kühnen Metapher (urspr. 1963), in: Haverkamp, Theorie (Anm. 11) 316–339: 330.

19 Vgl. Paul Ricœur, Die Lebendige Metapher, München ³2004, 188 (auch „impertinente Prädikation“, a. a. O., VI).

nennen. Die „Wahrheit Gottes ist konkret“[20], wie Hans Weder dies formuliert hatte. Weder geht sogar so weit, dass er im Rahmen seiner metaphorischen Gleichnistheorie konstatiert, dass die Wahrheit Gottes gar nicht anders als in menschlichen Vollzügen ausgesagt werden kann.[21]

b) Das erkenntnistheoretisch – und auch theologisch – Aufregende dieser Zuordnung besteht nun darin, dass die Metapher die semantische Spannung nicht auflöst, sondern gerade in der metaphorischen Prädikation perpetuiert. Es gilt das „Ist“ ebenso wie das „Ist nicht“, beides trifft zu und zwar gleichzeitig. Gott ist ein Hirte, ein Fels oder eine Burg – aber natürlich ist Gott keine Burg aus Stein, kein Granitblock oder ein Hirte, der Schafe zusammentreibt. Eine Identifikation würde den Bildcharakter aufgeben, so dass im Bild betrachtet nicht nur die Nähe, sondern immer zugleich auch die Distanz zum Bildobjekt erhalten bleibt. Krüger hat dies im Anschluss an Brandt und Asmuth die negationstheoretische Dimension des Bildes genannt.[22]

Damit die semantische Spannung der Metapher nicht zu Widersinn oder Unsinn führt, bedarf es eines Betrachters bzw. einer Leserin. Es ist gerade die Widersprüchlichkeit, die Spannung, die in besonderer Weise Deutungsaktivitäten hervorruft, ja sogar notwendig macht.

Metaphern lösen – wie besonders die kognitiven Theorien herausgearbeitet haben – mentale Prozesse aus, sie zielen regelrecht auf solche Wirkungen, was uns zur *(3) Pragmatik* führt. Metaphern lösen Interpretations- und Verstehensprozesse auf unterschiedlichen Ebenen aus: Metaphern können überzeugen, haben argumentative und rhetorische Funktionen in Diskursen. Gregory Bateson hat sogar von Metaphernsyllogismen gesprochen.[23] Metaphern aktivieren aber

---

20 Hans Weder, Neutestamentliche Hermeneutik, Zürich ²1989, 189: „Die Wahrheit Gottes ist konkret, das heißt, sie ist auf das Herz des Menschen abgezielt. Eben darum ist das Gleichnis, obwohl es vom eigentlichen Sprachgebrauch abweicht, eine eigentlichere Weise des Redens von Gott.“ Vgl. dazu auch Ruben Zimmermann, „Die Wahrheit Gottes ist konkret.“ Hans Weder und die neueste Gleichnisforschung (2014–2017), in: Jörg Frey/Esther M. Joas (Hg.), Gleichnisse verstehen. Ein Gespräch mit Hans Weder (BThSt 175), Göttingen 2018, 25–65.

21 Vgl. Weder, Hermeneutik (Anm. 20) 188: „Das Gleichnis ist eben nicht nur Bild einer auch ohne dieses aussagbaren Sache. Das Gleichnis sagt eben nicht bloß Wahres in bildlicher Form, sondern die Wahrheit, die es anzusagen gilt, kann in keiner anderen als in dieser bildlichen Form zur Sprache kommen. […] Die Sache selbst verlangt eben diese Sprache.“

22 Malte Dominik Krüger, Das andere Bild Christi. Spätmoderner Protestantismus als kritische Bildreligion (Dogmatik in der Moderne 18), Tübingen 2017, Kap. XIII, 429–454. Vgl. auch seinen Beitrag (Die Bildlichkeit der Gottesrede in der neueren evangelischen Theologie. Beobachtungen und Überlegungen) in diesem Band.

23 Vgl. Gregory Bateson, Ökologie des Geistes. Anthropologische, psychologische, biologische und epistemologische Perspektiven (stw 571) Frankfurt a. M. 1988, 45: „Gras stirbt. Menschen sterben. Menschen sind Gras.“ Vgl. dazu Paul Meurer, So what's the meta for? Zur „Epistemologie des Heiligen“ in Anknüpfung an Paul Ricœur und Gregory Bateson, in: Ruben Zimmermann (Hg.), Bildersprache verstehen. Zur Hermeneutik der Metapher und anderer bildlicher Sprachformen (Übergänge 38), München 2000, 133–148.

in besonderem Maße auch Gefühle[24] und die Sinne; allen voran natürlich den Sehsinn. Wir erkennen, ja sehen ein Ding im Bild des anderen, oder zugespitzt: Wir sehen es *als* ein anderes. Ricœur hat hier an das berühmte Wittgensteinsche Diktum vom „Sehen als" erinnert.[25] Wir sehen etwas „als" bedeutet dann bezogen auf die Gottesrede, wir sehen Gott „als Fels", „als Hirte" oder „als König". Genau genommen sehen wir vor allem das Konkrete, das Erinnerungen an frühere Sehvorgänge hervorruft. Aber wir wissen und spüren zugleich, dass Gott so gesehen werden darf. Der Sehvorgang im „Sehen als" ist somit eine Überblendung verschiedener Sinnbezirke. Wir sehen die Burg und Gott gleichzeitig und erkennen damit in der inneren Anschauung ein Stück des Wesens Gottes. Die Metapher ermöglicht theologische Erkenntnis. Zugleich hält sie das Wissen wach, dass diese Anschauung nur eine Facette darstellt, dass sie nie erschöpfend sein kann bzw. dass es falsch wäre, dieses eine Bild mit dem ganzen Wesen Gottes gleich zu setzen.

Die semantisch und pragmatisch ausgelöste Produktivität eröffnet somit noch eine weitere Dimension: Sie führt zur Ergänzungsbedürftigkeit des Bildes. Durch die der Metapher inhärente Unvollständigkeit (ist und ist nicht ...), bedarf sie weiterer und anderer Metaphern, um den Gegenstand besser beschreiben und verstehen zu können. Ein Bild schärft den Blick für einen Aspekt, eine Facette, ist aber eben nicht genug, um komplexe Wirklichkeiten, schon gar die religiöse Wirklichkeit Gottes wahrnehmen zu können. So auch Ricœur:

> In der Tat kommt eine Metapher selten allein. Eine Metapher ruft nach einer anderen, und alle zusammen bleiben sie dank ihrer gegenseitigen Spannung und der Kraft einer jeden, das ganze Netz heraufzubeschwören, am Leben.[26]

Es ist bezeichnend, dass Ricœur diese allgemeine metapherntheoretische Bemerkung dann mit Verweis auf die biblische Gottesrede erläutert. „Zum Beispiel wird Gott in der hebräischen Tradition König, Vater, Ehemann, Gutsherr, Richter genannt und auch Fels, Burg, Erlöser usw."[27]

---

24 So etwa Zoltán Kövecses, Emotion Concepts, New York 1990; ferner Tanja Dannenmann, Emotion, Narration und Ethik. Zur ethischen Relevanz antizipatorischer Emotionen in Parabeln des Matthäus-Evangeliums (WUNT 2,498/Kontexte und Normen neutestamentlicher Ethik XI), Tübingen 2019, 210–214 (138–142).

25 Vgl. Ludwig Wittgenstein, Philosophische Untersuchungen, Frankfurt a. M. 1984, 518–577; Ricœur, Lebendige Metapher (Anm. 19) 204-207.

26 Paul Ricœur, Stellung und Funktion der Metapher in der biblischen Sprache, in: ders./Eberhard Jüngel, Metapher. Zur Hermeneutik religiöser Sprache, München 1974, 45–70: 64.

27 Ebd.

2.2 Gottesmetaphern der Bibel – eine Kostprobe zur Vielfalt der biblischen Gottesbilder

Die Liste von Ricœur inspiriert dazu, noch weitere Gottesbilder nicht nur der hebräischen, sondern auch der griechischen Bibelüberlieferung zusammenzutragen. Die im Folgenden gegebene systematisierte Liste ist weit davon entfernt umfassend zu sein. Sie versteht sich als Anregung für eine noch ausstehende Kartographie und Sammlung von Gottesmetaphern der Bibel.[28]

1. Anthropomorphe Metaphern

a) Körperteile/Körpereigenschaften:
- Antlitz/Gesicht: Gen 33,10; Ps 42,3; 102,3; Hebr 9,24
- Emotionen: Liebe (Jer 31,3; 1 Joh 4,16); Eifer (Ex 20,5; Dtn 5,9), Zorn (Dtn 6,15; Offb 15,7)
- Hand/Arm: Num 11,23; Weish 3,1; Lk 1,66
- Wort: Gen 1; Joh 1

b) Funktionen (Rollen, Funktionen, in alphabetischer Reihenfolge):
- Arzt: Ex 15,26
- Bauer: Mk 4,1–9; Mt 13,24–43
- Bogenschütze: Klg 3,12–13
- Bräutigam: Jes 62,4–5
- Eltern: Ps 27,10
- Fischer: Mt 13,47–50
- Freund: Weish 11,26; Lk 11,5–8
- Friedensstifter: Hebr 13,20-21
- Gärtner: Gen 2,8; Ez 28,13
- Gastgeber: Lk 14,7–11; 14,12–24
- Gläubiger: Mt 18,23–35; Lk 7,41–42
- Hausherr: Mk 13,30–37; Lk 12,35–38
- (Sozial-)Helfer: Ps 30,11; 68,6; 70,6
- Hirte/Herdenbesitzer: Ps 23,1–2; 95,7; Lk 15,3–7
- Hüter: Ps 121,4
- König: Ex 15,18; Ps 24,7–10; 93,1; 96,10; 97,1; 98,6; Mt 22,1–14
- Krieger: Ex 15,3–6; Ps 47,2–4
- (Er-)Löser: Ps 19,15; Ijob 19,25; Jes 43,14
- Lehrer: Ijob 36,22–23
- Maurer: Klg 3,7–9
- Mutter: Dtn 32,13; Jes 49,13; 66,13

28 Die Belege in der folgenden Liste sind nur exemplarisch, um den Umfang hier zu begrenzen.

- Richter: Ri 11,27; Ps 82,1
- Tischherr: Ps 23,5–6; Ez 39,20
- Töpfer: Jes 45,9; Jer 18,6
- Vater: Dtn 1,31; Ps 89,27; 103,13; Mt 6,9; Lk 2,49; Joh 1,14; 10,30
- Wagenlenker: Ps 104,3
- Winzer/Weinbergbesitzer: Jes 5; Mt 20,1–16; Mk 12,1–12; Lk 10,2-3; Joh 15

2. Metaphern aus dem außermenschlichen Bereich

a) konkret - belebt:
- Adler: Dtn 32,11; Jer 49,22
- Bär: Klg 3,10
- Henne (Flügel): Ps 57,2; 63,8; Mt 23,37
- Löwe: Jes 31,4; Klg 3,10
- Taube: Mk 1,10

b) konkret - unbelebt:
- Burg: Ps 18,3; 31,3-4
- Fels: Ps 18,3; 19,15; 31,3–4
- Feuer: Dtn 4,24; Jer 23,29
- Hammer: Jer 23,29
- Quelle: Ps 36,9–10
- Schild: Ps 18,4

c) abstrakt:
- Geist: Gen 1,2; Joël 3,1–2; Joh 4,24
- Licht: Ps 27,1; 1 Joh 1,5
- Leben: Ps 27,1; Joh 5,26
- Schatten/Dunkelheit: Ps 121,5; Sir 34,19–20
- Wahrheit: 2 Sam 7,28; Joh 14,6

Die Vielfalt der biblischen Gottesmetaphern, die hier nur angedeutet werden kann, soll im Weiteren nicht hinsichtlich der Divergenz der bildspendenden Bereiche oder der je spezifischen theologischen Implikationen untersucht werden. Vielmehr geht es mir um den Zusammenhang, die textliche Präsentation dieser vielfältigen Metaphern. Wir finden nicht selten Metaphern-Reihungen, oder komplexere Ansammlungen von Metaphern. Derartige Netze oder „Büschel"[29] von Metaphern, führen nicht selten zu sogenannten Metaphern-Mischungen oder auch „Mixed Metaphors". Dieses Phänomen möchte ich im Folgenden näher ausleuchten.

29 Dieser Begriff bei Ricœur, Stellung und Funktion der Metapher (Anm. 26) 64.

3. Metaphernkombinationen bzw. „Mixed Metaphors" – eine theoretische Orientierung

Schon die Begriffsfindung der Ansammlung von Metaphern ist alles andere als geklärt: Kien Nghi Ha zählt „Hybridisierung, Vermischung und (Re-)Kombinierung"[30] als Termini der aktuellen Diskusssion auf, zu ergänzen wären noch „Blending" und „Metaphernvariation". Weitet man den Blick international, so findet man „multiple" (Cameron), „hybrid" (MacArthur), „complex" (Charteris-Black) and „extended" (Naciscione) metaphors.[31] Selbst Neologismen wie „Mixaphor" und „Malaphor"[32] oder „Blendaphor" und „XYZ-Metaphors"[33] erfreuen sich einiger Beliebtheit.

Ich konzentriere mich hier auf den Begriff der „Metaphernmischung" (Mixed Metaphors) als *umbrella-term* für unterschiedliche Formen der Metaphern-Kombinationen. Eine Arbeitsdefinition hierfür gibt Karen Sullivan (2019):

---

30 Kien Nghi Ha, Hype um Hybridität. Kultureller Differenzkonsum und postmoderne Verwertungstechniken im Spätkapitalismus, Bielefeld 2005, 12.

31 So z. B. die Vielfalt in Gibbs Sammelband, vgl. dazu die Rezension Jordan Zlatev/Georgios Stampoulidis, Review of R. W. Gibbs (Hg.). 2016. Mixing Metaphor (Metaphor in Language, Cognition, and Communication 6). Metaphor and the Social World 8 (2018) 326–333: 326.

32 Vgl. dazu den Überblick bei Sophia Niepert-Rumel, Metaphernkombinationen in der neutestamentlichen Rede vom Tod Jesu (WUNT 2,563), Tübingen 2021, 221–232; der Begriff „mixaphor" wurde akademisch von Theodore Menline Bernstein (1904–1979) eingeführt, „malaphor" von Lawrence Harrison (1932–2015), sowie vom sogenannten „Malaphor King" David Hatfields, ein pensionierter Richter, der seit dreißig Jahren „malaphors" sammelt und sie sowohl auf der webseite (https://malaphors.com/; 09.12.2021) als auch in einem Buch *He Smokes like a Fish and other Malaphors (unintentional idiom and word blends)* publiziert hat (vgl. darin etwa die Definition: „A malaphor is a mixture of two idioms, creating a sort of mal-aprop in metaphor form"(xviii); vgl. zu Malaphors auch Karen Sullivan, Mixed Metaphors. Their Use and Abuse. London u. a. 2019, 117–145 (chap. 6: Malaphors and other „Ducks out of Water").

33 Der wenig verbreitete Begriff „blendaphor" stammt vermutlich von Mark Turner, einem der Mitbegründer der *blending theory*, obwohl er ihn selbst nicht als Element seiner Theorie verwendet (vgl. www.urbandictionary.com/define.php?term=blendaphor; 5.12.2021); ebenfalls von Turner wird der Begriff XYZ-Metapher verwendet, vgl. Mark Turner, Reading Minds. The Study of English in the Age of Cognitive Science, Princeton 1991 (zit. nach website https://markturner.org/rmx.html; 5.12.2021). „Xyz metaphors are more varied in their appearance than we have so far considered. Not only ‚x is the y of z' but also ‚x is the y to z,' ‚x is the y toward z,' ‚x is the y for z,' ‚the y for z is x,' and many other constructions can prompt us to perform just the same sort of metaphoric mapping." Siehe auch Lacey Okonski/Raymond W. Gibbs Jr., Art is the Sex of the Imagination. Explaining the Meanings of XYZ Metaphors, Textus XXIII (2010) 699–720.

> Two or more metaphors that combine, but result in contradictions, inconsistencies, or strange scenarios that are hard to imagine, like ‚wielding an axe to cement a position' [...].[34]

3.1 *Herkunft und pejorativer Gebrauch des Begriffs*

Der Begriff „mixed metaphors" (oder „mixture of metaphors") lässt sich seit dem 17. Jahrhundert zunächst als lateinischer Ausdruck „metaphora mixta", dann aber vor allem im 18. Jahrhundert in der durch die Rhetoriken von Blair und Kames[35] wesentlich geprägten britischen normativen Debatte um gehobenen guten Stil feststellen. Poetische Sprache dürfe demnach keine neuartigen Wortschöpfungen und keine ungeeigneten oder uneleganten Ausdrücke (zu denen übermäßig archaische, technische oder alltägliche Termini zählen) enthalten.[36] Mixed Metaphors wird hier folglich fast durchweg negativ bewertet.

Eine solche Skepsis gegenüber den Metaphernmischungen findet sich durch die gesamte Geschichte der Metaphernreflexion. Als Beispiel für die antike Rhetorik sei etwa auf Quintilians *Institutionis Oratoriae* (VIII 6,50) verwiesen:

> Denn auch darauf gilt es vor allem sein Augenmerk zu richten, daß man die Art der Metapher, mit der man begonnen hat, auch zu Ende führe. Viele aber hören, wenn sie als Anfang ein Unwetter genommen haben, mit einem Brand oder Einsturz auf – der scheußlichste Verstoß gegen die sachliche Folgerichtigkeit![37]

Breit ist die Ablehnung für Metaphernmischungen auch in Lehrbüchern der Rhetorik und des stilvollen Schreibens: „Warning! Don't mix metaphors!"[38] Es

---

34 Sullivan, Mixed Metaphors (Anm. 32) 3. (Zwei oder mehr Metaphern, die kombiniert werden, aber dabei zu Widersprüchen, Inkonsistenzen oder fremdartigen Szenarien führen, die kaum vorstellbar sind, wie „eine Axt schwingen, um die Position zu zementieren."). Sullivan unterscheidet noch zwei weitere Formen von Mixed Metaphors: 1. „One metaphor that is internally inconsistent or hard to imagine" (also Inkonsistenzen auf der Ebene der source domain); 2. „One metaphor that results in contradictions, inconsistencies, or ambiguities with non-metaphorik concepts" (also Inkonsistenzen zwischen source und target domains), vgl. ebd.

35 Hugh Blair, Lectures on Rhetoric and Belles Lettres. Vol. 1, London [3]1787; Henry Home Lord Kames, Elements of Criticism. Vol. III, Edinburgh 1762 [Nachdruck Hildesheim/New York 1970, 53].

36 Vgl. hierzu den luziden Überblick bei Niepert-Rumel, Metaphernkombinationen (Anm. 32) 164–196 (auch mit vielen eigenen Quellenstudien). So zitiert sie etwa die Londoner Zeitschrift *Spectator* 595 (vom 17. Sept. 1714): „What I mean is, the Mixture of inconsistent Metaphors, which is a Fault but too often found in learned Writers, but in all the unlearned without Exception." (a. a. O., 170; Großschreibung original).

37 Marcus Fabius Quintilianus, Ausbildung des Redners. Zwölf Bücher. Zweiter Teil: Buch VII–XII, hg. und übersetzt v. Helmut Rahn, Darmstadt 2006 (Sonderausgabe = 3. Aufl. 1995), 239.

38 Alan Horsfield, Creative Writings Years 7–8, Glebe, NSW 2004, 125 (nach Sullivan, Mixed Metaphors [Anm. 32] 14).

mangelt nicht an Beispielen für die Einschätzung, dass Mixed Metaphors als „illogical“ (unlogisch), „incongruous“ (inkongruent)“[39] kritisiert werden. Gertrude Buck sprach sogar von „pathological forms of metaphor“.[40]

Dies sehen auch weite Teile der Metapherntheoretiker so. Beispielhaft möchte ich hier einen Altmeister der Metapherntheorie, Max Black (1909-1988), zu Wort kommen lassen:

> [P]rimary and subordinate metaphors will normally belong to the same field of discourse, so that they mutually reinforce one and the same system of implications. *Conversely, where substantially new metaphors appear as the primary metaphor is unravelled, there is serious risk of confusion of thought* (cf. the customary prohibition against „mixed metaphors“)[41]

So verwundert es nicht, dass selbst im gegenwärtigen Alltagssprachgebrauch beim Gebrauch des Ausdrucks „mixed metaphors“ häufig eine pejorative Wertung mitschwingt, wie Elena Semino in ihrer corpuslinguistischen Studie nachgewiesen hat.[42]

3.2 *Die Entdeckung des Eigenwerts der „Mixed Metaphors“ (Gibbs; Sullivan; Niepert-Rumel)*

Seit einiger Zeit gibt es nun aber auch eine neue Würdigung der Mixed Metaphors aus unterschiedlichen Perspektiven.[43] Der bekannte Metaphernforscher[44] und Psycholinguist Raymond W. Gibbs Jr. hat im Jahr 2016 einen Sammelband

---

39 “Mixed metaphor.” Merriam-Webster.com Dictionary, Merriam-Webster, https://www.merriam-webster.com/dictionary/mixed%20metaphor (17.12.2021).

40 Vgl. Gertrude Buck, The Metaphor. A Study in the Psychology of Rhetoric, Ann Arbor (1899) 60-67. „Bad metaphor is of two varieties. The first we may call conceits or inverted metaphors; the second mixed or inconsistent metaphors.“ (ebd. 60) Es dürfte gleichwohl als übertrieben gelten, wenn Sullivan vom „horror of mixed metaphors“ oder der „panic over mixed metaphors“ bei einer bestimmten Art von Sprachwissenschaftler*innen spricht, die sie die „prescriptivists“ nennt, siehe Sullivan, Mixed Metaphors (Anm. 32) 15.

41 Max Black, Metaphor. Proceedings of the Aristotelian Society, New Series 55 (1954–1955) 273–294: 290.

42 Elena Semino, A corpus-based study of “mixed metaphor” as a metalinguistic comment, in: Raymond W. Gibbs Jr. (Hg.): Mixing Metaphor (MiLCC 6), Amsterdam/Philadelphia 2016, 203–221; für Pesmen könnte der Grund für diese allgemeine Abwertung in der „ideology of coherence“ liegen, vgl. Dale Pesmen, Reasonable and Unreasonable Worlds: Some Expectations of Coherence in Culture Implied by the Prohibition of Mixed Metaphor, in: James W. Fernandez (Hg.), Beyond Metaphor. The Theory of Tropes in Anthropology, Stanford 1991, 213–243: 213.

43 Ich konzentriere mich hier auf die neueste Diskussion, während Niepert-Rumel auch hier in vorbildlicher Gründlichkeit auf vereinzelte Würdigungen vor dem 20. Jahrhundert hingewiesen hat, vgl. Niepert-Rumel, Metaphernkombinationen (Anm. 32) 213–216.

44 Vgl. Raymond W. Gibbs Jr., The Cambridge Handbook of Metaphor and Thought, Cambridge 2008; ders., Metaphor Wars. Conceptual Metaphors in Human Life, Cambridge 2017.

mit dem Titel „Mixing Metaphors“[45] herausgegeben, der einen Überblick über die neuere Diskussion zum Thema gibt. Im Vorwort dazu schreibt er:

> Metaphor mixing should not be viewed negatively, but rather as a natural reflection of people's cognitive flexibility to think of abstract concepts in a myriad of metaphorical ways.[46]

In zwölf Kapiteln versuchen hier bekannte Metaphernforscher, wie z. B. Kövecses oder Brendan, das Phänomen theoretisch zu durchdringen und unter Heranziehung gängiger semantischer, kognitiver oder hermeneutischer Theorien präziser zu beschreiben.

Zuvor hatte der britische Sprachwissenschaftler Andrew Goatly in seinem Buch „Language of metaphors“ in einem eigenen Kapitel[47] eine Systematik der unterschiedlichen Formen der Metaphernkombinationen entworfen, die seinerzeit fast ungehört geblieben ist.

Neben einer Reihe von Artikeln[48] wurde im Jahr 2019 eine erste Monographie zum Thema von der australischen Linguistin Karen Sullivan unter dem Titel „Mixed Metaphors. Their Use and Abuse“[49] publiziert. Wie der Titel schon anzeigt, differenziert Sullivan zwischen sinnstiftender und sinnverwirrender, bewusster und eher unbewusster Produktion der Mixed Metaphors. In beiden Fällen deuten sie auf eine Grenzüberschreitung, oder – wie sie es schreibt – sogar einen Kontrollverlust hin:

> Out-of-control writing can convey the enormity of an emotional state such as love, anger, or outrage; the intensity of a physical experience, such as pain; or the chaos of a situation, such as a storm. Since mixed metaphors are normally associated with a lack of control, they can convey the impression that the writing has escaped the author's supervision and is running wild.[50]

Dass Mixed Metaphors gerade kein Ausdruck von pathologischer Veränderungen im Sinne eines „mental disorder“-Syndroms sein müssen, haben auch Gibbs,

45 Raymond W. Gibbs Jr. (Hg.), Mixing Metaphor (MiLCC 6), Amsterdam/Philadelphia, 2016.

46 Gibbs, Introduction, in: ders., Mixing Metaphor (Anm. 45) vii.

47 Andrew Goatly, The Language of Metaphors, London/New York ²2011 (1997), 255 (MiLCC 6)282 (chap. 9: The Interplay of Metaphors).

48 Vgl. z. B. Lynne J. Cameron/Juurd H. Stelma, Metaphor Clusters in Discourse, Journal of Applied Linguistics 1 (2004) 107–136; Lynne J. Cameron, Metaphor Shifting in the Dynamics of Talk, in: dies./Maria Sophia Zanotto/Marilda C. Cavalcanti (Hg.), Confronting Metaphor in Use. An Applied Linguistic Approach (Pragmatics and Beyond NS 173), Philadelphia 2008, 45–62; Michael Kimmel, Why We Mix Metaphors (and Mix Them Well). Discourse Coherence, Conceptual Metaphor, And Beyond, Journal of Pragmatics 42 (2010) 97–115.

49 Sullivan, Mixed Metaphors (Anm. 32). Die Dissertation an der University of California (Santa Cruz) von Julia Elisabeth Lonergan, Understanding mixed metaphor and conceptual metaphor theory (2009) wurde offenbar nicht publiziert (*non vidi*).

50 Sullivan, Mixed Metaphors (Anm. 32) 171.

Okonski und Hatfield in der Auswertung der zum Teil bizarren Metaphernkombinationen des amerikanischen Schauspielers Charlie Sheen herausgearbeitet. Das Autor*innenkollektiv erkennt darin vielmehr Artefakte kreativer Prozesse.[51]

Steht für die kognitivistischen Psycholinguisten die Ausdrucksseite im Metapherngebrauch im Zentrum des Interesses, so sieht Sullivan auch das deskriptive Potenzial der Mixed Metaphors im Blick auf den beschriebenen Gegenstand. Entsprechend schreibt sie: „The odd, otherworldly element of mixed metaphors can be useful, too – for describing the surreal, the strange and the shocking."[52] Begriffe wie „otherworldly", „strange" oder „shocking" schlagen bereits die Brücke zur religiösen und auch biblischen Sprache. Das Heilige ist immer auch das Fremde, das Faszinosum und Tremendum. Sind Metaphernmischungen so gesehen vielleicht sogar die bevorzugte Form der Metaphernsprache, die dem Heiligen und Göttlichen – als dem der Welt eigentlich Unzugänglichen und Fremden – angemessen ist?

So verwundert es zumindest nicht, dass sich auch im theologisch-exegetischen Bereich die ersten Arbeiten finden, die die religiöse Sprache der Bibel mit Einsichten der Theorie zur „Mixed Metaphor" zu erhellen versuchen.[53] Die schon etwas ältere alttestamentliche Dissertation von Sarah J. Dille („Mixing Metaphors, God as Mother and Father in Deutero-Isaiah"[54]) leistet allerdings kaum Theoriereflexion und ist mehr an einer inhaltlichen Untersuchung von Gottesmetaphern im Deuterojesaja interessiert. Dille gibt einen kurzen Überblick über die Metapherntheorien von Richards, Black und Lakoff/Johnson, erachtet dann aber besonders letztere als für ihre Studie als weiterführend, da der erfahrungsbezogene kognitivistische Ansatz auch analytische Anregungen für „multiple metaphors" und „metaphors overlaps" biete.[55] Dille beschreibt dann in den Einzelanalysen vor allem die je eigenen Spezifika der Gottesmetaphern (insb. Gott als Vater und Gott als Mutter) und weniger die Interaktion der Metaphernmischungen. Der als Titel gewählte Begriff „mixing metaphors" wird in der Arbeit selbst nicht weiter entfaltet.

Ganz anders die erst jüngst erschienene Paderborner Dissertation von Sophia Niepert-Rumel „Metaphernkombinationen in der neutestamentlichen

---

51 Raymond W. Gibbs Jr./Lacey Okonski/Miles Hatfield, Crazy Creative Metaphors: Crazy Metaphorical Minds?, Metaphor and the Social World 3,2 (2013) 141–159.

52 Sullivan, Mixed Metaphors (Anm. 32) 173.

53 Vgl. Hugo Méndez, Mixed Metaphors. Resolving the "Eschatological Headache" of John 5, JBL 137 (2018) 711–732.

54 Sarah J. Dille, Mixing Metaphors. God as Mother and Father in Deutero-Isaiah (JSOT 398), Sheffield 2004.

55 Siehe Dille, Mixing Metaphors (Anm. 54) 17: „[....] it is important to go beyond a search for a single root metaphor for God to a recognition of the multiple metaphors in speaking of YHWH. [...] For such an understanding, the work of George Lakoff and Mark Johnson on metaphor is helpful. They offer a system, categories, and language useful for exploring the multiple metaphors of Deutero-Isaiah, especially for exploring how metaphors overlap and interact as they express beliefs about YHWH and YHWS's acts."

Rede vom Tod Jesu“[56]. Diese umfangreiche Arbeit bietet die bislang im Bereich der Bibelwissenschaften detaillierteste Auseinandersetzung mit dem Phänomen der „Mixed Metaphors“, sowohl hinsichtlich der Theoriereflexion, als auch hinsichtlich der Auslegung von konkreten Texten. In Teil 1 ordnet die Autorin auf nahezu 300 Seiten das Phänomen der Metaphernkombinationen in den Horizont antiker und gegenwärtiger Metapherntheorien ein und recherchiert akribisch zu Entstehung und Gebrauch des Begriffs im 18. Jahrhundert. Im Anschluss an Goatly entfaltet sie weiterhin eine differenzierte Systematik zu den unterschiedlichen Formen der Metaphernkombinationen.[57] Im analytischen zweiten Teil der Arbeit werden die Einsichten auf die neutestamentliche Rede vom Tod Jesu appliziert, wobei die verschiedenen Formen der Metaphernkombinationen zur Deutung des Todes Jesu den größten Raum einnehmen.[58]

3.3 *Systematik: Welche Formen der Mixed Metaphors gibt es?*

Die Metapher wurde dem Paradigma der Interaktionstheorie folgend – wie oben skizziert – als eine deutungsaktive Verknüpfung zweier, normalerweise nicht zusammengehöriger semantischer Felder beschrieben. Die *Blending Theory* hatte diese Doppeleinheit („input space“) um die weiteren Felder von „generic space“ und „blended space“ ausgeweitet.[59] In der „Mixed Metaphor“ werden nun mehrere Metaphern in eine syntaktische oder diskursive Einheit gebracht, so dass hier nicht nur zwei, sondern drei, vier oder mehr semantische Felder interagieren, die auch jeweils wiederum hinsichtlich der „generic spaces“ und „blended spaces“ zu ergänzen sind. Es entsteht dabei ein komplexer Interaktionsraum, der sich mit einer einfachen Systematik nicht mehr beschreiben lässt. Allerdings wird die Funktionsweise der Metapher nicht grundsätzlich außer Kraft gesetzt, sondern im Gegenteil intensiviert oder gar potenziert.[60] Auf diese Weise bleibt auch das Phänomen der „Mixed Metaphors“ nicht jedem systematisierenden Zugriff unzugänglich. Niepert-Rumel hat im Anschluss und in Ausweitung von

56 Vgl. Niepert-Rumel, Metaphernkombinationen (Anm. 32).

57 Vgl. ebd. 15–262, Teil 1: Metapherntheoretische Überlegungen, Teil 1 wird wiederum in Kapitel 1: Die Metapher zwischen Widerspruch und Ähnlichkeit (17–145) und Kapitel 2: Metapher und Hybridität – Metapher als Hybridität (147–262) unterteilt. Instruktiv sind auch die zusammenfassenden Tabellen zu Metapherntheorien (Tab. 1, 82–85) und zu den verschiedenen Arten der Metaphernkombinationen (Tab. 3, 254–257).

58 Vgl. ebd. 469–689, Kapitel 4: Neutestamentliche Metaphernkombinationen mit Bezug zum Tod Jesu.

59 Vgl. dazu Fauconnier/Turner, Conceptual Blending (Anm. 15) 39–57, sowie die Ausführungen oben in Fußnote 15.

60 Niepert-Rumel, Metaphernkombinationen (Anm. 32) 234: „Man kann sie (sc. die Metaphernkombinationen, RZ) somit als Potenzierung von Metaphorizität sehen.“ (siehe auch den Abschnitt 232–234; 146).

Goatly neun Arten von Metaphernkombinationen unterschieden.[61] Im Folgenden möchte ich aus diesem Raster hier vier Kategorien simplifizierend herausgreifen und sie jeweils anhand biblischer Gottesbilder erläutern.

1. Modifikation: (V 1a, 1b, 1c – T 1)

Eine Modifikation liegt vor, wenn ein gleichbleibender Topic[62] (T 1) mit mehreren Vehicles verbunden wird, die allerdings demselben Begriffsfeld angehören (V 1a, 1b, 1c). In Psalm 23 wird Gott, der Herr, als Hirte metaphorisiert. Im Verlauf des Psalms werden verschiedene Vehicles aktiviert, die allerdings durch Zugehörigkeit zu demselben semantischen Feld (Schafhaltung) eng verbunden bleiben.

> Der Herr ist mein Hirte, mir wird nichts mangeln.
> Er weidet mich auf grüner Aue [...],
> er führet mich auf rechter Straße [...],
> sein Stecken und Stab trösten mich. (Ps 23,1–4)

Nach der Bildfeldtheorie Weinrichs wäre der Hirten-Gott die Basis-Metapher der Bildfeldtradition, aus der heraus dann je einzelne neue Metaphern gebildet werden können.[63] Nach kognitivistischen Ansätzen kann man auch von „layered" oder „embedded metaphors" sprechen, also einer hierarchischen Struktur zwischen Grundmetapher und Zuordnung weiterer Metaphern.[64] Das Metapherngefüge bleibt hier in Psalm 23 jedoch weitgehend konsistent, lediglich bei der Kombination von „Stecken und Stab" (שִׁבְטְךָ וּמִשְׁעַנְתֶּךָ, Ps 23,4) könnte man fragen, ob das Bild nicht ungebührlich geweitet wird. Denn war der Hirte mit zwei Stäben unterwegs? Nach Goatly handelt es sich aber auch hier um eine typische Form der Metaphern-Modifikation, die durch Synonymität erzeugt wird.[65]

---

61 Vgl. ebd. 242–262: 1. Wiederholung; 2. Modifikation; 3. Diversifikation; 4. Multivalenz; 5. Metaphorische Erweiterung/Allegorie; 6. Vermischung; 7. Inkonsistenzen; 8. *Topic-Vehicle*-Übertragung; 9. *Vehicle-Topic*-Übertragung. Goatly hatte die ersten sechs Kategorien als 1. Repetition; 2. Modification; 3. Diversification; 4. Multivalency; 5. Metaphoric Extension; 6. Mixing unterschieden, vgl. Goatly, Language of Metaphor (Anm. 47) 271–289.

62 Niepert Rumel ersetzt im Anschluss an Goatly den „tenor"-Begriff (von Richards) durch „topic", da sie für *tenor* eine semantische Engführung in Richtung „Sinn" oder „wesentlicher Inhalt" befürchtet, was der produktiven Offenheit des Metapherngefüges nicht gerecht wird, vgl. Niepert-Rumel, Metaphernkombinationen (Anm. 32) 89. Im Folgende lehne ich mich an ihren aus dem Englischen abgeleiteten Topic-Begriff an, den sie als Neutrum gendert, um von der Topik (fem.) als Begriff der antiken Rhetorik zu unterscheiden.

63 Vgl. Weinrich, Sprache in Texten (Anm. 14) 276-290.

64 Vgl. Lynne J. Cameron (Metaphor Shifting [Anm. 48] 45-62) spricht von „layered" oder „embedded metaphors".

65 Vgl. Goatly, Language of Metaphors (Anm. 47) 279. Goatly spricht hier von „lexical relations", bei denen die enge Verbindung der Vehicles durch Synonymität, Polysemie, Hyponymie oder Hyperonymie erzeugt wird.

2. Diversifikation: (V 1 + V 2 – T 1)
Eine Metaphernkombination wird durch „Diversifikation“ erzeugt, wenn ein Topic (T 1) innerhalb einer zusammengehörigen Texteinheit mit Vehicles aus unterschiedlichen semantischen Feldern (V 1, V 2 etc.) verknüpft wird.

Bleiben wir weiterhin bei Psalm 23, dann wechselt das Hirtenszenario mit V. 5 zu einer ganz anderen Domäne: Jetzt ist eine Mahlszene imaginiert.

> Du bereitest vor mir einen Tisch im Angesicht meiner Feinde.
> Du salbest mein Haupt mit Öl und schenkest mir voll ein. (Ps 23,5)

Hier geht es nicht mehr um die Fütterung der Tiere. Ein Tisch wird gedeckt, es wird ein Becher oder Trinkgefäß voll eingeschenkt. Noch immer bleibt das „Du“ auf Gott bezogen, aber es erscheinen nun mehrere „vehicles“, Gott wird als Hirte und zugleich als Gastgeber bzw. Tischdiener assoziiert. Zweifellos liegt hier ein Bruch im Bild vor, denn der/die betende Leser*in kann sich nun nicht mehr in der Rolle des Schafes empfinden, sondern sieht sich am Tisch sitzen und bewirtet werden. Nach Quintilian wäre es besser und wirksamer gewesen, den Text mit dem bildspendenen Assoziationsfeld zu Ende zu bringen, mit dem man angefangen hat (s. o.). Doch warum hat man in der Rezeption des Psalms – vermutlich der bekannteste Psalm des Psalters – keinen Anstoß an diesem Bruch genommen?

Lag es daran, dass bereits die Schafe zur grünen Aue und zum frischen Wasser geführt wurden, sodass der Schlussteil auch mit den ersten Versen verbunden bleibt? Die übergeordnete semantische Kategorie, metapherntheoretisch gesprochen der „generic space“[66] oder „ground“[67], wäre dann die Versorgung mit Nahrung und Flüssigkeit, so dass die Übergänge zur Metaphernkombination im Sinne einer Modifikation fließend werden.[68] Oder ist es für den/die Rezipierende*n gar kein so großes Problem hier unterschiedliche Metaphern zu kombinieren, selbst wenn es der Prämisse von Logik und Kohärenz entgegen steht? Toleriert der/die Rezipient*in die neue Verknüpfung nicht nur, sondern empfindet darin eine wesentliche Ausweitung und Intensivierung des bisherigen Assoziationsraums? So wie bereits die Wendung von der extradiegetischen zur intradiegetischen Perspektive mit V. 4 weniger als Bruch denn als Intensivierung wahrgenommen wird, so wird die fürsorgliche und tröstliche Zuwendung durch die Tischszene um die soziale Restitution und Ehrerweisung einer (öffentlichen)

66 So Fauconnier/Turner, Conceptual Blending (Anm. 15) 47.

67 Vgl. Goatly, Language of Metaphors (Anm. 47) 120, dem auch Niepert-Rumel folgt, vgl. Niepert-Rumel, Metaphernkombinationen (Anm. 32) 77, 87, 246.

68 Janowski sieht sogar einen symmetrischen Aufbau der beiden Teile: 1. JHWH als Hirte (V. 1b-3a: Lebensversorgung, V. 3b-4b: Lebensweg); 2. JHWH als Gastgeber (V. 5: Lebensversorgung; V. 6: Lebensweg), vgl. Bernd Janowski, Konfliktgespräche mit Gott. Eine Anthropologie der Psalmen, Neukirchen-Vluyn 2003, 309.

Mahlszene wesentlich erweitert.[69] Die Metaphernkombination steigert die Aussage[70] und verhalf dem Psalm somit erst zu seiner exzeptionellen Wirkung.

3. Multivalenz: (V 1 + T 1, T 2, T 3)
Goatly und Niepert-Rumel sprechen von einer „Multivalenz", wenn dasselbe oder ähnliche Vehicle(s) (V 1) mit mehreren Topics (T 1, T 2, T 3) verbunden werden. Die Multivalenz stellt somit das „Gegenstück zur Diversifikation"[71] dar. Als Untergruppen wird weiterhin zwischen Multivalenz mit ähnlichen oder identischen Grounds und Multivalenz mit verschiedenen Grounds differenziert. Im Blick auf die semantische Interaktion ist bemerkenswert, dass durch eine multivalente Metaphernkombination zwischen den verschiedenen Topics Verbindungen entstehen können, die ein*e Lesende*r vorher nicht oder nicht so klar gesehen hat.

Ein biblisches Beispiel für eine solche Metaphernkombination finden wir in der Verwendung von Braut-/Ehe-Metaphorik in der prophetischen Verkündigung. Die Source Domain (Vehicle) der Brautzeit kann mit ganz unterschiedlichen Topics wie Land/Volk Israel (Hos), Jerusalem (Jer, Ez 16), Zion (Deutjes, TritJes, Ps 45), oder der Weisheit (Prov, Weish) verbunden werden.72 Auf diese Weise werden unterschiedliche Größen wie Stadt, Land oder Volk in einen Zusammenhang gesetzt und mit der JHWH-Bräutigam-Metapher in ein Relationsgefüge eingebunden.

Durch Multivalenz wird auch ein theologischer Reflexionsprozess erzeugt, indem z. B. Gottesmetaphern auf andere Größen, wie z. B. die Weisheit, übertragen werden: Nicht nur Gott wohnt im Heiligtum (Ex 25,8), auch die Weisheit wohnt unter den Menschen (Sir 24,7) bis schließlich auch der Logos bei den Menschen wohnt (Joh 1,14). Im Johannesevangelium wird die Metaphernmultivalenz in besonderer Weise christologisch fruchtbar gemacht, da hier die von Goatly theoretisch beschriebene Verbindung der verschiedenen Topics bei der Multivalenz zu einer engen Verknüpfung zwischen Gottesmetaphern und Christusmetaphern führt. Indem die Gottesmetapher bei gleichbleibendem Vehicle auch

69 Für Janowski bewahrt die Mahlszene „in der Öffentlichkeit" den Psalm davor, als bloße „Idylle" persönlicher Frömmigkeit missverstanden zu werden, vgl. Janowski, Konfliktgespräche (Anm. 68) 311.

70 Vgl. Erich Zenger, Psalm 23. Bleibende Lebensgemeinschaft mit JHWH, in: ders./Frank-Lothar Hossfeld, Die Psalmen I. Psalm 1 – 50 (NEB), Würzburg 1993, 152–156: 155: „Die Metapher von JHWH als (lebenslangem) Gastgeber führt die in 1-3 entfaltete Erfahrung der Lebensermöglichung (essen, trinken, Ruhe) weiter und steigert sie." Wiederum 156: „Der letzte Abschnitt steigert das Gottesverhältnis des Beters abermals."

71 Niepert-Rumel, Metaphernkombinationen (Anm. 32) 246; Goatly, Language of Metaphors (Anm. 47) 275f.

72 Vgl. dazu Zimmermann, Geschlechtermetaphorik und Gottesverhältnis (Anm. 6) 104–152 (zur prophetischen Verwendung des Bildfelds), 640-648 (diachrone Zusammenschau), sowie die Grafik 2: Asymmetrie der bildempfangenden Bereiche (676).

als Christusmetapher formuliert wird, kann Jesus aus Nazareth „im Bild Gottes“[73] erkannt werden.

Fast alle Christusbilder im vierten Evangelium lassen sich an Gottesbilder zurückbinden, zum Teil mit äußerst differenzierter Aufnahme von Details. Dazu ein Beispiel: Während die Hirten-Metaphorik in der hebräischen Bibel z. B. im Blick auf Könige oder auch Priester als Hirten weit verbreitet ist, bleibt es dem Bildfeld des Gott-Hirten vorbehalten, dass die Herde explizit als Besitz des Hirten beschrieben wird.[74] Nur der göttliche Hirte ist zugleich auch Herdenbesitzer, nicht aber die unterschiedlichen Auftragshirten. Wenn nun Jesus in der Hirtenrede nach Joh 10 das unmittelbare Zugehörigkeitsverhältnis der Schafe zu ihm als Hirten hervorhebt, wird genau dieser Aspekt der Bildfeldtradition von Gott als Hirte aktiviert.

> Joh 10,14: „Ich bin der gute Hirte und kenne die Meinen und die Meinen kennen mich.“
> Joh 10,27: „Meine Schafe, hören meine Stimme und ich kenne sie und sie folgen mir nach.“

Nur Gott ist nach alttestamentlicher Metaphern-Diktion Hirte und Herdenbesitzer zugleich. Dass in Joh 10 die Gott-Hirten-Texte im Hintergrund stehen, lässt sich an vielen Detailformulierungen zeigen (z. B. Ps 94,7 oder Ez 34,10–13[75]). Der Bezug zu Gott-Vater wird auch in Joh 10,17–18 und 10,29–30 explizit hergestellt.[76] Diese theologische Pointe ist offenbar den Gesprächspartnern Jesu auf Erzählebene nicht verborgen geblieben, sonst würden im Anschluss an die Hirtenrede nicht Blasphemie-Vorwurf und Steinigungsversuch folgen (Joh 10,19.31).

Auf engstem Raum finden sich Multivalenzen im Johannesevangelium auch an anderen Stellen, wie z. B. bei der Sendungsmetaphorik, die dasselbe Vehicle (Sendung) mit Gott (Topic 1) und Jesus (Topic 2) verknüpft, teilweise innerhalb eines Satzes: „Wie mich der Vater gesandt hat, so sende ich euch.“ (Joh 20,21)

4. Extension und Inkonsistenz (V 1 + V 2 + T 1 + T 2)

Ich möchte zuletzt die Figur der „Extension“ in den Blick nehmen, bei der Erweiterungen der Metapher sowohl auf der Ebene der Vehicle-Elemente (V 1, V 2

---

73 Vgl. Ruben Zimmermann, Jesus im Bild Gottes. Anspielungen auf das Alte Testament im Johannesevangelium am Beispiel der Hirtenbildfelder in Joh 10, in: Jörg Frey/Udo Schnelle (Hg.), Kontexte des Johannesevangeliums. Das vierte Evangelium in religions- und traditionsgeschichtlicher Perspektive (WUNT 175), Tübingen 2004, 81–116.

74 Vgl. dazu besonders Regine Hunziker-Rodewald, Hirt und Herde. Ein Beitrag zum alttestamentlichen Gottesverständnis (BWANT 155), Stuttgart u. a. 2001, 73–106. Ferner Ruben Zimmermann, Christologie der Bilder im Johannesevangelium. Die Christopoetik des vierten Evangeliums unter besonderer Berücksichtigung von Joh 10 (WUNT 171), Tübingen 2004, 323–325, 342-344.

75 Siehe dazu die Tabelle in Zimmermann, Christologie der Bilder (Anm. 74) 337–339.

76 Streng genommen erfolgt hier bereits ein Übertritt der Multivalenz in die Extension, da neben die Gott-Hirten-Metapher auch die Gott-Vater-Metapher tritt.

etc.) als auch der Topic-Elemente (T 1, T 2 etc.) erfolgen. Sofern dabei Spannungen entstehen, sei es, dass die Vehicles in einen Widerspruch geraten oder sei es, dass das Topic mehrere Funktionen gleichzeitig erfüllen muss, kann man – so Niepert-Rumel – auch von Vermischung oder Inkonsistenzen sprechen.[77]

Als biblisches Anschauungsfeld bleibe ich zunächst bei Joh 10: Indem Jesus in dem Kapitel sowohl Tür (V. 7.9) als auch Hirte (V. 10.14) genannt wird, könnte man zunächst eine Diversifikation erkennen, da unterschiedliche Vehicles derselben Domäne (Schafhaltung) demselben Topic (Jesus) zugeordnet werden. Allerdings erzeugt nun die Nähe auf der Vehicle-Ebene gerade durch die Zuordnung zu demselben semantischen Feld (Tür *der Schafe* und Hirte *der Schafe*) eine Spannung, da beide Vehicles bezogen auf das Topic nicht mehr stimmig zusammengedacht werden können. Jesus kann logisch betrachtet nicht zugleich der Hirte (der Schafe) und die Tür (zum Schafstall) sein. Diese Spannung hat etwa frühe Abschreiber dazu veranlasst, V. 7 zu „korrigieren“ und θύρα (Tür) durch ποιμήν (Hirt, wie V. 11.14) zu ersetzen.[78]

Inkonsistente Metaphernkombinationen finden wir auch im Hebräer-Brief. Das Jom Kippur-Ritual bildet hier – wie allgemein anerkannt[79] – die Source Domain (Vehicle) für christologische Aussagen. Christus wird hierbei in einer engen syntaktischen Einheit sowohl mit dem Hohepriester metaphorisiert (Hebr 9,11: „Christus ist gekommen als ein Hohepriester der künftigen Güter.“) als auch mit der Opfergabe (9,28: „So ist auch Christus einmal geopfert worden“). Sollte man sich wirklich vorstellen, dass der Hohepriester gewissermaßen in einer Suizidhandlung sich selbst geopfert hat? So zumindest legt es Hebr 9,14 nahe: „um wieviel mehr wird dann das Blut Christi, der sich selbst als Opfer ohne Fehl durch den Heiligen Geist Gott dargebracht hat, unser Gewissen reinigen“. Es ist evident, dass die Metaphernkombination die Logik und das Vorstellungsvermögen des Lesers bzw. der Leserin sprengt. Die Opfer-Semantik (Vehicle) wird hier mit unterschiedlichen Teilaspekten (V 1: Priester; V 2: Opfergabe/Blut) auf dasselbe Topic (Christus) übertragen, wobei eine innere Spannung zwischen V 1 und V 2 im Blick auf ihre Topic-Funktion entsteht.

Wiederum dient die Mischung der Intensivierung der metaphorisch-theologischen Aussage, weil in Jesus unterschiedliche Funktionen des Opferkultes aufgenommen und überboten werden.[80]

---

77 Niepert-Rumel sieht deshalb in den Vermischungen und Inkonsistenzen je eigene Kategorien, während sie die Extension auf ein kohärentes Bild verschiedener Vehicles begrenzt. Vgl. Niepert-Rumel, Metaphernkombinationen (Anm. 32) 247f., 250f.

78 So etwa 𝔓[75] (Bodmer Papyri XIV und XV) und alte koptische Übersetzungen, *txt* (wie bei Nestle-Aland) nach 𝔓[66] und ℵ als lectio difficilior.

79 Vgl. z. B. Erich Gräßer, An die Hebräer. 2. Teilband. Hebr 7,1-10,18 (EKK XVII,2), Neukirchen-Vluyn 1993, 76–234.

80 Vgl. im Detail Ruben Zimmermann, Die neutestamentliche Deutung des Todes Jesu als Opfer. Zur christologischen Koinzidenz von Opfertheologie und Opferkritik, Kerygma und Dogma 51 (2005) 72–99.

4. Zur theologischen Funktion der „Mixed Metaphors"

Die biblischen Beispiele haben bereits den (theologischen) Mehrwert der „Mixed Metaphors" angedeutet. Im Folgenden möchte ich an zwei Beispielen dieser Dimension der theologischen Metaphernkombinationen vertiefend nachspüren.

4.1 *Vermischte Gottesbilder in Deuterojesaja*

Das erste Beispiel soll in Anlehnung an Dille[81] die Gottesmetaphern bei Deuterojesaja in den Blick nehmen. Zur leichteren Orientierung seien die markanten Satzmetaphern im Folgenden zunächst in der Reihenfolge des Erscheinens aufgelistet:

> *Krieger und Held* (Jes 42,13)
> Der Herr zieht in den Kampf wie ein Held, er entfacht seine Leidenschaft wie ein Krieger.
> Er erhebt den Schlachtruf und schreit, er zeigt sich als Held gegenüber den Feinden.
>
> *Gebärende* (Jes 42,14)
> Ich hatte sehr lange geschwiegen, ich war still und hielt mich zurück. Wie eine Gebärende will ich nun schreien, ich stöhne und ringe um Luft.
>
> *König und Erlöser* (Jes 44,6)
> So spricht der Herr, der König Israels und sein Erlöser, der Herr Zebaoth.
> Ich bin der erste und ich bin der letzte, und außer mir ist kein Gott.
>
> *Töpfer* (Jes 45,9–11)
> Weh dem, der mit seinem Schöpfer hadert, eine Scherbe unter irdenen Scherben!
> Spricht denn der Ton zu seinem Töpfer: Was machst du? Und sein Werk: Du hast keine Hände?
>
> *Frau, Mutter und Stadt* (Jes 49,13–23)
> Kann auch eine Frau ihr kleines Kind vergessen, dass sie sich nicht erbarme über den Sohn ihres Leibes? Und wenn sie es vergäße, so will ich doch deiner nicht vergessen.
> Siehe in die Hände habe ich dich gezeichnet, deine Mauern sind immer vor mir.
>
> *Ehemann und Vater* (Jes 50,1–3)
> So spricht der Herr: Wo ist denn die Scheidungsurkunde, mit der ich eure Mutter fortgeschickt habe?
> (Die Adressaten sind die Kinder Gottes, der hier als Vater metaphorisiert wird).

Betrachten wir diese Häufung von Gottes-Metaphern mit der oben eingeführten Systematik, so erkennen wir *Modifikationen*. In Jes 50 wird Gott (T 1) sowohl als

81 Vgl. Dille, Mixing Metaphors (Anm. 54) mit vielen Details in den Einzelanalysen.

Ehemann (V 1) als auch Vater (V 2) metaphorisiert. Die Source Domains bleiben allerdings hier in dem in sich konsistenten Bereich der männlichen Familienmetaphorik, die man als gemeinsamen Ground betrachten könnte.

Allerdings zeigen die weiteren Gottesbilder, dass die Vehicles „Töpfer" (Jes 45), „König" (Jes 45), „Krieger" (Jes 44) oder „Frau" (Jes 49) anderen semantischen Feldern entstammen, die sich auf der Ebene der Vehicles kaum noch oder nicht mehr einem übergreifenden Feld zuordnen lassen. Da Gott jeweils das Topic bleibt, kann man hier von *Diversifikation* im Sinne oben genannter Definition sprechen.

Die enge Abfolge divergenter Metaphern führt schließlich auch zu *Extensionen und Inkonsistenzen*. In der multiplen Interaktion semantischer Felder können sich die Vehicles von Krieger und Gebärender durch das Stichwort des Geschreis verbinden (Jes 42,13–14). Es bleibt allerdings zwischen dem Leben nehmenden Soldaten und der Leben schenkenden Mutter eine kaum vereinbare Spannung bestehen, die man zunächst als Störung empfinden muss.

Deutlich spannungsvoll ist auch die metaphorische Zuordnung von Gott (T) zu sowohl Vater (V 1) als auch Mutter (V 2). Gerade die in der Familiensemantik bestehende Nähe lässt die Spannung umso deutlicher zu Tage treten. In der geschlechterpolaren antiken Gesellschaft kann man nicht Vater und Mutter zugleich sein.

Eine summarische Ansammlung von Metaphern liegt auch in Jes 45,10 vor, da hier verschiedene Vehicles in enger Abfolge verknüpft werden:

> Gott als Töpfer, Vater, Mutter, Stadtbauer, Heerführer (Jes 45,9–13)
> Sagt denn der Ton zu seinem Töpfer: Was machst du? und sagt dein Werk: Er hat kein Geschick? [10] Wehe dem, der zum Vater sagt: Was zeugst du? und zur Frau: Was gebierst du? [11] So spricht der HERR, der Heilige Israels und sein Schöpfer: Über die kommenden Dinge befragt mich, über meine Kinder und über das Werk meiner Hände gebt mir doch Befehl! [12] Ich habe die Erde gemacht und die Menschen auf ihr erschaffen. Ich habe den Himmel ausgespannt mit meinen Händen und ich befehle seinem ganzen Heer. [13] Ich habe ihn in Gerechtigkeit erweckt und all seine Wege ebne ich. Er baut meine Stadt wieder auf, mein verschlepptes Volk lässt er frei, aber nicht für Lösegeld oder Geschenke. Der HERR der Heerscharen hat gesprochen.

Man mag noch in der kreatürlichen Urheberkraft von Töpfer und Vater eine Kohärenzlinie (Ground) sehen. Aber gilt das gleichermaßen für die Frau, die doch – nach antikem Verständnis – nur das Gefäß für den Samen des Mannes darstellt? Und wie lassen sich Stadtbauer und Heerführer in diese Assoziationswelt integrieren? Man mag als Kind die Zeugung durch den Vater oder die Geburt durch die Mutter kritisch anfragen, aber die Töpferware kann nicht sprechen und den Töpfer anklagen. Die durch die Anordnung erzeugte Parallelität zwischen den Vehicles kommt hier an ihre Grenzen und sprengt das Bild.

So kommt es zu Inkonsistenzen und Spannungen der unterschiedlichen hier kombinierten Metaphern, obgleich das Topic (Gott) unzweifelhaft erkennbar und konstant bleibt.

Die Mixed Metaphors bei Deuterojesaja steigern nicht nur die bildliche Gottesrede, indem sie ganz unterschiedliche Anschauungsbereiche in schneller Abfolge miteinander kombinieren. Sie könnten auch ein theologisches Konzept erkennen lassen, das ich auf zwei Aspekte zuspitzen möchte:

a) Korrektur und Erweiterungspflicht der Gottesmetaphern
Im patriarchalen Kontext der antiken (auch religiösen) Diskurswelt fällt die Integration insbesondere der mütterlichen Metaphern in Jes 42,14; 45,10 als auch 49,14–15[82] ins Auge. Könnte sich dahinter eine Art theologisches Programm oder zumindest ein Gestaltungswille der impliziten Autorin offenbaren? So zumindest lautet die Schlussfolgerung von Sarah J. Dille:

> When God is spoken of as "father" or as "mother", the meaning of the metaphor cannot be reduced to one simple statement about God. [...] Deutero-Isaiah was aware of their metaphoric character and did not limit thinking about YHWH to one major root metaphor.[83]

Allgemeiner gesprochen kann man konstatieren, dass das Metaphernbewusstsein der Gottesrede regelrecht nach Erweiterungen durch andere Metaphern verlangt. *Ein* Bild ist nicht genug. Im diachronen Blick auf die biblische Tradition könnte man noch weiter zuspitzen: Auch Kontrapunkte und Korrekturen von Gottesmetaphern können erforderlich geworden sein, wenn einzelne Metaphern sich dominant in den Vordergrund geschoben haben und drohten in Identifikationen überzugehen. Dies war sicherlich im Blick auf die Metaphern von Mann und Vater der Fall, deren Dominanz allerdings kaum aufzuhalten war und erst in der kritischen Lektüre gendersensibler Exegese in ihrer Einseitigkeit problematisiert wurde.[84]

b) Konzentration und Monotheismus
Einen zweiten möglichen theologischen Motor für die Metaphernkombinationen möchte ich hier kurz anreißen. Mit Deuterojesaja erreicht die Entwicklung des Ein-Gott-Glaubens, des reflektierten Monotheismus, ihre bekanntlich letzte Phase und explizite Ausprägung.[85] In dem oben zitierten Vers Jes 44,6 wird *expressis verbis* die diese Phase prägende intolerante Exklusion anderer Gottesvorstellungen hörbar („und außer mir ist kein Gott").

---

82 Vgl. im Tritojesaja dann auch Jes 66,13.

83 Dille, Mixing Metaphors (Anm. 54) 177f.

84 Vgl. dazu Ruben Zimmermann, Zur bleibenden Relevanz einer gendersensiblen Exegese, in: Janina Nierop (Hg.), Gender im Disput. Dialogbeiträge zur Bedeutung der Genderforschung für Kirche und Theologie (Schriften zu Genderfragen in Kirche und Theologie Bd. 3), Hannover 2018, 32–42.

85 Vgl. Michaela Bauks, Monotheismus (AT), WiBiLex 2011 (www.bibelwissenschaft.de/stichwort/ 27997/, 05.12.2021). Bauks unterscheidet vier Phasen. „Erst in der Exilszeit wird mit der Stimme des anonymen Heilspropheten Deuterojesaja erstmals ein Programm entwickelt, das den praktischen oder impliziten Monotheismus (d.h. Henotheismus und Monolatrie) zu einem theoretischen Monotheismus weiterentwickelt, der auch als expliziter, philosophischer oder reflektierter Monotheismus bezeichnet wird."

Die Konzentration einer Vielfalt von Metaphern auf den einen Gott (also Diversifikation) könnte letztlich diesen monotheistischen Tendenzen dienen. Während in Israels Umwelt (sei es im Stammland, sei es in Babylon) eine Fülle von Göttern mit je unterschiedlichen Funktionen verehrt wurde, werden nun diverse Dimensionen des Gottesglaubens in JHWH vereint. So kann Jesaja Attribute von anderen Gottheiten integrieren, wie z. B. die kriegerische Gewaltbereitschaft des Wettergottes Baal[86], die mütterlich-weibliche Seite von Göttinnen wie Innanna oder Ischthar, die zugleich Liebesgöttinnen sind. Oder lokale Fruchtbarkeitskulte werden in der Vater- und Schöpfermetaphorik integriert.

Die Mischung von Metaphern, konkret die Vielfalt der Vehicles bei gleichzeitiger Konzentration auf ein Topic (JHWH), kann hier als Medium und zugleich Motor monotheistisch-theologischer Tendenzen betrachtet werden.

4.2 Gottes- bzw. Christusbilder im Johannesevangelium

Ohne schon zu steile trinitarische Dogmatik in den johanneischen Text eintragen zu müssen, erlaube ich mir in meinem zweiten Beispiel auf Metaphernmischungen in der Christus-Darstellung im vierten Evangelium einzugehen, weil hierbei zugleich auch das Gottesbild hervorscheint.[87] Innerhalb der Abschiedsreden sagt der johanneische Jesus: „Wer mich sieht, sieht den Vater" (Joh 14,11), und im Prolog wird dieses Prinzip der Überlagerung von Christus- und Gottesbild bereits abstrakter eingeführt: „Niemand hat Gott je gesehen. Der Einziggeborene, der Gott ist, hat ihn uns kundgetan." (Joh 1,18)

Als Beispiel soll hier der Abschnitt Joh 5,19–30 genauer in den Blick genommen werden, der auch von Hugo Méndez als Beispiel für die „Mixed Metaphors" im Johannesevangelium ausgewertet wurde.[88] Méndez rekurriert darin vor allem auf die Technik des „metaphor shifting" von Cameron[89], und konzentriert

86 Vgl. Sebastian Graetz, Baal, WiBiLex 2006 (www.bibelwissenschaft.de/stichwort/14309/, 05.12.2021). Graetz verweist u. a. auf das Chaoskampf-Mythem „Baal kämpft gegen Jammu" (v. a. KTU 1.2,IV,7-31); Gott der Krieger mag auch Attribute des babylonischen Kriegsgotts En-Eri-gal (Nergal) integriert haben.

87 Vgl. zum engen Zusammenhang zwischen Theologie (im engeren Sinn) und Christologie Olivia Rahmsdorf/Ruben Zimmermann, Pas de deux. Christologie als Theologie im Johannesevangelium, in: Veronika Burz-Tropper (Hg.), Studien zum Gottesbild im Johannesevangelium (WUNT 2,483), Tübingen 2019, 81–101.

88 Dies geschah in wechselseitiger Unkenntnis. Erst nach meinem Vortrag bin ich auf den Artikel aufmerksam geworden. Vgl. Méndez, Mixed Metaphors (Anm. 53) 711–732.

89 Vgl. Méndez, Mixed Metaphors (Anm. 53) 717 Fn. 28 (siehe in diesem Artikel die Lit. in Fn. 48).

sich auf die bekannte Spannung zwischen präsentischer und futurischer Eschatologie (insb. zwischen Joh 5,24–25 und 28–29), die in diesem johanneischen Diskurs besonders schroff zu Tage tritt. Die als unvereinbare Spannung markierte Divergenz der Aussagen lässt sich nach Mendez vor dem Hintergrund von Metaphernkombinationen verstehen, in die er auch seine metaphorische Lesart von V. 28–29 einordnet: „When the entire passage is read as a continuous stream of shifting and interpenetrating metaphors, it contains no sudden clash of eschatologies and no tension for the interpreter to resolve."[90]

Im Folgenden möchte ich nicht – wie Méndez – die Frage der Eschatologie, sondern die der Gottesbilder und Christologie des Abschnitts ins Zentrum meiner Betrachtung rücken.

> (Es) antwortete nun Jesus und sagte ihnen: „Amen, amen, ich sage euch, der Sohn kann nichts von sich aus tun, was er nicht den Vater tun sieht; denn was immer jener tut, dieses tut auch der Sohn in gleicher Weise. [20] Denn der Vater liebt den Sohn und alles zeigt er ihm, was er selbst tut, und größere Werke als diese wird er ihm zeigen, damit ihr staunt. [21] Denn wie der Vater die Toten erweckt und lebendig macht, so macht auch der Sohn lebendig, wen er will. [22] Denn der Vater richtet auch niemanden, vielmehr hat er das ganze Gericht dem Sohn gegeben, [23] damit alle den Sohn ehren, wie sie den Vater ehren. Wer den Sohn nicht ehrt, ehrt (auch) nicht den Vater, der ihn gesandt hat. [24] Amen, amen, ich sage euch: Wer mein Wort hört und glaubt dem, der mich gesandt hat, hat ewiges Leben und kommt nicht ins Gericht, sondern ist hinübergegangen aus dem Tod ins Leben. [25] Amen, amen, ich sage euch: (Es) kommt eine Stunde, und jetzt ist sie da, da die Toten hören werden die Stimme des Sohnes Gottes, und die Hörenden werden leben. [26] Denn wie der Vater Leben in sich hat, so gab er auch dem Sohn, Leben in sich zu haben.

Der Abschnitt ist getränkt mit unterschiedlichen Gottesmetaphern: Mit siebenmaliger expliziter Nennung ist die Vater-Metapher (ὁ πατήρ in V. 19, 20, 21, 22, 23*bis*, 26) dominant und wird auch durch indirekte Charakterisierung und Pronomina vertieft. Aber Gott wird ebenso als der Schöpfer benannt, der Leben in sich hat, lebendig machen und sogar Tote erwecken kann (V. 21). Ferner wird der Vater auch als Sender im Kontext des Botenwesens beschrieben, der den Sohn ausgesandt hat (V. 23–24). Jan G. van der Watt und andere sehen in V. 19–20 weiterhin eine kleine Parabel aus dem Handwerksmilieu. Der Sohn lernt durch Imitation das Handwerk des Vaters.[91]

Bis dahin könnte man die Gottesmetaphern im Rahmen einer Metaphern-Diversifikation deuten. Unterschiedliche Vehicles aus source domains wie Familie, Botenwesen oder Handwerk qualifizieren Gott (Topic) in mannigfaltiger Weise.

Doch wie sieht es mit dem Richteramt aus? Wird hier eigentlich gesagt, dass Gott auch Richter ist? Nein, genaugenommen wird das Gegenteil gesagt: Gott richtet gerade nicht und niemanden (V. 22: οὐδὲ γὰρ ὁ πατὴρ κρίνει οὐδένα).

90 Ebd. 711.

91 Vgl. Jan G. van der Watt, Der Meisterschüler Gottes (Von der Lehre des Sohnes) Joh 5,19–23, in: Ruben Zimmermann u. a. (Hg.), Kompendium der Gleichnisse Jesu, Gütersloh ²2015, 745–754: 748f.

Gleichwohl wird die Metapher von Gott als Richter auch vorausgesetzt, denn sonst hätte Gott wohl kaum das Richteramt auf seinen Sohn übertragen können. Das vorausgesetzte Vehicle „Richter“ wird somit zum manifesten „Vehicle“ für einen zweiten Zielbereich (Topic 2), nämlich Jesus. Es kommt zur Erweiterung des Topic-Bereichs, d. h. im Sinne der oben skizzierten Systematik liegt hier eine „Multivalenz“ vor (wie auch bereits bei der Metapher des Handwerkers oder des Schöpfers[92]).

Das Bild wird allerdings zusätzlich strapaziert, weil auch Jesus de facto sein Richteramt nicht ausübt, zumindest kommt der an ihn Glaubende nicht ins Gericht (V. 24). Hier wird das Gerichtsszenario im Sinne einer Extension auf die Haltung zu Jesus hin ausgeweitet, entgleitet dabei aber zugleich der konkreten Anschauung.

Ähnlich sieht es mit der Ehre aus. Offensichtlich wird vorausgesetzt, dass Gott jemand ist, den man ehrt, eine angesehene Persönlichkeit, ein König vielleicht. Das eine Vehicle der Ehre-Metapher hat auch hier wieder zwei Topics (Vater und Sohn, vgl. V. 23–24), bei der bzw. durch die Vermischung mit der Familien- und Botenmetapher zugleich eine „Extension“ vorliegt. Am Ende entsteht ein Amalgam von Metaphern unterschiedlicher semantischer Felder, die in verschränkender Weise auf die beiden Topics Vater und Sohn bezogen werden.

Man braucht sich nicht wundern, dass Jülicher in anti-allegorischem Impetus der Bildersprache des Johannesevangeliums attestiert hatte, dass sie „bunt und kraus“[93] sei, und aus „wilden Allegorien“ bestehe, die jede klare Gedankenführung vermissen lasse. Mit dem geschärften Blick und differenzierten Instrumentarium der Theorie der Metaphernkombinationen können wir nun wertschätzend anerkennen, dass der vierte Evangelist offenbar virtuos mit „Mixed Metaphors“ umgehen kann. Er nutzt diese Sprachpoetik zur Entfaltung seiner Theologie, sei es die Eschatologie (Méndez), sei es die Schöpfungstheologie

---

92 Vgl. Ruben Zimmermann/Zacharias Shoukry, Creatio Continua. Motifs of Creation in John 5–6, in: Jörg Frey/Craig R. Koester (Hg.), Signs and Discourses in John 5 and 6. Historical, Literary, and Theological Readings from the Colloquium Ioanneum 2019 in Eisenach (WUNT 463), Tübingen 2021, 87–115, zu Joh 5 insb. 97–107.

93 Vgl. Adolf Jülicher, Die Gleichnisreden Jesu, Freiburg i. Br. ²1915, 115, 117, 201f., 264. Vgl. zur pejorativen Einschätzung der Bildlichkeit des vierten Evangeliums auch andere Stimmen in Ruben Zimmermann, Imagery in John. Opening up Paths into the Tangled Thicket of John’s Figurative World, in: ders./Jörg Frey/Jan G. van der Watt (Hg.), Imagery in the Gospel of John. Terms, Forms, Themes, and Theology of Johannine Figurative Language (WUNT 200), Tübingen 2006, 1–43: 2–4.

(Jekel[94]), sei es die Christologie. Das bunte Christusmosaik[95] kann nur durch die Mischung von Metaphern erzeugt werden, wobei die Metaphernkombination als Modifikation und Diversifikation beschrieben werden kann, die das Topic Jesus-Christus mit vielen unterschiedlichen Vehicles verknüpft. Ein theologisches Spezifikum des vierten Evangeliums liegt jedoch auch darin, dass derselbe semantische Bereich (Vehicle) für zwei verschiedene Topics, konkret sowohl für Gott (T 1) als auch Christus (T 2) verwendet werden kann. Es ist gerade die Multivalenz der Mixed Metaphors, mit der die Gottesbilder der Tradition in Christusbilder übergehen. Jesus wird in diesem Metapherngeflecht damit nicht nur „als Christus", sondern auch „als Gott" gesehen und erkannt.

5. Conclusio: Mixed Metaphors und die Gottesbilder

Die Vielfalt der Gottesmetaphern ist jedem Bibelleser und jeder Bibelleserin hinreichend bekannt. Die zum Teil in enger syntaktischer Reihung und Verschränkung präsentierten Metaphern lassen sich mit dem Instrumentarium der neueren Metapherntheorie besser verstehen, die das Phänomen der „Mixed Metaphors" als komplexe Zuordnung unterschiedlicher semantischer Felder und mit der Differenzierung verschiedener Kombinationsformen präziser zu beschreiben versucht. Die Mixed Metaphors werden in der Literatur- und Kognitionswissenschaft dabei inzwischen von dem jahrhundertelang währenden, abwertenden Urteil befreit, dass in ihnen verunglückte Metaphern vorliegen. Stattdessen erkennt man den besonderen Wert der Metaphernmischungen, sei es hinsichtlich der Ausdrucksseite des/der Sprechenden in der Artikulation schwer zugänglicher Gefühle und Wahrnehmungen, sei es in der Beschreibung von komplexen Gegenständen, die die gewöhnliche Ordnung durchbrechen (was z. B. im Blick auf Krankheit, Fremdheitserfahrung oder auch religiöse Phänomene gilt), sei es, hinsichtlich der (sprach-)kreativen und (sprach-)ästhetischen Versuche, das Unsagbare und Unverstehbare, die Lücken in der lexikalisierten Sprachwelt, dennoch kommunizieren zu wollen. Metaphernkombinationen sind deshalb Intensivierungen und Potenzierungen von „einfachen" Metaphern.

In allen drei Dimensionen können Mixed Metaphors auch in ihrem Sprachpotential für die metaphorische Gottesrede neu gewürdigt werden. *Ein* Bild ist nicht genug, um sich dem unsagbaren Transzendenten sprachlich anzunähern.

---

94 Vgl. die Dissertation von Mirjam Jekel, Creatio-Poietik. Erschaffung und Erhaltung des Lebens im Johannesevangelium (Abschluss voraussichtlich 2022).

95 Vgl. dazu Zimmermann, Christologie der Bilder (Anm. 74) 407–424. In Unkenntnis der Interpretationsfigur der „mixed metaphors", aber das Phänomen vergleichbar beschreibend habe ich damals von „Bildclustern", „Bildvariationen" und „Bildnetzwerken" gesprochen.

Ein Bild ist nicht genug, um dem stammelnden Herzen des/der religiös Ergriffenen Worte zu leihen und *ein* Bild ist auch nicht genug, wenn es darum geht, in kreativ-ästhischer Weise den Lücken des Sprachvermögens etwas entgegen zu setzen. Mixed Metaphors können deshalb als unverzichtbare Redeweise der biblischen Gottesrede neu gewürdigt werden. Die multiplen und kraftvollen Wirkungen der Metaphernkombinationen etwa der Psalmen oder des Johannesevangeliums im Laufe der Rezeptionsgeschichte, waren hier der engen Logik theoretischer Beschreibungssysteme ohnehin schon lange voraus.

Gleichwohl bleibt die metaphorische Gottesrede eine Herausforderung. Sie erschließt, tröstet, zieht in den Bann und weist zugleich Grenzen auf. Sie schließt die Grenzen der Sprachfähigkeit in den Sprachmodus der Metapher bereits mit ein. Nicht zufällig finden wir inmitten der Fülle von Gottesbildern im Deuterojesaja die selbstlimitierende Meta-Reflexion: „Fürwahr, du bist ein verborgener Gott, du Gott Israels der Heiland." (Jes 45,15) Der Vers aus Jesaja wurde in der späteren dogmatischen Tradition die Kardinalstelle für den *Deus absconditus*, der bei allen erhellenden und inspirierenden Bildern letztlich doch auch verborgen bleibt.

Dies mag man bedauern, mag die Metaphern – selbst in den komplexen Mischungen – als unvollständig, als unpräzise, vage, dogmatisch unbrauchbare Rede über Gott bezeichnen. Aber gerade so bewahren sie vor falscher Hybris, der weniger die Exeget*innen als die Dogmatiker*innen erliegen könnten. Propositionales oder gar definitorisches Sprechen über Gott ist dem Menschen nicht angemessen. Wir müssen uns der Grenzen der Theo-logie immer wieder bewusst werden. Wir können eigentlich gar nicht angemessen von Gott reden. Aber als Theolog*innen wollen und sollen wir zugleich von Gott reden.[96] Die Metaphern und noch mehr die Mixed Metaphors können trotz der unüberwindbaren Grenze menschlicher Sprechweisen dieser dialektischen Spannung der Gottesrede wohl am besten gerecht werden.

96 Es war Karl Barth, der diese Spannung in der Gottesrede dialektisch benannt und doxologisch versöhnt hat: „Wir sollen als Theologen von Gott reden. Wir sind aber Menschen und können als solche nicht von Gott reden. Wir sollen Beides, unser Sollen und unser Nicht-Können wissen und eben damit Gott die Ehre geben", vgl. Karl Barth, Das Wort Gottes als Aufgabe der Theologie, in: ders., Vorträge und kleinere Arbeiten 1922 – 1925, hg. v. Holger Finze, Zürich 1990, 144—175: 151, 172.

Von der Unzulänglichkeit des menschlichen Redens von Gott. Hosea 11 und andere Metaphernsprenger im Alten Testament

Thomas Hieke

1. Einführung: Die Unzulänglichkeit des Redens von Gott

In Bertolt Brechts „Dreigroschenoper" gibt es das „Lied von der Unzulänglichkeit des menschlichen Strebens". Der Titel hat mich inspiriert: Nicht nur das menschliche Streben nach dem Glück ist unzulänglich, auch das menschliche Streben nach Gott und das menschliche Reden von Gott sind höchst unzulänglich. Wer sich im Kontext der jüdischen oder christlichen Religion ernsthaft vor Augen führt, wie da „Gott" definiert oder verstanden wird, scheitert schon an diesen Begriffen: „Definieren" heißt „eingrenzen" – wie aber vermag man ein Wesen eingrenzen, das *per definitionem* grenzenlos ist? „Verstehen" heißt „begrifflich und inhaltlich erfassen" – wie aber vermag der Mensch ein Wesen erfassen, das *per definitionem* unendlich – und das sowohl räumlich als auch zeitlich – ist?

Im Einladungsschreiben zur Tagung heißt es so schön: „Denn es scheint so etwas wie ein Naturgesetz[1] zu sein, dass man von Gott nur in Metaphern, d. h. in menschlicher Sprache sprechen kann. Menschliche Rede von Gott ist immer nur in menschlichen Begriffen und Bildern möglich." Sehr richtig, kann man da nur sagen, und man muss noch einen Schritt weiter gehen – bei der *per definitionem* unendlich großen Unterschiedenheit zwischen Gott und Mensch ist menschliches Reden über Gott eigentlich unmöglich.[2] Eigentlich sage ich deswegen, weil trotzdem Menschen zu, von und über Gott sprechen. Und das ist auch gut so.

---

1 S. dazu auch Thomas Hieke, Gott bin ich, nicht ein Mensch (Hos 11,9). Die metaphorische Rede von Gott in Hosea 11, rhs (Religionsunterricht an höheren Schulen) 53 (2010) 245–251: 246.

2 S. dazu u. a. Magdalene L. Frettlöh, Gottes „Mutterschößigkeit" – ein weibliches Gottesbild? Zur möglichen Unmöglichkeit geschlechtsspezifischer Rede von Gott, in: Jürgen Ebach u. a. (Hg.), Gretchenfrage. Von Gott reden – aber wie? Band II (Jabboq 3), Gütersloh 2002, 135–217: 138.

Problematisch wird dies nur, wenn sich Menschen dieser grundsätzlichen Unmöglichkeit, eben dieser „Unzulänglichkeit des menschlichen Redens von Gott" nicht (mehr) bewusst sind und glauben, Gott begrifflich erfasst zu haben, so dass sie Gott handhaben können, etwas über Gott wissen, klug davon reden können und andere so belehren können, dass sie ihnen vorschreiben, was im Namen Gottes zu tun und zu lassen ist. Hier kommt die Macht-Frage ins Spiel, aber die soll nun gerade nicht mein Thema sein – höchstens indirekt. Ich möchte vielmehr zeigen, wie das Alte Testament als erster Teil der christlichen Bibel an mehreren Stellen genau dies deutlich macht: Menschliches Reden von Gott ist allenfalls in menschlichen Begriffen und Bildern möglich, und das auch nur sehr gebrochen. Biblische Texte, die von Gott reden, können gar nicht anders als menschliche Bilder – Metaphern[3] – zu verwenden, aber anders als manche Theologen und Kirchenmenschen machen biblische Texte auch deutlich, dass diese Metaphern unzulänglich sind. Manche Stellen sind „Systemsprenger",[4] die alles eingespurte

3 Die Metapher ist ein vieldiskutiertes und mit viel Theorie versehenes Phänomen, s. dazu u. a. die folgenden Sammelbände: Pierre van Hecke (Hg.), Metaphor in the Hebrew Bible (BETL 187), Leuven 2005; Pierre van Hecke/Antje Labahn (Hg.), Metaphors in the Psalms (BETL 231), Leuven 2010; Danilo Verde/Antje Labahn (Hg.), Networks of Metaphors in the Hebrew Bible (BETL 309), Leuven 2020. V. a. letzterer Band fokussiert auf das Zusammenspiel verschiedener Metaphern innerhalb der Hebräischen Bibel sowie auf die Phänomene der „mixed metaphors", „extended metaphor", „clusters/chains of metaphors". – Einen knappen Überblick über antike und neuzeitliche Metapherntheorien (Aristoteles, Paul Ricœur, Benjamin Harshav) bietet Juan Cruz, „Who is like Yahweh?" A Study of Divine Metaphors in the Book of Micah (FRLANT 263), Göttingen 2016, 16–46; s. ferner den knappen Überblick im WiBiLex-Artikel „Bildworte / Bildreden (AT) von Jutta Krispenz und Klaus Koenen, www.bibelwissenschaft.de/stichwort/15369/ (Oktober 2006), und Marianne Grohmann, Metapherntheorien und Altes Testament, ThLZ 142 (2017) 1153–1162. Nach der Arbeitsdefinition von M. Grohmann ist eine Metapher, wörtlich „Übertragung", „eine Stilfigur, in der mittels eines sprachlichen Bildes, d. h. in übertragenem Sinn, auf einen Sachverhalt Bezug genommen wird" (so Philipp Löser, Metapher I. Literaturwissenschaftlich, RGG 5 [^{4}2002] 1165–1166: 1165). Drei Elemente seien nach Grohmann grundlegend für Metaphern: (1) die semantische Dualität, d. h. das Vorhandensein von zwei Bedeutungssphären; (2) eine semantische Spannung, das Moment einer Inkongruenz zwischen eigentlicher und uneigentlicher Bedeutung, und (3) das tertium comparationis als das beiden Bedeutungssphären Gemeinsame sowie eine neue, kreative Gesamtbedeutung. – Zur Metapher in prophetischer Literatur vgl. u. a. Julia M. O'Brien, Challenging Prophetic Metaphor. Theology and Ideology in the Prophets, Louisville 2008.

4 Der Begriff stammt eigentlich aus der Pädagogik und Psychiatrie und bezeichnet Menschen, die nicht in Hilfesysteme integrierbar scheinen und aufgrund ihrer Verhaltensauffälligkeiten nur schwer mit Maßnahmen der Kinder- und Jugendhilfe behandelt werden können. Der Begriff drückt die Hilflosigkeit der professionellen Hilfeeinrichtungen aus. Populär wurde er durch das mehrfach preisgekrönte deutsche Filmdrama von Nora Fingscheidt aus dem Jahr 2019. Es erzählt die Leidensgeschichte eines neunjährigen Mädchens, das aufgrund seines außergewöhnlichen Verhaltens zwischen Pflegefamilien, Psychiatrie, Heimen und diversen Trainings hin- und herwechselt.

Reden von Gott durchbrechen. Sie bremsen eine voreilige Festlegung auf bestimmte Bilder, Formeln, Aussagen, Qualitäten und Logiken aus. Ich möchte hier den Begriff „Metaphernsprenger" vorschlagen. Einige Beispiele führe ich an, ohne den Anspruch auf Vollständigkeit zu erheben. Ist man einmal dafür sensibel geworden, stecken Metaphernsprenger fast überall.

2. Hosea 11 als klassischer Metaphernsprenger

„Als Israel jung war, gewann ich ihn lieb, ich rief meinen Sohn aus Ägypten" (Hos 11,1)[5] – von wem ist hier die Rede? Das frage ich Studierende gerne, wenn ich diesen wichtigen Text behandle. Die Antwort ist in der Regel: „Von Gott als *Vater*".[6] Mein Einwand, dass auch *Mütter* Söhne haben, wird dann klarer, wenn ich die besondere Gestaltung von Hos 11,1–9 erläutere. In diesem Text wird die liebevolle Zuwendung JHWHs zu Israel in metaphorischer Weise beschrieben, die ablehnende Haltung Israels jedoch in konkreten Begriffen („den Baalen brachten sie Schlachtopfer dar" usw.). Das Handeln JHWHs beschreibt Hos 11 mit einer Begrifflichkeit, die sich *nicht* eindeutig auf die Vater- *oder* Mutterrolle festlegen lässt.[7]

JHWH sagt von sich: „Ich war es, der Efraim gehen lehrte, der sie nahm auf seine Arme" (Hos 11,3). Die hebräische Verbform *tirgaltî* ist problematisch, sie könnte von *regel*, „Fuß" kommen und dann „gehen lehren" bedeuten.[8] Auch die

5 Bibelzitate erfolgen in enger Anlehnung an die Einheitsübersetzung von 2016.

6 Dass viele Exegeten (die maskuline Form ist hier intendiert) wie selbstverständlich davon ausgehen, dass es in Hos 11 um ein Vater-Sohn-Verhältnis gehe, wird in der Literatur inzwischen verwundert festgestellt und kritisiert, vgl. z. B. Marie-Theres Wacker, Gott Vater, Gott Mutter – und weiter? Exegese und Genderforschung im Disput über biblische Gottes-Bilder am Beispiel von Hosea 11, in: Andrea Qualbrink/Annebelle Pithan/Mariele Wischer (Hg.), Geschlechter bilden. Perspektiven für einen genderbewussten Religionsunterricht, Gütersloh 2011, 136–157: 139–140; Frettlöh, Mutterschößigkeit (Anm. 2) 143–147.

7 Dies ist gegen die ansonsten äußerst wertvollen Beobachtungen von Helen Schüngel-Straumann, Gott als Mutter in Hosea 11, ThQ 166 (1986) 119–134, festzuhalten. H. Schüngel-Straumann zeigt deutlich auf, dass die Tätigkeiten auch von Frauen, also von Müttern ausgeübt werden (können), ihre Schlussfolgerung, es handle sich ausschließlich um weibliche Tätigkeiten, geht jedoch zu weit, wie Siegfried Kreuzer, Gott als Mutter in Hosea?, ThQ 169 (1989) 123–131, deutlich macht. Zu weiteren Details und weiterer Literatur s. u. a. Frettlöh, Mutterschößigkeit (Anm. 2) 143–150 (mit Bemerkungen zur jüngsten Auslegungsgeschichte); Jürgen Ebach, Gott ist kein Mann. – Aber warum? Hosea 11,9 und Numeri 23,19 im Diskurs, in: Frank Crüsemann u. a. (Hg.), Dem Tod nicht glauben. Sozialgeschichte der Bibel, Gütersloh 2004, 214–232: 217–218; Hieke, Gott bin ich (Anm. 1) 246–247; Wacker, Gott Vater (Anm. 6) 143–145.

8 Der Vorschlag von Schüngel-Straumann, Gott als Mutter (Anm. 7) 123–124, das Wort mit „säugen, stillen" zu übersetzen, wird von Kreuzer, Gott als Mutter (Anm. 7) 123–131, mit

weiteren Tätigkeiten wie „auf die Arme nehmen“, „heilen“, „ziehen mit menschlichen Fesseln, mit Banden der Liebe“ und das Heben des Säuglings an die Wangen (11,4)[9] werden von Vätern *und* Müttern ausgeübt. Die Konstruktionen scheinen ausdrücklich so gestaltet zu sein, dass eine geschlechtsspezifische Festlegung Gottes auf eine Vater- *oder* Mutterrolle vermieden wird.[10] Der Text sperrt sich dagegen, Gott in der Bildwelt auf ein bestimmtes Geschlecht festzulegen.[11] Da Israel (Efraim) die liebende Fürsorge Gottes fortwährend abweist, muss – eigentlich und konsequent und auch im Sinne der Elternmetaphorik – eine harte Strafe folgen. Eltern *müssen* Konsequenzen ziehen, und auch Gott spielt in Hos 11,5–8 diese Option durch: Der Exodus könnte rückgängig gemacht werden,[12] die Militärmacht Assur wird Israel unterwerfen. All das, was Israel be-

---

guten Gründen abgelehnt. Brigitte Seifert, Metaphorisches Reden von Gott im Hoseabuch (FRLANT 166), Göttingen 1996, 184–185, optiert für die allgemeinere Bedeutung „großziehen“. Zur Diskussion s. auch Ebach, Gott ist kein Mann (Anm. 7) 221; Marie-Theres Wacker, Figurationen des Weiblichen im Hoseabuch (HBS 8), Freiburg i. Br. 1996, 290–292.

9 Dieser Text ist sehr offen gestaltet und könnte auch einen Bildwechsel in die Welt der Arbeitstiere vorbereiten: Der hebräische Text spricht vom „Joch“ („und ich war ihnen wie solche, die das Joch auf ihren Kinnbacken anheben“). Gemeint ist damit, dass JHWH wie ein fürsorglicher Bauer ist, der seinen pflügenden Ochsen ab und zu eine Erleichterung vom harten Joch des Pfluges verschafft. Bringt man eine kleine Konjektur an, kann man anstelle von „Joch“ (ʿōl) mit „Säugling“ (ʿûl) übersetzen, was den Vorteil hat, dass man keinen Bildwechsel annehmen muss: Es geht immer noch um die elterliche Fürsorge; s. dazu Schüngel-Straumann, Gott als Mutter (Anm. 7) 124; Joy Philip Kakkanattu, God's Enduring Love in the Book of Hosea. A Synchronic and Diachronic Analysis of Hosea 11,1–11 (FAT 2,14), Tübingen 2006, 188; Seifert, Metaphorisches Reden (Anm. 8) 191–198.

10 Vgl. Seifert, Metaphorisches Reden (Anm. 8) 200–201; Annette Böckler, Gott als Vater im Alten Testament. Traditionsgeschichtliche Untersuchungen zu Entstehung und Entwicklung eines Gottesbildes, Gütersloh 2000, 262; Frettlöh, Mutterschößigkeit (Anm. 2) 144. – Der Vorschlag von Schüngel-Straumann, Gott als Mutter (Anm. 7) 124, statt mit „Wangen“ mit „Busen“ zu übersetzen, wird von Kreuzer, Gott als Mutter (Anm. 7) 124–125, mit Recht zurückgewiesen; s. ebenso Kakkanattu, God's Enduring Love (Anm. 9) 61. S. dazu auch die sehr differenzierte und ausgewogene Analyse des Anliegens von Helen Schüngel-Straumann durch Frettlöh, Mutterschößigkeit (Anm. 2) 145–146.

11 Vgl. Hieke, Gott bin ich (Anm. 1) 247.

12 Die Einheitsübersetzung von 2016 folgt in Hos 11,5 („Er muss nicht nach Ägypten zurückkehren, doch Assur wird sein König sein“) etwas gezwungen dem masoretischen Text (MT). Dies könnte jedoch als *lectio facilior* angesehen werden, die die harte Aussage der Annullierung des Exodus abmildern will. Damit wäre als ursprünglicher Text (*lectio difficilior*) das Wort für „nicht“ (*lōʾ*) aus 11,5 zum vorausgehenden Vers zu ziehen und als Personalpronomen „für ihn“ (*l-ô*) und damit als Objekt zu „zu essen geben“ aufzufassen – dieses Objekt fehlt nämlich in 11,4. Hos 11,5 kann man dann mit „Er muss nach Ägypten zurückkehren, und Assur wird sein König sein“ wiedergeben und darin eine doppelte Strafe sehen: Israel muss in die Sklaverei nach Ägypten zurück (was faktisch nicht eintrat), und was noch übrig bleibt, muss sich Assur unterwerfen (was dann faktisch mit dem Untergang des Nordreiches 722/720 v. Chr. eintrat). S. dazu beispielsweise Jan-Dirk

trifft, wird sehr „un-metaphorisch" und dafür äußerst konkret und drohend ausgedrückt. Gott sieht sich immer noch in der Elternrolle und fragt sich in Hos 11,8, ob er/sie[13] diese Strafe auch wirklich vollstrecken will. Es folgen der „Herzensumsturz" JHWHs und das Auflodern des Mitleids,[14] wie das bei Eltern sicher auch vorkommt. Dann jedoch trennen sich die Wege in Hos 11,9: Während menschliche Eltern konsequent bleiben müssen bzw. irgendwann in ihrer Geduld und Barmherzigkeit erschöpft sind, sprengt Hos 11,9 die Elternmetapher auf:

> Ich will meinen glühenden Zorn nicht vollstrecken
> und Efraim nicht noch einmal vernichten.
> Denn ich bin Gott, nicht ein Mensch (kî ʾēl ʾānōkî wəlōʾ ʾîš),[15]
> der Heilige in deiner Mitte. Darum komme ich nicht in der Hitze des Zorns.

Gott, der/die sich eben noch wie eine Mutter oder ein Vater um den Säugling Israel gekümmert hat, um ihn großzuziehen, distanziert sich nun generell vom „Menschsein". Das hebräische Wort ʾîš, das oft mit „Mann" übersetzt wird, bezeichnet hier nicht das spezifisch „Männliche" (im Gegensatz etwa zu „weiblicher Geduld"), sondern das „normale" menschliche Denken:[16] Irgendwann ist bei

---

Döhling, Der bewegliche Gott. Eine Untersuchung des Motivs der Reue Gottes in der Hebräischen Bibel (HBS 61), Freiburg i. Br. 2009, 313, Anm. 935, der auch dem MT etwas abgewinnen kann: „Doch bleibt auch bei MT die angesagte Fremdherrschaft Assurs sachlich transparent für die im Exodus aus Ägypten (V. 1.11) beginnende und hier negierte Heilsgeschichte".

13 Es zeigt sich, dass Gott biblisch nicht einseitig und ausschließlich männlich oder weiblich zu identifizieren ist. Daher müsste man Gott eigentlich doppelt determinieren: „der/die Gott". Um darauf aufmerksam zu machen, dass Gott eben nicht einfach ein „Er" ist, kann man versuchen, die Pronominalisierung mit „er/ihm/ihn/sein" zu vermeiden oder wenigstens verfremdend mit femininen Pronomen abzuwechseln, vgl. Frettlöh, Mutterschößigkeit (Anm. 2) 151.

14 Verschiedentlich wird vorgeschlagen, anstelle des hebräischen Worts für „mein Mitleid" (niḥûmāy) „mein Mutterschoß" (raḥămāy) zu lesen (s. BHS mit Verweis auf Peschitta und Targum; Schüngel-Straumann, Gott als Mutter [Anm. 7] 128–129; vgl. 1 Kön 3,26), doch damit wäre Gott zu eindeutig auf die Mutterrolle festgelegt. Der Text hat sich bisher gegen eine solche Zuordnung gesperrt; im Übrigen war das Rollenstereotyp vom zornigen Vater und der mitleidigen Mutter wohl schon in der Antike unerträglich. Selbst wenn es unter Menschen typischerweise so sein mag, so greift nun eine Art „Filter" in der metaphorischen Redeweise der Bibel, der es verhindert, aus der menschengestaltigen („anthropomorphen") Redeweise von Gott allzu schnell und allzu tief auf das wahre Wesen Gottes Rückschlüsse durchzuführen; s. Hieke, Gott bin ich (Anm. 1) 248.

15 Die Septuaginta übersetzt das hebräische Wort ʾîš, das „Mann" und „Mensch" bedeuten kann, konsequent mit „Mensch": διότι θεὸς ἐγώ εἰμι καὶ οὐκ ἄνθρωπος. Es geht hier nicht um die Differenz von Mann und Frau, sondern um den Unterschied zwischen menschlichem und göttlichem Handeln.

16 Vgl. Frettlöh, Mutterschößigkeit (Anm. 2) 147–148, mit differenzierter Bewertung; zur Diskussion und zum religionsgeschichtlichen Hintergrund s. auch Wacker, Figurationen (Anm. 8) 293–296.

jedem Menschen, ob Mann oder Frau, das Maß voll und die Liebes- und Vergebungsbereitschaft am Ende. Dann ist Schluss – nicht aber bei Gott.[17] Schon vom Kontext her wird Gott nicht auf eine bestimmte Geschlechterrolle bzw. auf die Mutterrolle festgelegt, und auch die Gegenprobe zeigt, dass es nicht um die Gender-Polarität von „Mann“ und „Frau“ geht. Gott ist auch keine Frau, und es wäre kaum angemessen, nur das „typisch Weibliche“ als wahrhaft menschlich oder gar die Inkonsequenz als „typisch weiblich“ anzusehen. Vielmehr liegt hier eine Spitzenaussage der Hebräischen Bibel vor, die menschliche Logik und Begrenztheit aufsprengt: Gott handelt in seiner/ihrer Liebe maßlos inkonsequent, um die Beziehung zu Israel zu retten. Dabei werden Liebe, Treue und Fürsorge aus dem menschlichen Erfahrungsbereich (Beziehung Eltern – Kinder) auf Gott übertragen,[18] und zugleich wird die menschliche Begrenztheit, die zweifellos auch in diesen Begriffen steckt, überboten. Die Metapher wird verwendet, weil es nicht anders geht, und zugleich wird sie gesprengt, weil jede/r weiß, dass Mitleid, Liebe und Fürsorge unter Menschen zwangsläufig Grenzen haben. Der Satz „Gott bin ich und kein Mensch“ macht deutlich: Gott hat diese Grenzen nicht. Genau dieses Anders-Sein Gottes drückt auch die Qualifikation „der Heilige“ aus: Gott ist von der menschlichen Sphäre ganz verschieden und abgesondert. Die Kombination „der Heilige in deiner Mitte“ erscheint dabei wie ein Widerspruch, drückt aber eine für die Bibel ganz typische Spannung von Distanz und Nähe aus: Gott als die/der „ganz Andere“ ist dennoch den Menschen „ganz nahe“.[19]

Die Hoseaschrift stellt am Beginn JHWH als treuen Ehemann und Israel als treulose Frau vor und sprengt auch diese Metapher, da der Ehemann die treulose *Frau* gegen jede menschliche Vernunft doch wieder annimmt (Hos 3,1–5).[20] Hos 11 dreht das *Gender*-Muster um: Jetzt ist Israel der treulose und widerspenstige *Sohn*, während Gott Mutter und Vater ist. Diese Wechsel in der Metaphorik zeigen, dass es der Hoseaschrift nicht auf eine geschlechtsspezifische Festlegung eines bestimmten Verhaltens Gottes ankommt. Es geht nicht nur um die Mutterliebe Gottes, die dem „männlichen“ Zorn gegenübergestellt wird.[21] Vielmehr sprengt die Hoseaschrift ein menschlich geprägtes Gottesbild auf und weitet es ins Unvorstellbare: Was bei Menschen nicht mehr denkbar ist, ist bei Gott nicht unmöglich.

---

17 Vgl. Hieke, Gott bin ich (Anm. 1) 248; Kakkanattu, God's Enduring Love (Anm. 9) 92–93; ferner Brian C. Howell, In the Eyes of God. A Metaphorical Approach to Biblical Anthropomorphic Language (PTMS 192), Eugene 2013, 90.

18 Vgl. Georg Fischer, From Terror to Embrace. Deliberate Blending of Metaphors in Jeremiah 30–31, in: Verde/Labahn, Networks (Anm. 3) 79–91: 86.88, im Blick auf Metaphern in Jer 30–31.

19 Vgl. dazu u. a. Seifert, Metaphorisches Reden (Anm. 8) 263.

20 Vgl. dazu allgemein u. a. Susan E. Haddox, Metaphor and Masculinity in Hosea (SBLit 141), New York 2011, z. B. 92–94, und v. a. Wacker, Figurationen (Anm. 8) 1–139.

21 Diese Vereinseitigung des Stereotyps „männlich“ – „weiblich“ ist in sich wieder sexistisch, d. h. sie wertet das andere Geschlecht ab. S. dazu v. a. Kreuzer, Gott als Mutter (Anm. 7) 130–131.

3. Sprengung der Elternmetaphorik

Die Liebe der Eltern zu ihren (kleinen) Kindern ist das Stärkste, was Menschen erfahren können.[22] Damit ist es kein Wunder, dass die Elternliebe als zugkräftige Metapher für Gottes Liebe zu seinem Volk bzw. zum einzelnen Glaubenden herangezogen wird.[23] Insbesondere die Rede von Gott als (barmherzigem) Vater ist altorientalisch sowie alt- und neutestamentlich einschlägig.[24] Doch darum soll es hier nicht gehen, sondern um das Aufsprengen auch dieser äußerst starken Metapher. Ein ähnliches Aufsprengen der Metaphorik von starken menschlichen Liebesbanden zeigen auch Ps 27,10 und Jes 49,15: Selbst die größte elterliche Liebe hat Grenzen; Gottes Liebe aber ist grenzenlos.[25]

In Ps 27,10 spricht die betende Person ihr Vertrauen auf Gott in folgender Weise aus:

> Wenn mich auch Vater und Mutter verlassen, JHWH nimmt mich auf.

---

22 Die Elternliebe ist die Triebfeder des Plots der ungemein erfolgreichen Harry-Potter-Heptalogie, und der Erfolg der Bücher von J. K. Rowling und der Verfilmungen ist sicher nicht nur dem Fantasy- und Coming-of-Age-Genre zuzuschreiben, sondern auch dieser Grunderfahrung: J. K. Rowling hat hier einen Nerv getroffen, vielleicht sogar den Nerv.

23 Dies ist keineswegs auf den jüdisch-christlichen Gottesglauben beschränkt. Für das alte Ägypten zeigt beispielsweise Alexandra von Lieven, Father of the Fathers, Mother of the Mothers. God as Father (and Mother) in Ancient Egypt, in: Felix Albrecht/Reinhard Feldmeier (Hg.), The Divine Father. Religious and Philosophical Concepts of Divine Parenthood in Antiquity (Themes in Biblical Narrative 18), Leiden 2014, 19–36, welche Konzepte göttlicher Elternschaft hier zum Tragen kommen: Schöpfung als Zeugung (durch Selbstbegattung einer als männlich gedachten Urgottheit) oder Geburt (die Geburt des Re aus der Urgöttin und Schöpferin Neith, die nach den Texten aus Esna „der Vater der Väter, die Mutter der Mütter, der eine Gott, der zwei Götter wurde" ist); Gottheiten als Eltern des Königs (der Pharao als Sohn des Amun-Re und der Königin bzw. später als Verkörperung des Gotteskindes von Amun-Re und der lokalen Hauptgöttin); Gottheiten als Eltern von vergöttlichten Privatpersonen (wie etwa Imhotep als Sohn des Ptah). „Divine parenthood both structured the mythology and thus the hierarchy of the countless gods of traditional religion and it also provided a means to connect all humanity, and the Egyptian state in the person of its king in particular to the gods. In the end, the whole universe amounted to a big patriarchal family of sorts." (31–32)

24 Vgl. u. a. Annette M. Böckler, Unser Vater, in: van Hecke, Metaphor (Anm. 3) 249–261.

25 Vgl. dazu u. a. Maria Häusl, „Ich aber vergesse dich nicht". Gottesbilder in Jes 49,14–50,3, in: Ilona Riedel-Spangenberger/Erich Zenger (Hg.), „Gott bin ich, kein Mann". Beiträge zur Hermeneutik der biblischen Gottesrede. FS für Helen Schüngel-Straumann, Paderborn u. a. 2006, 237–245; Maria Häusl, Gott als Vater und Mutter und die Sohnschaft des Volkes in der Prophetie. Rezeption mythischer Vorstellungen, in: Hubert Irsigler (Hg.), Mythisches in biblischer Bildsprache. Gestalt und Verwandlung in Prophetie und Psalmen (QD 209), Freiburg i. Br. 2004, 258–289.

Damit wird die Liebe JHWHs als stärker als die stärkste menschliche Liebe, die Liebe von Eltern zu ihren Kindern,[26] herausgestellt und die Metapher überboten („gesprengt"). Aus der Perspektive Gottes formuliert die Gottesrede in Jes 49,15 den gleichen Gedanken:

> Kann denn eine Frau ihr Kindlein vergessen,
> ohne Erbarmen sein gegenüber ihrem leiblichen Sohn?
> Und selbst wenn sie ihn vergisst: Ich vergesse dich nicht.

Die rhetorische Frage ist mit „eigentlich nicht" zu beantworten und bekennt die Stärke der mütterlichen Liebe. Doch dann folgt mit „selbst wenn" ein Aufsprengen der Metapher in Richtung eines *deus semper maior*: In menschlichen Bildern (Metaphern) von Gott reden ist wichtig und die einzige Möglichkeit, aber dieses Reden hat Grenzen, weil auch menschliche Liebe Grenzen hat, und daher müssen „Metaphernsprenger" daran erinnern, dass Gott immer noch größer ist, als Menschen es ausdrücken können. Gott ist eben kein Mensch (Hos 11,9).

4. Gott ist kein Mensch

Die Feststellung, dass Gott kein Mann bzw. kein Mensch ist, findet sich noch an zwei weiteren Stellen: Num 23,19 und 1 Sam 15,29.[27]

1. Der Kontext von Num 23,19 ist die Auseinandersetzung des Sehers Bileam mit dem König Balak von Moab. Balak will, dass Bileam das Volk Israel, das durch Moab ziehen will, verflucht, damit es von Moab leichter vernichtet werden kann. Aber Bileam verweist darauf, dass Gott Israel gesegnet hat, und daher kann er, der Seher und Gottesmann, es nicht verfluchen. In seinem zweiten Orakelspruch sagt Bileam in Num 23,19:

   > Gott ist kein Mensch (*ʾîš*), der lügt, kein Menschenkind, das etwas bereut.
   > Spricht er etwas und tut es dann nicht, sagt er etwas und hält es dann nicht?

   Mit dieser Stelle wird betont, dass Gott sich von einer typisch menschlichen Verhaltensweise distanziert, nämlich dass Menschen nach vorne hin so reden, hintenherum dann aber ganz anders handeln. Oder auch: dass Menschen zuerst etwas zusichern und dann unter dem Eindruck der Drohung eines Mächtigen einknicken und ihrem Versprechen untreu werden. Solches Verhalten ist nicht typisch *männlich* (oder auch *weiblich*), sondern eben *menschlich* – *Gott* aber steht zu seinem Wort.

---

26 Zur Elternmetaphorik in Stellen wie Jer 2,27; Jes 45,9–10; Dtn 32,18 und eben auch Ps 27,10 vgl. Frettlöh, Mutterschößigkeit (Anm. 2) 150–151.

27 S. zur Diskussion dieser Stellen in Verbindung mit Hos 11,8–9 v. a. Ebach, Gott ist kein Mann (Anm. 7) 214–232.

2. In 1 Sam 15,28–29 sagt Samuel zu Saul, dass JHWH ihm die Herrschaft über Israel entreißen wird und sagt dann über Gott, dass dieser etwas *nicht* kann:

> Er, der ewige Ruhm Israels, kann weder lügen noch bereuen.
> Er ist doch kein Mensch (*ʾādām*), so dass er etwas bereuen müsste.

Eigenartigerweise heißt es in 1 Sam 15,11 dagegen, dass es Gott *reute*, Saul zum König gemacht zu haben. Mit dieser metaphorisch-anthropomorphen Redeweise wird angedeutet, dass Gott durchaus „Gefühle" hat, also auf die freien Entscheidungen der Menschen flexibel reagieren kann, insbesondere auf deren Fehlentscheidungen wie Sauls Sakrileg, den König von Amalek und die besten Herdentiere (aus ökonomisch-politischen Erwägungen heraus) zu schonen, obwohl sie der Vernichtung geweiht waren. Auch im Fall der sich bekehrenden Niniviten in der Jonaschrift kann sich Gott des verhängten Unheils gereuen lassen. Gott ist somit wandelbar[28] und kann sich ändern im Hinblick auf konkrete Beschlüsse – nicht aber im Sinne von Gottes übergeordnetem Plan, nämlich dem Heil für Israel (und durch Israel für alle Menschen). Damit wird sowohl die Vorstellung von einem willkürlich erwählenden und verwerfenden Gott zurückgewiesen als auch die Annahme eines völlig unbewegten Bewegers, der nicht auf freie Entscheidungen oder auch Bitten der Menschen reagieren kann oder will.

Num 23,19 und 1 Sam 15,29 haben gemeinsam, dass sie Gottes Unwandelbarkeit gegenüber dem Wankelmut, dem politischen Kalkül (König Balak von Moab) und dem Versagen der Menschen (König Saul) herausarbeiten. In *diesem* Sinne ist Gott kein Mann und kein Mensch, weil Gott an seinem übergeordneten Plan festhält.[29]

In Hos 11,8–9 zeigt sich Gott scheinbar wankelmütig, da er den allzu berechtigten Zorn gegen sein abtrünniges Volk Israel nun doch nicht ausbrechen lässt. Aber: Ist nicht der mächtiger, der nicht zum Sklaven seines eigenen Beschlusses, seines eigenen Zorns (und sei er noch so berechtigt) wird? Gott lässt sich auch hier nicht auf das – nach menschlichem Ermessen nur zu notwendige und berechtigte – Gericht ein, sondern lässt in seiner Allmacht und Souveränität die Liebe in seinem Herzen siegen.

„Gott ist zuverlässig und lässt sich nicht umstimmen *und* [...] Gott lässt sich durch sich selbst umstimmen und ist in dieser Macht über die Macht

---

28 Vgl. die Studie zu einschlägigen Stellen über die „Reue" Gottes (Gen 6,5–8; Ex 32,7–14; 1 Sam 15; 2 Sam 24,16; Jer; Hos 11,8–9; Joël 2,13–14; Amos 7,1–6; Jona 3–4) von Döhling, Der bewegliche Gott (Anm. 12).

29 Vgl. Döhling, Der bewegliche Gott (Anm. 12) 228–229, ferner 234: „1Sam 15,29 und Num 23,19 negieren die Reue Gottes also (nur) insofern, als sie artikulieren, dass Gott mit seinem Wort jenseits der absichtsvoll täuschenden, und faktisch Israels Schaden suchenden oder in Kauf nehmenden, Praktiken menschlichen Wortgebrauchs steht, wie sie Balaq und Saul praktizieren. Die hier für Gottes Reue negierte Logik ist also die der manipulativen Kommunikation."

zuverlässig," so formuliert es treffend Jürgen Ebach.[30] Gott lässt sich also – anders als beim Menschen – nicht auf die Machtrolle festlegen, so dass Gott sein Gesicht verlöre, wenn Gott einmal nicht ihre/seine Macht voll ausspielt; Gott hat Macht über die Macht. Es geht nicht um Geschlechterklischees, um typisch männlich oder typisch weiblich, sondern darum, dass Gott auch „Inkonsistenzen" (aus menschlicher Sicht!) in sich vereinigen kann – und auch dort noch barmherzig sein kann, wo Menschen es längst nicht mehr können. Damit ist die metaphorische Redeweise vom „bereuen" gesprengt.

5. Gott ist kein Mann (und keine Frau)

Auch wenn Gott kein Mensch ist, kein Mann und auch keine Frau, werden menschliche Konzepte metaphorisch auf Gott übertragen, weil es eben nicht anders geht. Dass damit Schwierigkeiten verbunden sind, macht die Hebräische Bibel auch dadurch klar, dass einerseits ein metaphorisches Szenario aufgebaut wird, aber zugleich in dieses Szenario Unstimmigkeiten eingebaut werden, die die Metaphern sprengen – und damit der Leserschaft vermitteln, dass Gott nicht auf einige wenige Bilder und menschliche Vorstellungen festgelegt werden kann. An zwei Beispielen aus dem Buch Jesaja und am Beispiel der unbelebten Metapher „Fels" lässt sich dies zeigen.

1. Jes 66,10–13 entfaltet das Bild der tröstenden Mutter:

   > [10] Freut euch mit Jerusalem und jauchzt in ihr alle, die ihr sie liebt! Jubelt mit ihr, alle, die ihr um sie trauert, [11] auf dass ihr trinkt und satt werdet an der Brust ihrer Tröstungen, auf dass ihr schlürft und euch labt an der Brust ihrer Herrlichkeit! [12] Denn so spricht JHWH: Siehe, wie einen Strom leite ich den Frieden zu ihr und die Herrlichkeit der Nationen wie einen rauschenden Bach, auf dass ihr trinken könnt; auf der Hüfte werdet ihr getragen, auf Knien geschaukelt. [13] Wie einen Mann, den seine Mutter tröstet, so tröste ich euch; in Jerusalem findet ihr Trost.

   Vom Kontext her geht es um eine Gruppe im nachexilischen Jerusalem, die unter Bedrängnis und Trauer steht. Ihr wird Trost und Frieden zugesprochen. Die heilvolle Zukunft wird in Form einer „Neugeburt" dargestellt, die von Zion völlig schmerzfrei erfolgt (Jes 66,7 in Ablösung der Strafbestimmung von Gen 3,16). Das Bild von der Mutter Zion wird in den folgenden Versen fortgesetzt. Am Ende von Jes 66,12 werden die Kinder (= das Volk Israel) getragen und geschaukelt – dabei ist offen, ob dies von der „Mutter Zion" geleistet wird oder von Gott (*passivum divinum*). In Jes 66,13 ist jedoch klar, dass JHWH sich selbst mit einer Mutter vergleicht. Dieses Bild kommt überraschend, da doch zunächst Zion als Mutter vorgestellt wird. Passender wäre JHWH als „Ehemann" oder „Vater". Die Vergleiche und Metaphern

30 Ebach, Gott ist kein Mann (Anm. 7) 227; s. auch ebd., 224.

werden nicht allzu eindeutig gepresst. Die Texte wollen JHWH nicht gender- bzw. rollenspezifisch fixieren.

2. In Jes 46,3–4 ist die Rolle JHWHs wie in Hos 11 nicht eindeutig auf die Vater- oder Mutterrolle festgelegt, denn sowohl Väter als auch Mütter tragen ihre Kinder – aber nicht bis diese „graues Haar" haben! So wird die Elternmetapher gesprengt:

   3 Hört auf mich, Haus Jakob und der ganze Rest des Hauses Israel, mir aufgeladen vom Mutterleib,[31] getragen vom Mutterschoß an! 4 Bis ins Alter bin ich derselbe, bis zum grauen Haar werde ich schleppen. Ich habe es getan und ich werde tragen, ich werde schleppen und retten.

   Vom Kontext her ist Jes 46,1–7 ein Diskussionswort, das von der Götterbilderpolemik dominiert ist: Das ist ein typisches Thema in Deuterojesaja. Der Text setzt an mit der Last, die Götterbilder für Mensch und Tier darstellen: Sie müssen herumgeschleppt werden, können sich selbst nicht bewegen. Dagegen setzt JHWH in seiner Gottesrede einen deutlichen Kontrapunkt: *JHWH* hat das Volk getragen! Die Rede vom Mutterschoß entgrenzt die Zeit: gemeint ist damit „schon immer". Die Metaphorik von den Eltern, die das kleine Kind tragen, wird aufgesprengt und überboten: JHWH trägt das Volk auch dann, wenn es bereits ergraut ist, bis ins hohe Alter. JHWH tut also etwas, was Eltern nicht tun bzw. nie schaffen können.[32]

3. Ein weiterer Weg, mit dem vermieden wird, Gott auf ein Geschlecht oder auf ein bestimmtes Menschenbild (!) festzulegen, besteht darin, nicht-personale Metaphern als Gegengewicht zur personalen Vorstellung von Gott zu verwenden. Eine charakteristische Metapher aus diesem Bereich ist die Rede

---

31 Die Vulgata übersetzt hier: qui portamini a meo utero qui gestamini a mea vulva. Damit spricht die Vulgata von Gottes Mutterschoß, in dem das Volk getragen wird, und zeichnet JHWH so als Mutter (anders die Nova Vulgata, die stärker dem hebräischen Text folgt: Audite me, domus Iacob, et omne residuum domus Israel, qui portamini ab utero, qui gestamini a vulva). S. dazu auch Frettlöh, Mutterschößigkeit (Anm. 2) 139–150. Sie fragt: „Hat Hieronymus sich also geirrt, wenn er Gott metaphorisch eine Gebärmutter einverleibte und einen Mutterschoß zuschrieb?" (141) Dem stellt sie eine Deutung durch Hans-Jürgen Hermisson gegenüber, der im hebräischen Text eindeutig die Vaterrolle zu erkennen glaubt. Insgesamt schlussfolgert sie zu Jes 46,3–4 wie zu Hos 11, dass diese Texte „zu jenen Gottesmetaphern [gehören], die von einer Elternrolle Gottes sprechen und die göttliche Wahrnehmung elterlicher Verantwortung ins Bild setzen." (150) Hieronymus' Version sei eine mögliche Vereindeutigung des hebräischen Wortlauts (155), aufgrund des „Ein-Geschlecht-Modells" seiner Zeit (weibliche Geschlechtsteile seien nach innen gekehrte männliche) sei aber das Motiv des uterus patris kein Hinweis auf eine weibliche Gottesmetaphorik, sondern weiterhin Ausdruck einer männlich konnotierten Gottesvorstellung. (160).

32 Vgl. u. a. Frettlöh, Mutterschößigkeit (Anm. 2) 155, die auch von einem Sprengen des Bildes spricht: „Es sind gerade die Bild-Störungen, die im Gebrauch anthropomorpher Gottesbilder dafür sorgen, dass die Andersheit Gottes gewahrt und der Zugriff auf das Geheimnis Gottes verwehrt bleibt."

von Gott als Fels[33] (*ṣûr*: Dtn 32,4.18; 1 Sam 2,2; 2 Sam 22,32; Jes 44,8; Hab 1,12; Ps 18,32; 71,3). Blickt man auf die prominente Stelle Dtn 32,4, so wird deutlich, dass auch hier die Natur-Metapher in sich wieder gesprengt wird:

> [3] Ja, ich will den Namen JHWHs verkünden. Preist die Größe unseres Gottes! [4] [Er ist/heißt:] Der Fels. Vollkommen ist sein Tun (*haṣ-ṣûr tāmîm pāʿăl-ô*); denn alle seine Wege [sind] Recht. Ein Gott der Treue, [es gibt] kein Unrecht, gerecht und gerade [ist] er.

Einerseits „ist" (oder „heißt"?) Gott „der Fels" – was ein unbelebtes Objekt ist –, andererseits handelt Gott als Person, und zwar „vollkommen". In der gleichen poetischen Zeile ergänzen sich die unbelebte Metapher und die Rede von einer handelnden Person gegenseitig.[34] Noch schärfer ist der Kontrast in Dtn 32,18, wo Gott der „Fels, der dich gezeugt hat" (*ṣûr yəlādə-kā*) ist, und in der Parallele der „Gott, der dich geboren hat" (*ʾēl məḥōləle-kā*). Paradoxer kann man kaum formulieren: Der (unbelebte) Fels „Gott" ist zugleich die Person, die wiederum zugleich zeugen und gebären kann, und in Dtn 32,30 kann der vermeintlich unbelebte, unbewegte und unbewegliche Fels sogar sein von ihm gezeugtes und geborenes Volk verkaufen und preisgeben – Gott, der Fels, bleibt souverän und frei. Metaphern aus Natur und Menschenwelt werden so ausgesprochen und zugleich gesprengt – eben, um Gott nicht einseitig auf ein Menschenbild oder ein Naturbild oder ein Geschlecht festzulegen.

6. Metaphernsprengung durch Übersetzung

Auch bei der Übersetzung können Metaphern gesprengt werden. Ein Beispiel dafür ist das Bestreben der Septuaginta, allzu menschengestaltige Rede von Gott („Anthropomorphismen") zu vermeiden. Ein vielzitierter Klassiker ist die später auch im Buch Judit aufgegriffene Änderung des „Kriegsmannes" von Ex 15,3.[35] Während der hebräische Text sehr drastisch sagt:

---

33 Vgl. dazu u. a. Kirsten Nielsen, Metaphors and Biblical Theology, in: van Hecke, Metaphor (Anm. 3) 263–273: 265–270; Kirsten Nielsen, Metaphorical Language and Theophany in Psalm 18, in: van Hecke/ Labahn, Metaphors in the Psalms (Anm. 3) 197–207: 198–199.207. In letzterem Artikel macht K. Nielsen anhand von Ps 18 den Vorschlag, bei einigen nicht-personalen Sprachbildern eher von Metonymien zu sprechen, die JHWHs Verbundenheit mit dem Kosmos bzw. der Natur ausdrücken, aber nicht direkt als Metaphern für JHWH stehen. Sie schlussfolgert: „Read as a unity the psalm gives the impression that the right way to speak to and about Yahweh cannot be reduced to a particular form of language. The norm here is the combination of various language forms which together can create the image of a God who both relates to this world and yet differs from it." (204)

34 Oder sie fordern sich gegenseitig heraus, s. Nielsen, Metaphors (Anm. 33) 267.

35 Vgl. dazu u. a. Larry Perkins, The Lord is a Warrior – The Lord Who Shatters Wars: Exod 15:3 and Jdt 9:7; 16:2, BIOSCS 40 (2007) 121–138; Judith Lang, The Lord Who Crushes

> JHWH ist ein Krieger (*YHWH ʾîš milḥāmâ*), JHWH ist sein Name,

macht die Septuaginta in absichtsvoller Änderung daraus (LXX.D):

> Der Herr (ist jemand), *der die Kriege zerschlägt*, Herr ist sein Name.

Damit wird Gott nicht zum Pazifisten, gleichwohl sprengt die Septuaginta die Vorstellung eines kriegerischen Gottes, wie sie aus mesopotamischen, altägyptischen und griechischen Darstellungen als ikonographisches Motiv wohlbekannt ist, dezidiert auf. Sie setzt damit fort, was schon im hebräischen Text grundgelegt ist: Gott tritt beim Exoduswunder keineswegs als „Krieger" auf, auch wenn das Ex 15,3 in lyrischer Stimmung so behauptet. Weder gibt es eine menschengestaltige Gotteserscheinung mit Rüstung, Pfeil und Bogen, noch zieht Gott an der Spitze eines himmlischen Heeres gegen die Ägypter. In Durchkreuzung aller menschlicher Kriegslogik (sowohl auf Seiten der Ägypter als auch der Israeliten) sind es Meeresbewegungen, die die Schlacht entscheiden. Strukturell das gleiche passiert in der Judit-Erzählung: Gegen alle menschlich-männliche Kriegslogik wird die Schlacht durch die ungewöhnliche Tat einer Frau entschieden. Schon in ihrem Gebet ruft Judit Gott als den Herrn an, der Kriege zerschlägt (Jdt 9,7), der also Strategie und Planung der Assyrer *ad absurdum* führt, und in ihrem Dankgebet bestätigt sie dies (Jdt 16,2). An zwei Stellen greift das Buch Judit somit die Septuagintafassung von Ex 15,3 auf und zeigt damit die erhebliche Bedeutung dieser Metaphernsprengung: Die alte, traditionelle Vorstellung vom Kriegsgott wird als Projektion menschlicher Machtphantasien entlarvt und überwunden – zugunsten einer noch viel machtvolleren Gottesvorstellung: Gott vermag menschliche Kriegslogik – eine durchaus starke Metaphernquelle, da der Krieg wie die Liebe großes Potential hat – zu durchkreuzen und etwas völlig Unvorstellbares dagegensetzen.[36]

Wars. A Study on Judith 9:7; 16:2 and Exodus 15:3, in: Geza G. Xeravits (Hg.), A Pious Seductress. Studies in the Book of Judith (DCLS 14), Berlin u. a. 2012, 179–187; Barbara Schmitz, κύριος συντρίβων πολέμους „The Lord Who Shatters Wars" (Exod 15:3 LXX). The Formative Importance of the Song of the Sea (Exod 15:1–18 LXX) for the Book of Judith, Journal of Septuagint and Cognate Studies 47 (2014) 5–16; Moshe Bar-Asher, The Clause "The Lord is a Man of War" (ה' אִישׁ מִלְחָמָה) and its Reflexes throughout the Generations, in: Jan Joosten/Daniel Machiela/Jean-Sébastien Rey (Hg.), The Reconfiguration of Hebrew in the Hellenistic Period. Proceedings of the Seventh International Symposium on the Hebrew of the Dead Sea Scrolls and Ben Sira at Strasbourg University, June 2014 (STDJ 124), Leiden 2018, 1–15; Eberhard Bons, „The Lord is the One Who Crushes Wars". A Fresh Look at the Septuagint Translation of Exod 15:3, in: Martin Meiser u. a. (Hg.), Die Septuaginta – Geschichte, Wirkung, Relevanz. 6. Internationale Fachtagung veranstaltet von Septuaginta Deutsch (LXX.D), Wuppertal 21.–24. Juli 2016 (WUNT 405), Tübingen 2018, 158–167.

36 In ähnlicher Weise wird mit der Kriegsmetaphorik in Sach 9,9–17 umgegangen: JHWH erscheint als gerechter Friedenskönig auf einem Esel, zugleich als Krieger, der die Feinde Israels entwaffnet, als Bogenschütze, der Efraim als Pfeil gegen die Feinde verwendet und Schleudersteine einsetzt, und schlussendlich als Hirte, der sein Volk rettet, das als Schafe die Diademsteine in der Krone seines Reiches bildet – ein Netzwerk von Metaphern, das

7. Metaphernwechsel in schneller Folge

Metaphern werden in der Hebräischen Bibel auch dadurch gesprengt, dass in schneller Folge mehrere, durchaus divergierende und nicht miteinander verwandte Bilder sich abwechseln. Ein solcher heftiger Metaphernwechsel ist in Jes 49,14–50,3 zu beobachten.[37] Dieser Abschnitt aus Deuterojesaja ist ein Disputationswort, in dem eine Gottesrede die skeptischen Einwände Zions widerlegt und Trost spenden will. Dabei wechseln der Bereich der Familienmetaphorik und der Bereich der Kampfesmetaphorik miteinander ab:

Jes 49,15:	Die Beziehung der leiblichen Mutter zu ihrem Kind (s.o.)
Jes 49,16–17:	Gott als Festungsarchitekt („Mauern")
Jes 49,18–23:	Gott als fürsorgende/r Verwandte/r
Jes 49,22:	Gott als militärischer Kommandeur („Feldzeichen")
Jes 49,24–26:	Gott als Löser, Erlöser, Retter und Kriegsherr
Jes 50,1:	Gott als Ehemann und *pater familias*[38]
Jes 50,2–3:	Gott als Chaoskämpfer und Schöpfer[39]

---

jede einseitige Festlegung Gottes auf einen Bildbereich verhindert, jedoch konzeptionell im Bild des „Königs" einen stringenten Zusammenhang bildet („blended metaphor" statt „mixed metaphors"); s. dazu Ryan P. Bonfiglio, The Lord of Hosts Cares for His Flock: Mapping the Shepherd Metaphor in Second Zechariah, in: Verde/Labahn, Networks (Anm. 3) 139–155: 151–155. Bonfiglio vergleicht diese „blended metaphor" mit einem Rorschach-Test und meint damit, dass die Bereitstellung verschiedener Sprachbilder es der Leserschaft ermöglicht, je unterschiedliche Aspekte zu fokussieren: „In this sense, the blending of divine metaphors in Zech 9,9–17 (and elsewhere) is a theological, and linguistic, response to the challenges of speaking God to the heterogeneous community of postexilic Yehud." (155) – S. dazu auch den nächsten Abschnitt: Metaphernwechsel in schneller Folge.

37 S. dazu v. a. Häusl, Ich aber vergesse dich nicht (Anm. 25) 237–245.

38 Wenn JHWH fragt: „Wo ist denn die Scheidungsurkunde/der Gläubiger?", impliziert das den Einwand, JHWH habe seine Frau Zion verstoßen und seine Kinder in die Schuldsklaverei verkauft. Die Entgegnung JHWHs negiert die Scheidung – damit wendet sich dieser Text auch gegen die sonst verwendete Ehemetaphorik, in der Israels Abfall von JHWH als Ehebruch und die folgende Vergewaltigung und Scheidung als Strafe gelten (so bei Hosea, Jeremia, Ezechiel). Zion erscheint hier als „Leidtragende", die aufgrund der Schuld ihrer Bewohner („der Kinder Zions") fortgeschickt wurde. Im Grunde geht die Ehe- und Familienmetaphorik aber nicht schlüssig auf, denn was bedeutet die Vorstellung, JHWH habe mit der Stadt als solcher (unabhängig von ihren Bewohnern!) eine Beziehung? Insofern ist die Metaphorik mehrfach gebrochen, um die einseitige Festlegung auf ein Gottesbild zu vermeiden.

39 Der implizite Einwand wiederholt den Zweifel an der Wirkmacht JHWHs – beantwortet wird er mit Motiven aus dem Chaoskampf und den Schöpfungsvorstellungen bzw. der Exodusmotivik (das Meer austrocknen lassen). Die Trauer des Himmels in Jes 50,3 kann als Reaktion JHWHs auf die fehlende Reaktion Zions (2a–d) interpretiert werden. Zugleich ist es wieder ein Bild für die Mächtigkeit JHWHs, der Gewitter („schwarzer Himmel") aufsteigen lassen kann – und daher auch die Geschichte in der Hand hat.

In diesen wenigen Versen werden mehrere Gottesvorstellungen verwendet, die sich abwechseln und überlagern und dabei gebrochen werden, weil sie nicht logisch aufgehen. Bindung und Mächtigkeit werden durch Familien- und Kampfesmetaphorik ausgedrückt. Aber auch dieser Systematisierungsversuch geht nicht auf: Die Metaphorik ist unvollkommen, nicht in allen Punkten ausgedrückt bzw. ausgeführt, in bestimmten Punkten nicht stimmig oder vage, oder sie wird kurzerhand gesprengt, d. h. von Gott wird ausgesagt, wie er die menschlichen Vorstellungen noch übersteigt (z. B. bei der Mutter: Selbst, wenn eine Mutter ihr leibliches Kind vergisst, wird Gott Zion nie vergessen). Wiederum ist keine Geschlechterfestlegung Gottes möglich: Typisch „weibliche" und typisch „männliche" Bildwelten wechseln einander ab. JHWH ist Mutter zu ihrem Kind Zion, Ehemann zu seiner Frau Zion, ist Verwandte/r mit der Aufgabe des Lösers: JHWH übernimmt die Aufgabe des Schutzes und der fürsorgenden Bindung.[40]

8. Gott als Metaphernsprenger

Schon in Hos 11 und anderen genannten Beispielen überbietet Gott selbst die für ihn/sie verwendeten Metaphern, d. h. in der literarischen Darstellung der Gottesrede in 1. Person widerlegt Gott die menschlichen Bilder – abstrakt in Hos 11,9 mit „Gott bin ich – nicht ein Mensch" oder in Jes 49,15 „ich vergesse dich nicht". In Jes 55,8 spricht Gott die grundsätzliche Differenz zwischen menschlichem Denken und göttlichem Planen an:[41]

> Meine Gedanken sind nicht eure Gedanken
> und eure Wege sind nicht meine Wege – Spruch JHWHs.

Dem entsprechen die rhetorischen Fragen, die die Unvergleichbarkeit Gottes[42] herausstellen (Jes 40,25; 46,5 in 1. Person, 40,18 in 3. Person):

40 Eine ganz ähnliche Vielfalt von einander abwechselnden, widersprechenden und ergänzenden Metaphern findet Fischer, Blending of Metaphors (Anm. 18) 79–91, im poetischen Kern des Trostbüchleins in Jer 30,5–31,22. Er kann zeigen, dass hinter dieser „mixture" eine literarische Technik steckt, die von einem Gott überzeugen will, der sein Volk trösten und ihm eine neue Orientierung geben will.

41 Vgl. Howell, In the Eyes of God (Anm. 17) 90–91.

42 Die Michaschrift hat die Unvergleichbarkeit Gottes schon im Namen, denn „Micha" ist die Abkürzung für den hebräischen Satz mî kəYHWH, „Wer ist wie JHWH?" – eine rhetorische Frage, die mit „niemand" zu beantworten ist. Cruz, Who is like Yahweh (Anm. 3) 237, hat herausgearbeitet, dass die Endredaktion der Michaschrift bewusst die spannungsvollen und einander widersprechenden Metaphern für JHWH stehen ließ, um ein umfassenderes Bild von Gott zu gewinnen: „Yahweh in the book of Micah is therefore a tensional God. He is ferocious, devastating and punitive, but caring, restoring, forgiving and compassionate at the same time."

Mit wem wollt ihr mich vergleichen,
dass ich ihm gleich wäre, spricht der Heilige.

Damit wird nicht nur die Unmöglichkeit einer bildlichen Darstellung Gottes (im Sinne der Götzenbilderpolemik) herausgearbeitet, sondern grundsätzlich in Frage gestellt, ob menschliche Bilder ein hinreichender Ausdruck für Gott sein könnten. Mit der Rede an Mose,

kein Mensch kann mich schauen und am Leben bleiben,

macht Gott in Ex 33,20 auf die grundsätzliche Schwierigkeit aufmerksam, dass ein Mensch Gott sehen könnte, und damit auch auf die Unmöglichkeit einer auch nur annähernd adäquaten Beschreibung Gottes. Die Gottesreden des Buches Ijob (Ijob 38,1 – 41,26) tun ein Übriges dazu, die Distanz zwischen Gott und Mensch und damit die Unmöglichkeit, Gott zu erfassen, aufrecht zu erhalten. Das Buch Kohelet geht in eine ähnliche Richtung: Der Mensch kann, selbst wenn er seinen Augen bei Tag und Nacht keinen Schlaf gönnt, das Tun Gottes in seiner Ganzheit nicht wiederfinden (Koh 8,16).

9. Schlussfolgerung: Mögliches und Unmögliches

Von Gott kann der Mensch nur in menschlichen Vorstellungen sprechen, weil er keine andere Vorstellungswelt hat.[43] Diese Begrenztheit des Menschen bedingt, dass die elementaren Erfahrungen des Menschen, seine Grundfunktionen und Grundbedürfnisse in die Gottesvorstellungen integriert werden müssen. Beim Glauben an den *einen* Gott (Monotheismus) sind die vielen verschiedenen Erfahrungen und die Verschiedenheit der Menschen (z. B. auch die Dualität von Mann und Frau) in den Gottesvorstellungen wirksam. Damit kann vom *einen* Gott angemessen nur in einer *Vielfalt* der Vorstellungen gesprochen werden. Irmtraud Fischer formuliert es so:

43 Irmtraud Fischer, Vom kreativen Effekt der Zensur alttestamentlicher Gottesbilder. Das alttestamentliche Bilderverbot in seinen historischen Kontexten und seinen Auswirkungen auf die metaphorische Rede von Gott, LiTheS. Zeitschrift für Literatur- und Theatersoziologie 13 (2020), Heft 16: Das Politische, das Korrekte und die Zensur II (http://lithes.uni-graz.at/lithes/20_16.html. DOI: 10.25364/07.13:2020.16.3), 49–57: 57, sieht ein ähnliches Dilemma, wenn sie in diesen Diskurs das biblische Bilderverbot einbezieht und dann fragt: „Wie aber kann Gott imaginiert werden, wenn er nicht dargestellt werden darf? ‚Du *sollst* dir kein Bild machen‘ steht diametral der Notwendigkeit der Glaubenden gegenüber: Du *musst* dir eine Vorstellung von Gott machen!“

> Der reflektierte Monotheismus kam also zum Schluss, dass die universal verstandene Gottheit JHWH mit allen möglichen Sprachbildern imaginiert werden kann, jedoch keines dieser Bilder für das Gottesverständnis des Einen und Einzigen genügt, sondern bloß Aspekte davon zu liefern imstande ist.[44]

Während es also schon möglich ist, irgendwie von Gott zu reden, eben nur in menschlichen Bildern und Begriffen, ist es aber unmöglich, damit Gott vollständig zu erfassen oder auch nur annähernd zu begreifen. Immer ist die „größere Unähnlichkeit“ zu berücksichtigen. Etwas plakativ auf den Punkt gebracht: Je mehr Bilder, desto besser; je wilder der Wechsel der Bilder, umso authentischer ist die Rede über Gott. Magdalene L. Frettlöh schreibt:

> Nur die Vielfalt von Gottesbildern kann davor bewahren, Gott in *ein* Bild zu zwingen, auf *eine* Rolle festzulegen. Wer sich *ein Bild* von Gott macht, *bild*et sich *ein*, Gott zu kennen, über IHN verfügen, SIE begreifen zu können. Wer ein Gottesbild an*fertigt*, meint, mit Gott *fertig* werden zu können.[45]

Gegen jede Festlegung ist Protest einzulegen, auch im Namen der Bibel selbst, die mit ihren Metaphernsprengern genau das tut. „Gott bin ich, nicht ein Mensch“, so bringt es Hos 11,9 auf den Punkt, oder eben lateinisch: *Deus semper maior*. Das gilt gerade für die uns liebgewordenen anthropomorphen Familienmetaphern (Gott als Vater/Mutter/Bruder [warum nicht Schwester?]) – Gott ist immer mehr als (ein) Vater, (eine) Mutter.

Die Metaphernsprenger der Bibel zeigen damit aber auch, dass niemals ein Mensch Macht über Gott hat, auch nicht in begrifflicher Hinsicht, und insofern sich auch nie anmaßen darf, „im Namen Gottes“ Macht auszuüben – wie soll das auch möglich sein, wenn man eigentlich überhaupt nicht oder allenfalls unzulänglich von diesem Gott sprechen kann? Das Bewusstsein der Begrenztheit und Unzulänglichkeit des menschlichen Redens von Gott sollte allen, die „im Namen Gottes“ auftreten, zu tiefer Demut verhelfen (und Machtmissbrauch verhindern). In diesem Sinne sei noch einmal Jürgen Ebach mit Zustimmung zitiert: „In der Lektüre der ‚Schrift‘ lerne ich, dass niemand und nichts ist, wie es ‚nun einmal‘ so ist. Denn es kann sich ‚bei Gott‘ alles ändern – auch Gott sich selbst.“[46]

---

44 Fischer, Effekt (Anm. 43) 57.

45 Frettlöh, Mutterschößigkeit (Anm. 2) 161 (Hervorhebungen im Original).

46 Ebach, Gott ist kein Mann (Anm. 7) 231.

Bilder von Gott. Zu den Gottesmetaphern in den Psalmen

Katharina Pyschny

1. Einleitung

> Die Metapher, als Königsweg rhetorischer Vermittlung und Durchdringung des (sprachlichen) Alltags, spielt in der Bibel eine zentrale Rolle. Ihre vielfältige Anwendung ist in der Sprache der Bibel und im Besonderen in der poetischen Literatur des Alten Testaments [...] nicht allein Teil der *Konzeptualisierung* im Allgemeinen, sondern desgleichen Teil der *Konzeptualisierung Gottes* im Besonderen.[1]

Vollkommen zurecht stellt dieser Passus, der in einen der jüngsten Aufsätze zur (konzeptuellen) Metapher im Alten Testament am Beispiel von Ps 23 einführt, nicht nur die Bedeutung der Metaphorik für die Bibel im Allgemeinen, sondern für die Erschließung biblischer Gottesbilder im Besonderen heraus. Damit reiht sich der Autor in einen Forschungstrend innerhalb der Bibelwissenschaften ein, der in den letzten Dekaden erheblichen Aufwind erfahren und entscheidende Fortschritte erzielt hat[2] – wovon nicht zuletzt auch der vorliegende Band zur Metaphorik biblischer Gottesrede zeugt.[3]

Es ist vor allem die poetische Literatur des Alten Testaments – und darin noch einmal herausgehoben der Psalter –, die ganz und gar von metaphorischer Rede durchdrungen ist.[4] Wenn auch nicht ausschließlich, spielen Metaphern

---

1 Jakob Böckle, „Der Herr ist mein Hirte". Konzeptuelle Metapher als Lebenswirklichkeit, OTE 34,1 (2021) 189–217: 189–190 (Hervorhebung im Original).

2 Die Fülle an Forschungsliteratur zur biblischen Metaphorik ist immens und kann im Rahmen dieses Beitrags nicht einmal ansatzweise angemessen gewürdigt werden. Für eine rezente metapherntheoretische Grundlegung im Bereich der Bibelwissenschaften sei daher nur exemplarisch auf Ruben Zimmermann, Metapherntheorie und biblische Bildersprache. Ein methodologischer Versuch, ThZ 56 (2000) 108–133 verwiesen. Das neue Interesse an Metaphern im Alten Testament und in den Psalmen im Besonderen ist ferner durch die folgenden Sammelbände dokumentiert: Pierre van Hecke (Hg.), Metaphor in the Hebrew Bible (BETL 187), Leuven u. a. 2005; Pierre van Hecke/Antje Labahn (Hg.), Metaphors in the Psalms (BETL 231), Leuven u. a. 2010; Danilo Verde/Antje Labahn (Hg.), Networks of Metaphors in the Hebrew Bible (BETL 309), Leuven u. a. 2021.

3 In diesem Kontext sei ein herzlicher Dank an die Herausgeberin Dr. Veronika Burz-Tropper für die Einladung, an diesem Buchprojekt mitwirken zu können sowie für alle mit dem Band verbundenen editorischen Mühen ausgesprochen.

4 Zur Metaphorik der Psalmen siehe Bernd Janowski, Konfliktgespräche mit Gott. Eine Anthropologie der Psalmen, Göttingen [6]2021, 21–35.

insbesondere für die Theologie des Psalters eine zentrale Rolle. Sowohl in den (einzelnen) Psalmen als auch im gesamten Psalter werden diverse Gottesbilder über sog. Gottesmetaphern buchstäblich in Bilder von Gott gekleidet. Dabei ist die schiere Fülle an solchen (Gottes-)Bildern erstaunlich. Schon allein im Davidpsalter lassen sich mindestens 23 Gottesmetaphern ausfindig machen, die vom „Fels" (Ps 18,2.31.46; 19,14 u. ö.), der „Zuflucht" (Ps 18,2; 28,8 u. ö.), dem „Schild" (Ps 3,3; 7,10 u. ö.) über den „König" (Ps 5,2; 10,16 u. ö.), „Richter" (Ps 7,11; 50,6), „Hirten" (Ps 23,1) bis hin zum „Vater" (Ps 68,5) reichen.[5] Doch wie sind diese Metaphern zu verstehen bzw. zu interpretieren? Wie lassen sie sich im Sinne einer Tür zu einem vertieften und mehrdimensionalen Gottesverständnis auslegen?

Die gegenwärtige biblische Metaphernforschung hat vielfach überzeugend demonstriert, dass das Modell der sog. Substitutionstheorie – d. h. die Metapher ersetzt ein Wort durch ein Bildwort – keinen befriedigenden oder gar weiterführenden metapherntheoretischen Rahmen mehr bieten kann.[6] Demgegenüber wird oftmals der sog. Interaktionstheorie der Vorzug gegeben, die die sinnstiftende Wechselwirkung und produktive Spannung zwischen den Sprach- und Bildzeichen zu analysieren sucht:

> Eine Metapher ist dann gewissermaßen ein Signal des Textes, das die Leserinnen und Leser stutzen lässt und sie auffordert, mit dem Text gemeinsam über seine Bedeutung – besser noch über seine Bedeutungsvielfalt – nachzudenken. Zugespitzt könnte man sagen, dass die Lesenden sich bei der Auseinandersetzung mit einer Metapher wandeln müssen von passiven Empfängern einer Botschaft zu aktiven Teilnehmern bei dem Unternehmen, die Bedeutung des Textes herzustellen.[7]

Insofern kann es, wie auch schon Bernd Janowski herausgestellt hat, nicht darum gehen, Metaphern vorschnell in (vermeintlich) klare Sachverhalte aufzulösen, sondern sie als „Sinnexperimente (zu begreifen), die ‚mit den semantischen

---

5 Für eine gesamte Auflistung vgl. Ronald Maraden Parlindungan Silalahi u. a., An Overview Analysis of Metaphors for God in Davidic Psalms Based on the New International Version of the Holy Bible, JETAFL 6,3 (2020) 18–30: 22. Paulus Subiyanto u. a., Conceptualization of God in the Book of Psalm. A Study of Metaphor Based on Cognitive Theory, Education and Linguistics Research 5,1 (2019) 46–53 behauptet hingegen, dass sich letztendlich alle Gottesmetaphern des Psalters auf vier Gottesbilder reduzieren lassen: Zuflucht, Hirte, Retter und König. Wie die hier vorliegenden Fallbeispiele zeigen werden, stellen die sog. Gottesmetaphern tatsächlich besonders Aspekte wie Gottesherrschaft, göttliche Schutz- und Fürsorgefunktion und Gottesgegenwart heraus. Doch sind all diese Dimensionen des Gottesverständnissen in zahlreichen diversen Metaphern ausgedrückt, die sich nicht so einfach in vier Gruppen klassifizieren lassen.

6 Vgl. dazu Johannes Schnocks, Psalmen (UTB 3473), Paderborn 2014, 17–21.

7 Schnocks, Psalmen (Anm. 6) 18.

Möglichkeiten der Sprache (spielen), indem sie im Rückgriff auf sprachlich Vertrautes Unerwartetes zusammenstellen'".[8] Die scheinbare Unschärfe und Hintergründigkeit biblischer Metaphern sollte daher auch nicht im Sinne mangelnder Prägnanz oder Deutlichkeit missverstanden, sondern vielmehr als ein offenes (und potentiell mehrstimmiges) Fenster in das altorientalische Weltbild[9] *und* zu den biblischen Gottesbildern verstanden werden: „Ohne sie [d. h. die Metaphern, K. P.] bliebe das Gottesbild vordergründig und abstrakt, durch sie gewinnt es an Hintergrund und Leben."[10]

In diesem Sinne suchen die folgenden Ausführungen anhand von zwei ausgewählten Fallbeispielen – Gott als Hirte und Gastgeber in Ps 23 sowie Gott als Zuflucht, Schutz, Hilfe und Burg in Ps 46 – einen Beitrag zu den sog. Gottesmetaphern zu leisten. Bewusst wurden dabei Psalmen ausgewählt, die hinsichtlich Gattung, Struktur, kompositioneller Stellung innerhalb des Psalters, Sprach- und Bildwelt, Theologie usw. wohl kaum unterschiedlicher sein könnten. Es geht also ausdrücklich nicht darum, Ps 23 und Ps 46 einen wie auch immer gearteten Zusammenhang zu unterstellen oder einen solchen gar argumentativ zu erarbeiten. Die Texte fungieren einzig als exemplarisch ausgewählte *Case Studies.* Dementsprechend wird im Folgenden jeder Psalm für sich exegetisch untersucht, wobei ein besonderer Schwerpunkt auf der Perspektive des Einzelpsalms und den darin metaphorisch ausgedrückten Gottesbildern liegen wird.[11] Der Beitrag schließt dann mit ein paar auswertenden Anmerkungen, die die Theologie beider Psalmen unter den Stichworten Herrschaft - Schutz und Fürsorge - Gegenwart Gottes zu bündeln sucht.

---

8 So Bernd Janowski, Anthropologie des Alten Testaments. Grundfragen – Kontexte – Themenfelder, Tübingen 2019, 481–482 mit einem Zitat von Ingolf U. Dalferth, In Bildern denken. Die Sprache der Glaubenserfahrung, EK 30 (1997) 165–167: 166.

9 Vgl. dazu Adele Berlin, On Reading Biblical Poetry. The Role of Metaphor, in: John A. Emerton (Hg.), Congress Volume 1995 (VT.S 66), Leiden u. a. 1997, 25–36.

10 So Bernd Janowski, Der Gute Hirte. Psalm 23 und das biblische Gottesbild, in: Angelika Berlejung/Raik Heckl (Hg.), Ex oriente Lux. Studien zur Theologie des Alten Testaments. Festschrift für Rüdiger Lux zum 65. Geburtstag (ABIG 39), Leipzig 2012, 267.

11 Damit soll keinesfalls die Frage nach ihrer Stellung im Psalmenbuch grundsätzlich abgewertet werden. Insbesondere im Falle von Ps 46 wäre eine Analyse im Kontext des Korachpsalters und Ps 46–48 im Besonderen lohnenswert und auch notwendig. Dies muss hier allerdings angesichts des begrenzten Rahmens eines Aufsatzes leider entfallen. . Vgl. dazu aber beispielsweise Till Magnus Steiner, Spatial Theory and Theology in Psalms 46–48, in: W. Dennis Tucker Jr./William H. Bellinger Jr. (Hg.) The Psalter as Witness. Theology, Poetry, and Genre, Waco 2017, 63–74.

2. Gott als (königlicher) Hirte und Gastgeber in Ps 23

Arbeitsübersetzung[12]

1 [Ein Psalm Davids.]

YHWH ist mein Hirte,
ich habe keinen Mangel,
2 auf Weiden/Weideplätzen mit frischem Grün lässt er mich lagern,
an Wasser der Ruhe(plätze) führt er mich.
3 Meine Lebenskraft bringt er zurück,
er führt mich auf Bahnen der Gerechtigkeit um seines Namens willen.

4 Auch wenn ich gehe im Tal der Finsternis,
fürchte ich nichts Schlechtes/Böses, denn du bist bei mir.
Deine Keule und dein Langstab,
sie trösten mich.
5 Du bereitest vor mir einen Tisch gegenüber meinen Bedrängern.
Gesalbt hast du mein Haupt mit Öl,
mein Becher ist Überfließen.
6 Ja, Gutes und Gnade folgen mir alle Tage meines Lebens,
und ich werde zurückkehren in das Haus YHWHs für die Länge der Tage.

Psalm 23, mindestens seit Hermann Gunkel formkritisch gemeinhin als Vertrauenspsalm,[13] -gebet[14] oder -lied aufgefasst, gehört zweifelsohne bis heute zu den bekanntesten Texten aus dem Alten Testament.[15] Seine große Popularität und überdurchschnittliche Rezeption – sichtlich über religiös geprägte Kontexte hinaus[16] – verdankt sich nicht nur der Aufnahme alttestamentlicher Hirtenmetaphorik im Neuen Testament,[17] sondern insbesondere auch seiner „hohe[n] po-

12 Vgl. auch die Arbeitsübersetzungen bei Regine Hunziker-Rodewald, Hirt und Herde. Ein Beitrag zum alttestamentlichen Gottesverständnis (BWANT 155), Stuttgart u. a. 2001, 168 und bei Janowski, Hirte (Anm. 10) 253.

13 Vgl. Hermann Gunkel, Einleitung in die Psalmen. Die Gattungen der religiösen Lyrik Israels, Göttingen [2]1966, 98.

14 Vgl. Frank-Lothar Hossfeld/Erich Zenger, Die Psalmen 1. Psalm 1–50 (NEB 29), Würzburg 1993, 152.

15 So bereits Othmar Keel, Psalm 23. Zuversichtlich loben, in: Detlef Puttkammer (Hg.), Ausdrücklich leben. Psalmen (Texte zur Bibel 7), Neukirchen-Vluyn 1991, 29–35: 34. Vgl. auch Rudolf Mosis, Beobachtungen zu Psalm 23, in: ders. (Hg.), Gesammelte Aufsätze zum Alten Testament, Würzburg 1999, 275–294: 275.

16 So soll selbst Immanuel Kant einem bislang nicht verifizierten Diktum zufolge eine besondere Freude an Ps 23 gefunden haben. Vgl. Keel, Psalm 23 (Anm. 15) 34; Janowski, Hirte (Anm. 10) 266.

17 Vgl. insbesondere die Vorstellung von Jesus als gutem Hirten in Joh 10,11, aber auch das Gleichnis vom verlorenen Schaf in Mt 18,12–14; Lk 15,3–7.

etische[n] Qualität hinsichtlich seiner Fähigkeit, eine emotionale Welt der Geborgenheit und des Gottvertrauens aufzubauen".[18] Denn, um es mit Bernd Janowski pointiert auszudrücken: „Ps 23 ist ein Text, in dem das *ganze menschliche Leben* zum Thema wird, verdichtet in eine Folge von Bildern, die eine Geschichte erzählen, und eröffnet von einem Satz, der ein Bekenntnis ablegt."[19] Diese Abfolge von Bildern wird im Wesentlichen von zwei Gottesmetaphern bestimmt, die zudem tief in die Struktur des Psalms eingebettet sind. Auch wenn die Komposition von Psalm 23 keineswegs einfach oder gar eindeutig zu bestimmen ist,[20] besticht die von Bernd Janowski vorgeschlagene Zweiteilung durch die lucide Bündelung formaler und inhaltlicher Aspekte.[21] Demnach besteht der Text aus zwei Abschnitten, die YHWH zum einen als Hirten (VV. 1b–4) und zum anderen als Gastgeber (VV. 5–6) zeichnen,[22] und die jeweils Aspekte von Lebensversorgung (VV. 1b–3a bzw. V. 5) und Lebensführung (VV. 3b–4aα bzw. V. 6) kunstvoll miteinander korrelieren. Die zentrale Sinnachse des gesamten Psalms, aber auch das Verbindungsstück zwischen den beiden Abschnitten, bildet die Vertrauensaussage in V. 4aβ.b, die die vorangehende Hirtenmetaphorik abschließt und mit dem Wechsel hin zur Du-Anrede zur Metaphorik des göttlichen Gastgebers überleitet.[23] Insgesamt vollzieht der Psalm eine fortschreitende Bewegung, die mit dem Bild vom Unterwegssein einsetzt (VV. 2–3), dann die Gefahren des Weges (V. 4) sowie die Ankunft in einem schützendes Haus (V. 5) andeutet, um schließlich mit der Gewissheit der Rückkehr in das Haus YHWHs (V. 6) zur Ruhe zu kommen.[24]

Wie ein Paukenschlag beginnt der Psalm, der zunehmend in die nach-exilische Zeit datiert wird,[25] mit dem Bekenntnis „YHWH – mein Hirte" bzw. „YHWH

---

18 Johannes Schnocks, Metaphern für Leben und Tod in den Psalmen 23 und 88, in: van Hecke/Labahn, Metaphors (Anm. 2) 235–249: 238.

19 Janowski, Hirte (Anm. 10) 255 (Hervorhebung im Original).

20 Hossfeld/Zenger, Psalm 1–50 (Anm. 14) 152 schlagen beispielsweise eine Vierteilung vor. Bei Hunziker-Rodewald, Hirt (Anm 12) 169 findet sich eine Dreiteilung. Dieter Böhler, Psalmen 1–50 (HThKAT), Freiburg i. Br. u. a. 2021, 427 hingegen spricht sich für eine Zweiteilung aus, jedoch ohne dass V. 4aβ.b eine besondere (Übergangs-)Rolle in der Komposition zukäme.

21 Dies gilt auch gänzlich unabhängig davon, ob die Bezeichnung der zwei Teile als Bild- und Sachhälfte treffend ist.

22 Vgl. Janowski, Hirte (Anm. 10) 256 und die dort abgebildeten, sehr hilfreichen schematischen Kompositionsdarstellungen.

23 Vgl. Janowski, Hirte (Anm. 10) 256: „Dieser Vers, der thematisch zur Bildhälfte und stilistisch zur Sachhälfte gehört, bildet die Sinnachse des Psalms, die inhaltlich unverzichtbar ist."

24 Vgl. Hossfeld/Zenger, Psalm 1–50 (Anm. 14) 152; Janowski, Hirte (Anm. 10) 256.

25 Vgl. aus der Fülle der Literatur beispielsweise Hunziker-Rodewald, Hirt (Anm. 12) 183–188. Insbesondere die Individualisierung der Gottesbeziehung (s. u.) stützt in der Tat eine Entstehung in nach-exilischer Zeit. Zur nach-exilischen Tendenz der Individualisierung siehe beispielsweise Alfons Deissler, Die Grundbotschaft des Alten Testaments. Ein theologischer Durchblick, Freiburg i. Br. u. a. 1995.

ist mein Hirte“ (יהוה רֹעִי). In grammatischer Hinsicht handelt es sich bei diesem bemerkenswert kurzen bzw. prägnanten Eröffnungssatz[26] um einen Nominalsatz oder, wie Andreas Wagner näherhin bestimmt hat, um eine „nominale Behauptung“.[27] Diese besteht aus zwei determinierten Gliedern, von denen der Eigenname das Subjekt und das suffigierte Partizip das Prädikat bilden. Dabei liegt ein besonderer Nachdruck auf dem Subjekt: YHWH (und niemand sonst!) ist mein Hirte.[28] Das Bekenntnis gilt nicht irgendeinem Gott, sondern ausdrücklich nur YHWH. Formal wird diese Beobachtung zudem durch die Verwendung des Gottesnamens in VV. 1.6 gestützt, der somit den gesamten Psalm rahmt. Dabei werden mit dem Hirtenbild Aspekte von Versorgung, Führung und Schutz eingespielt, die gleichzeitig in altorientalischen Königsvorstellungen beheimatet sind bzw. diese wesentlich (mit-)prägen. Von daher sollte man die „Hirtenmetapher von Ps 23,1b–4 [...] nicht vorschnell interpretierend auflösen – etwa durch den banalen Satz ‚Gott sorgt für den Menschen‘ –, sondern als klare Sachverhaltsaussage verstehen, die die Fürsorge Gottes in ein elementares Lebenskleid kleidet“.[29] Dabei greift die „altorientalische Metapher“[30] vom Hirten auf die von den zeitgenössischen Rezipient*innen als real gefassten und erlebten Lebens- und Vorstellungswelten zurück. So entstammen diverse Einzelzüge der Hirtenmetapher der Lebenswelt von israelitischen Kleinviehnomaden, in der Hirten insbesondere im Sommer mit ihren Herden unterwegs waren und das Auffinden von grünen Weideplätzen und Wasserstellen sowie der Schutz vor wilden Tieren, feindlichen Hirten oder Räubern – sowohl für den Hirten (und damit ebenfalls seine zu versorgende Familie) als auch die Herde selbst – als überlebenswichtig galten.[31] Zudem sahen die altorientalischen Rezipient*innen etliche Seins- und Handlungsweisen des Hirten im König idenzifiziert bzw. durch den König repräsentiert. Wie beispielsweise aus der Präambel des Hammurabi Codex ersichtlich wird, stilisierten und verstanden sich altorientalische Könige als Hirten. Alan Millard sieht im Hintergrund der Hirten (König)-(Menschen)Herde-Beziehung sogar ein beidseitiges Bundesverhältnis ausgedrückt, in dem der Hirte als Oberherr Schutz zu gewährleisten und die Herde analog zu einem Vasall Loyalität zu

---

26 Es besteht Forschungskonsens darüber, dass die Überschrift des Psalms (V. 1a) als redaktionsgeschichtlich sekundär einzustufen ist und der eigentliche Psalmtext mit V. 1b beginnt. Aus der Fülle an Literatur sei nur exemplarisch auf Hossfeld/Zenger, Psalm 1–50 (Anm. 14) 152 hingewiesen.

27 Andreas Wagner (mit Anja Diesel), „JHWH ist mein Hirte“. Zum Verständnis der nominalen Behauptung in Ps 23,1, in: Andreas Wagner (Hg.), Beten und Bekennen. Über Psalmen. Bernd Janowski zum 65. Geburtstag, Neukirchen-Vluyn 2008, 197–213: 197.

28 Vgl. Böhler, Psalmen 1–50 (Anm. 20) 428.

29 Bernd Janowski/Klaus Scholtissek, Gottesbilder, in: Angelika Berlejung/Christian Frevel (Hg.), Handbuch Theologischer Grundbegriffe zum Alten und Neuen Testament (HGANT), Darmstadt [5]2016, 244–246: 245.

30 Hans-Joachim Kraus, Psalmen 1–59. 1. Teilband (BKAT 15,1), Neukirchen-Vluyn [7]2003, 189.

31 Vgl. Hossfeld/Zenger, Psalm 1–50 (Anm. 14), 153–154.

zeigen hat.[32] So oder so, die Hirtenmetapher in Ps 23 greift zwar auf lebens- und vorstellungsweltliche Realitäten zurück, geht aber gleichzeitig darüber hinaus, indem sie die Beziehung zwischen Hirte und Herde personalisiert bzw. individualisiert und diese gewissermaßen heilsgeschichtlich kontextualisiert.

So mag die Metapher von Gott als dem Hirten seines Volkes im Alten Testament (und seiner Umwelt) zwar eine vertraute Art der Konzeptionalisierung Gottes sein, doch ist Gott als persönlicher Hirte einer einzelnen Person alttestamentlich vergleichsweise selten belegt (Gen 48,15; vgl. Ps 119,176; 121).[33] Ferner begegnen im Hebräischen Nominalsätze oder nominale Behauptungen, deren Subjekt YHWH ist, in der Regel nicht mit einem enklitischen Personalpronomen. In einer detaillierten Analyse von Ps 23,1bα führt Andreas Wagner insgesamt nur zehn parallele Nominalsätze auf und vermutet angesichts ihrer signifikanten Gleichartigkeit eine Konventionalisierung, die letztendlich darauf abzielt, „Jahwe mit einer bekannten Größe zu identifizieren und die Größe damit für Jahwe zu vereinnahmen".[34] Das Besondere oder gar Innovative an Ps 23 ist insofern nicht die Hirtenmetaphorik als solche, sondern vielmehr, dass „der Beter eine ihm überlieferte Glaubenstradition, die vom Hirten und seiner Herde, von Jahwe und seinem Volk spricht, gleichsam individualisier[t] und für sich, seine eigene Existenz, in Anspruch"[35] nimmt. Die „persönliche Dimension des Bekenntnisses"[36] wird durch das enklitische Personalpronomen der ersten Person Singular communis herausgestellt, wodurch sich der Beter in die Herde des Hirten versetzt und nun aus der Perspektive eines individuell Betreuten spricht.[37] Dabei geht es vordergründig keinesfalls um ein simples Eigentumsverhältnis,[38] sondern vielmehr um den Ausdruck einer (grundlegenden und dauerhaften) Verwiesenheit zwischen YHWH und dem Beter. So wird durch das Partizip bzw. die partizipähnliche Form von רעה gerade die Beständigkeit dieser Beziehung betont.[39] Mit der unmittelbar folgenden ersten von insgesamt nur zwei Negationen לֹא אֶחְסָר wird eine Basisaussage des gesamten Psalms ausgedrückt: Der Beter hat keinen Mangel, *weil* YHWH sein Hirte ist. Auch wenn der Text selbst die Art des Mangels nicht konkretisiert, scheinen seine grundsätzliche Verneinung

32 Vgl. Alan Millard, Psalm 23. A Psalm for a Covenant King, in: Walter Hilbrands (Hg.), Sprache lieben – Gottes Wort verstehen. Beiträge zur biblischen Exegese, Gießen 2011, 99–108.

33 Für den in Gen 48,15–16 erkennbaren Zusammenhang zwischen der Berufung bzw. Erwählung eines Einzelnen auf YHWHs Hirtenschaft und dessen Sterbesituation siehe Hunziker-Rodewald, Hirt (Anm. 12) 174–175.

34 Wagner, Hirte (Anm. 27) 210.

35 Mosis, Beobachtungen (Anm. 15) 282.

36 Wagner, Hirte (Anm. 27) 215.

37 Vgl. Klaus Seybold, Poetik der Psalmen (Poetologische Studien zum Alten Testament 1), Stuttgart 2003, 208.

38 So scheint es Böckle, Hirte (Anm. 1), 197 zu verstehen, wenn er von einem persönlichen Eigentum des Hirtenkönigs YHWH spricht.

39 Vgl. ebd., 203.

sowie die folgenden vier positiven Bestimmungen (רבץ hi. [„lagern lassen“], נהל pi. [„führen“], שׁוב po. [„zurück bringen“], נחה hi. [„führen“]) darauf hinzudeuten, dass hier Existenzielles bzw. Lebensnotwendiges im Blick ist.[40] In der erlebten und lebensprägenden Situation des Mangels formuliert der Beter also ein persönliches Bekenntnis zu YHWH und sucht mit dem und durch das darin zum Ausdruck kommende Gottvertrauen gegen den Mangel anzukämpfen und ihn zu überwinden.[41] Im Folgenden wird dieses Gottvertrauen aus der Perspektive des Beters im Bild- und Sprachraum der Hirtenmetapher ausbuchstabiert: Der Hirte sorgt für Essen und Trinken, wobei die damit zusammenhängenden Ortsangaben jeweils besonders qualifiziert sind und die versorgenden Maßnahmen somit – durchaus in Analogie zum ganzheitlichen Menschenbild im Alten Testament – weit über das rein körperliche Wohl hinausgehen. Die Weiden bzw. Weideplätze tragen דֶּשֶׁא, d. h. frisches und saftiges Gras. Die Wasserstellen sind mit Ruhe, מְנֻחוֹת (Intensivplural), verbunden, was konkret Sicherheit vor wilden Tieren, fremden Hirten oder Räubern bedeutet. Mit dem Verb נהל („geleiten“, „transportieren“, „versorgen“) wird eine besonders behutsame sowie fürsorgliche – aber dennoch zielorientierte – Art des Führens ausgedrückt, die in Jes 40,11 im Kontext des Hirtenbildes verwendet wird (vgl. auch Jes 49,10). In einem übertragenen Sinne spielen all diese Formulierungen jedoch auch heilsgeschichtliche Ereignisse, näherin YHWHs Geleit und Fürsorge im Kontext des Exodus, der Wüstenwanderung und der Rückführung Israels aus der exilischen Verbannung, ein.[42] Die Hin- und Zuwendung des Hirten drückt sich in V. 3a darin aus, dass er die Lebenskraft des Beters zurückbringt. Dabei wird mit נֶפֶשׁ ein Begriff verwendet, der semantisch sehr vielfältig und durch mehrere miteinander zusammenhängende, aber keineswegs gleichwertige oder gar identische Bedeutungen charakterisiert ist.[43] Als anatomischer Begriff bezeichnet נֶפֶשׁ den Rachen, die Kehle oder den Hals (Jona 2,6; Ps 69,2; Spr 23,2) und kann damit auch die Speise- bzw. Luftröhre meinen.[44] Insofern kann es einerseits elementare Lebensbedürfnisse

---

40 Vgl. Janowski, Hirte (Anm. 10) 260.

41 Vgl. Rudolf Müller, Psalm 23 als Text persönlicher Frömmigkeit, in: Rainer Bucher (Hg.), In Würde leben. Interdisziplinäre Studien zu Ehren von Ernst Ludwig Grasmück (Theologie in Geschichte und Gesellschaft 6), Luzern 1998, 24–34, bes. 31.

42 Für die diversen heilsgeschichtlichen Bezüge s. Hossfeld/Zenger, Psalm 1–50 (Anm. 14) 152–156.

43 Vgl. Norbert Kilwing, נֶפֶשׁ und ΨΥΧΗ. Gemeinsames und Unterscheidendes im hebräischen und griechischen Seelenverständnis, in: Carmen Diller u. a. (Hg.), Studien zu Psalmen und Propheten. Festschrift für Hubert Irsigler (HBS 64), Freiburg i. Br. 2010, 377–401: 386.

44 Vgl. Hans Walter Wolff, Anthropologie des Alten Testaments. Mit zwei Anhängen neu herausgegeben von Bernd Janowski, Gütersloh 2010, 34–35.

wie Hunger oder Durst (Dtn 23,25) ausdrücken, wobei gleichsam das Stillen emotionaler Sehnsüchte wie Gier, Begier und Verlangen im Blick sein kann.[45] Andererseits verweist נֶפֶשׁ (vgl. die verbale Verwendung נפש Niph'al [„aufatmen“[46]]) auf die Atmung als lebenserhaltendes Prinzip (2 Sam 16,14) und kann in vielen Kontexten über die reine Körpersemantik hinaus als Inbegriff des (unversehrten und gesunden) Lebens und der Vitalität verstanden werden.[47] Darüber hinaus gilt die נֶפֶשׁ in der Anthropologie des Alten Testaments als „Sitz und Akt [...] seelischer Empfindungen und Gemütszustände“.[48] Insofern wird mit dem hebräischen Lexem נֶפֶשׁ ein Begriff verwendet, der nicht nur Leben(-skraft) in einem abstrakten, allgemeinen Sinne, sondern vielmehr das Leben des Individuums[49] (als Person) meint – dem will schließlich auch die Übersetzung mit dem selbstständigen Personalpronomen Rechnung tragen – und gleichsam Aspekte von Biographie, Identität, Status und performativer Präsenz umfasst.[50] Auch hier geht es also keinesfalls nur um die Wiederherstellung von durch die Strapazen des Unterwegsseins geschwundenen Kräften,[51] sondern um eine Belebung des Beters in einem ganzheitlichen Sinne. Verbunden wird diese Vorstellung in V. 3b mit der göttlichen Führung auf „Wagenspuren/Bahnen der Gerechtigkeit“ (בְמַעְגְּלֵי־צֶדֶק). Der Begriff מַעְגָּל lässt verwundert aufhorchen, da er der Wagenbautechnik angehört und nicht so recht zu dem Hirtenbild passen will. Gemeint ist hier – durchaus analog zur Wegmetaphorik – eine (ge-)rechte und auf (das

45 Vgl. Martin Rösel, Die Geburt der Seele in der Übersetzung. Von der hebräischen näfäsch über die psyche der LXX zur deutschen Seele, in: Andreas Wagner (Hg.), Anthropologische Aufbrüche. Alttestamentliche und interdisziplinäre Zugänge zur historischen Anthropologie (FRLANT 232), Göttingen 2009, 151–70: 154.

46 Vgl. Walter Dietrich/Samuel Arnet (Hg.), Konzise und aktualisierte Ausgabe des Hebräischen und Aramäischen Lexikons zum Alten Testament, Leiden 2013, 359.

47 Vgl. Christian Frevel/Oda Wischmeyer, Menschsein. Perspektiven des Alten und Neuen Testaments (NEB Themen 11), Würzburg 2003, 29–30.

48 So Wolff, Anthropologie (Anm. 44) 43 mit einer ausführlichen Auflistung diverser mit נֶפֶשׁ verbundener Emotionen.

49 Vgl. Bernd Janowski, „Die lebendige næpæš. Das Alte Testament und die Frage nach der ‚Seele‘“, in: ders./Christoph Schwöbel (Hg.), Gott – Seele – Welt. Interdisziplinäre Beiträge zur Rede von der Seele (Theologie Interdisziplinär 14), Neukirchen-Vluyn 2013, 12–43: 24.

50 Vgl. dazu Christian Frevel, Struggling with the Vitality of Corpses. Understanding the Rationale of the Ritual in Numbers 19, in: Jean-Marie Durand/Thomas Römer/Jürg Hutzli (Hg.), Les vivants et leurs morts. Actes du colloque organisé par le Collège de France, Paris, les 14–15 avril 2010 (OBO 257) Fribourg/Göttingen 2012, 199–226: 200 und Christian Frevel, Person – Identität – Selbst. Eine Problemanzeige aus alttestamentlicher Perspektive, in: Jürgen van Oorschot/Andreas Wagner (Hg.), Anthropologie(n) des Alten Testaments (VWGTh 42), Leipzig 2015, 63–87, wo נֶפֶשׁ als Stellvertreterkonzept für Person bzw. Personalität entfaltet wird.

51 Joachim Becker, Elliptisches hēšīb (naepaeš) in Ps 68,23 und 73,10, BN 103 (2000) 43–52 bezieht die schwindende Lebenskraft vor allem auf Durst und Hunger.

zukünftige) Heil[52] ausgerichtete Lebensführung. Um es erneut pointiert mit Bernd Janowski auszudrücken: „Es geht also um die Normgemäßheit und umfassende ‚Richtigkeit' im Gottes- und Gemeinschaftsverhältnis."[53] Dieses gut gelingende Gottes- und Gemeinschaftsverhältnis soll „um seines Namens willen" realisiert werden, womit erneut ein heilsgeschichtlicher Bogen zum Exodus, näherhin der Namensoffenbarung YHWHs in Ex 3,7–15 und der darin zum Ausdruck kommenden Erwählung Israels, zurückgeschlagen wird. Gleichzeitig bereitet die Wendung die Vertrauensbekundung des Beters in V. 4aβ.b vor, welche im Mitsein Gottes begründet liegt. Ps 23 nimmt also die kollektive Erwählung Israels (vgl. Ex 3,7–9), die Namensoffenbarung YHWHs sowie ihre volksetymologische Herleitung (vgl. Ex 3,13–15 und die Wortspiele mit היה) und die Beistandszusage des Exodusgottes (vgl. Ex 3,12) auf und transformiert diese in eine *individualisierte* Vertrauensbekundung des Beters: „denn du bist mit mir" (כִּי־אַתָּה עִמָּדִי). Es ist also die persönliche Gottesbeziehung des Beters, die das unerschütterliche Grundvertrauen auch in der „Konfrontation des einzelnen Beters mit der Macht des Todes"[54] begründet. Ob mit der metaphorischen Wendung „im Tal der Finsternis" (בְּגֵיא צַלְמָוֶת) Krankheit, soziale Isolation oder der tatsächliche Tod am Ende des Lebens gemeint ist, ist nicht eindeutig zu bestimmen und für die Basisaussage bzw. Grundstimmung des Gottvertrauens letztendlich auch unerheblich: Der Beter hat – und hier findet sich nun die zweite und letzte Negation im Psalm! – grundsätzlich nichts Schlechtes oder Böses zu befürchten. Das Mitsein Gottes wird anschließend konkretisiert und dabei mit der Keule (שֵׁבֶט) und der Stütze (מִשְׁעֶנֶת) – oder anders formuliert: Stock und (Lang-)Stab – die Waffen und Werkzeuge des Hirten – eingespielt. Der keulenartige Stock ist im Sinne einer schlagfähigen Waffe zu verstehen, mit der die Herde insbesondere vor wilden Tieren geschützt werden sollte (vgl. 1 Sam 17,34–35). Der längere Stab hingegen diente dem Hirten als Stütze beim Unterwegssein und bei der Wache oder als Instrument, den Weg freizuräumen, abirrende sowie zurückbleibende Tiere wieder auf den rechten Weg zu bringen oder schwachen Tieren beim Abstieg auf (Geröll-)Hängen besseren Halt zu geben. Zurecht hat Johannes Schnocks darauf hingewiesen, dass die Kombination der beiden Hirtengeräte mit dem Verb נחם pi. („trösten") eine semantische Inkongruenz konstruiert.[55] Doch lässt sich die Kombination dieser konkurrierenden Vorstellungen durchaus als Absicht verstehen, die die (machtvolle) Herrschaft des Hirten einerseits und seine (empathische) Fürsorge andererseits zu korrellieren sucht: „Während mit den Hirtenwerkzeugen Stock und Stab der abwehrend-schützende *Effekt* des göttlichen

52 Vgl. Hermann Spieckermann, Heilsgegenwart. Eine Theologie der Psalmen (FRLANT 148), Göttingen 1989, 269.
53 Janowski, Hirte (Anm. 10) 258.
54 Schnocks, Metaphern (Anm. 18) 241.
55 Ebd., 241.

Trostes unterstrichen wird, bringt das Verb נחם pi. die *Empathie* des göttlichen Tröstens zum Ausdruck."[56] Insofern oszilliert das Bedeutungsspektrum der hier genannten Hirtenwerkzeuge zwischen macht-/gewaltvollen Herrschaftsinsignien und fürsorglichen Schutz- und Führungsgerätschaften – eine unauflösliche Ambivalenz, die so ähnlich ebenfalls in altorientalischen Königsvorstellungen auszumachen ist.

Der beschriebene bzw. imaginierte Weg des Beters nimmt eine überraschende Wendung in V. 5, wenn nun der Bild- und Sprachraum der Hirtenmetaphorik verlassen und ein Wechsel von der Tier- in die Menschenwelt vollzogen wird. Dabei wird sofort eine neue Bild- und Sprachwelt eröffnet, nämlich die von Gott als fürsorglichem Gastgeber, der den herbeigewanderten Beter bewirtet. Die Wanderung kommt also zu einem vorläufigen Ziel: einem Rastplatz, Zelt oder Haus, wo dem Beter ein (Fest-)Mahl bereitet wird.[57] Indem der Psalm nun das Urbild altorientalischer Gastfreundschaft aufgreift, werden die zuvor entfalteten Erfahrungen der Zuwendung und Lebensermöglichung nur noch gesteigert: „Der Beter ist nun nicht mehr das Tier, das hinter oder vor dem Hirten einherläuft, ohne diesen zu sehen. Nun wird er zum glücklichen Gast im geschützten Haus eines Gastgebers, der sich ihm von ‚Angesicht zu Angesicht' zuwendet."[58] Der Tisch (שֻׁלְחָן) wird von YHWH vor dem und für den Beter bereitet, was ausdrücklich gegenüber seinen Bedrängern erfolgt (נֶגֶד צֹרְרָי). Spätestens hier sollte deutlich werden, dass Ps 23 keinesfalls eine (sozialromantische) Idylle zeichnet,[59] sondern vielmehr Ausdruck eines unerschütterlichen Gottvertrauens und einer angstfreien Zuversicht in YHWH gerade angesichts konkreter (Lebens-)Gefahren sein will (vgl. auch das Gehen im Tal der Finsternis im vorangehenden Bild). Hier wird also eine konfrontative Situation angedeutet, die aber unmittelbar zugunsten des Beters „aufgelöst" wird. So lässt sich der von YHWH bereitete Tisch mit Bernd Janowski als *„Realsymbol der Gottesnähe"*[60] verstehen, die den Feinden – die zwar präsent und gewissermaßen in Sichtweite sind, aber von YHWH auf Distanz gehalten werden – letztendlich verwehrt bleibt. Es kommt sogar noch besser: Der Beter wird vor seinen Bedrängern durch die Salbung mit parfümiertem Öl durch seinen Gastgeber geehrt (דִּשַּׁנְתָּ בַשֶּׁמֶן רֹאשִׁי) und luxuriös, königlich und im wahrsten Sinne des Wortes überschwänglich versorgt (כּוֹסִי רְוָיָה).[61] Diese Erfahrung kulminiert abschließend in der Gewissheit einer

56 Janowski, Hirte (Anm. 10) 265 (Hervorhebung im Original).

57 Vgl. dazu Böhler, Psalmen 1–50 (Anm. 20) 432: „‚Den Tisch decken' ערך ist ein metonymischer Ausdruck für ‚eine Mahlzeit zur Verfügung stellen' – freilich keine ärmliche."

58 Hossfeld/Zenger, Psalm 1–50 (Anm. 14) 155.

59 Vgl. die Kritik an diesem Begriff bei Janowski, Hirte (Anm. 10) 260.

60 Ebd., 261 (Hervorhebung im Original).

61 Kathrin Ehlers, „JHWH ist mein Becheranteil". Zum Bechermotiv in den Psalmen 16; 23 und 116, in: Andreas Michel/Hermann-Josef Stipp (Hg.), Gott – Mensch – Sprache. Schülerfestschrift für Walter Groß zum 60. Geburtstag (ATSAT 68), Sankt Ottilien 2001,

dauerhaften und umfassend gut gelingenden Gottesbeziehung. Dabei muss der Beter nicht einmal selbst nach den göttlichen Eigenschaften „Gutes und Gnade" (טוֹב וָחֶסֶד) suchen, vielmehr werden sie ihm sein gesamtes Leben lang folgen. Mit רדף wird ein Verbum verwendet, das in der alttestamentlichen Weisheitsliteratur üblicherweise negativ konnotiert und für die Verfolgung durch Feinde gebraucht wird: „[...] nicht Unheil verfolgt den Gerechten, [...] sondern Heil und Hilfe."[62] Der Beter schließt demnach mit der Gewissheit, dass er mit YHWH als seinem Hirten und Gastgeber alle Tage seines Lebens sicher und versorgt unterwegs sein und schließlich in das Haus YHWHs, d. h. in eine besonders qualifizierte Gottesgegenwart und -nähe, zurückkehren bzw. dort verbleiben kann. Auch wenn V. 6 mit שׁוב („zurückkehren") und בְּבֵית־יהוה („Haus YHWHs) Wallfahrtsterminologie und -vorstellungen aufscheinen lässt, geht die theologische Valenz dieses Verses weit über die Idee regelmäßiger Wallfahrten hinaus. Es geht nicht um eine gelegentliche Begegnung mit Gott im Tempel, sondern um die „Partizipation an der Erfahrung der Ewigkeit, die Gott durch die Gegenwart in seinem Heiligtum gewährt"[63] und „die Verwirklichung einer Lebensform".[64]

Zusammenfassend lässt sich festhalten: Mit den Metaphern von Gott als Hirte und Gastgeber ruft Ps 23 etliche Sprach- und Bildzeichen der altorientalischen Welt auf. Dies reicht von der Lebenswirklichkeit einer (halb-)nomadischen Lebensform über altorientlalische Königsvorstellungen bis hin zu kulturellen Praktiken von Gastfreundschaft und tempeltheologischen Aspekten. Ps 23 bringt all dies in einer kunstvoll gestalteten Struktur zusammen, um die bereits in der Heilsgeschichte Israels erfahrene belebende und fürsorgliche Leitungs- und Schutzfunktion Gottes nun auch in die persönliche und individuelle Gottesbeziehung einzuschreiben.

45–63: 50–51 sieht mit dem Begriff רוה auch eine tempeltheologische Motivwelt angespielt: „Indem die Metapher vom voll eingeschenkten Becher auf die Vorstellung einer belebenden Mahlzeit im Tempel anspielt und so die überfließende Segens- und Lebensfülle in der Gottesnähe beschreibt, wird כּוֹס in Ps 23 zum Vertrauens- und Lebensmotiv."

62 Siegfried Mittmann, Aufbau und Einheit des Danklieds Psalm 23, ZThK 77,1 (1980) 1–23: 16–17.

63 Spieckermann, Heilsgegenwart (Anm. 52) 410.

64 Reinhard Feldmeier/Hermann Spieckermann, Der Gott der Lebendigen. Eine biblische Gotteslehre (TOBIT 1), Tübingen 2020, 497.

3. Gott als Zuflucht, Schutz, Hilfe und Burg in Ps 46

Arbeitsübersetzung[65]

1 [Dem Chormeister, von den Söhnen Korachs.
Nach Alamoth, ein Lied.]

2 Gott (Elohim) ist uns Zuflucht und Schutz,
eine Hilfe in Nöten ist/wird er gefunden gar sehr.
3 Darum fürchten wir uns nicht, wenn sich die Erde ändert
und wenn die Berge wanken im Herzen des Meeres.
4 Es tosen, es schäumen seine Wasser,
es erzittern die Berge durch sein Aufbäumen. [Sela]
5 Ein Strom – seine Läufe erfreuen die Stadt Gottes (Elohims),
die heiligste der Wohnungen des Höchsten (Äljons).
6 Gott (Elohim) ist ihre Mitte,
sie wird nicht wanken/ins Wanken gebracht werden können.
Es hilft ihr/wird ihr helfen Gott (Elohim),
beim Anbruch des Morgens.
7 Es tosten Völker, es wankten Königreiche,
er hat erhoben seine Stimme, es schwankt/zerschmilzt die Erde.
8 YHWH der Heerscharen (Zebaoth) ist mit uns,
eine Burg/Festung ist uns der Gott (Elohim) Jakobs. [Sela]

9 Geht, schaut die Werke YHWHs,
der bereitet hat Entsetzen auf der Erde,
10 der zum Aufhören bringt die Schlachten bis ans Ende der Erde.
Den Bogen zerbricht er und er stumpft ab/zerschlägt den Speer,
die Rundschilde[66] verbrennt er im Feuer.
11 Haltet inne und erkennt,
dass ich Gott (Elohim) bin.
Ich bin erhaben unter den Nationen,
ich bin erhaben auf der Erde.
12 YHWH der Heerscharen ist mit uns,
eine Burg/Festung ist uns der Gott (Elohim) Jakobs. [Sela]

Mit Blick auf die Gliederung von Ps 46, der gemeinhin als Zionspsalm bzw. -lied klassifiziert[67] und zumindest von einigen Forscher*innen im Kern vor-exilisch datiert[68] wird, variieren die in die Forschungsdebatte eingebrachten Vorschläge

---

65 Vgl. auch die Arbeitsübersetzung bei Michael Lichtenstein, Von der Mitte der Gottesstadt bis ans Ende der Welt. Psalm 46 und die Kosmologie der Zionstradition (WMANT 139), Neukirchen-Vluyn 2014, 28.

66 Statt „Wagen" ist hier ein Ausdruck für Waffen, konkret „Rundschilde" zu lesen. Vgl. Seybold, Poetik (Anm. 37) 113.

67 Vgl. beispielsweise Kraus, Psalmen 1–59 (Anm. 30) 495 oder Beat Weber, Werkbuch Psalmen 1. Die Psalmen 1 bis 72, Stuttgart 2001, 213.

68 Vgl. dazu Steiner, Spatial Theory (Anm. 11) 67. Für eine Datierung in nach-exilische Zeit siehe zum Beispiel Claus Westerman, Ausgewählte Psalmen. Übersetzt und erklärt von Claus Westerman, Göttingen 1984, 200. Zu den Korachiten als potentiellem Trägerkreis der Korachspalmen siehe Till Magnus Steiner, Die Korachiten, in: ders./Frank-Lothar

letztendlich zwischen Zwei- und Dreiteilungen.[69] Während die Einteilung in drei Abschnitte sich an dem סֶלָה jeweils am Ende der VV. 4.8.12 orientiert (VV. 2–4.5–8.9–12), liegen den zweiteiligen Gliederungen andere Struktursignale sowie Stichwortverbindungen (vgl. besonders die Leitworte אֶרֶץ, המה und מוט) zugrunde. In Kombination mit dem credoartigen Themensatz (V. 2) und dem Kehrvers (VV. 8.12) legen diese Stichwortverbindungen tatsächich eine Gliederung in zwei Abschnitte (VV. 2–8.9–12) nahe, die jeweils einen konzentrischen Aufbau aufweisen.

Auch Ps 46 setzt wie ein Paukenschlag mit einem pointierten Bekenntnis zu Gott ein, welches in diesem Fall durchgängig kollektiv formuliert ist (vgl. das enklitische Personalpronomen in der ersten Person Plural). Dabei stammen die hier verwendeten Metaphern „aus dem Erlebnisbereich einer feindlichen Invasion, vor der die verängstigten Menschen in der durch Mauern befestigten Stadt Zuflucht finden".[70] Vor dem Hintergrund dieses Bild- und Sprachraumes wird die Schutz- und Hilfefunktion Gottes (und nicht Jerusalems oder des Zions!) in einem synonymen Parallelismus ausgedrückt. Um es mit Till Magnus Steiner auf den Punkt zu bringen: „Ps 46 bietet keine Zionstheologie, sondern eine Theologie des Gottes, der Herrscher über die gesamte Welt und Beschützer der Gottesstadt ist."[71]

Konkret wird Elohim mit den Nomen מַחְסֶה („Zuflucht"), עֹז („Schutz") und עֶזְרָה („Hilfe") verbunden. „Die Wortstellung in V.2 ist so gestaltet, daß alle entscheidenden Worte an den Anfang oder das Ende der beiden Zeilen betont zu stehen kommen: [Elohim – Schutz – Hilfe – gar sehr] – diese vier Worte allein enthalten schon den ganzen wesentlichen Sinngehalt des Verses!"[72] Die Bezeichnung Gottes als Zuflucht und Stärke ist in dieser Form und Kombination innerhalb des Alten Testaments singulär. Der Begriff מַחְסֶה bezeichnet zunächst einmal einen geschützten Raum, dem im Psalter jedoch eine genuin tempel-

---

Hossfeld/Johannes Bremer (Hg.), Trägerkreise in den Psalmen (BBB 178), Göttingen 2017, 133–159.

69 Aus der Fülle an Literatur sei lediglich exemplarisch auf die Dreiteilung bei Andrea Doecker, Funktion der Gottesrede in den Psalmen. Eine poetologische Untersuchung (BBB 135), Berlin/Wien 2002, 186 hingewiesen. Für eine Zweiteilung siehe Bernd Janowski, Die heilige Wohnung des Höchsten. Kosmologische Implikationen der Jerusalemer Tempeltheologie, in: Ders., Der Gott des Lebens. Beiträge zur Theologie des Alten Testaments 3, Neukirchen-Vluyn 2003, 27-71: 48.

70 Hossfeld/Zenger, Psalm 1–50 (Anm. 14) 287.

71 Till Magnus Steiner, „Des Nachts singe ich seine Lieder" (Ps 42,9). Erinnerung, Zion und die Völker im Ersten Korachpsalter (Ps 42–49), in: ders./Ulrich Berges/Johannes Bremer (Hg.), Zur Theologie des Psalters und der Psalmen. Beiträge in memoriam Frank-Lothar Hossfeld (BBB 189), Göttingen 2019, 221–236: 230.

72 Leo Krinetzki, Jahwe ist uns Zuflucht und Wehr. Eine stilistisch-theologische Auslegung von Ps 46 (45), BiLe 3 (1962) 24–42: 32.

theologische Dimension zukommt. In einer Monographie zu Ps 46 drückt es Michael Lichtenstein wie folgt aus: „Mit der Prädizierung JHWHs als מחסה soll die besondere Gottesnähe umschrieben werden. Zugrunde liegen dabei das ‚Konzept vom Heiligtum als Ort des Zuspruchs von Leben und der Erfahrung besonderer Gottesnähe und -gemeinschaft'."[73] Demgegenüber ist עֹז semantisch wesentlich breiter und umfasst ein Bedeutungsspektrum, das von Kraft, Stärke, Macht bis hin zu Schutz und Zuflucht reicht. Fast die Hälfte aller Vorkommen dieses Begriffs fallen auf den Psalter (44 von 94 Belegen), wo er in der Regel die Stärke und Macht YHWHs bezeichnet, die ihn als souveränem Schöpfergott ausziechnet (vgl. besonders Ps 96), und die sich in seinem tatkräftigen Schutz der Schöpfung gegenüber Meer- und Chaosmächten sowie in seinen heilsgeschichtlichen Taten erweisen.[74] Die Prädikation Gottes als Zuflucht und Schutz wird dann in V. 2b argumentativ durchaus folgerichtig um das Motiv der Hilfe Gottes ergänzt, dem eine implizite Kosmologie eigen ist, die wiederum mit Vorstellungen der Jerusalemer Tempeltheologie zusammenhängt.[75] „Das Besondere an Ps 46,2 ist allerdings, dass Gott als Raum bzw. als Hilfe unabhängig von einem bestimmten Raum erfahrbar ist."[76] Insofern nimmt die Bild- und Sprachwelt von Ps 46 diverse kosmologische und tempeltheologische Vorstellungen bzw. Traditionen aus der Lebenswirklichkeit der Rezipient*innen auf und durchbricht sie. Göttliche Hilfe ist nicht (mehr) an einen konkreten Raum gebunden (die Stadt Jerusalem oder den Tempel), sondern ist – so die credoartige Überzeugung des Beters – grundsätzlich überall erfahr- und erlebbar, wo Nöte (עֶזְרָה בְצָרוֹת), d. h. existentielle Bedrohungen, vorherrschen. Als souveräner Schöpfergott kann Gott Hilfe im Sinne von Rettung/Bewahrung vor Nöten und Krisen jeglicher Art, seien sie kosmologischer, kriegerischer, sozialer Natur o. ä., leisten. Dabei weist die recht eigentümliche Wendung נִמְצָא מְאֹד darauf hin, dass es sich um eine vortreffliche, erprobte und damit auch schon bewährte sowie erlebte Hilfe handelt. Das Bekenntnis des Beters zu Gott und die darin zum Ausdruck kommende Gewissheit, an der schöpfungserhaltenden und lebensförderlichen Schutzsphäre YHWHs partizipieren zu können, wird in VV. 3–4 als Furchtlosigkeit gerade angesichts massiver Bedrohungen der Schöpfungsordnung entfaltet. Die hier genannten Gefahren und Nöte werden dabei in überlieferten Chaosbildern ausgedrückt (בְּהָמִיר אָרֶץ [„Schwanken der Erde"], וּבְמוֹט הָרִים [„Wanken der Berge"], יֶהֱמוּ יֶחְמְרוּ מֵימָיו [„Tosen und Schäumen der Wasser"], יִרְעֲשׁוּ־הָרִים

73 Lichtenstein, Mitte (Anm. 65) 100 mit Zitat von Kathrin Liess, Der Weg des Lebens. Psalm 16 und das Lebens- und Todesverständnis der Individualpsalmen (FAT 2,5), Tübingen 2004, 393.

74 Vgl. Ute Neumann-Gorsolke, Herrschen in den Grenzen der Schöpfung. Ein Beitrag zur alttestamentlichen Anthropologie am Beispiel von Psalm 8, Genesis 1 und verwandten Texten (WMANT 101), Neukirchen-Vluyn 2004, 52.

75 Lichtenstein, Mitte (Anm. 65) 107.

76 Ebd., 107.

[„Zittern der Berge"]). „Der Dichter hat hier die Vorstellung von einem Erdbeben, von einer gewaltigen, alle Erfahrungen sprengenden Naturkatastrophe vor Augen",[77] was den unerschütterlichen und unverrückbaren Charakter der Bekenntnis- und Vertrauensformulierung in V. 2 umso mehr herausstellt. Zudem wird dieser Schreckensvision recht unvermittelt und daher poetisch höchst wirkungsvoll das Kontrastbild einer unerschütterlichen Gottesstadt entgegengesetzt.[78] VV. 5–6, das kompositionelle Zentrum des ersten Abschnitts, setzen mit dem Nomen נָהָר („ein Strom") als *casus pendens* ein, womit den vielen vorangegangenen Verbalformen, die das andrängende und drohende Chaos entfaltet haben, ein vergleichsweise statisches Element gegenübergestellt wird.[79] Die Läufe dieses Flusses sind eben keine chaotischen, aufbrausenden Wassermassen, sondern vielmehr kultivierte Kanäle mit lebendigem Wasser. Der belebende und erfrischende Charakter der Flusskanäle bzw. des sich darin befindlichen Wassers wird in der Personifikation der Stadt durch das Verbum שׂמח („erfreuen", „erquicken") betont. Während VV. 2–4 YHWH selbst Festigkeit und Stärke zugeschrieben haben, so suchen VV. 5–6 nun darzustellen, wie diese Eigenschaften einem spezifischen (potentiell vom Chaos bedrohten) Ort zukommen. Die Gottesstadt ist nicht exklusiver Ort göttlicher Gegenwart oder Macht, sondern „nur ein Beispiel, an dem sich die Macht Gottes zeigt".[80] Bemerkenswert ist ferner, dass der Text selbst diesen Ort zumindest nicht explizit lokalisiert, auch wenn hier zweifelsohne Jerusalemer Kulttraditionen im Hintergrund stehen mögen. Wie dem auch sei, die Gottesstadt ist jedenfalls nicht über eine bestimmte geographische oder gar topographische Lage definiert – ein Berg wird in Ps 46 nirgends erwähnt! –, sondern über eine besonders konzentrierte Heiligkeit Gottes (קְדֹשׁ מִשְׁכְּנֵי עֶלְיוֹן) und die Gegenwart Gottes in ihrer Mitte (אֱלֹהִים בְּקִרְבָּהּ). Es sind genau diese beiden zusammenhängenden Aspekte „Gegenwart Gottes" und „Heiligkeit" – gepaart mit der Vorstellung göttlicher Hilfe am Morgen (vgl. die verbale Formulierung יַעְזְרֶהָ אֱלֹהִים לִפְנוֹת בֹּקֶר) –, die die Sicherheit der Gottesstadt begründen (בַּל־תִּמּוֹט) und schließlich in einer Vertrauens- bzw. Bekenntnisaussage des Beters kulminieren. Mit der Aufnahme des Lexems מוט wird ein bewusstes Gegengewicht zu V. 3 geschaffen: Die Gottesstadt wankt *nicht*.[81]

Dabei weist V. 8 in beiden Vershälften eine genuin israelitische Prägung auf. Zum einen taucht nun erstmals der Gottesname (inklusive der Gottesbezeichnung Zebaoth) auf. Es ist kein beliebiger Gott, sondern YHWH, der der Wir-Gruppe beisteht (עִמָּנוּ). Dieser Beistand des YHWH Zebaoth wird in der zweiten

77 Kraus, Psalmen 1–59 (Anm. 30) 500.
78 Vgl. Hossfeld/Zenger, Psalm 1–50 (Anm. 14) 287.
79 Vgl. ebd., 287.
80 Steiner, Erinnerung (Anm. 71) 230.
81 Vgl. Doecker, Funktion (Anm. 69) 188.

Vershälfte mit der Prädizierung des Gottes Jakobs als מִשְׂגָּב kombiniert. „Dabei verschmilzt der persönliche Gott der Erzväter mit dem an den Keruben haftenden JHWH-Zebaoth.“[82] Gleichzeitig werden über die unterschiedlichen Gottesnamen bestimmte Gottesvorstellungen miteinander verbunden: Während Elohim die Distanz, Transzendenz und Universalität Gottes herausstellt, betont YHWH die Nähe Gottes und seine Bezogenheit auf Israel.[83] Durchaus analog zu מַחְסֶה setzt die Metapher von der Burg ein gewisses Raumkonzept voraus. Die Gottesbeziehung zwischen dem Gott Jakobs und der Wir-Gruppe wird in ein Bild des Aufsuchens eines geschützten, höher gelegenen Raumes gekleidet.[84] Diese Schutzburg soll insbesondere im Kontext von Angriffen und Kriegen Zuflucht bieten.

Aus dem in VV. 2–8 entfalteten unerschütterlichen Glauben an Gott als souveränen Herrscher über Naturgewalten ergeben sich Handlungsanweisungen (an die Wir-Gruppe, die Zuhörer oder die Völker), die im zweiten Teil des Psalms in VV. 9–11 thematisiert werden und sich gewissermaßen ins Eschatologische ausweiten.[85] Strukturell bemerkenswert ist insbesondere die Gegenüberstellung von V. 9 und V. 11, die teils aus synonymen und teils aus oppositionellen Lexemen besteht: לְכוּ/הַרְפּוּ („geht“/„haltet inne“), חֲזוּ/וּדְעוּ („schaut“/„und erkennt“), מִפְעֲלוֹת יהוה/אֱלֹהִים („Werke YHWHs“/„Elohim“), שָׂם שַׁמּוֹת/אָרוּם (Handeln Gottes: „Entsetzen bereiten“/„erheben“), בָּאָרֶץ/בָּאָרֶץ („Erde“/„Erde“).[86] Dieser Verweiszusammenhang platziert V. 10, wo YHWH zum universalen Friedensstifter stilisiert wird, kunstvoll in die Mitte des Abschnitts. Dieser beginnt mit der Aufforderung, YHWHs Werke (מִפְעֲלוֹת יהוה) zu schauen, und eröffnet einen mehrstufigen Erkenntnisprozess. Dabei wird mit חזה ein Verbum gebraucht, das in der Regel im Kontext (prophetischer) Gottesschau oder Theophanie zu finden ist. „D. h., der Sehvorgang, zu dem aufgerufen wird, kann nur durch Gott ermöglicht werden.“[87] In seiner visionären Schau sieht der Beter, wie Gott jedweden Krieg auf der ganzen Erde (עַד־קְצֵה הָאָרֶץ) beseitigt und Kriegsgeräte wie Bogen, Speer und Schild vernichtet. Der vorangegangenen, fast schon apokalyptischen Schreckensvision wird nun eine Vision des Friedens gegenübergestellt, in der alle Kriege weltweit und für immer von YHWH machtvoll zum Aufhören gebracht werden. Wie genau diese Vision herbeigeführt und realisiert werden kann, schildert V. 11 in einer direkten Gottesrede. Der Friede

82 Lichtenstein, Mitte (Anm. 65) 108–109.

83 Vgl. Erich Zenger/Frank-Lothar Hossfeld, Das Buch der Psalmen, in: Erich Zenger u. a., Einleitung in das Alte Testament, 9. aktualisierte Auflage herausgegeben von Christian Frevel (KStTh 1,1), Stuttgart 2016, 431– 455: 449.

84 Vgl. Lichtenstein, Mitte (Anm. 65) 116 und Doecker, Funktion (Anm. 69) 189: „Gott ist wie eine Anhöhe, die aus dem geschilderten Chaos herausragt.“

85 Vgl. Georg Fohrer, Psalmen, Berlin/New York 1993, 95.

86 Vgl. Doecker, Funktion (Anm. 69) 191–192.

87 Lichtenstein, Mitte (Anm. 65) 328.

kommt durch die Anerkenntnis Gottes durch die Nationen (בַּגּוֹיִם) und die gesamte Erde (בָּאָרֶץ), der in seiner universalen und souveränen Wirkungsmächtigkeit Chaos in Kosmos verwandeln kann. Insofern schließt der Psalm argumentativ folgerichtig mit der Wiederholung der Vertrauens- und Bekenntnisformulierung aus V. 8, in welcher nun Israel und die Nationen in dem עִמָּנוּ („mit uns") und לָנוּ („für uns") zusammenklingen.[88] YHWH ist eine Schutzburg für alle Menschen!

Zusammenfassend lässt sich festhalten: Der Wirklichkeitsbezug der Metaphorik von Ps 46 stammt sichtlich aus kriegerisch-militärischen Kontexten, doch geht es hier keinesfalls um die Verarbeitung eines bestimmten spezifischen historischen Ereignisses. Vielmehr werden die mit Krieg und Belagerung verbundenen Wirklichkeitsbezüge verwendet, um Zuflucht, Schutz und Hilfe als Wesenszüge Gottes auszudrücken. Dabei fungieren diverse kosmologische und tempeltheologische Vorstellungen aus dem Alten Orient gewissermaßen als *source domain*, um den Rezipient*innen die akuten Bedrohungen der Wir-Gruppe und der Stadt im wahrsten Sinne des Wortes vor Augen zu führen. Auf dieser fast schon apokalyptischen Bühne erweist sich YHWH Zebaoth als souveräner und wirkmächtiger Schöpfergott, dessen Herrschaft Schutz gewährleistet und immerwährenden Frieden verheißt.

4. Bilder von Gott – Schlussbemerkungen

Der exegetische Streifzug durch die Gottesmetaphorik in Ps 23 und Ps 46 hat uns einen vielfältigen Einblick in diverse Facetten und Dimensionen alttestamentlicher Gottesbilder ermöglicht. Ohne die beiden unterschiedlichen Texte vorschnell und unreflektiert miteinander konflationieren zu wollen, ergeben sich in einer systematisierenden Zusammenschau dennoch gewisse Schnittmengen mit Blick auf die hier entworfenen Gottesbilder, die sich auf die Stichworte *Herrschaft – Schutz und Fürsorge – Gegenwart Gottes* zuspitzen lassen. Gerade weil Ps 23 und Ps 46 diese Aspekte jeweils auf sehr unterschiedliche Art und Weise konzipieren, entfalten und begründen, erscheint ein abschließender bündelnder Blick lohnenswert und reizvoll.

Letztendlich entfalten beide Texte den Gott Israels als *(souveränen) Herrscher.* Auch wenn Ps 23 das Verhältnis zwischen dem Hirten und der Herde/dem Tier zumindest nicht explizit im Sinne eines asymmetrischen Sozialgefälles oder einer Hierarchie, sondern vielmehr im Sinne einer Relationalität und Verwiesenheit entfaltet, trägt der Hirte sichtlich *auch* königliche Züge. Demgegenüber ist das Thema der Herrschaft Gottes in Ps 46 etwas expliziter im Blick. YHWH wird

88 Vgl. Hossfeld/Zenger, Psalm 1–50 (Anm. 14) 289.

als starker und wirkmächtiger Schöpfergott gezeichnet, den buchstäblich nichts erschüttern kann und der als souveräner Geschichtslenker sogar Chaos in Kosmos verwandeln und somit einen immerwährenden Frieden auf der ganzen Erde verheißen bzw. stiften kann.

Dabei wird in beiden Psalmen die Herrschaft Gottes keinesfalls als Selbstzweck verstanden. Im Gegenteil, die machtvollen (potentiell auch gewalttätigen) Seiten Gottes werden vielmehr mit seiner *fürsorgenden und belebenden Schutzfunktion* verbunden. Ps 23 kleidet die schützenden und fürsorgenden Wesenszüge in das Bild des (königlichen) Hirten und des Gastgebers. Über die lebenswirklichen Bezüge dieser Bilder (Strapazen und Gefahren des Unterwegsseins) sowie durch die Erwähnung der (ebenfalls metaphorisch ausgedrückten) (Todes-)Gefahr und der Feinde wird eine existentielle und akute Bedrohungssituation ausformuliert. Auch in Ps 46 wird eine akut lebensbedrohliche Situation geschildert, auch wenn der Wirklichkeitsbezug dieser Bilder eher Erfahrungen von Krieg und Flucht entnommen ist. In beiden Texten fungieren die Gottesmetaphern als Kontrastbilder zu den evozierten Szenarien und machen gerade dadurch den göttlichen Schutz und die Fürsorge Gottes für jeden Einzelnen (Ps 23: Tendenz zur Individualisierung) und die ganze Welt (Ps 46: Tendenz zur Universalisierung) greif- und spürbar.

Beide Psalmen kulminieren gewissermaßen in dem Bekenntnis, dem Vertrauen und der Zuversicht der *Gegenwart Gottes:* כִּי־אַתָּה עִמָּדִי „denn du bist mit mir" (Ps 23,4)/יהוה צְבָאוֹת עִמָּנוּ „YHWH Zebaoth ist mit uns" (Ps 46,8.12). In Ps 23 ist die Gegenwart Gottes während der gesamten fortschreitenden Bewegung des Beters fassbar: Im Unterwegssein durch den Hirten, beim Rasten durch den Gastgeber bis der Beter schließlich in das Haus Gottes zurückkehren und dort dauerhaft in einer belebenden Gottesnähe verbleiben kann. Auch in Ps 46 ist die Präsenz Gottes gewissermaßen in der Schöpfung spürbar. Zwar ist die Gottesstadt durch eine besondere Konzentration von Heiligkeit und die Präsenz Gottes in ihrer Mitte gekennzeichnet, doch will der Psalm als Ganzes ja gerade auf die räumliche Entgrenzung der Gottesbeziehung hinaus. Der in der Geschichte wirkmächtige Gott ist unabhängig von Raum und Zeit gegenwärtig.

Gottesbilder in den Henoch-Gleichnissen (1 Hen 37 – 71). Ein Überblick

Loren T. Stuckenbruck

> Denn welche große Nation hätte Götter,
> die ihr so nah sind,
> wie der HERR, unser Gott, uns nah ist,
> wo immer wir ihn anrufen?
> (Dtn 4,7, Einheitsübersetzung)

1. Hinführung

Die vorliegenden Beobachtungen haben das Ziel, einen skizzenhaften Blick auf Darstellungen des Gottes Israels in den „Bilderreden" (hiernach BR) zu werfen, wie 1 Henoch Kapitel 37 – 71 oftmals betitelt wird. Dieser Teil steht an zweiter Stelle im äthiopischen Henochbuch und ist uns, anders als sein literarischer Vorgänger (Wächterbuch, Kap. 1 – 36) und die nachstehenden übrigen Teile der 108 Kapitel, ausschließlich über altäthiopische (Geʿez) Handschriften erhalten.[1] Obwohl die frühesten verfügbaren Handschriften auf das Ende des 14. Jahrhunderts

1 In 1 Hen werden sonst nur Kap. 83 – 84 (1. Teil der „Traumvisionen") und Kap. 108 („Mahnschrift") ausschließlich über Geʿez Hss überliefert. Die Handschriftenlage zu 1 Hen hat sich in den letzten fünfzehn Jahren erheblich bereichert. Es liegen uns nun mehrere wichtige, bisher teils oder ganz unerforschte Textzeugen vor. Das relativ hohe Alter von einigen Hss, die unter anderem eine sogenannte „frühere" Rezension (EthI) überliefern (inzwischen um 30 Hss), hat an der LMU München dazu geführt, eine neue Textedition für 1 Henoch 1 – 108 zu erstellen, ein Projekt (Förderinstitution: Deutsche Forschungsgemeinschaft, DFG STU 649/1-1), an dem ich mit Ted M. Erho (samt Mitarbeit von James M. Hamrick und Ralph Lee) arbeite. Manche Beobachtungen in diesem Beitrag beruhen auf einem bereits vorhandenen Editionsentwurf zu EthI, während andere auch die im 17. Jahrhundert erstmals entstandene standardisierte Rezension (EthII) berücksichtigen, die auch „frühere" Lesarten vorweisen kann. Die untenstehenden Textzitate basieren auf dem „Münchener"-Text, auch wenn sie sich an der Übersetzung von Siegbert Uhlig, Das äthiopische Henochbuch (JSHZ V,6), Gütersloh 1984, 463–780 orientieren, in der bereits 12 der EthI Hss durchgearbeitet werden konnten. Dagegen beruht die englische Übertragung von Michael A. Knibb, The Ethiopic Book of Enoch, Oxford 1978, 2. Bd. auf einem Handschriftenexemplar der EthII, während diejenige von George W. E. Nickelsburg/Ja-

bzw. auf Anfang des 15. Jahrhunderts zu datieren sind,[2] gehen BR wohl auf das 1. Jahrhundert vor oder nach der Zeitwende zurück,[3] d. h. es handelt sich um eine den neutestamentlichen Schriften weitgehend kontemporäre Schrift, in der sich zunächst unabhängige Überlieferungen beobachten lassen (z. B. die Noe-Überlieferung in 65,1 – 69,1 und eine Himmelsreise Henochs in Kap. 70 – 71).[4] Ausgehend von einer narrativ-literarischen Betrachtungsweise sollen BR hier in ihrer Gesamtheit berücksichtigt werden. Ihre uns überlieferte Form besteht aus einer Einführung (37,1–5), drei „Bilderreden" bzw. „Gleichnissen" (38,1 – 44,1; 45,1 – 57,3; 58,1 – 69,29) und einer Himmelsreise bzw. Thronvision (70,1 – 71,17).

Den Forschenden fiel schon lange die Vielzahl von Verweisen auf Gott im Text auf.[5] Trotzdem richtet sich das Augenmerk der Wissenschaft meistens auf eine prominente Figur, die für Entstehungsfragen in Bezug auf frühe Christologien der Jesusbewegung für bedeutend gehalten und in der Schrift unterschiedlich benannt wird: „Menschensohn" (1 Hen 46,2.3.4; 48,2; 62,9; 62,14; 63,11; 69,26.27.29; 70,1; 71,14.17), „Sohn der Nachkommen der Mutter der Lebendigen" (62,7; 62,9; 62,14; 63,11; 69,26; 70,1; 71,17) bzw. „Sohn der Frau" (einige Hss zu 62,5; 69,25), „Erwählter" (40,5; 45,3.4; 49,2; 51,3.5; 52,6.9; 53,6; 55,4; 61,5.8.10; 62,1), „Gerechter" (38,1; vgl. 53,6), und „Messias" bzw. „Gesalbter" (48,10; 54,2).[6] Aufgrund der späteren standardisierten Rezension (EthII), in der das Alter einiger Verweise fraglich ist, kommt diese Gestalt etwa 34mal in der Überlieferung

mes C. VanderKam, 1 Enoch. The Hermeneia Translation, eine eher eklektische Wiedergabe ist (d. h. sie verwendet aram., gr., und altäth. Zeugen der EthI + EthII, um eine möglichst originale Überlieferung wiederherzustellen).

2 Die wohl älteste Hs zu 1 Hen (EMML 8400), die am 31. März 2013 erstmals für die Analyse geeignet fotografiert wurde, ist aufgrund einer paläographischen Einschätzung um 1400 zu datieren.

3 Zur Datierung in der gegenwärtigen Wissenschaft vgl. Darrell L. Bock, Dating the Parables of Enoch. A Forschungsbericht, in: ders./James H. Charlesworth (Hg.), Parables of Enoch. A Paradigm Shift (JCTCRS 11), London 2013, 58–113.

4 Siehe dazu Uhlig, Das äthiopische Henochbuch (Anm. 1) 573–74; George W. E. Nickelsburg/James C. VanderKam, 1 Enoch 2. A Commentary on the Book of 1 Enoch Chapters 37 – 82 (Hermeneia), Minneapolis 2012, 10–26.

5 Vgl. z. B. Robert Henry Charles, The Book of Enoch, Oxford 1912, 69 (zu BR kursorisch, dann einzeln im Kommentar); Henry J. Wicks, The Doctrine of God in the Jewish Apocryphal and Apocalyptic Literature, London 1915, 64–68; David W. Suter, Tradition and Composition in the Parables of Enoch (SBLDS 47), Missoula 1979, 14.135f.; Nickelsburg/VanderKam, 1 Enoch 2 (Anm. 4) 41–42 (4.2.1. God, 4.2.1.1. God's Epithets und 4.2.1.2. God as King and Judge). Stefan Beyerle, Die Gottesvorstellungen in der antik-jüdischen Apokalyptik (JSJSupp 103), Leiden 2005, bietet vielleicht die wichtigsten Beobachtungen zum Gottesbild, die sich allerdings eher am Rande der Analyse und vereinzelt finden.

6 In diesen Stellenauflistungen werden all die Varianten, die die neu zugänglichen Hss aufweisen, nicht vollständig berücksichtigt. Dass eine vollständige Wahrnehmung neue Einsichten zur Tradition erbringen könnte, darauf verweist eine Lesart der Hs EMML 6281 zu 69,29, in der der überwiegend vertretene Text „Menschensohn" (*walda be'si*) in einem christologischen Zusammenhang durch „Herr des Vaters" ersetzt wird.

vor. Der Text lässt sie u. a. auf dem göttlichen Thron sitzen und das Gericht zugunsten der „Gerechten“ und „Auserwählten“ ausüben. Deshalb wird diese Gestalt oft mit den aramäischen und griechischen „Menschensohn“-Überlieferungen im Danielbuch einerseits und den griechischen Texten der vier Evangelien und der Offenbarung des Johannes andererseits verglichen.[7] Allerdings fällt auf, dass die Verteilung der Menschensohn-Belege in BR unregelmäßig ist. Sowohl in 1 Henoch 37,1 – 44,1 (außer andeutend in 38,1; 40,5) als auch in 64,1 – 69,25 (dieser Abschnitt inkludiert die Noe-Überlieferung in 65,1 – 69,1, weist ein besonderes Interesse für gute und böse Engel auf und enthält in 69,14–25 eine Reihe von Eiden, die mit dem Geheimnis des Kosmos verbunden sind) findet sich kaum eine Spur von ihm.

Im Vergleich dazu lässt sich fragen: Wie verhält es sich mit „Gott“ in BR? Von einigen Ausnahmen abgesehen (Anm. 5), bei denen aber die ausführlichere Analyse fehlt, fällt auf, dass dieser Aspekt der Theologie in BR vernachlässigt worden ist. Das Gottesbild in BR wird eher als Voraussetzung als als wichtiger Bestandteil einer „henochschen“ Theologie betrachtet. Ein Blick auf die Textbestände lässt aber einen deutlich anderen Eindruck entstehen. In *allen Teilen* der Bilderreden ist mehrfach von Gott die Rede, gerade auch in Abschnitten, in denen die vermittelnde Menschensohn-Gestalt vollkommen fehlt. So ist es in diesem Beitrag notwendig, Gott in BR unter drei Aspekten zu skizzieren: die Gottesnamen und ihre Verteilung (2.); das Profil Gottes auf Basis diverser Eigenschaften und Handlungsweisen, die ihm zugeschrieben werden (3.); Reden, die in der 1. Person erfolgen (4.).

2. Gottesnamen

2.1 Auflistung und Statistik

Wie bereits erwähnt, wird in BR in allen Teilen zahlreich auf Gott Bezug genommen. Entsprechend der „früheren“ Rezension (EthI), in der eine textuelle Uneinheitlichkeit besonders berücksichtigt werden muss, treten 13 Titel für Gott in zumindest 132 Fällen auf. Die Bezeichnungen und die Stellen, an denen sie sich jeweils finden, lassen sich wie folgt zusammenfassen:

– *Herr der Geister* (*'egzi'a manāfest*, manchmal mit der gleichbedeutenden Form *manfasāt*) – 97mal: 37,2.4*bis*; 38,2*bis*.4.6; 39,2.7*bis*.8.9.12; 40,1.2.4.5.6.7;

7 Die sekundäre Literatur dazu ist zahlreich. Für eine repräsentative Bibliographie, siehe Orlando Iannuzzi Filho, O Filho do Homen, in: ders., O Livro de Enoque Etíope ou 1Enoque. Pseudoepígrafos do Antigo Testamento 1, São Paulo 2015, 456–481.

41,2*bis*.7; 43,4*bis*; 45.1.2; 46,3.6.7.8; 47,1.2.4; 48,2.3.5.7*bis*.10*bis*; 49,2.4; 50,2.3*bis*.5; 51,3; 52,5.9; 53,2.6; 54,6.7; 55,3.4; 57,3; 58,4.6*bis*; 59,1.2; 60,6.8.25*bis*; 61,3.5.8.9*bis*.11.13*bis*; 62,10.12*bis*.14.16*bis*; 63,1.2*bis*.12*bis*; 65,9.11; 66,2; 67,8.9; 68,4; 69,24*bis*.29; 70,1; 71,2.17

- Haupt der Tage (*re'sa mawā'el*) – 10mal: 46,1.2; 47,3; 48,2; 55,1; 60,2; 71,10.12.13.14
- Herr (überwiegend *'egzi'a*, in manchen Hss mit *'egzi'abḥer* – „Gott" kombiniert) – 13mal: 41,8; 55,3 (mit „Gott"); 60,2*bis*; 61,10; 62,1; 63,8; 65,6; 67,1.3.10; 68,9*bis*; vgl. auch 39,2 (EthI 2 Hss).9 (Raineri 133); 40,1 (EMML 8433).10 (Camb 1570); 41,6 (EMML 8433).7 (EMML 8806).8 (EMML 6281) ; 53,2 (EMML 8806)
- Allerhöchster, zumal mit „Herr" vorangehend (*le'ul / 'egzi'a le'ul*) – 6mal: 40,10; 60,1.9.22; 62,7
- Herr der Könige (*'egzi'a nagaśt*) – 3mal: 63,2.4.7
- Herr der Herrlichkeit (*'egzi'a sebḥat*) – 2mal: 40,3; 63,2
- König über allen Königen (*neguś la'ele kʷellu nagaśt*) – 1mal: 63,4
- Herr der Mächtigen (*'egzi'a xeluyān*) – 1mal: 63,2
- Herr der Reichen (*'egzi'a 'ab'elt*) – 1mal: 63,2
- Herr der Weisheit (*'egzi'a ṭebab*) – 1mal: 63,2
- Herr der Welt (*'egzi'a 'alām*) – 1mal: 58;4
- Der Heilige (*qedus*) – 1mal: 37,2
- Der Richter (*makʷanen*) – 1mal: 41,9

Diese Auflistung macht u. a. zunächst klar, dass Gott in jedem Kapitel der BR erwähnt wird. Es gibt nur zwei Ausnahmen: Die kurzen Abschnitte Kapitel 42 (ein knapp formuliertes Gedicht über Weisheit) und 64 (kurze Rede eines himmlischen Engels). Obwohl jeder dieser Titel sich näher religions- und traditionsgeschichtlich untersuchen lässt, möchte ich mich auf die ersten drei in Bezug auf die Erzählebene der Texttradition konzentrieren. Dabei ist zu überprüfen, ob sich das Porträt Gottes in BR schematisch aufweisen lässt und in welchem Zusammenhang von Konturen einer weitgehend einheitlichen „Theologie" geredet werden darf.

2.2 *Herr der Geister*

Am Auffälligsten ist in BR der Gottesname „Herr der Geister", der in 31 der 35 Kapitel vorkommt. Schon alleine diese Beobachtung ist von Bedeutung, da der Titel kein Kriterium bietet, nach dem quellenkritische Fragen über die Entstehung der Schrift aufgelöst werden könnten. Jedes der drei Gleichnisse bezieht sich in dieser Weise namentlich auf Gott, darunter sowohl die oben genannte Noe-Quelle (65,1 – 69,1) als auch die quellengeschichtlich umstrittenen Kapitel 70 – 71. Dieser Titel verleiht BR somit eine durchaus erkennbare Kontinuität, auch wenn einzelne Abschnitte stilistisch und im Inhalt voneinander abweichen.

Die Überlieferung ist mit Gott als „Herr der Geister“ so vollgepfropft, dass die Verwendung des Ausdrucks in zumindest 15 Fällen (siehe bes. die oben aufgeführten Stellen mit *bis*) überflüssig oder, was den Inhalt betrifft, zunächst unnötig scheint.[8] Wie in einem anderen, früheren Teil des 1 Henoch, der Tierapokalypse (Kap. 85 – 90, d. 160er Jahre v. u. Z.), in dem Gott am häufigsten „Herr der Schafe“ genannt wird, überwiegt in BR „Herr der Geister“ unverkennbar.[9]

Die erste Frage, die sich hinsichtlich des Titels stellt, ist die nach der Bedeutung von „Geister“. In der Erzählwelt der Schrift weist der Begriff, ob im Singular oder Plural, auf unterschiedliche Wesen bzw. Phänomene hin: Den Geist des Patriarchen Henoch (60,4; 71,1 – als er in den Himmel emporsteigt), den Geist eines Engels (71,5 – der Henoch in den allerhöchsten Himmel hinführt), böse Geister (67,8–9 – Engel, die die Menschen verführten und bestraft werden; 69,12 – als Synonym zu Dämonen), Umweltphänomene (60,14–21 – auch für „Engel“ gehalten; 69,21–23) und Geister der Menschen (45,3; 49,3). Trotz der breiten Konnotationen scheint der Schwerpunkt in BR einerseits auf Geistern der von Gott erschaffenen Weltordnung zu liegen (der Ausdruck kann oft als „Wind“ übersetzt werden), andererseits auf Geistern, die unter Gottes Kontrolle agieren. Wenn im ersten Gleichnis der Text (1 Hen 39,12) die Verehrung des Herrn der Geister mit dem *Trishagion* der vier lebendigen Wesen, „die nicht schlafen“, beschreibt, wird eine Erläuterung hinzugefügt: „Er füllt die Erde mit Geistern“. Die nächsten Erwähnungen finden sich im zweiten Gleichnis: Es handelt sich um einen Verweis auf die Geister (bzw. Seelen) der Gerechten, und zwar sowohl auf jene, die noch im irdischen Leben sind (vgl. 45,3) als auch auf jene, die sich bereits in ihre postmortale Existenz begeben haben (49,3: welche, „die in Gerechtigkeit schlafen“). Die Schrift schreibt dem Herrn der Geister nirgendwo die Erschaffung von bösen Geistern zu und lässt sich auch nicht auf die Theodizee-Frage ein, ob Gott für ihre Entstehung verantwortlich ist. Unterschieden wird deswegen zwischen den „bösen“ Engeln, die weltändernde Missetaten durchführten (ob Gott letztendlich dahinter steht wird nicht preisgegeben), und der vertrackten und schwierigen Lage unter den Menschen. Gemäß dem Text in 41,8, der sich auf Gottes Schöpfertätigkeit bezieht, „hat der Herr [...] (eine Aufteilung) zwischen Licht und Finsternis geschaffen, er hat die Geister der Menschheit (voneinander) ge-

8 Siehe beispielhaft 1 Hen 63,1–2: „[...] damit sie niederfallen und anbeten vor dem Herrn der Geister und ihre Sünden vor ihm bekennen. / Und sie werden den Herrn der Geister preisen und verherrlichen, und sie werden sprechen: ‚Gepriesen sei der Herr der Geister, der Herr der Könige, der Herr der Mächtigen, der Herr der Reichen, der Herr der Herrlichkeit und der Herr der Weisheit, und über allem Vorborgenen wird es hell werden.‘“ (Uhlig, Das äthiopische Henochbuch [Anm. 1] 616)

9 Die Titel „Herr der Schafe“ und „Herr der Geister“ kommen jeweils ausschließlich in der 2. Tiervision und BR des 1 Henochbuchs vor. Ausnahmsweise findet sich „Herr der Geister“ im Astronomischen Buch (1 Hen 75,3), ist aber sekundär und wird nur von einer Hs (Berlin Petermann II Nachtrag 29) bezeugt.

trennt, und er hat die Geister der Gerechten bewahrt im Namen seiner Gerechtigkeit". Die Verweigerung des Gottesnamens durch die bösen Engel, die mit deren Untreue verbunden ist, zeigt einen irreparablen Bruch mit Gott und steht unter einer unausweichlichen Strafe. Obwohl die Könige, die Mächtigen und die Landeigentümer[10] das gleiche Schicksal zu erwarten haben, wird diesen eine Umkehrmöglichkeit nicht vollständig vorenthalten (50,1–5; vgl. 54,10).[11] Geht man von 39,12 („er füllt die Erde mit Geistern") aus, deutet „Herr der Geister" auf das hin, was Gott geschaffen hat und was unter seiner Herrschaft bleibt. In dieser Hinsicht vertritt BR eine Ansicht, die an das Buch der Wächter erinnert: Die rebellierenden Engel (wie auch ihre gigantische Nachkommenschaft) haben keinen legitimen Platz in der Weltordnung mehr, nachdem sie die von Gott geschaffenen Grenzen zwischen Himmel und Erde gesprengt haben, während der Menschheit die Möglichkeit einer Umkehr zur Verfügung steht.[12]

2.3 Haupt der Tage

Die Verteilung dieses Ausdrucks als Titel für Gott ist im Textverlauf der BR eingeschränkter als „Herr der Geister". Der Titel erinnert an Dan 7,9–14, wo ein auf einem Thron sitzender „Hochbetagter" Gericht hält und mit dem einer „wie ein Menschensohn" als Ausführender in Verbindung steht. Die vorgegebene Daniel-Tradition bestimmt den Gebrauch der Bezeichnung in BR: Sie tritt zum ersten Mal in Kapitel 46 auf, d. h. genau in der Szene, in der die vermittelnde Gestalt als „Menschensohn" formelhaft vorgestellt wird. Als Anspielung auf Dan 7,9 fällt die Beschreibung vom Haupt der Tage auf, dessen Haupt „weiß wie Wolle" ist (46,1; vgl. auch 71,10: „sein Haupt war gleich der Wolle weiß und rein"). Darüber hinaus fragt der Visionär den begleitenden Engel, „wer er (der Menschensohn)

10 Zu diesen Gruppierungen, siehe Nickelsburg/VanderKam, 1 Enoch 2 (Anm. 4) 63–64.

11 Mehr dazu, siehe Gabriele Boccaccini, Forgiveness of Sins: An Enochic Problem, a Synoptic Answer, in: dies./Loren T. Stuckenbruck, Enoch and the Synoptic Gospels: Reminiscences, Allusions, Intertextuality (EJIL 44), Atlanta 2016, 153–167: 158–162. Darüber hinaus lässt sich unter den Rezensionen zu 1 Hen 54,10 ein leichter Unterschied erkennen: EthI Hss begründen die künftige Strafe der Sünder damit, dass sie ihre Missetaten nicht bekannten, während die EthII-Überlieferung die Bestrafung erfolgen lässt, nachdem sie ihre Ungerechtigkeit bekennen. Die erste Alternative hält die Tür zur Buße seitens der Sünder offen. Gleichermaßen wiesen die Hss zu 1 Hen 50,2–3 Widersprüche auf: Denen, „die Buße tun und von dem Werk ihrer Hände ablassen [...] wird Ehre zuteil werden im Namen des Herrn der Geister" (11 Hss EthI; so die Übersetzung in Nickelsburg/VanderKam, 1 Enoch 2 [Anm. 4] 64) und anders, „denen, die Buße tun und von dem Werk ihrer Hände ablassen [...] wird keine Ehre zuteil werden im Namen des Herrn der Geister" (17 Hss EthI u. EthII; vgl. Uhligs Übersetzung, Das äthiopische Henochbuch [Anm. 1] 593). Abgesehen vom Negativpartikel, bleibt die Frage an den Text zu stellen, ob den Gerechten oder sogar den beichtenden Sündern, die in V. 2 genannt werden, die Ehre zusteht oder nicht.

12 Vgl. die mahnende Funktion in 1 Hen Kapitel 2 – 5 und 22.

sei, woher er stamme (und) weshalb er zu dem Haupt der Tage ginge" (46,2), was dem Wortlaut der masoretischen (Aramäisch) Überlieferung und den theodotionischen (Griechisch) Überlieferungen zu Dan 7,13 entspricht, in denen die menschensohngleiche Gestalt „zum Hochbetagten" kam.[13]

Der nächste Verweis auf Gott als „Haupt der Tage" kommt in 47,3 vor. Der Text hält am Vorbild in Dan 7 fest: Der Seher beobachtet das Haupt der Tage, das auf dem Thron seiner Herrlichkeit sitzt und vor dem, den die Fülle des himmlischen Heeres umgibt, die Bücher der Lebenden geöffnet werden (vgl. Dan 7,9–10). Die hier beschriebene Gerichtsszene resultiert im Text aus Bitten der verfolgten und (wahrscheinlich) umgebrachten Gerechten, die nach göttlicher Vergeltung gegen ihre Unterdrücker verlangen (47,1–2). Wenngleich die Könige oder Machthabenden nicht erwähnt werden, wäre ein Gericht gegen sie dann denkbar, wenn man eine Interpretation des undeutlichen aramäischen Verbs in Dan 7,9 berücksichtigt: „Ich schaute wie Throne aufgestellt wurden (רמיו, wortwörtlich: „stürzen"!), und der Hochbetagte setzt sich." Obwohl das Verb meistens im Sinne von einem „Errichten" mehrerer Throne neben dem Thron Gottes im Himmel übersetzt wird (wie sich das z. B. Mt 19,28, Offb 4 und 20 und das aramäische Gigantenbuch in 4Q530 ii 17, das dem Danieltext vorausgeht, vorstellen[14]), bleibt es möglich, ihm die Bedeutung von „demontieren" beizumessen. Da soll beim Gericht, in dem es effektiv nur einen Thron geben kann, allen anderen kein Platz gegeben werden. Neben Gott, dem Haupt der Tage, haben alle anderen Throne (als Symbol für Machthabende zu verstehen) kein Recht auf Bestand – sie werden entmachtet. Nur Gott (und nur der, den Gott auf seinem Thron sitzen lässt, wie den Menschensohn bzw. den Erwählten[15]) kann richten, Schicksale bestimmen, Bestrafung und Belohnung austeilen. Im vorangehenden Kapitel lässt der Text den Menschensohn (der gerade zuvor neben Gott als Haupt der Tage und Herr der Geister vorgestellt wird) „die Könige und die Mächtigen hochreißen von ihren Ruhelagern und die Starken von ihren Thronen [...] Er wird die Könige von ihren Thronen und aus ihren Reichen verstoßen, weil sie ihn weder erhöhen noch ihn preisen, noch demütig anerkennen, woher sie das Reich erhalten haben [...]" (1 Hen 46,4–5; vgl. 56,5). Angesichts der Bedeutung von den Thronen sprengt BR damit den Rahmen der Daniel-Überlieferung.

13 Die altgriechische Rezension lässt die Menschensohn-Figur nicht „hin zum" (ἕως) sondern „wie" (ὡς) den Hochbetagten (im letzteren Fall, Nominativ) erscheinen; vgl. dazu Loren T. Stuckenbruck, „One like a Son of Man as the Ancient of Days' in the Old Greek Recension of Daniel 7,13. Scribal Error or Theological Translation?, ZNW 86 (1995) 268–276.

14 Siehe Loren T. Stuckenbruck, The Throne-Theophany of the Book of Giants. Some New Light on the Background of Daniel 7, in: Stanley E. Porter/Craig A. Evans (Hg.), The Scrolls and the Scriptures. Qumran Fifty Years After (JSPSS 26), Sheffield 1997, 211–220.

15 1 Hen 45,3; 47,3; 51,3; 55,4; 60,2; 62,2.3.5; 69,27.29.

Demzufolge wird in BR untermauert, dass sich die einzig legitime Machtübertragung auf den Menschensohn beschränkt, der sich, insbesondere als „Erwählter“, auf Gottes Thron (der Herrlichkeit) setzen darf.[16] Gott als Haupt der Tage bleibt somit in Bezug auf den himmlischen Thron beweglich: Wie aus 47,3 hervorgeht, setzt er sich auf den Thron in 62,2-3 und tut dies, bevor jeweils der Erwählte bzw. der Menschensohn in der Szene vorgestellt wird. In dieser Hinsicht ist weiterhin 71,13–14 besonders von Interesse: Während des himmlischen Lobpreises „kam das Haupt der Tage mit Michael, Rufael, Gabriel und Fanuel und Tausenden und Zehntausenden von Engeln“ (71,13). Diesem Text schließt sich ein nächster Satz an, bei dem die Handschriften voneinander abweichen: Wo die meisten Überlieferungen den Erzengel Michael kommen und Henoch anreden lassen, um ihn als „Menschensohn“ zu identifizieren, lassen viele Handschriften die Deutung zu, dass *eigentlich Gott zu Henoch gekommen ist* (71,14).[17] Diese leicht implizite Bewegung Gottes in 71,14 deutete zugleich nicht darauf hin, Gott habe den Thron verlassen. Bei aller Reibungslosigkeit zwischen Gott und seinem Vizeregenten lässt BR keinen Zweifel daran, dass es bei der Herrschaft des Letzteren um eine an ihn übertragene geht. Die Macht des Menschensohns ist und bleibt von der ewigen Herrschaft Gottes abhängig. Es gibt nur den einen Thron. Da nahtlos vom Sitzen Gottes auf das Sitzen des Menschensohns auf dem Thron gewechselt wird, impliziert der Text, dass der Vizeregent sich auf den Thron *neben Gott* setzt (vgl. Offb 3,20 – Christus sitzt mit dem Vater auf seinem Thron; 22,1.3 – „der Thron Gottes und des Lammes“). Die unvergleichbare Stellung Gottes wird in 60,1-2 deutlich: Das Haupt der Tage, das hier auch „Allerhöchster“ genannt wird (siehe unten 2.4), sitzt auf dem Thron seiner Herrlichkeit, wo jede Erwähnung des Menschensohns bzw. des Erwählten fehlt. Wie in Dan 7 wird hier das Haupt der Tage von tausend Tausenden und zehntausend Zehntausenden Engeln, wie auch von den Gerechten umgegeben. Die Verflochtenheit der unterschiedlichen Gottestitel (Haupt der Tage, Allerhöchster, Herr der Geister) in BR, vor allem in Textpassagen, die auf Dan 7 hindeuten, unterstreicht, wie in mancher Hinsicht die Bezeichnungen austauschbar sind. Bereits in der ersten Beschreibung des himmlischen Gottesdiensts in 40,1–2, die ebenfalls auf Dan 7 zurückgreift, stehen die „tausend Tausende und zehntausend Zehntausende vor dem Herrn der Geister“.[18]

---

16 Nicht weniger als 6mal: 45,3; 51,3 – EthI: auf „meinem“ (Gottes) Thron; 55,4 – „mein“ im Gegensatz zu den Mächtigen und den rebellierenden Engeln; 62,5; 69,27.29.

17 Nur 8 Hss (Korrekturen mitgezählt) lassen Michael explizit Henoch ansprechen, während nach weiteren 17 nur ein „er“ handelt. Die Hs Rainer 133 löst diese Vagheit widersprüchlich auf, indem sie die Anrede an Henoch mit einer text-internen Überschrift versieht: „Über das Haupt der Tage, das zu Henoch redete“, obwohl der Text Michael als Redner darstellt!

18 Der Verwendung mehrerer Titel für Gott in BR entsprechen die gleichartig variierenden Namen für den Vizeregenten. Somit überrascht die Vorstellung des Menschensohns in 1 Hen 46 nicht. Sie knüpft an die Voraussage des Sehers in Kap. 45 an, in der der Herr der

Die letzten vier Verweise auf Gott als Haupt der Tage stehen dicht nebeneinander in Kap. 71 (VV. 10.12.13.14). Wie bereits hervorgehoben, sind die Anspielungen auf Dan 7 unübersehbar. Aber anders als in Daniel treten die Seraphim, Cherubim und Ophanim dem Lobpreis der Schar der Engel bei (vgl. Jes 6,2–3 und Ez 1,5–14; siehe bereits 1 Hen 39,12–13). Es werden auch, im Unterschied zu Dan 7, die vier führenden Engel genannt: Michael, Gabriel, Rufael und Fanuel. Eine Abweichung von Daniel sticht hervor: Während Daniel als Seher nur über den himmlischen Gottesdienst und die Gerichtsszene berichtet, entwickelt sich Henoch, der Seher, zu einem direkt Involvierten in der Szene. Wo die altgriechische Übersetzung zu Dan 7,13 mit einer leichten Identifizierung der Menschensohn-Figur mit dem Hochbetagten überrascht, liegt das Unerwartete in BR bei einer klaren Gleichstellung des Patriarchen mit dem Menschensohn, der in BR dieses Mal nicht als Sitzender auf dem Thron Gottes dargestellt wird. Wie aus der Identifizierung Henochs mit dem Menschensohn hervorgeht, bleibt Gott, als Haupt der Tage und Allerhöchster, kategorisch dem Erwählten bzw. dem Menschensohn (bei aller Bedeutung, die ihm in BR zugeschrieben wird) überlegen.

2.4 *Allerhöchster*

Obwohl die Bezeichnung von Gott als Allerhöchster bereits angeführt worden ist, soll ihrer Verwendung in BR noch weitere Aufmerksamkeit gewidmet werden. Zunächst soll die vermutete Erstvorstellung von Gott als „der Herr, der Allerhöchste“ in 1 Henoch 40,10 in Frage gestellt werden. Die Übersetzung des Verses von Knibb, die von EthII ausgeht, lautet: „And these ‚are‘ the four angels of the Lord *Most High*; and the four angels I heard in those days.“[19] Da unter den etwa 30 Hss zu EthI nur Cambridge 1570 (datiert zu 1588) diesen Text überliefert, handelt es sich bei dem Titel um eine klärende Hinzufügung, um eine Zuspitzung im Nachhinein, die Gott unmissverständlich und hervorhebend ins Zentrum rückt, vor allem da sich das Kapitel mit den Vorgängen unter Gestalten unterschiedlicher Art im himmlischen Gerichtshof beschäftigt (40,1). So sollen im Schlusswort des Abschnitts die vier Erzengel, deren jeweilige Funktionen in Kapitel 40 thematisiert werden, eine Gott untergeordnete Stellung einnehmen. Das sekundäre Vorkommen dieses Titels, wie auch dessen Fehlen in anderen gottesdienstlichen Kontexten in BR (vgl. Kapitel 46 und 71), lässt die Vermutung zu, dass dessen Verwendung weiter nuanciert werden kann.

Die erste textkritisch gesicherte Stelle, in der Gott als Allerhöchster vorkommt, findet sich im Zusammenhang mit dem Titel „Haupt der Tage“ im got-

Geister, in einer Rede in der 1. Person, den Erwählten auf dem Thron der Herrlichkeit sitzen und „unter den Auserwählten“ wohnen lassen wird (45,3).

19 Knibb, The Ethiopic Book of Enoch (Anm. 1) 2.128.

tesdienstlichen Kontext von Kapitel 60,1–2. Zunächst ist von Gott als Allerhöchstem in Begleitung von tausenden Engeln, die von einem Beben erschüttert werden, die Rede. Unmittelbar darauf wird Gott als Haupt der Tage, der auf dem Thron seiner Herrlichkeit sitzt, mit Engeln um ihn ringsherum, beschrieben, sodass von hier aus Gott mit dem Seher durch einzelne Engel spricht. Der Text mag den Eindruck erwecken, dass der Titel „Allerhöchster" Gott in einem entfernten Verhältnis zu Henoch darstellt. Doch dürfte diese Annahme irreführend sein. In der zweiten Hälfte von Kapitel 60 erfolgt eine Auflistung von meteorologischen Phänomenen (z. B. Frost, Schnee, Nebel, Tau, Regen), die mit Winden bzw. Engel-Geistern in Verbindung gebracht werden (60,12–22). Der Text nennt Gott am Schluss (V. 22) „Allerhöchster, der im Himmel ist" und erklärt, dass die Nahrung auf der Erde, die durch Bewässerung beschert wird, (obgleich) durch die Engel vermittelt, letztendlich von ihm stammt, d. h. auf seine Fürsorge für die Schöpfung zurückzuführen ist. Der Text will an dieser Stelle nicht eine Distanz Gottes von der geschaffenen Weltordnung implizieren, sondern zeigt den Allerhöchsten als in die Umwelt involviert.

Die letzte Passage, in der Gott als Allerhöchster dargestellt wird, kommt in einer komplexen Szene in Kapitel 62 vor. Gott als Herr der Geister setzt den Erwählten auf den Thron der Herrlichkeit (VV. 2–3). In dieser Stellung soll der Erwählte von mächtigen Königen, Hohen, Machthabern und Landeigentümern anerkannt werden (VV. 3–6). Sie wiederum werden, nachdem sie den Menschensohn vergeblich um Gnade bitten (V. 9), von Gottes Angesicht vertrieben und mit Scham erfüllt (V. 10; vgl. auch deren Demütigung in 63,1–12). Der Menschensohn verdankt seine hohe Position Gott „dem Allerhöchsten", der ihn bis dahin verborgen hat und offenbaren wird. Der Menschensohn agiert nicht von alleine, sondern wird als Gottes „best kept secret" dargestellt. Während die bösen, mit Scham erfüllten Machthaber mit endgültiger Entfernung vom Herrn der Geister rechnen müssen, erfährt die „Gemeinde der Auserwählten und Heiligen" im Gegensatz dazu die Nähe Gottes: Sie werden gepflanzt und „an jenem Tage vor *ihm* stehen" (V. 8). Das Pronomen in der 3. Person Singular könnte sowohl auf den Menschensohn als auch auf Gott den Allerhöchsten hinweisen oder sogar auf beide zugleich. Meines Erachtens bleibt die Referenz des Pronomens absichtlich unbestimmt. Was der Text dem Menschensohn unterstellt, hat nicht weniger mit Gott zu tun.[20] Das Verhältnis zwischen Gott und Menschensohn darf aber, laut BR, nicht als Parität definiert werden: Der Allerhöchste, der Herr der Geister, bestimmt die Schicksale eigenständig und lässt sein Vorhaben durch die Einsetzung des Menschensohns, vor allem in eschatologischer Hinsicht, veran-

20 Siehe ähnlich die vage Ausdrucksweise in Bezug auf Gott in Offb 1,2 „sein Engel" und 22,3–4 („ihm dienen", „sein Angesicht", „sein Name"), bei der Gott und Christus nicht mit sprachlicher Genauigkeit voneinander unterschieden werden.

schaulichen. Als Allerhöchster hat Gott gehandelt (V. 7 – *tempus perfectum*: „bewahrt“ und „offenbart“) und dabei eine bis dahin unsichtbare Realität der ihm treuen Gemeinschaft zugänglich gemacht.

3. Attribute und Eigenschaften Gottes

Eigenschaften und Handlungen Gottes werden in BR oft beiläufig erwähnt. Es reicht an dieser Stelle auf einige Beispiele, die Gott besonders bildlich darstellen, hinzuweisen. Was sein Aussehen betrifft, wird Gott mit folgenden Charakteristika beschrieben: Er hat Flügel (39,7), er hat ein „Auge“ (68,4) und sein Haupt ist – wie oben erwähnt – „weiß wie Wolle“ (46,1). Er trägt ein Gewand, das aber für unbeschreiblich gehalten wird (71,10).[21] Von ihm geht „sein Schwert“ als Straf-Instrument gegen Könige, Hohe und Herrscher aus: „Sie (die Gerechten und Auserwählten) werden sich über sie (die Könige, Mächtigen, Hohen und Landeigentümer) freuen, weil der Zorn des Herrn der Geister auf ihnen ruhen und sein Schwert trunken wird von ihnen“ (62,12; vgl. weniger deutlich 63,11).

Keines dieser Features, ob im Text als tatsächlich sichtbar oder eher als Metapher vorgestellt, wird auf den Erwählten bzw. den Menschensohn übertragen. Was dem Menschensohn gelegentlich zugesprochen wird, ist die Bestrafung der Sünder (62,2 – „die Rede seines Mundes tötet alle Sünder“; 69,27–29), wobei er die Aufgabe nur unter der Ägide von Gott erledigt (siehe 62,2 – „die Rede seines Mundes tötet alle Sünder“; 62,3 – „vor ihm wird Gerechtigkeit gerichtet“).[22] Bis zur letzten Szene der dritten Bilderrede (69,27–29) bleibt Gott der Hauptakteur des Dramas. Auch wenn der Menschensohn am deutlichsten das Gericht ausübt, bleibt es dabei: Ihm ist das Gericht (von Gott) übergeben (69,27), wobei er in jeder Hinsicht „*vor* dem Herrn der Geister“ „mächtig sein“ wird (69,29). Zwar wird der

---

21 Im Gegensatz dazu vgl. die Beschreibung im Buch der Wächter (1 Hen 14,20): Das Gewand von Gottes Herrlichkeit „war strahlender als die Sonne und weißer als aller Schnee“.

22 Der Text in 62,2–3 ist strittig. Zu 62,2a stimmen die Hss darin überein, dass Gott sich selbst auf den Thron der Herrlichkeit setzte (*nabara*), so dass das danach geschilderte Gericht sprachlich-syntaktisch auf ihn zurückgeht. Es wird allerdings gleich in V. 2b über der inthronisierten Gestalt der Geist ausgegossen, was kaum auf Gott hinweist. Hinter *nabara* (sitzen) wird daher eine Kausalform (*'anbara*) vermutet und der Text deswegen emendiert; vgl. Nickelsburg/VanderKam, 1 Enoch 2 (Anm. 4) 79 (Anm. b) und Uhlig, Das äthiopische Henochbuch (Anm. 1) 613 (Anm. 2a), der auf das Zitat in der Schrift Mäṣḥafä Milād (15. Jahrhundert) hinweist: „[...] den Erwählten setze der Herr der Geister auf den Thron seiner Herrlichkeit.“ Von der sprachlichen „Verbesserung“ darf man allerdings nicht zu pauschal ausgehen. Dass sich *nabara* in der handschriftlichen Überlieferung durchsetzt, unterstreicht die Verwobenheit der besonderen Stellung des Erwählten mit der Stellung Gottes.

Menschensohn als „Gerechter" und „Erwählter" als an der Belohnung der Gerechten beteiligt dargestellt (53,6 – er wird „das Haus seiner Gemeindeversammlung erscheinen lassen"), doch sichert der Text, dass diese Handlung „im Namen des Herrn der Geister" erfolgt. Somit nimmt der Menschensohn im endgültigen Gericht (46,4–6; 48,9; 49,4; 51,3;[23] 55,4;[24] 61,8; 62,3.5.9; 69,27–29) Gott die Rolle als Richter nicht ab. Gott muss nicht nur überall miterwähnt werden, sondern wird auch ohne die Hervorhebung von Vermittlung als Handelnder gefeiert (38,1–6; 47,1–4; 57,7–10; 61,1–13;[25] 63,1–12;[26] 67,4–13; 68,1–5).

Ebenfalls wird die Bestrafung der Sünder, die manchmal über beauftragte Engel zustande kommt (53,3–4; 54,1–6; 55,3; 56,1–2), jedes Mal Gott ausdrücklich zugeschrieben (53,2; 54,5–6.7; 55,3). Selbst wenn Urteile durch Engel oder den Menschensohn bzw. den Erwählten vermittelt gesprochen/ausgeführt werden, bleibt Gott das entscheidende Bindeglied, das auch von sich aus agiert.

Aufmerksamkeit gebührt der Terminologie, die auf die Absichtlichkeit von Gottes Tätigkeit hinweist. Das Drama, vor allem wie die endzeitlichen Schicksale zustande kommen, entspricht Gottes Wollen (*faqad*), seinem Befehl (*te'zaz*) und seinem Wort (*qal*). Was geschieht, geht aus Gottes bestimmender Intentionalität hervor, die sich realisiert hat, sich gegenwärtig realisiert und noch zu realisieren hat. Sie zeigt sich im Text durch die Beherrschung der Weltordnung (48,6 – die Sonne; 59,1 – der Blitz), durch die Bestrafung der untreuen Engelmächte und bedrückenden Herrschaften der Menschheit (49,4; 54,5; 65,6), durch das Verlangen, dass die Könige, die Hohen und die auf dem Festland wohnen den Erwählten anerkennen (62,1) und durch Henochs Bekenntnis, für den Lobpreis (an Gott) vorherbestimmt gewesen zu sein (39,9). Der Intentionalität Gottes entspricht die Emotion von „Zorn" (*ma'at*), die nur ihm (d. h. weder Engeln noch dem Menschensohn) als Voraussetzung für die Erteilung von Strafe gegen Ungerechte zugeschrieben wird (55,3; 62,12). Ebenfalls ist Gott das Erbarmen eigen, das sich bei ihm alleine findet (39,2; 50,3 – „sein Erbarmen ist groß"; 50,5; 60,5.25; 61,13). Die Unterscheidung vom Menschensohn kommt insbesondere in 62,9 zur Sprache:

---

23 Was der Erwählte in 61,3 durchführt, geht auf den Herrn der Geister, der „ihm (es) gegeben (hat) und ihn verherrlicht", zurück.

24 Im Text richtet der Erwählte „Azazel und seine Gefolgschaft und sein ganzes Heer […] im Namen des Herrn der Geister".

25 In Kapitel 61 ist 2mal vom Erwählten die Rede: Gott setzt ihn auf den Thron der Herrlichkeit und er richtet „entsprechend dem Weg des gerechten Gerichtes des Herrn der Geister" (V. 8), während er unter den himmlischen Wesen nur beiläufig miterwähnt wird (V. 10).

26 Dem Menschensohn kommt in Kapitel 63 nur sekundär in V. 11 die Erwähnung zu, wo die Sünder „ihr Angesicht […] und […] Scham […] vor jenem Menschensohn erfüllen", sie „von seinem Angesicht verstoßen werden" und „das Schwert […] vor seinem Angesicht unter ihnen hausen" wird. Die Zuspitzung des Beschriebenen kommt aber in V. 12 vor in einem Wort, das der Herr der Geister selbst spricht: „Das ist das Urteil und das Gericht vor dem Herrn der Geister über die Mächtigen, die Könige, die Hohen und die, die das Festland besitzen."

> Und alle Könige und Mächtigen und Hohen und die, die das Festland beherrschen, werden vor ihm (dem Erwählten) auf ihr Angesicht niederfallen und anbeten, und sie werden ihre Hoffnung auf jenen Menschensohn setzen und ihn anflehen und von ihm Barmherzigkeit erbitten.

Trotz dieses Anflehens verzichtet der Text darauf, vom Erbarmen des Menschensohns zu reden; stattdessen lässt die Überlieferung in V. 10 sie dem Herrn zur Vergeltung ausliefern.

Einige Charakteristika Gottes werden mit weiteren Gestalten in BR geteilt. Dem Angesicht der Heiligen, Gerechten und Auserwählten soll das „Licht" des Herrn der Geister erscheinen mit solcher Helle, dass die Sünder und Frevler auf die Heiligen nicht schauen können (38,4; vgl. auch 39,7; 50,1; 58,3.4.6). Wenn man den Text der BR verfolgt, kommt diese Eigenschaft ebenfalls dem Menschensohn zu, der in 48,4 bei einer Anspielung auf die Jesaja-Tradition (Jes 42,6; 49,6; 51,4), als „Licht der Völker" und „Hoffnung derer, die in ihrem Herzen Kummer haben" bezeichnet wird (vgl. auch 45,4). In der letzten Vision trägt das Haupt der Tage ein Gewand, „das nicht zu erfassen ist" (71,10).[27] Im Gesamtblick lassen BR damit „das Gewand des Lebens" (siehe 62,15–16), das den Gerechten und Auserwählten zuteil wird, zusammenhängen: Diese eschatologische Bekleidung, die auch „Gewand der Herrlichkeit" genannt wird, erhalten sie „vom Herrn der Geister". Während in BR von einer Bekleidung des Menschensohns nicht die Rede ist,[28] tragen die Engel im Himmel nach 71,1 weiße „Gewänder", deren schneeartiges Aussehen „die Helligkeit ihres Angesichts" widerspiegelt. Die Entsprechung der Gewänder der Engel zu Gottes Gewand deutet auf eine postmortale Existenz der Gerechten als Engelwesen hin. Doch mehr als bei den Engeln drückt der Bezug zu Gottes Gewand bei den Gerechten die besondere Nähe Gottes zu seinem Volk aus.

Während sich „Licht" und „Gewand" von Gott auf die auserwählte Menschheit übertragen, wird der Terminus „Name" ausschließlich mit dem Menschensohn bzw. dem Erwählten geteilt. In BR findet sich der Name des „Herrn" bzw. vom „Herrn der Geister" in 25 textgesicherten Stellen (39,7.9; 41,2; 43,4; 45,1.2; 46,6.7.8; 47,1; 48,5.7.10; 50,2.3; 53,6; 61,3.9*bis*.11.13; 63,7; 67,3; 69,24; 71,17). Gottes Name, der „von Ewigkeit zu Ewigkeit" währt (41,6), symbolisiert eine unangreifbare und unübertreffbare Realität, deren verweigerte Anerkennung sich in bösen Werken ausdrückt, die das Wohlsein von Gottes Volk unterlaufen. Den Namen des Herrn der Geister nicht anzuerkennen, kommt einem unsühnbaren Verbrechen gleich (41,2; 45,1.2; 46,7). Umgekehrt, „die Häuser der Gemeindeversammlung" bestehen aus denen, die vom Namen des Herrn der Geister abhängig sind (46,8). Durch den Namen werden die Menschen entweder gerettet oder bestraft werden (48,8; vgl. 50,3) und durch ihn werden die Gerechten „siegen", damit die anderen „Buße tun und von dem Werk ihrer Hände ablassen" (50,2). In

---

27 So wortwörtlich. Uhlig, Das äthiopische Henochbuch (Anm. 1) 633 übersetzt *za-'yetragwam* „war nicht zu beschreiben".

28 Wie auch in Dan 7,9–14; vgl. dagegen Mk 9,3.9 par. Mt 17,2.9 und Offb 1,13–16.

nur zwei, doch theologisch wichtigen Passagen wird „der Name“ mit dem Menschensohn verbunden. Nach 48,2–3 wird ihm, bevor die Himmelskörper erschaffen werden, vom Herrn der Geister ein Name gegeben. Der Text verleiht dem Menschensohn durch diese Namensgebung eine der Schöpfung überlegene Stellung. Gegen Ende der dritten Bilderrede (69,20–26) verflicht der Text die Namen des Herrn der Geister und des Menschensohns ineinander. Die Überlieferung lässt den Namen des Herrn der Geister von (personifizierten) Himmelskörpern (Sonne, Mond, Sterne) und meteorologischen Phänomenen (Wasser, Winde, Brisen, Donner, Blitz, Hagel, Reif, Nebel, Regen und Tau) ewig preisen (VV. 20–24). Dann wird dieser Lobpreis weiter darin begründet, dass „ihnen der Name jenes Menschensohnes offenbart worden war“ (V. 26). Die Offenbarung des Namens des Menschensohnes am Höhepunkt der dritten Bilderrede mündet in die ausdrücklichste Schilderung seiner Tätigkeit in der Schrift ein: Der Menschensohn soll die Sünder von der Oberfläche der Erde vertilgen (69,27); die verführenden Engel sollen mit Ketten gebunden werden an einem Versammlungsort, der ihrer Zerstörung dienen wird (69,28), und

> sie werden zu jenem Menschensohn sprechen (*yenaggeru la-we'etu walda be'si*)[29] und er wird mächtig sein vor dem Herrn der Geister (69,29).

Auch wenn gerade vor dem Ende die Schrift dem Menschensohn so viel Aufmerksamkeit widmet, bleibt kein Zweifel daran, dass seine, in mancher Hinsicht entscheidende Autorität lediglich delegiert ist.

Wie mehrmals bereits nebenbei erwähnt worden ist, steht Gott mit einem „Thron der (oftmals: seiner) Herrlichkeit“ in Verbindung (47,3; 55,4; 60,2; 61,8; 62,2.3.5; 69,27; 71,8). Dieser, nicht ein anderer Thron, wird dem Menschensohn zur Verfügung gestellt, was aber nicht heißt, dass Gott seinen Platz darauf verlässt.[30] Wenn der Erwählte auf dem Thron sitzt und die Geheimnisse der Weisheit aus seinem Mund fließen lässt, kommt dies zustande, weil „der Herr der Geister [...] (dies) ihm gegeben und ihn verherrlicht“ hat (51,3).

29 Eine Variante, „das Wort des Menschensohns wird mächtig sein vor dem Herrn der Geister“, die der Übersetzung von Nickelsburg/VanderKam, 1 Enoch 2 (Anm. 4) 92 zugrunde liegt, wird von 5 EthI Hss (EMML 2080, Abb 35, Jerusalem Archbishopric 5E, EMML 1531, und EMML 8846) bezeugt.

30 Wie z. B. in Offb 3,21 im Gegensatz zu Ezechiel dem Tragiker (Exagoge, ZZ. 67–90), nach dem Mose einen Platz auf dem Thron (anstelle Gottes) einnimmt. Siehe dazu Howard Jacobson, Mysticism and Apocalyptic in Ezekiel's Exagoge, ICS 6 (1981) 273–93 und Pieter W. van der Horst, Moses' Throne Vision in Ezekiel the Dramatist, JJS 34 (1983) 21–29.

4. Wenn Gott selbst spricht

BR lassen eine Reihe von Gestalten in der 1. Person Singular reden. Am offensichtlichsten werden „Ich-Reden" Henoch (37,2–5; 39,3–8.9–10.12–13; 40,1–10; 41,1–5.7; 43,1–4; 44,1; 46,1–3; 47,3; 48,1; 52,1–5; 53,1–5; 54,1–5; 56,1–3; 57,1–3; 58,1; 59,1–3; 60,1–6.9–10.11.24; 61,1–3; 64,1–2; 70,3 – 71,15) und Noe (65,4 – 67,1) zugeschrieben. Dieser Stil gibt die sogenannte „pseudepigraphische" Wendung wieder, die anstelle der eigentlichen Autoren in frühjüdisch-apokalyptischen Schriften häufig vorkommt.[31] Über einen deutenden Engel hinaus, der sich mit Henoch unterhält, lässt die Überlieferung den Erzengel Michael drei Mal mit dem anderen Hauptengel Rufael (Raphael) über die Bestrafung der bösen Engel, die die Menschen verführten, sprechen (jeweils 68,2.3.4). Beim dritten Mal redet Michael Raphael an, während er vor dem Herrn der Geister steht und auf dessen „Zorn" gegen die rebellierenden Engel verweist, die „handeln, als wären sie dem Herrn gleich" (68,4).

Unter den himmlischen Gestalten werden die meisten „Ich-Reden" Gott zugeschrieben, während dem Menschensohn kein zitatmäßiges Wort in den Mund gelegt wird. Gottes Sprechen kommt in sechs Textpassagen vor, die sich vom Anfang der zweiten Bilderrede bis zur letzten Vision erstrecken (45,4–6; 55,1–4; 62,1; 63,12; 65,10; 71,14/15–16?). In weiteren Texten könnte Gott ebenfalls der Redner sein, aber die Handschriftenlage bietet hier keinen sicheren Text (z. B. 48,9 und 56,6). Es ist notwendig, hier auf die Inhalte von einigen dieser Reden hinzuweisen, da ihnen eine besondere Bedeutung in der Schrift zukommt. Während zwei nur knapp Gottes Urteil gegen Übeltäter verkünden, jeweils gegen die Gruppe von Königen, Hohen, und Landeigentümern (62,1; 63,12), die Zauberei und Magie praktizieren (65,10; vgl. 65,6), befassen sich einige mit der Stellung des Erwählten bzw. des Menschensohnes.

Am Anfang der zweiten Bilderrede ergreift der Herr der Geister das Wort, nachdem der Text das künftige Los der Sünder, die den Namen des Herrn der Geister nicht anerkennen (45,1–2), anführt. Der Herr der Geister sagt etwas aus über „meinen Erwählten", der „auf dem Thron der Herrlichkeit sitzen wird" (45,3). Die Rede in der 1. Person wird erstmals ab V. 4 explizit. Ohne formell eingeführt worden zu sein, sagt der Herr der Geister Folgendes (45,4–6):

31 Vgl. die religions- und literargeschichtliche Einordnung in Loren T. Stuckenbruck, First Person Discourse in the Dead Sea Documents. From the Aramaic Texts to the Writings of the Yaḥad, in: Adolfo Roitman/Lawrence H. Schiffman/Shani Tsoref (Hg.), The Dead Sea Scrolls and Contemporary Culture (STDJ 93), Leiden 2011, 295–326:295–300 und Loren T. Stuckenbruck, Apocrypha and Pseudepigrapha, in: John J. Collins/Daniel C. Harlow (Hg.), Early Judaism. A Comprehensive Overview, Grand Rapids 2012, 179–203.

An jenem Tage werde ich meinen Erwählten unter ihnen wohnen lassen,[32] und ich will den Himmel verwandeln und ihn zum Segen und Licht für ewig machen. / Und ich werde das Festland umwandeln und es zum Segen machen und werde meine Auserwählten auf ihm wohnen lassen; aber die, die Sünde und Unrecht tun, werden es nicht betreten. / Denn ich habe meine Gerechten gesehen und sie mit Heil gesättigt und sie vor mir wohnen lassen; aber für die Sünder steht bei mir das Gericht bevor, dass ich sie vertilge von der Oberfläche der Erde.[33]

Der nahtlose Übergang von den thetischen Bemerkungen in VV. 1–2 und 3 zum Wort Gottes verweist auf die Autorität, die der Text für sich beansprucht. Gottes Vorstellung vom Erwählten, der „unter ihnen (den Gerechten) wohnen" soll, zusammen mit der darauffolgenden Transformation des Festlands (d. h. die Erde, die Gott am Anfang geschaffen hat), ist bemerkenswert. Es ist keine Überraschung, dass in diesem Erwählten die amharische Andemta Kommentar-Tradition der Äthiopisch-Orthodoxen Kirche zum Text eine klare Referenz auf Christus sehen möchte![34] Abgesehen von einem christlichen Anspruch verbindet die Rede die Inthronisierung des Erwählten (V. 3) unter denen, die ihn sehen und deren Seelen durch ihn stark werden (V. 4), mit dem Vorhaben, eine neue Weltordnung auf der Erde zu errichten, in der Bedingungen für das Wohlergehen und Florieren der Gerechten herrschen und zu der Sünder keinen Zugang haben (V. 5).

Die nächste Gottesrede ist die längste der Schrift (55,1–4). In einer Urteilsverkündung wird Gott mit dem Titel „Haupt der Tage" vorgestellt. Im Text, der sich auf Gen 6,6 bezieht, „reute es das Haupt der Tage und es sprach":

Umsonst habe ich alle vertilgt, die auf dem Festland wohnen. (V. 1)

Dann fuhr Gott fort und „schwur bei seinem großen Namen":

32 Die Lesart „meinen Erwählten" (*xeruya zi'āya*) wird in EthI von nur 12 Hss bezeugt, wie auch einheitlich in den Hss der EthII; weitere 15 EthI-Hss lesen aber „meine Auserwählten" (*xeruyāna zi'āya*). Ähnlich verhält es sich zwischen dem „Erwählten" und „den Auserwählten" in V. 3. Für „den Erwählten" spricht die Stellung auf Gottes Thron, die nur ihm (außer Gott) in BR gewährt wird (im Text noch klarer in V. 5!).

33 Siehe Uhlig, Das äthiopische Henochbuch (Anm. 1) 586.

34 Mäshafä Henok „wa-la-mawā`el 'ar'ayani `Ur'el mal'ak", Addis 2007, 84–85. Diese Deutung floss sogar in eine paraphrasierende amharische und nicht mehr gedruckte Übersetzung der Ge'ez-Überlieferung in den 1970er Jahren ein, die inzwischen durch die neuere Bibelausgabe (Mäshafä Qedus, Addis 2007) ersetzt worden ist.

> Von nun an werde ich nicht (mehr) [in dieser] Weise] an allen, die auf dem Festland wohnen, handeln, und ich werde ein Zeichen an die Himmel setzen, und es soll zwischen mir und euch ein Treue(zeichen) für ewig sein, solange der Himmel über der Erde (ist). / Und dies geschieht auf meinen Befehl hin. Wenn ich wünsche, sie durch die Hand der Engel zu ergreifen am Tage der Bedrängnis und der Pein im Angesicht meines Zornes und meines Strafgerichts, werde ich meinen Zorn und mein Strafgericht auf ihnen ruhen lassen, spricht Gott, der Herr der Geister. Ihr Könige, Mächtigen, die ihr auf dem Festland wohnt, euch steht bevor, meinen Erwählten zu sehen, wie er auf dem Thron der Herrlichkeit sitzt, und Azaz'el und seine ganze Mitgliedschaft und sein ganzes Heer richtet im Namen des Herrn der Geister.

Die Rede spielt auf Gottes Versprechen in Gen 8,20–22 an, nach der Sintflut die Erde nicht mehr zu zerstören, nachdem er den Geruch des Brandopfers von Noe riecht. Dem Ablauf in Gen 6 – 8 zufolge findet die Reue Gottes *vor* der Sintflut statt, nicht erst danach wie in BR. Nach Gen 6,6 und 7 sagt Gott seine Reue zwei Mal aus, da er „Menschen auf der Erde“ geschaffen hat, was ihn zur Entscheidung führt, die Menschheit – samt Vieh, Gewürm und Vögel unter dem Himmel – von der Erde zu vertilgen. Im zitierten Passus wird die Reue insofern anders begründet, als Gott *bereits* die Bewohner des Festlands zerstört hat! Gott bereut in BR nicht die Erschaffung der Menschen. Stattdessen legt die Lektüre der Erzählung des BR-Autors nahe, dass die Sintflut nicht auf Gottes Zorn zurückgeht; so kommentiert Nickelsburg den Text zutreffend:

> This is the emotion not of an angry God, 55:3 notwithstanding, but of one who perceives that the divine fury has gone too far.[35]

Die Überlieferung findet somit in der Sintflut kein urzeitliches Vorbild für das eschatologische Zeitalter, um die Verantwortung dafür erneut den gegenwärtig unterdrückenden Königen, Hohen und Landeigentümern zu geben. Sie sollen zur Rechenschaft gezogen werden und dafür wird die Inthronisierung des Erwählten zum entscheidenden Moment. Dem Haupt der Tage, das die Erschaffung der Menschheit gar nicht bereut, geht es darum, Menschen in zwei gegensätzliche Gruppen aufzuteilen: Einerseits Menschen, denen das Recht, die Erde zu bewohnen, gegeben wird, andererseits Menschen, die von der Erde vertrieben (d. h. effektiv zerstört) werden.

Die letzte Rede, die nicht gesichert, aber doch möglicherweise Gott als „Haupt der Tage“ als Sprecher erkennen lässt (s. Anm. 17), wird in Kapitel 71 gehalten. Hier wird der Seher (Henoch) direkt angesprochen. In der Szene zuvor hat sich der Seher bereits einer Transformation unterzogen, die sich auf Grund seiner Teilnahme am himmlischen Gottesdienst ereignete. Der Text spricht gleich danach vom Kommen des Hauptes der Tage in Begleitung von den vier prominenten Engeln und den unzähligen tausend Tausenden und zehntausend Zehntausenden Engeln. Nachdem ein zweites Mal von einem Kommen die Rede ist, wird Henoch unmittelbar angesprochen (71,14–16):

35 Nickelsburg/VanderKam, 1 Enoch 2 (Anm. 1) 204.

> Du bist der Menschensohn, der zur Gerechtigkeit geboren ist, und Gerechtigkeit wohnt über dir, und die Gerechtigkeit des Hauptes der Tage verlässt dich nicht. / Und er sprach zu mir: Er[36] ruft über dir das Heil aus im Namen des Äons, der kommen wird, denn von da geht das Heil aus seit der Erschaffung der Welt, und so wird es auch dir zuteil werden in Ewigkeit und von Ewigkeit zu Ewigkeit. / Und alle werden auf deinem Wege wandeln, da dich die Gerechtigkeit in Ewigkeit nicht verlässt, bei dir werden ihre Wohnungen sein und bei dir ihr Anteil, und sie werden sich von dir nicht trennen bis in Ewigkeit und von Ewigkeit zu Ewigkeit.

Dieses letzte, textkritisch umstrittene Wort führt wiederkehrende Motive in BR auf zwei Weisen zusammen. Erstens, der Menschensohn – abgesehen von der Frage seiner Identität – ist mit dem Schicksal der Gerechten unzertrennlich verbunden (siehe auch 71,17). Die Gerechtigkeit, die ihm von Geburt an zuteil geworden ist, soll unter Menschen eingeführt und aufgerichtet werden, die mit ihm wohnen werden (vgl. 45,4). Zweitens, und vielleicht noch tiefgreifender, die künftige eschatologische Welt soll der Weltordnung, wie sie zunächst geschaffen wurde, entsprechen. Was Gott anfangs absichtlich bei der Schöpfung entstehen ließ (darunter die Menschheit) und niemals bereut hat, bleibt grundsätzlich bestehen. Es geht daher nicht um eine wesentlich *andere* eschatologische Weltordnung, die sich von der ersten Schöpfung unterscheidet, sondern BR freuen sich auf einen materiellen Kosmos, in dem die darin bestehende Ordnung ohne Unterbrechen aufrechterhalten wird. Gott reut es in 55,1–4 nicht, Menschen erschaffen zu haben, da ihnen als inhärentem Teil der Weltordnung eine bleibende Stellung unter Gottes Ägide zugewiesen worden ist. Die Existenz des Menschensohns vor der Schöpfung aller Himmelskörper (48,3) wird zu einem wesentlichen Bindeglied, das Kontinuität zwischen dem, was am Anfang erschaffen wurde und dem, was in der künftigen Weltordnung erwartet werden darf, herstellt.

5. Schlusswort

Die hier gebotene Skizze des Gottesbildes in BR nimmt eine längere Analyse vorweg. Was sich dabei ergeben hat, liegt jedoch konturenmäßig auf der Hand: Der in BR dargestellte Gott ist weder weit entfernt von der von ihm erschaffenen Welt, noch ist er darin als gegenwärtig inaktiv vorzustellen. Obwohl ihm unendlich viele Gestalten untergeordnet sind und zur Ausführung seines Vorhabens beauftragt werden können, überlässt Gott keiner unter ihnen die Aufgabe, „sein Vorhaben an seiner Stelle“ zu erledigen. Stattdessen bleibt Gottes Tätigkeit in diejenigen Tätigkeiten seiner Beauftragten, ob die der Engel, die der *angeli inter-*

36 Wenn Gott als Sprecher anzunehmen ist, müsste es sich hier um einen Selbsterweis in der 3. Person handeln. Aber selbst wenn Michael an dieser Stelle spräche, referiert das Wort eine Aussage von Gott über Henoch.

pretes, oder sogar die des Erwählten bzw. des Menschensohnes, durchaus integriert. Tatsächlich ist es *Involvierung*, die Gott ausmacht, und die Überlieferung zeigt wenig Interesse daran, bei der manchmal überflüssig häufigen Erwähnung von Titeln Gottes davon abzulenken. Alles was in Richtung Justiz und Heil geschieht, weist Gott als die nachhaltig nahestehende Grundlage für die Weltordnung aus. Er wirkt wie der CEO einer Firma, der ohne Vorstand als Mikromanager, gelegentlich delegierend, weiterhin mit jedem Vorgehen zu tun hat.

Abschließend lässt sich noch etwas zum Menschensohn in BR bemerken. Ihm werden sichtbare Züge (Haar, weiß wie Wolle, Gewand), die mit Gott verbunden werden, nicht zugeschrieben. Seine Gestalt wird nur bei seiner Erstvorstellung mit dem „Aussehen eines Menschen" verglichen, und sein Angesicht „voller Güte wie (das) von einem der heiligen Engel" (46,1). Das verhältnismäßige Zögern der BR, ihn weiter zu beschreiben, bestärkt die Aufgabe, das Porträt Gottes weiter in den Blick zu nehmen und dabei die theologischen Hauptzüge des jüngsten Großteils des 1 Henoch zu erfassen.

Die Vatermetaphorik Jesu. Religionspsychologische Überlegungen zum jesuanischen Gottesbild

Markus Tiwald

1. Die Vater-Anrede Jesu

Will man – wie auf dieser Tagung intendiert – die „Metaphorik biblischer Gottesrede" erheben, dann führt christlicherseits kein Weg an der Rückfrage nach Jesus vorbei. Dabei fällt wahrscheinlich auch weniger bibelaffinen Lesern sofort die Vatermetaphorik Jesu ein, die tatsächlich als prominenteste Gottesanrede Jesu hier untersucht werden soll. Zumeist wird – in der Nachfolge von Joachim Jeremias – angenommen, dass die dreimalige aramäische Gottesprädikation „Abba" im NT (Mk 14,36; Röm 8,15; Gal 4,6) als *ipsissima vox* zu werten ist und damit auf Jesus selbst zurückgeht.[1] Natürlich ist man in rezenter Forschung viel vorsichtiger geworden in der Rückfrage nach dem historischen Jesus und der Erörterung von *ipsissima vox* Aussagen, sodass man mit Christiane Zimmermann urteilen muss:

> Selbst wenn die Logien [sc.: Mk 14,36; Röm 8,15; Gal 4,6] sehr alt und gegebenenfalls authentisch sind, wissen wir nichts über die Präferenzen der Gottesanrede Jesu. Daher erlauben diese Beobachtungen nicht mehr als die Annahme, dass Jesus wahrscheinlich Gott als „Vater" angesprochen hat und dies im Aramäischen vermutlich mit „abba" tat.[2]

Trotz dieser Kautelen erfüllt die Abba-Anrede Jesu die Authentizitätskriterien von Kontextplausibilität und Wirkungsplausibilität.[3] Die *kontextplausible Passgenauigkeit* ist gegeben, da sich die Anrede nahtlos in das damalige Frühjudentum einfügt (wie wir im Folgenden noch sehen werden). Auch das *Kriterium der Wirkungsplausibilität* ist gewährleistet: Die Vater-Anrede Jesu ist im NT gattungsinvariant in Briefliteratur (z. B. Röm 8,15; Gal 4,6), in narrativen Evangelientex-

1 Vgl. dazu den Literaturüberblick und die weiterführenden Überlegungen bei Christiane Zimmermann, Die Namen des Vaters. Studien zu ausgewählten Neutestamentlichen Gottesbezeichnungen (AJEC 69), Berlin/New York 2007, 76–79.

2 Zimmermann, Namen (Anm. 1) 77.

3 Zu den Kriterien einer Rückfrage nach dem historischen Jesus vgl. Gerd Theißen/Dagmar Winter, Die Kriterienfrage in der Jesusforschung. Vom Differenzkriterium zum Plausibilitätskriterium (NTOA 34), Göttingen 1997.

ten (z. B. Mk 14,36; Joh 12,27f.) und in der Logienüberlieferung (z. B. im Vaterunser: Q 11,2 = Mt 6,9 // Lk 11,2) erhalten geblieben. Zusätzlich sind mit diesen Nennungen auch voneinander unabhängige neutestamentliche Traditionsstränge repräsentiert: Paulus – Logienquelle – MkEv – JohEv. Als *wirkungsplausibel tendenzwidrig* ist obendrein zu werten, dass die weitere Überlieferung die noch bei Paulus und Mk belegte nominativische Übersetzung αβ̓βα ὁ πατήρ nicht mehr bietet, sondern einfach den Vokativ πάτερ wählt und damit auch auf das aramäische „Abba" verzichtet (vgl. Mt 26,39; Lk 23,34.46; Joh 12,27f.).[4]

Die These, dass es sich bei „Abba" um ein kleinkindliches Kosewort handelt, ist mittlerweile widerlegt,[5] es handelt sich vielmehr um einen *vokativischen status emphaticus.*[6] Daraus folgt die übereinstimmend bei Mk 14,36; Röm 8,15; Gal 4,6 vorfindbare Übersetzung αββα ὁ πατήρ. Dass hier ὁ πατήρ steht, also der mit dem Artikel versehene Nominativ (erkennbar am Eta) und nicht der Vokativ πάτερ (mit dem für den Vokativ typischen Epsilon; Akzente zur Unterscheidung gab es in den ältesten Manuskripten klarerweise noch nicht), war im Griechisch der LXX und des NT durchaus üblich, „indem sie den determinierten semit. Vok. durch den Nom. mit Artikel wiedergeben".[7] Allerdings scheint die Wiedergabe αββα ὁ πατήρ schon formelhaft verfestigt, wie die übereinstimmende Nennung bei Mk und zweimal bei Paulus verdeutlicht. Für beide Autoren darf man daher einen Rückgriff auf alte palästinische Traditionen annehmen, in denen offensichtlich auch schon die Übersetzung mit ὁ πατήρ inkludiert war. Darüber hinaus darf vermutet werden, dass die vokativische Gottesanrede *Abba* auch hinter Texten wie dem „Vaterunser" steht, bei dem in der Fassung der Logienquelle, wie sie uns in Lk 11,2 erhalten ist – anders als bei Mt 6,9 –, wahrscheinlich nur

---

4 Vgl. Zimmermann, Namen (Anm. 1) 77: „Auch dies kann als ein Hinweis darauf verstanden werden, dass sich in der αββα-Anrede Erinnerung an den jesuanischen Gebrauch widergespiegelt, der von der Urgemeinde überliefert wurde, in den griechisch sprechenden Gemeinden mit ὁ πατήρ übersetzt wurde und mit der Institutionalisierung der Anrede in der späteren Tradition mit dem einfachen Vokativ wiedergegeben wurde."

5 Vgl. dazu Ursula Schattner-Rieser, Das Aramäische zur Zeit Jesu. „ABBA!" und das Vaterunser. Reflexionen zur Muttersprache Jesu anhand der Texte von Qumran und der frühen Targumim, in: Jörg Frey/Enno Edzard Popkes (Hg.), Jesus, Paulus und die Texte von Qumran (WUNT 2,390), Tübingen 2015, 81–144: 103–106. Joachim Jeremias wollte das aramäische „Abba" als Diminutivform aus der Kindersprache verstanden wissen, ein Lallwort, mit dem ein kleines Kind seinen Vater als „Papa" oder „Väterchen" anredet, hat sich aber später selber von dieser These (zumindest partiell) distanziert, vgl. Joachim Jeremias, Abba. Studien zur neutestamentlichen Theologie und Zeitgeschichte, Göttingen 1966, 63f.

6 Vgl. Matthias Konradt, Das Evangelium nach Matthäus (NTD 1), Göttingen 2015, 105.

7 Friedrich Blass/Albert Debrunner/Friedrich Rehkopf, Grammatik des neutestamentlichen Griechisch, Göttingen [17]1990, § 147,2.

das reine πάτερ „Vater" und noch nicht das matthäische πάτερ ἡμῶν „Vater unser" gestanden hat.[8] Auch ansonsten ist die in diesem Punkt noch sehr ursprüngliche Logienquelle ein guter Zeuge für den Gebrauch der Vatermetaphorik durch Jesus:[9]

> Mt 5,44f.48 (// Lk 6,27 [hier ohne Nennung des Vaters]; 6,36)
> [44] Ich aber sage euch: Liebt eure Feinde und betet für die, die euch verfolgen, [45] damit ihr Kinder eures Vaters im Himmel werdet; denn er lässt seine Sonne aufgehen über Bösen und Guten und er lässt regnen über Gerechte und Ungerechte. [...] [48] Seid also vollkommen, wie euer himmlischer Vater vollkommen ist!
>
> Lk 11,13 (// Mt 7,11)
> [13] Wenn nun ihr, die ihr böse seid, euren Kindern gute Gaben zu geben wisst, wie viel mehr wird der Vater im Himmel den Heiligen Geist denen geben, die ihn bitten.
>
> Mt 10,29 (// Lk 12,6 [allerdings ohne Vater])
> [29] Verkauft man nicht zwei Spatzen für einen Pfennig? Und doch fällt keiner von ihnen zur Erde ohne den Willen eures Vaters.
>
> Lk 12,29f. (// Mt 6,32)
> [29] [...] Sucht nicht, was ihr essen und was ihr trinken sollt, und ängstigt euch nicht! [30] Denn nach all dem streben die Heiden in der Welt. Euer Vater weiß, dass ihr das braucht.

Präsent ist die Vatermetaphorik der Logienquelle auch im sogenannten *eschatologischen Jubelruf Jesu:*

> Lk 10,21f. (// Mt 11,25f.)
> [21] In dieser Stunde rief Jesus, vom Heiligen Geist erfüllt, voll Freude aus: Ich preise dich, Vater, Herr des Himmels und der Erde, weil du das vor den Weisen und Klugen verborgen und es den Unmündigen offenbart hast. Ja, Vater, so hat es dir gefallen. [22] Alles ist mir von meinem Vater übergeben worden; niemand erkennt, wer der Sohn ist, nur der Vater, und niemand erkennt, wer der Vater ist, nur der Sohn und der, dem es der Sohn offenbaren will.

Der Text reflektiert bereits frühe Gemeindetheologie, die sich hier – ansonsten für die Logienquelle ungewöhnlich – zu den Höhen johanneischer Christologie aufschwingt:[10] Der Sohnestitel wird bereits absolut gesetzt („*der* Sohn") und damit die Exklusivität der einzigartigen Vater-Sohn-Beziehung Jesu zu Gott verdeutlicht. Dass allerdings „die ‚Sohn-Gottes'-Metapher nicht nur bei Paulus, sondern auch in den Christologien der vier Evangelien schon sehr zeitig einen hervorragenden Platz erlangt hat, um im Verlauf der Theologiegeschichte zum

---

8 Vgl. Markus Tiwald, Kommentar zur Logienquelle, Stuttgart 2019, 97.

9 Vgl. ebd., 95f.

10 Vgl. ebd., 93f. Passend dazu das schon aus dem 19. Jh. stammende Wort von Karl von Hase, Geschichte Jesu. Nach akademischen Vorlesungen, Leipzig 1876, 422, dieses Wort mache „den Eindruck wie ein Aerolith [sc.: veraltet für Meteorit] aus dem johanneischen Himmel gefallen" zu sein. Im Gegensatz dazu will Eckhard Rau, Unser Vater im Himmel. Eine These zur Metaphorik der Rede von Gott in der Logienquelle, NT 53,3 (2011) 222–243, in diesem Wort doch ursprünglich-jesuanisches Gedankengut erkennen.

maßgeblichen Christusprädikat zu avancieren",[11] war wohl nur möglich, weil die Sohn-Metaphorik bereits in der jesuanischen Vatermetaphorik für Gott grundgelegt war. Wahrscheinlich hat der historische Jesus – anders als von Joachim Jeremias und zuletzt auch noch von Gerd Theißen vermutet[12] – noch nicht zwischen seiner eigenen Vateranrede („mein Vater") und jener der Jünger unterschieden („euer Vater"). Dieses ist zwar bereits bei Joh 20,17 der Fall (vgl. ebenso Mk 11,25parr; Mt 23,9; Lk 22,29; 24,49; Joh 15,15; u. ö.), aber das Vaterunser-Gebet Jesu weiß von einer solchen Trennung noch nichts (obendrein stand in Q wohl auch nur die Anrede mit „Vater" ohne „unser", doch auch die Anrede „unser Vater" in Mt 6,9 ist inklusiv). Allerdings beginnt diese christologische Unterscheidung bereits in der Logienquelle – am prominentesten im Jubelruf Jesu (Text s. o.). Das noch später anzusetzende Johannesevangelium hat ebenfalls die vokativische Vateranrede Jesu erhalten (z. B.: Joh 11,41; 12,27f.; 17,1.5.11.21.24f.) – auch hier im Kontext christologischer Ausgestaltung, wie etwa im sogenannten „hohepriesterlichen Gebet" Jesu (17,1.5.11.21.24f.).

2. Frühjüdische Kontextuierung

Die Vater-Anrede für Gott ist für das damalige Frühjudentum absolut kontextplausibel und weit bezeugt. Als Beispiele aus jüdischer Bibel und Frühjudentum könnte man nennen: Jes 63,16; 64,7; Ps 89,27; Mal 2,10; Sir 23,1.4; Weish 2,16; Tob 13,4; 3Makk 6,3.8; Apocr.Ezek. Frg. 3; 4Q372 Frg. 1 16; 4Q460 Frg 5 1,5 (um nur einige zu nennen).[13] In erster Linie ist also nicht so sehr bemerkenswert, dass Jesus diese Vatermetaphorik für seine Gottesanrede nützt, sondern:

---

11 Michael Theobald, „Sohn Gottes" als christologische Grundmetapher bei Paulus, in: ders. (Hg.), Studien zum Römerbrief (WUNT 136), Tübingen 2003, 119–141: 140. Eine weitere Schiene, auf der sich die Sohn Gottes Metaphorik für Jesus entwickeln konnte, ist freilich auch die traditionsgeschichtlich enge Verbindung von Messias/Christus und der Titulierung als „Sohn Gottes". Beide Aspekte schließen sich allerdings nicht aus.

12 Vgl. Jeremias, Abba (Anm. 5) 64: „Das zeigt schon die Feststellung, daß Jesus sich nie mit einem ‚unser Vater' mit den Jüngern zusammenfaßt, wenn er betet, wie er ja auch in seinen Worten zwischen ‚mein Vater' und ‚eurem Vater' unterscheidet." Auch Gerd Theißen/Anette Merz, Der historische Jesus. Ein Lehrbuch, Göttingen ²1997, 458, wollen diese Unterscheidung schon beim historischen Jesus verorten. Auf einer ähnlichen Linie auch Rau, Vater (Anm. 10) 222–243, mit Blick auf die Logienquelle.

13 Vgl. Schattner-Rieser, Das Aramäische zur Zeit Jesu (Anm. 5) 100; Angelika Strotmann, Mein Vater bist du! (Sir 51,10). Zur Bedeutung der Vaterschaft Gottes in kanonischen und nichtkanonischen frühjüdischen Schriften (FTS 39), Frankfurt a. M. 1991, 24–379 (bes. 362); Georg Schelbert, ABBA Vater. Der literarische Befund vom Altaramäischen bis zu den späten Midrasch- und Haggada-Werken in Auseinandersetzung mit den Thesen von Joachim Jeremias (NTOA/StUNT 81), Göttingen 2011, 41–52; Zimmermann, Namen (Anm.

1. wie er sie nützt und
2. dass eine andere im Frühjudentum weit verbreitete Gottesmetaphorik – nämlich die Anrede Gottes als König – im Munde Jesu fehlt.

2.1 *Das Proprium der Vateranrede Jesu*

Wenn man ein Proprium in der Vateranrede Jesu erörtern möchte, dann liegt dieses – wie bereits zuvor erläutert – nicht darin, dass bereits der historische Jesus zwischen seiner eigenen Vateranrede („mein Vater") und jener der Jünger („euer Vater") unterschieden hätte. Auch kann ein solches Proprium nicht in *kontext-unableitbarer* Positionierung *gegen* das Judentum, sondern nur als *kontext-plausible* Profilierung *innerhalb* des Frühjudentums gefunden werden. Die lange Zeit wirkmächtige Deutung der Abba-Anrede durch Joachim Jeremias, der zur Folgerung kam, dass die Abba-Anrede Jesu „etwas Neues und Unerhörtes" gewesen sei, in der das einzigartige und exklusive Sohnesbewusstsein Jesu seinem Gott gegenüber zum Ausdruck käme, ist endgültig obsolet![14] Allerdings fällt auf, dass folgende Aspekte – die allesamt auch schon im Frühjudentum präsent waren[15] – bei Jesus besonders hervortreten:

1. die *Schöpfungstheologie*,[16] die mit der Vatermetaphorik für Gott verbunden ist, und
2. *die Konstituierung einer endzeitlichen* familia Dei *als eschatologische Kontrastgesellschaft*.

Der liebende Vater im Himmel wird von Jesus als sorgender Schöpfergott angesehen, der – wir haben es in den Textbeispielen zuvor gesehen – seine Sonne aufgehen lässt über Bösen und Guten und es regnen lässt über Gerechte und Ungerechte (Mt 5,45), der all seinen Kindern gute Gaben gibt (Lk 11,13 // Mt 7,11), und der so für seine Schöpfung sorgt, sodass kein einziger Spatz ohne seinen

1) 48–64. Zu den Qumrantexten (neben den Ausführungen bei Strotmann) vgl. Lutz Doering, God as Father in the Dead Sea Scrolls, in: Felix Albrecht/Reinhard Feldmeier (Hg.), The Divine Father. Religious and Philosophical Concepts of Divine Parenthood in Antiquity (Themes in Biblical Narrative 18), Leiden 2014, 107–135. Zum NT vgl. Zimmermann, Namen (Anm. 1) 74–167.

14 So Jeremias, Abba (Anm. 5) 63f.

15 Im Frühjudentum ist nach Strotmann, Vater (Anm. 13) 360, in der Vateranrede enthalten: „Erziehung, Erbarmen, Vergebung, Treue, Verläßlichkeit, Fürsorge, Verantwortung, Liebe, Güte, Freude, Zuwendung, Nähe, Schutz, Hilfe, Rettung, machtvolles Eingreifen zugunsten der Menschen, absolute Schöpfermacht, Anteilgabe an Gottes Macht, Herrlichkeit und Erkenntnis."

16 Zum frühjüdischen Konnex von Schöpfungstheologie und Vaterschaft Gottes vgl. Strotmann, Vater (Anm. 13) 360f. und 365–367. Laut Strotmann, Vater (Anm. 13) 366, verbindet besonders die griechische *Vita Adae et Evae* „die Vaterschaft Gottes neben dem Aspekt der Schöpfermacht also besonders mit den Konnotationen Fürsorge und Verantwortung, Erbarmen und Verzeihung".

Willen zur Erde fällt (Mt 10,29 // Lk 12,6, allerdings ohne „Vater"). Daher auch brauchen wir uns nicht zu sorgen, was wir essen oder trinken sollen, denn „Euer Vater weiß, dass ihr das braucht" (Lk 12,30 // Mt 6,32). – Als ausgebildeter Psychotherapeut[17] staune ich immer wieder, dass der himmlische Abba Jesu alles das perfekt erfüllt, was nach dem heutigen *state of the art* der Psychotherapie von einem perfekten Vater geleistet werden müsste:

- Der Vater hilft zur Selbstannahme, auch wenn ein Kind schuldig geworden ist.
- Er liebt alle seine Kinder gleich – auch die weniger braven! – und ist nicht parteiisch in seiner Gunstzuwendung.
- Er vermittelt Halt und Sicherheit – wie ein Fels in der Brandung: Kein Spatz fällt ohne sein Zutun zur Erde, alle elementaren Bedürfnisse sind liebevoll und fürsorglich abgedeckt, sodass sich das Urvertrauen des Kindes optimal entwickeln kann.

Diese Punkte passen sehr gut mit der endzeitlichen Konstituierung der *familia Dei* zusammen. In apokalyptisch orientierten Kreisen des Frühjudentums wurde erwartet, dass in den kataklystischen Wirren der Endzeit sämtliche irdischen Familienbande zerbrechen würden:[18] So etwa heißt es im Jubiläenbuch und im 1. Henochbuch:

> Jub 23: [19] Und sie werden kämpfen, diese mit jenen, Jünglinge mit Greisen, und Greise mit Jünglingen, der Arme mit dem Reichen und der Niedrige mit dem Großen und der Arme mit dem Herrscher wegen des Gesetzes und wegen des Bundes, denn sie haben das Gebot und den Bund vergessen und Fest und Monat und Sabbat und Jubiläum und alles Recht.
>
> 1 Hen 99: [5] Und in jenen Tagen werden die, die in (Gebär)Nöten sind, gehen und ihre Kinder (heraus)reißen und sie von sich stoßen; ihre Kinder gehen ihnen (als Fehlgeburt) ab und während sie an der Brust trinken werden, stoßen sie ihre Kinder von sich, und sie werden sich nicht zu ihnen zurückwenden und sich ihrer Lieben nicht erbarmen.
>
> 1 Hen 100: [2] Denn ein Mann wird seine Hand nicht von seinen Söhnen und von dem Sohn seiner Söhne zurückhalten, ihn zu töten, und der Sünder hält seine Hand nicht von seinem geachteten Bruder zurück: Vom Morgengrauen bis zum Sonnenuntergang morden sie sich.

In frühjüdischer Apokalyptik erfüllen diese Muster die Aufgabe, die Massivität des Zerbrechens aller irdischer Strukturen in den eschatologischen Wirren drastisch anzudemonstrieren. Nicht nur auf der *Makroebene* werden Kriege und universale Grausamkeiten die bisherige Ordnung zerrütten (vgl. die Kriegsrolle von Qumran; ApcBar(syr) 27,5; Sib III, 796–799; Mk 13,8–32parr; Offb 13 – 16), son-

17 Ich bin Psychotherapeut und Existenzanalytiker in der österreichischen Gesellschaft für Logotherapie und Existenzanalyse: https://existenzanalyse.at/.

18 Zur *familia Dei* in der Endzeit vgl. Markus Tiwald, Das Frühjudentum und die Anfänge des Christentums. Ein Studienbuch (BWANT 208), Stuttgart 2016, 279f., und ders., Kommentar zur Logienquelle (Anm. 8) 202f. Siehe weiters: Theißen/Merz, Jesus (Anm. 12) 202; Christoph Heil, Die Rezeption von Micha 7,6 LXX in Q und Lukas, ZNW 87 (1996) 211–222.

dern auch auf der *Mikroebene* der eigenen Familie wird diese Auflösung aller bisher tragenden Strukturen fühlbar sein. Auch bei Jesus ist ein *a-familiäres Ethos* konstatierbar: „Lass die Toten ihre Toten begraben" (Q: Mt 8,22 // Lk 9,60).

Weiters:

> Denkt nicht, ich sei gekommen, um Frieden auf die Erde zu bringen! Ich bin nicht gekommen, um Frieden zu bringen, sondern das Schwert. Denn ich bin gekommen, um den Sohn mit seinem Vater zu entzweien und die Tochter mit ihrer Mutter und die Schwiegertochter mit ihrer Schwiegermutter; und die Hausgenossen eines Menschen werden seine Feinde sein. Wer Vater oder Mutter mehr liebt als mich, ist meiner nicht wert, und wer Sohn oder Tochter mehr liebt als mich, ist meiner nicht wert (Q: Mt 10,34–36 // Lk 12,51.53; 14,26).

Allerdings stellt Jesus den *irdischen Familienbanden* nun die neue *familia Dei* gegenüber: Der Schöpfergott ist ein liebender Vater, der in der Endzeit die heile protologische Weltenordnung wiederherstellen wird – deswegen sollen auch seine Kinder einander lieben, wenn sie Kinder des gemeinsamen himmlischen Vaters sein wollen (Q: Mt 5,45.48 // Lk 6,36). Ganz auf dieser Linie liegen auch Traditionen, die keine Parallele in Q finden:

> Mk 3,21.31–35: Die Verwandten wollen Jesus mit Gewalt zurückholen, doch Jesus antwortet: „Wer ist meine Mutter und wer sind meine Brüder?" Und er blickte auf die Menschen, die im Kreis um ihn herumsaßen, und sagte: „Das hier sind meine Mutter und meine Brüder. Wer den Willen Gottes tut, der ist für mich Bruder und Schwester und Mutter." – Bemerkenswerter Weise fehlt hier der Vater, denn dieser ist der himmlische Vater, der alle Menschen als „Bruder und Schwester und Mutter" um sich sammelt.
>
> Mk 6,4: „Nirgends ist ein Prophet ohne Ansehen außer in seiner Heimat, bei seinen Verwandten und in seiner Familie."
>
> Mk 10,29f.: „Jeder, der um meinetwillen und um des Evangeliums willen Haus oder Brüder, Schwestern, Mutter, Vater, Kinder oder Äcker verlassen hat, wird das Hundertfache dafür empfangen. Jetzt in dieser Zeit wird er Häuser und Brüder, Schwestern und Mütter, Kinder und Äcker erhalten [...]" – Auch hier wird der verlassene Vater nicht ersetzt (so wie „Häuser und Brüder, Schwestern und Mütter, Kinder und Äcker"), da es ohnehin den himmlischen Vater gibt.
>
> Im lk Sondergut Lk 2,48–50, antwortet der Jesusknabe, der im Tempel zurückgeblieben ist auf die besorgte Frage der Mutter „Kind, warum hast du uns das angetan?" mit „Warum habt ihr mich gesucht? Wusstet ihr nicht, dass ich in dem sein muss, was meinem Vater gehört?"
>
> Joh 2,4, die schroffe Antwort an die Mutter bei der Hochzeit von Kana: „Was willst du von mir, Frau? Meine Stunde ist noch nicht gekommen."
>
> Ähnliche Traditionen sind auch im ThomEv 15; 16; 55 vorfindbar.

In all diesen Stellen wird die Ablöse der *irdischen Familienbande* durch die Eingebundenheit in die *familia Dei* verdeutlicht. Das apokalyptische Muster vom Zerbrechen der Familienbande dient bei Jesus allerdings *weniger als kataklystische Ausmalung endzeitlicher Atrozitäten*, sondern fungiert als hoffnungsspendender

Impuls, dass Gott als Vater alles zum Guten wenden wird und alles, was an irdischer Gebrochenheit einem Menschen widerfahren kann, durch eine je noch tiefere Geborgenheit heilen wird.

Mit diesem Muster steht in enger Verbindung, dass man im Frühjudentum für die Endzeit die *prälapsarische Restitution der verlorenen paradiesischen Unversehrtheit der Menschheit* erwartete.[19] Diese *Urzeit-Endzeit Analogie* ist für das Frühjudentum reichlich belegt, die Eschatologie wird von der Protologie her gedeutet.[20] Für Jesus restituiert Gott als liebender Schöpfervater, was die Menschheit durch den Sündenfall verloren hat: die protologische Reinheit und paradiesische Gutheit der Welt (vgl. Gen 1,10.12.18 etc.). Der von Jesus bereits als präsentisch angenommene Anbruch der Königsherrschaft Gottes lässt diese Dynamik bereits gegenwärtig erscheinen: Die schon gegenwärtig wirkende Herrschaft Gottes verdrängt proaktiv alles Leid, alle Unreinheit und alle Sünde. Daher kann man bei Jesus auch von einem Konzept der „offensiven Reinheit" und „inklusiven Heiligkeit"[21] sprechen: Nicht die Unreinheit steckt an, sondern die Reinheit der

19 Vgl. Tiwald, Kommentar zur Logienquelle (Anm. 8) 181f. Dass es sich bei dieser restitutio auch um eine re-creatio – im Sinne einer „neuen Schöpfung" – handelt, ist in der metaphorischen Fluidität der Bilder zur Endzeiterwartung inkludiert. So betonen 2 Kor 5,17; Gal 5,15; Röm 4,17 stärker diesen Aspekt.

20 Vgl. Lutz Doering, Sabbath Laws in the New Testament Gospels, in: Reimund Bieringer u. a. (Hg.), The New Testament and Rabbinic Literature (JSJ.S 136), Leiden/Boston 2010, 207–253: 217; ders., Much Ado about Nothing? Jesus' Sabbath Healing and their Halakhic Implications Revisited, in: ders./Hans-Günther Waubke/Florian Wilk (Hg.), Judaistik und neutestamentliche Wissenschaft. Standorte – Grenzen – Beziehungen (FRLANT 226), Göttingen 2008, 217–241: 240; Jürgen Becker, Jesus von Nazaret, Berlin 1996, 155–168; Udo Schnelle, Jesus, ein Jude aus Galiläa, BZ 32 (1988) 107–113: 109f.; Bernhard Kollmann, Jesus und die Christen als Wundertäter. Studien zu Magie, Medizin und Schamanismus in Antike und Christentum (FRLANT 170), Göttingen 1996, 251–254; Karl-Wilhelm Niebuhr, Jesus, Paulus und die Pharisäer. Beobachtungen zu ihren historischen Zusammenhängen, zum Toraverständnis und zur Anthropologie, RCaT 34,2 (2009) 317–346: 330–334.

21 Gerd Theißen, Das Reinheitslogion Mk 7,15 und die Trennung von Juden und Christen, in: Klaus Wengst/Gerhard Saß (Hg.), Ja und nein. Christliche Theologie im Angesicht Israels (FS Wolfgang Schrage), Neukirchen-Vluyn 1998, 235–251: 242. Vgl. auch Theißen/Merz, Jesus (Anm. 12) 380: „[...] ‚offensive Reinheit' und ‚inklusive Heiligkeit', die den Kontakt mit dem Unheiligen nicht scheut [...]". Diese Konzeption geht zurück auf Klaus Berger, Jesus als Pharisäer und frühe Christen als Pharisäer, NT 30 (1988) 231–262: 238–248. Ebenso Friedrich Avemarie, Jesus and Purity, in: Reimund Bieringer u. a. (Hg.), The New Testament and Rabbinic Literature, (JSJ.S 136), Leiden/Boston 2010, 255–279: 276 und 279, der von „dynamic purity" genau in diesem Sinne spricht. In ähnlicher Weise hat sich auch Jodi Magness, "They Shall See the Glory of the Lord" (Isa 35:2): Eschatological Purity at Qumran and in Jesus' Movement, in: Markus Tiwald (Hg.), Q in Context II. Social Setting and Archeological Background of the Sayings Source (BBB 173), Bonn 2015, 179–193: 190, dazu geäußert, wenn sie Jesu Verständnis von ritueller Reinheit als „inclusive and proactive" bezeichnet. „Actually, Jesus' exorcisms and healings as well as his emphasis on moral or ethical behavior should be understood within the context of biblical purity laws" (ebd., 180). Denn: „Jesus' exorcisms and healings, as well as his exhortations to behave morally and ethically, reflect his concern with the observance of biblical law, as absolute

anbrechenden Königsherrschaft Gottes durchdringt alles,[22] wie ein kleines Stück Sauerteig das ganze Mehl durchsäuert (Q: Mt 13,33 // Lk 13,21). Daher sieht sich Jesus als Beauftragter der *basileia* auch bevollmächtigt, dieses proaktive Heil Gottes den Menschen zeichenhaft zuzuwenden in seinen emblematischen Sündenvergebungen, Krankenheilungen, Dämonenaustreibungen und Festmählern.[23] Hinter alledem aber steht die Grunderfahrung, dass Gott ein liebender Schöpfervater ist, der trägt, erhält, birgt und verzeiht. Wie in einem Brennglas ist diese heilvolle Gotteserfahrung im Vaterunser-Gebet Jesu verdichtet, das damit zu Recht als Inbegriff jesuanischer Gottesbeziehung bezeichnet werden kann.[24]

Will man also nach einem Proprium der jesuanischen Gottesbeziehung suchen, so erschließt sich dieses *nicht in einer Jesus gegen das Judentum profilierenden Exklusivität*, sondern vielmehr darin, Jesus *innerhalb seiner frühjüdischen Gotteserfahrungen zu verstehen und dabei die besondere Akzentuierung dieser Gottesbeziehung herauszustellen*. Dieses Proprium kontextplausibler Individualität besteht – wie wir gerade gesehen haben – in einer besonders innigen und vertrauensvollen Vaterbeziehung, die Jesus zu seinem himmlischen Abba unterhält. Auch wenn die Abba-Anrede Jesu nicht aus dem Kontext des Frühjudentums hinausfällt (gegen Joachim Jeremias) und auch nichts Exklusives enthält (gegen Gerd Theißen), so schwingt in ihr doch ein exemplarisches Gottvertrauen mit und eine beispielhafte „Intimität" (auch wenn Abba natürlich nicht der Kleinkindersprache entlehnt ist!). So könnte man mit Ursula Schattner-Rieser urteilen:

> Diese Anrufung des Vaters [sc. durch Jesus] war offenbar der frühen Gemeinde so eindrücklich, dass sie selbst Paulus gegenüber seinen griechischsprachigen Adressaten in Galatien und Rom als Fremdwort gebrauchte und als vertraut voraussetzen konnte (Gal 4,6; Röm 8,15).[25]

Bemerkenswert ist in diesem Kontext auch, dass Jesus andere im Frühjudentum verbreitete Gottesprädikate *nicht* verwendet. „Bis auf das Psalmenzitat Mk 15,34 ist ‚Vater' die von Jesus benutzte Anrede Gottes in allen Gebetestexten der Evangelien."[26] Besonders auffällig ist, dass der historische Jesus Gott wohl nie als „König" titulierte, obwohl dies von seiner Erwartung der anbrechenden *Königs*herrschaft Gottes naheliegend wäre.[27] In anderen frühjüdischen Schriften ist meist

---

purity and perfection were prerequisites for the establishment of the kingdom of God." (ebd., 193)

22 Vgl. auch Magness, Glory (Anm. 21) 181: „I suggest that Jesus' exorcisms and healings were not intended merely as apocalyptic signs, but were performed by Jesus and his disciples as God's agents to effect the entry of the diseased and disabled into the kingdom of God."

23 Vgl. dazu Markus Tiwald, „Blickt auf die Vögel des Himmels" – Die unverschämte Freiheit der Kinder Gottes, Bibel heute 195,3 (2013) 7–9.

24 Vgl. dazu Tiwald, Kommentar zur Logienquelle (Anm. 8) 97–101.

25 Schattner-Rieser, Das Aramäische zur Zeit Jesu (Anm. 5) 94.

26 Zimmermann, Namen (Anm. 1) 77.

27 Vgl. dazu Theißen/Merz, Jesus (Anm. 12) 250: „Jesus spricht nie von Gott als ‚König'. Die wenigen Ausnahmen sind sekundär: Mt 5,35 ist Sondergut und sekundäre Ausweitung der Antithese zum Schwören. Das Gleichnis Mt 22,1ff hat in Lk 14,16ff eine Parallele, in der

eine gemeinsame Nennung von Königtum und Königstitulation Gottes gegeben, z. B. in AssMos 4,2; 10,1; PsSal 17,1.3; 1QM 12,7f.; TestXII.Ben 9,1; 10,7; Sib III, 46,55; Weish 3,8; 6,4. Mit Theißen/Merz könnte man schließen:

> Gottes Wesen wird für Jesus in seinem Vatersein als Güte zum Ausdruck gebracht. Als Vater aber wird er zur Macht kommen. „Macht" ist bei Jesus kein Selbstwert, sie dient dazu, Gottes Güte universal zum Durchbruch kommen zu lassen.[28]

3. Religionspsychologische Überlegungen zur Vatermetaphorik Jesu

Wenn man sich als Exeget auf das Glatteis religionspsychologischer Überlegungen begibt, so ist dies ein Wagnis – allzu schnell könnte der Vorwurf von „Psychologelei" im Raum stehen. Auch wenn solche Überlegungen stets unter dem Vorbehalt unserer begrenzten Quellen und nur spekulativ erfolgen können, sind solche Vermutungen doch – bei aller Vorsicht – Teil historischer Verstehensmöglichkeiten, die nicht aus falscher Angst ungenutzt bleiben sollten. Alle weiteren Ausführungen hier verstehen sich somit als Spielbälle einer möglichen Verortung der Vatermetaphorik Jesu, die – wenn auch spekulativ – doch eine interessante Kontextualisierung bieten können. Somit sollen die folgenden Überlegungen als kreatives Querlesen unserer Quellen verstanden werden.

3.1 *Maria – eine alleinerziehende Mutter?*

Es fällt auf, dass Josef, der Vater Jesu, nur in Zusammenhang mit der Kindheit Jesu im MtEv und LkEv Erwähnung findet (Mt 1 – 2; Lk 1 – 3). Bei Mk und in Apg fehlt er ganz und wird bei Joh nur indirekt in Formulierungen wie „[Jesus] der Sohn Josefs" (Joh 1,45; 6,42) genannt. Sein Fehlen ist besonders verstörend in Mk 3,21.31–35, wo „die Mutter Jesu und seine Brüder" erwähnt werden beim Versuch, Jesus mit Gewalt nach Hause zu bringen (κρατῆσαι αὐτόν). Menschlich gesehen ist dieser Reflex gut verständlich – Jesu Verwandte haben wohl schon

---

nicht von einem ‚König ' die Rede ist. Zwei weitere Belege sind mt Sondergut: 18,23ff; 25,34ff. Jesus spricht in der Regel nur vom ‚Königtum' Gottes." Weiters zu nennen wären an Belegen in den Evangelien: Lk 19,12–27 trägt in der Nennung des Königs allegorische Züge (wohl mit Bezug auf den Tetrarchen Archelaos, vgl. Tiwald, Kommentar zur Logienquelle [Anm. 8] 171) und meint – zumindest bei Lk – Jesus und nicht mehr Gott-Vater. Weiters: Joh 12,13 ist nicht im Munde Jesu. Ansonsten wird in neutestamentlicher Theologie bereits Jesus selbst als König betitelt, etwa Mk 15,2parr; Joh 1,49 und 18,33 u. ö.

28 Theißen/Merz, Jesus (Anm. 12) 250.

bald geahnt, dass dessen Handeln leicht in den Tod führen konnte: Herodes Antipas ließ Johannes den Täufer hinrichten, und die Römer in Judäa waren dafür bekannt, mit Zeichenpropheten kurzen Prozess zu machen.[29] Dass bei dieser „Rückholaktion“ allerdings nicht Josef, wohl aber „die Mutter Jesu und seine Brüder“ genannt werden, verwundert, da dies in einer patriarchalen Gesellschaft die Aufgabe des Vaters gewesen wäre. Ein ähnliches Fehlen Josefs sticht in Apg 1,14 ins Auge. Dort wird die Jerusalemer Urgemeinde gezeichnet, bestehend aus dem Elferkreis „mit Maria, der Mutter Jesu, und mit seinen Brüdern“. Eine Bestätigung dafür, dass zumindest der Herrenbruder Jakobus (der in der Liste Mk 6,2 als erster der „Brüder Jesu“ genannt wird) nach der Auferstehung wirklich in Jerusalem war, findet sich bei Paulus in Gal 1,19 und 2,9. Dieser hat nach Weggang des Petrus aus Jerusalem die Leitung der dortigen Gemeinde übernommen (so Apg 12,17, indirekt bestätigt durch Gal 2,9, wo Jakobus an erster Stelle genannt wird). Dass nach dem Tod des Vaters der älteste verbliebene männliche Blutsverwandte die Aufgabe hatte, sich um die Mutter zu kümmern, ist in patriarchalischen Gesellschaften üblich.[30] Ein ähnliches Szenario ergibt sich auch aus Joh 19,25–27, wo die Mutter Jesu *ohne Josef* unter dem Kreuz gezeichnet und dann dem „Jünger, den Jesus liebte“ anvertraut wird. Auch wenn die Historizität dieser Szene zu Recht bezweifelt wird, geht doch auch der vierte Evangelist davon aus, dass Josef bei der Kreuzigung Jesu nicht an der Seite Mariens war und nach dem Tod Jesu auch nicht als Versorger der Mutter Jesu in Frage kam. Josef fehlt im Übrigen auch schon bei der Hochzeit von Kana in Joh 2,1, obwohl Joh 1,45 Jesus als Sohn Josefs bezeichnet. Aus den übereinstimmenden Notizen dieser unterschiedlichen Quellen könnte man schließen, dass Josef spätestens zur Zeit der bei Mk berichteten „Rückholaktion“ wahrscheinlich nicht mehr lebte. Das ist nicht weiter verwunderlich: Nach Lk 3,23 war Jesus damals „etwa dreißig Jahre alt“. Die Lebenserwartung eines τέκτων (als der Josef nach Mt 13,55 bezeichnet wird, wahrscheinlich ist damit ein einfacher Wanderarbeiter[31] gemeint) war damals relativ kurz (wie z. B. die Episode in Lk 13,4 von den

29 Vgl. dazu Tiwald, Frühjudentum (Anm. 18) 250. Flavius Josephus nennt Theudas (Ant. 20,97, vgl. Apg 5,36f.), einen samaritanischen Propheten (Ant. 18,85–87), den „Ägypter“ (Ant. 20,169–172//B.J. 2,262f.), Jesus ben Ananias (B.J. 6,300–309) und etliche andere (Ant. 20,167).

30 Interessant dazu sind die Überlegungen von Martin Ebner, Jesus von Nazaret. Was wir von ihm wissen können, Stuttgart, 2007, der unterstreicht, dass Jesus nach seiner Taufe durch Johannes „den Pflichten gegenüber seinen Eltern und seinem Clan nicht mehr nachkam [...]“ (102; vgl. auch 124–126). Wenn Josef damals wirklich nicht mehr lebte, wäre dies für den Rest der Familie umso folgenreicher gewesen und könnte auch die „Rückholaktion“ noch einmal anders erklären.

31 Vgl. dazu die ausführliche Untersuchung bei Marco Frenschkowski, Itinerant Charismatics and Travelling Artisans – Was Jesus’ Travelling Lifestyle Induced by His Artisan Background?, in: Markus Tiwald (Hg.), The Q Hypothesis Unveiled. Theological, Sociological, and Hermeneutical Issues behind the Sayings Source (BWANT 225), Stuttgart 2020, 191–222.

achtzehn Erschlagenen beim Einsturz des Turms von Schiloach verdeutlicht). Das Fehlen Josefs in den genannten Texten lässt sich am besten mit dessen Tod erklären. Auch wenn wir nicht wissen, wann Josef seiner Familie abhandengekommen ist, so bleibt es doch eine interessante Vermutung, dass Jesus aufgrund des Fehlens eines irdischen Vaters sein Gottesbild vom himmlischen Vater so prononciert entfalten konnte.[32]

3.2 Religion als Substitution fehlender psychischer Ressourcen

In der modernen Psychotherapie hat sich ein Wandel in der Wahrnehmung von Religion ereignet. Wurde Religion noch bei Sigmund Freud als „universelle Zwangsneurose" interpretiert (ganz in Weiterführung der Religionskritik des 19. Jahrhunderts),[33] ist man heute geneigt, Religion vermehrt als eine den Menschen stärkende Ressource wahrzunehmen, die fehlende psychische Erfahrungen kompensiert. Dabei wird von Seiten der Psychotherapie keine Wertung über den Wahrheitsgehalt der Religion vorgenommen, sondern nur konstatiert, ob Religion dem Klienten als Stütze dient. Gerade in Situationen von traumatischen Erfahrungen – wie etwa dem Verlust des Vaters oder der familiären Geborgenheit – vermag Religion zu substituieren, was die Lebensrealität nicht bereitzustellen vermag. Dabei dient Religion keineswegs nur als eine „Plombe" für Löcher in der Psyche, sondern als eine kreative Möglichkeit, aktiv mit Defiziten umzugehen. Anders noch hatte allerdings Karl Marx Religion als eine illusorische Vertröstung kritisiert:[34]

---

32 In der Monographie von Andries G. van Aarde, Fatherless in Galilee. Jesus as Child of God, Harrisburg 2001, werden ähnliche Überlegungen angestellt. Allerdings geht van Aarde davon aus, dass Josef eine rein legendarische Figur gewesen sei, die nach Jesu Tod erfunden wurde, um Jesu illegitime Geburt zu verschleiern. Für solch eine Deutung fehlen in Quellen allerdings überzeugende Hinweise, da Josef in unterschiedlichen Traditionen als Vater Jesu bezeichnet wird und an seiner Historizität damit kaum zu zweifeln ist.

33 Vgl. Sigmund Freud in seiner Schrift Zwangshandlungen und Religionsübungen (1907), in der er zum Ergebnis kommt: „Nach diesen Übereinstimmungen und Analogien könnte man sich getrauen, die Zwangsneurose als pathologisches Gegenstück zur Religionsbildung aufzufassen, die Neurose als eine individuelle Religiosität, die Religion als eine universelle Zwangsneurose zu bezeichnen." Siehe das Digitalisat www.textlog.de/freud-psychoanalyse-zwangshandlungen-religionsuebungen.html (16.11.2020).

34 Karl Marx in seiner 1844 erschienenen Einleitung für: Zur Kritik der Hegelschen Rechtsphilosophie; in: Deutsch-Französische Jahrbücher 1844, 71f. Zitiert nach dem Digitalisat: https://books.google.de/books?id=TdFcAAAAcAAJ&pg=PA2&focus=viewport&vq=gem%C3%BCt&hl=de#v=onepage&q&f=false (09.11.2020, Kursivsetzung im Original).

> Die Religion ist der Seufzer der bedrängten Kreatur, das Gemüth einer herzlosen Welt, wie sie der Geist geistloser Zustände ist. Sie ist das *Opium* des Volks. Die Aufhebung der Religion als des *illusorischen* Glücks des Volkes ist die Forderung seines *wirklichen* Glücks. Die Forderung, die Illusionen über seinen Zustand aufzugeben, ist die *Forderung, einen Zustand aufzugeben, der der Illusionen bedarf.* Die Kritik der Religion ist also im *Keim* die Kritik des Jammerthales, dessen *Heiligenschein* die Religion ist.

Dabei allerdings übersieht Marx, dass Religion auch aktivierende Potenziale freisetzt und nicht nur einen Drogenrausch („Opium") und eine Kuschelecke zum Ausweinen („Seufzer der bedrängten Kreatur") darstellt. Ähnlich wie Marx urteilt auch Sigmund Freud in *Die Zukunft einer Illusion* (1927).[35] Grundlage der Religion ist für Freud die menschliche Hilflosigkeit, auf die mit dem Wunsch nach einem schützenden Vater reagiert wird. In der Religion wird dieser Wunsch zumindest in der Phantasie erfüllt, daher ist für Freud Religion eine *infantile Wunscherfüllungsphantasie.* Dabei allerdings übersieht Freud – genauso wie Marx vor ihm –, dass diese Phantasien ihrerseits weltgestaltende Potentiale freisetzen können, die zu einer kreativen Veränderung der bedrückenden Zustände führen.

Ganz gleich, wie man die Genese des positiven Gottesbildes Jesu als liebender, stützender und fürsorgender Vater verstehen will – es bleibt in jedem Fall bestehen, dass Jesus als armer Jude aus dem vermeintlich gottverlassenen Nest Nazaret (vgl. Joh 1,46) ein scheinbar unentrinnbar hoffnungsloses Leben als Wanderarbeiter (nach Mk 6,3 war auch Jesus ein τέκτων) vor sich hatte.[36] Dass der vermeintlich chancenlose Mann aus Nazaret *trotzdem*[37] einen solchen Optimismus an den Tag legen konnte, ist nicht nur eine bloße „Illusion" – schließlich hat er mit seinem Optimismus auch vielen anderen Hoffnung gegeben und den weiteren Gang der Welt maßgeblich gestaltet. Inmitten von Gewalt und Unterdrückung verkündet er einen Gott der Liebe. Anders als bei vielen Zeitgenossen ist seine Revolution eine *Revolution der Werte, nicht der Waffen.*[38] Dass er die Kraft zu einem solchen Impuls fand, ist bemerkenswert – und bis heute (selbst für diejenigen, die in Jesus nicht Gott sondern nur einen Menschen erkennen wollen) noch immer ein Zeichen der Hoffnung und Zuversicht. Dass Gott die Hoffnung

---

35 Siehe das Digitalisat www.textlog.de/sigmund-freud-zukunft-illusion.html (16.11.2020).

36 Zu den sozialen Umständen im damaligen Galiläa vgl. Markus Tiwald, The Rural Roots of the Jesus Movement and the 'Galilean Silence', in: Jürgen Zangenberg/Markus Tiwald (Hg.), Early Christian Encounters with Town and Countryside. Essays on the Urban and Rural Worlds of Early Christianity (NTOA/StUNT 126), Göttingen 2021, 149-175.

37 Vgl. hier das große „trotzdem" bei Viktor E. Frankl, etwa in: ... trotzdem Ja zum Leben sagen. Ein Psychologe erlebt das Konzentrationslager (englischer Titel: Man's Search For Meaning. An Introduction to Logotherapy), 1946. Der Titel der ursprünglichen Publikation lautete allerdings: Ein Psychologe erlebt das Konzentrationslager (Verlag für Jugend und Volk, Wien 1946). Rezente Ausgabe: Viktor E. Frankl, ... trotzdem Ja zum Leben sagen. Ein Psychologe erlebt das Konzentrationslager, München 2009.

38 So der Titel von Gerd Theißen, Die Jesusbewegung. Sozialgeschichte einer Revolution der Werte, Gütersloh 2004, 33–98.

dieses Menschen – wie nun wir Christen glauben – nicht im Tod enden ließ, führt weiter, was auch schon der irdische Jesus wusste: dass Gott ein liebender Vater ist, der seine Kinder nicht im Stich lässt.

Zur Kontrastivität der Gottesbilder in den synoptischen Gleichnissen

Kurt Erlemann

1. Erste Beobachtungen

Ein Teilergebnis meiner Dissertation über „Das Bild Gottes in den synoptischen Gleichnissen"[1] war die markante Kontrastivität der Aussagen und Metaphern der kýrios-Figur insbesondere in Alltagsgleichnissen.[2] Diese an der Spitze der erzählinternen Hierarchie stehende Erzählfigur ist ein metaphorisches Transfersignal,[3] das von der Erzählebene auf die theologische Bezugsebene verweist. Die Dekodierung der kýrios-Figur erfolgt unter Einbezug mehrerer Kon- und Kotexte des Gleichnisses und führt in vielen Fällen zu einem polyvalenten Ergebnis: Sowohl Gott als auch Jesus Christus oder gemeindliche Funktionsträger kommen je nach Konstellation grundsätzlich in Frage.[4] Mit der angemessenen Zurückhaltung und vorbehaltlich einer Einzelfallprüfung lässt sich die kýrios-Figur in der Regel (auch) auf Gott beziehen.

> Eine Ausnahme ist das Gleichnis von den zehn Jungfrauen (Mt 25,1–13). Hier verweist der Bräutigam als kýrios-Figur auf den wiederkommenden Christus. Beim Gleichnis von der königlichen Hochzeit (Mt 22,1–14) verbietet sich durch die Differenzierung zwischen dem König (kýrios-Figur, Gott) und seinem Sohn (Christus) eine christologische Deutung, Beim Sämannsgleichnis (Mk 4,1–9) ist die kýrios-Figur jemand, der das Wort (V. 14) aussät. Das verweist primär auf den verkündigenden Jesus, die Apostel und Missionare sowie auf die Verkündiger in den christlichen Gemeinden.

Gott wird diesen Erzähltexten zufolge durch und durch personal verstanden. Das zeigen die anthropomorphen und anthropopathischen Züge durchweg.[5] Die textlinguistische Analyse fördert dabei zutage, dass der Auftritt der kýrios-Figur von Szene zu Szene durchaus extrem variieren kann. Einige Beispiele mögen das veranschaulichen:

---

1 Kurt Erlemann, Das Bild Gottes in den synoptischen Gleichnissen (BWANT 126), Stuttgart 1988.

2 Zur Einteilung in Gleichnistypen vgl. ders., Gleichnisse. Theorie – Auslegung – Didaktik (UTB 5494), Tübingen/Basel 2020, 107–123.

3 Ruben Zimmermann, Die Form bzw. Gattung der Gleichnisse, in: ders. (Hg.), Kompendium der Gleichnisse Jesu, Gütersloh 2007, 17–28: 25; Erlemann, Gleichnisse (Anm. 2) 51.

4 Zur Dekodierung der Metaphorik vgl. Erlemann, Gleichnisse (Anm. 2) 136–139.

5 Mit Klaus Berger, Ist Gott Person? Ein Weg zum Verstehen des christlichen Gottesbildes, Gütersloh 2004 (dort finden sich auch Ausführungen zum Personbegriff).

1. Im Gleichnis vom Schalksknecht (Mt 18,23–35) wird das Bild vom schier unendlich vergebungsbereiten König mit dem des unerbittlich strafenden und exekutierenden Despoten verknüpft.[6]
2. Im Gleichnis vom anvertrauten Gut (Mt 25,24–30par. Lk 19,11–27) wird das Bild des überaus großzügigen Herrn mit dem des überhart erscheinenden, schier ungerechten Vorgesetzten kontrastiert.[7]
3. Im Gleichnis vom Pharisäer und Zöllner (Lk 18,9–14) steht das Bild des vergebenden, rechtfertigenden Gottes dem die Vergebung verweigernden Gott gegenüber.[8]
4. Das Gleichnis vom Olivenbaum (Röm 11,17–24) lebt vom Gegensatz des willkürlich erwählenden und des ebenso willkürlich verwerfenden Gottes.[9]

Die Beispiele ließen sich mühelos fortsetzen. Die Beobachtung ist zum einen eine Anfrage an die textpragmatische Funktion der hyperbolisch wirkenden Kontraste und zum anderen eine Anfrage an die Gottesbilder selbst: Ist der Gott der Gleichnisse in sich zerrissen oder gibt es eine einigende Mitte, die die gegensätzlichen Aspekte gleichsam in einer Synthese zusammendenken lässt? Die *These* lautet, dass Letzteres der Fall ist.

2. Kontrastivität, Metaphorizität und Situativität

Vorab ist auf die Metaphorizität der Gottesbilder in Gleichnistexten hinzuweisen. Alle Aussagen über Gott bzw., auf der Erzählebene gesprochen, der Kyrios-Figur der Erzählebene, stehen in einem narrativ-metaphorischen Kontext. Das heißt, sie sind nicht wörtlich zu verstehen, sondern als bildhafte, szenische Umschreibungen einer göttlichen Realität, die sich grundsätzlich menschlicher Erfahrung entzieht. Gleichnishafte, metaphorische Aussagen über Gott sind der Kompromiss zwischen einer *theologia negativa* und einer fixierenden Rede über Gott, welche dem Bilderverbot widerspricht.[10] Gleichnisse bringen durch ihre Metaphorizität und Narrativität immer zugleich Vergleichbares und Unvergleichbares zur Sprache.[11] Das wiederum heißt, dass sich kein Gottesbild im systematischen Sinne aus den Texten deduzieren lässt. Die Gleichnisse werfen punktuelle Schlaglichter auf die ansonsten menschlichem Verstehen entzogene,

6 Erlemann, Bild (Anm. 1) 76–92.
7 Ebd., 196–221.
8 Kurt Erlemann, Fenster zum Himmel. Gleichnisse im Neuen Testament, Göttingen 2017, 127f.
9 Ders., Gleichnisse (Anm. 2) 173–177.
10 Ebd., 103.261. Zum atl. Bilderverbot vgl. Ex 20,1–5; Dtn 4,15–19; 5,8–10.
11 Im Unterschied zu Metaphern, die nur Analogien oder Differenzen zum Ausdruck bringen können (Erlemann, Gleichnisse [Anm. 2] 73–75.99f.).

transzendente Wirklichkeit Gottes. Das gleichnishaft entwickelte Gottesbild oszilliert, was der dynamischen Unverfügbarkeit Gottes entspricht.[12]

Was an Zügen des Gottesbildes sichtbar wird, ist von der jeweiligen Situation und Fragestellung sowie vom Lernziel des Textes abhängig. Im Gleichnis vom Schalksknecht (Mt 18,23–35) geht es beispielsweise um die Frage der Jünger, ob Vergebungsbereitschaft quantifizierbar sei bzw. wo sie ihre Grenze findet (Mt 18,21f.). Das Gleichnis stellt unter Hinweis auf das Gottesbild klar: Es kann keine Grenze der Vergebungsbereitschaft geben, da Gott den Menschen gegenüber ebenfalls eine unbegrenzte Vergebungsbereitschaft erkennen lässt und alle davon leben. Im Gleichnis vom anvertrauten Gut (Mt 25,14–20) geht es um den adäquaten Umgang mit den vom Herrn zur Verfügung gestellten Ressourcen Talente und Zeit. Das Gleichnis mahnt loyale Pflichterfüllung ohne Wenn und Aber ein und stellt extravagant anmutenden Lohn in Aussicht. Das Gleichnis vom Pharisäer und Zöllner (Lk 18,9–14) macht die Voraussetzung dafür deutlich, dass ein Mensch vor Gott Vergebung findet – oder eben nicht. Das Gleichnis vom Olivenbaum (Röm 11,17–24) thematisiert das Verhältnis von Gemeindegliedern unterschiedlicher Provenienz und mahnt ein respektvolles, achtsames und bescheidenes Verhalten an. Der souverän erwählende und verstockende bzw. verwerfende Gott stellt die Grundlage des Heilsstands aller Glaubenden dar.

3. Funktion der kontrastiven Gottesbilder

3.1 *Situativität und Kontextualität*

Aus den Beispielen wird ersichtlich, dass die einzelnen Aussagen über Gott weder verallgemeinert noch absolut gesetzt werden können. In ihrer Summe ergeben sie kein in sich stimmiges, vollständiges Gesamtbild, sondern gleichsam ein an den Rändern ausgefranstes, von inneren Spannungen lebendes, fragmentarisches Puzzle.[13] Dies liegt am situativen Zuschnitt der Texte, die sich als Antworten auf historische Gemeindefragen verstehen und lesen lassen.[14] Die Texte wollen keine Dogmatik *in nuce* entwerfen, sondern konkrete Antworten auf konkrete Fragen geben. Anders gesagt: Gleichnisse und das in ihnen enthaltene Gottesbild sind Teile eines historisch beschreibbaren Kommunikationsgeschehens zwischen einem Autor und einer Zielgruppe.[15] Die Kommunikation erfolgt

12 Ders., Fenster (Anm. 8) 201.

13 Ebd., 24.

14 Zur kompositionskritischen Funktion der Gleichnistexte vgl. Erlemann, Gleichnisse (Anm. 2) 100–102.

15 Edmund Arens, Kommunikative Handlungen. Die paradigmatische Bedeutung der Gleichnisse Jesu für eine Handlungstheorie, Düsseldorf 1982; Erlemann, Gleichnisse (Anm. 2) 81.

mittels bestimmter sprachlicher Konventionen, die beiden Seiten gemeinsam sind und die Verständigung ermöglichen. Zu diesen Sprachkonventionen gehören zum einen die Gleichnisform als solche und das Wissen um ihre Aussagekraft sowie zum anderen die einzelnen Sujets, Bildfelder und Metaphern und das Wissen um deren theologische Vorprägung.[16] In diesem Setting erfüllen die Gottesbilder ihre Funktion, in ihrem jeweiligen Kontext entwickeln sie ihre Aussagekraft, an ihrer Metaphorizität bemisst sich ihr Wahrheitsanspruch.

Im Wissen darum, dass metaphorische Rede keine fixierende, sondern bedeutungsoffene, bildhaft-erzählende Rede ist, und im Wissen darum, dass Gleichnisse narrative, fiktionale und gleichermaßen pseudorealistische Texte sind,[17] stellen sie sich als „Fenster zum Himmel" dar, die einen kleinen Ausschnitt der himmlischen Wirklichkeit sichtbar machen – nicht mehr, aber auch nicht weniger.

> Gleichnisse sind szenisch angelegte Kurzgeschichten, die eine realistisch anmutende Handlung schildern, um damit etwas anschaulich und plausibel zu machen, was sich dem Alltagsblick entzieht; sie sind szenische Plausibilisierungshandlungen und zugleich „Fenster zum Himmel" in einer Welt, die ansonsten wenig Himmlisches zu bieten hat. Diese Fenster lassen Licht in die Welt und ermöglichen damit Orientierung auf dem Weg zu einem gelingenden Leben.[18]

Ins Kalkül zu ziehen ist immer, dass andere Glaubensfragen und Problemstellungen andere Gottesbilder evozieren.

3.2 *Textpragmatische Funktion*

Die *Kontrastivität der Gottesbilder* ist textpragmatisch aufschlussreich.[19] Um seine Lernziele zu erreichen, setzt der Gleichnisautor nicht nur eingängige, plausible Sujets und Metaphern ein, er arbeitet nicht nur mit den literarischen Mitteln der ökonomischen Kürze und setzt durch extravagante Erzählzüge bzw. Transfersignale metaphorische Übertragungsprozesse in Gang, sondern er arbeitet auch mit dem Mittel hyperbolischer Kontrastivität. Die stark gegensätzlich wirkenden Züge der kýrios-Figur, verteilt auf unterschiedliche Gleichnisszenen, markieren nicht nur eine erzählerische Entwicklung und Dynamik, sondern verhindern einseitige Vorstellungen von Gott. Der Gott der Gleichnisse ist eben nicht nur der Gott der Barmherzigkeit, sondern auch des Zorns. Er ist nicht nur der

16 Erlemann, Gleichnisse (Anm. 2) 105.
17 Zur Pseudorealistik der Gleichnisse vgl. ebd., 96f.
18 Erlemann, Fenster (Anm. 8) 5.
19 Zur Textpragmatik der Gleichnisse vgl. Zimmermann, Form (Anm. 2); Erlemann, Gleichnisse (Anm. 2) 107–123.

Gott der Erwählung, sondern auch der Verstockung und Verwerfung. Er kann nicht nur überaus großzügig, sondern auch überaus hart sein.[20]

> Negative Züge im Gottesbild sind anstößig und dogmatisch schwierig und werden in der Literatur häufig dem Alten Testament und frühen Judentum zugeschrieben.[21] Ihnen werden die positiven Züge im Gottesbild Jesu gegenübergestellt. Diese Zuordnung ist dogmatisch-apologetisch motiviert und latent antijüdisch. Eine intensive Textanalyse ergibt keinen Kontrast zwischen atl.-jüdischem und ntl.-frühchristlichem Gottesbild, sondern eine Akzentverschiebung hin zu größerer Eindeutigkeit.[22]

Im Sinne des von Ruben Zimmermann ausgeführten Konzepts der *mixed metaphors* ergänzen, präzisieren, intensivieren und korrigieren sich die einzelnen Züge des Gottesbildes gegenseitig.[23] Hinzu kommen die Emotionalität und die Hyperbolik der kontrastiven Elemente: Maximale Barmherzigkeit und Vergebungsbereitschaft vs. maximaler Zorn, maximale Großzügigkeit vs. maximale Härte, maximale Vergebungsbereitschaft vs. maximale Verweigerung derselben. Diese Hyperbolik provoziert Emotionen und unterstützt das affektiv-emotive Lernziel der Gleichnisse, das darin besteht, sich maximal zu identifizieren bzw. sich maximal zu distanzieren. Außerdem werden Emotionen wie Hoffnung und Freude bzw. Furcht und Sorge evoziert, um die Lernziele nicht nur kognitiv, sondern auch emotiv zu unterstützen.[24] Anders gesagt: Die Gleichnisse mit ihren emotionalen, oft hyperbolisch übersteigerten Kontrasten im Gottesbild zielen auf das Herz der Rezipienten. Sie zeigen, dass man bei Gott mit allem rechnen muss – mit maximal Positivem, aber auch mit maximal Negativem. Und sie zeigen, dass es Gott bei der Durchsetzung seiner *basileía* ums Ganze geht; Halbheiten verbieten sich.[25]

---

20 Gegen eine dogmatische Verkürzung des ntl. Gottesbildes, die sich in literar- und formkritischen Operationen Ausdruck verschafft (z. B. Wolfgang Harnisch, Die Gleichniserzählungen Jesu. Eine hermeneutische Einführung [UTB 1343], Göttingen 1985.). Das damit verbundene Postulat eines Gleichnis-Idealtyps im Munde Jesu ist methodisch nicht haltbar und hermeneutisch unfruchtbar (Erlemann, Gleichnisse [Anm. 2] 66.105).

21 Z. B. Hanna Wolff, Neuer Wein, Alte Schläuche. Das Identitätsproblem des Christentums im Lichte der Tiefenpsychologie, Stuttgart 1981, 165.188f.; Harnisch, Gleichniserzählungen (Anm. 20) 262.269 (ad Mt 18,23–35).

22 Ausführlich dazu Erlemann, Bild (Anm. 1) 275–281, und ders., Wer ist Gott? Antworten des Neuen Testaments, Neukirchen-Vluyn 2008, 164–167. – Ähnlich differenziert urteilen Walter Dietrich/Christian Link, Die dunklen Seiten Gottes, Band 1: Willkür und Gewalt, Neukirchen-Vluyn 2000, 148-186, und Ralf Miggelbrink, Der zornige Gott. Die Bedeutung einer anstößigen biblischen Tradition, Darmstadt 2002, 151–156.

23 So Ruben Zimmermann bei seinem Vortrag und hier im Band in seinem Beitrag (Ein Bild ist nicht genug. „Mixed Metaphors und ihr Wert für biblische Gottesrede).

24 Zur Emotionalität der Gleichnisse vgl. Tanja Dannenmann, Emotion, Narration und Ethik. Zur ethischen Relevanz antizipatorischer Emotionen in Parabeln des Matthäus-Evangeliums (WUNT 2,498/Kontexte und Normen neutestamentlicher Ethik/Contexts and Norms of New Testament Ethics. Band XI), Tübingen 2019.

25 Erlemann, Bild (Anm. 1) 253f.; ders., Gleichnisse (Anm. 2) 259f.

4. Gibt es eine innere Mitte der Gottesbilder?

Nach den bisherigen Beobachtungen stellt sich die Frage, ob es so etwas wie eine innere Mitte der Gottesbilder gibt oder nicht. Am Beispiel gefragt: Gibt es eine sachlogische Brücke zwischen dem vergebungsbereiten und dem strafenden Gott im Schalksknecht-Gleichnis (Mt 18,23–35)? Gibt es eine Ebene, in der sich die Linien des großzügigen und des hart strafenden Herrn im Gleichnis vom anvertrauten Gut treffen (Mt 25,14–30)? Was ist der Grund dafür, dass Gott den einen Menschen gerecht spricht, den anderen aber nicht (Gleichnis vom Pharisäer und Zöllner, Lk 18,9–14)? Agiert Gott einfach nur willkürlich oder gibt es einen göttlichen, nachvollziehbaren Plan, der über Erwählung und Verwerfung entscheidet (Gleichnis vom Olivenbaum, Röm 11,17–24)?

Anhand dieser Beispiele werden sachlogische Brücken zwischen den Kontrasten aufgezeigt. Es gibt eine höhere Ebene jenseits der Kontraste, es gibt nachvollziehbare Gründe für Gottes gegensätzliches Verhalten den Menschen gegenüber und es gibt einen höheren Plan, der hinter der scheinbaren Willkür Gottes zu entdecken ist. Die Gleichnisse nehmen uns mit auf diese Entdeckungsreise.

4.1 *Das Gleichnis vom Schalksknecht (Mt 18,23–35)*

> [23] Mit dem Himmelreich ist es deshalb wie mit einem König, der beschloss, von seinen Knechten Rechenschaft zu verlangen [24] Als er nun mit der Abrechnung begann, brachte man einen zu ihm, der ihm zehntausend Talente schuldig war. [25] Weil er aber das Geld nicht zurückzahlen konnte, befahl der Herr, ihn mit Frau und Kindern und allem, was er besaß, zu verkaufen und so die Schuld zu begleichen. [26] Da fiel der Knecht vor ihm auf die Knie und bat: Hab Geduld mit mir! Ich werde dir alles zurückzahlen. [27] Der Herr des Knechtes hatte Mitleid, ließ ihn gehen und schenkte ihm die Schuld. [28] Als nun der Knecht hinausging, traf er einen Mitknecht, der ihm hundert Denare schuldig war. Er packte ihn, würgte ihn und sagte: Bezahl, was du schuldig bist! [29] Da fiel der Mitknecht vor ihm nieder und flehte: Hab Geduld mit mir! Ich werde es dir zurückzahlen. [30] Er aber wollte nicht, sondern ging weg und ließ ihn ins Gefängnis werfen, bis er die Schuld bezahlt habe. [31] Als die Mitknechte das sahen, waren sie sehr betrübt; sie gingen zu ihrem Herrn und berichteten ihm alles, was geschehen war. [32] Da ließ ihn sein Herr rufen und sagte zu ihm: Du elender Knecht! Deine ganze Schuld habe ich dir erlassen, weil du mich angefleht hast. [33] Hättest nicht auch du mit deinem Mitknecht Erbarmen haben müssen, so wie ich mit dir Erbarmen hatte? [34] Und in seinem Zorn übergab ihn der Herr den Peinigern, bis er die ganze Schuld bezahlt habe. [35] Ebenso wird mein himmlischer Vater euch behandeln, wenn nicht jeder seinem Bruder von Herzen vergibt. (EÜ 2016)

Dieses Gleichnis zeigt ein maximal kontrastives Gottesbild. Die Kontraste entspringen aber nicht göttlicher Willkür; hier hat nicht ein Schuldner zufällig Riesenglück und der nächste (im Gleichnis nicht erwähnte) Schuldner nicht. Das Gleichnis suggeriert, dass Gott jedem, der seine Schulden erkennt und um Erbarmen bittet, vergebungsbereit gegenübertritt. Das ist die *Ausgangssituation* für alle Menschen: Ohne Gottes Erbarmen und Vergeben könnten wir nicht leben und agieren. Von Gottes Freispruch sind alle gleichermaßen abhängig. Daher mutet das Verhalten des ersten, soeben amnestierten Knechts seinem Mitknecht gegenüber kleinlich, ja geradezu grotesk an. Hier geht es, metaphorisch gesprochen, um „Peanuts" im Vergleich zum ursprünglich erlassenen, astronomischen Schuldenberg. Diese Groteskerie leuchtet aufgrund der Szenenfolge und des Arrangements sofort ein und sie provoziert geradezu die Rücknahme des Schulderlasses am Ende des Gleichnisses. Die Adressatinnen und Adressaten des Gleichnisses werden textpragmatisch so gelenkt, dass sie sich zuerst mit dem amnestierten Knecht mitfreuen (Szene 1), dann einen massiven Verfremdungseffekt erleben (Szene 2) und am Ende das fürchterliche Zorngericht als allemal angemessen und gerecht anerkennen (Szene 3).[26]

Es gibt also eine sachlogische Brücke zwischen den extremen Facetten des Gottesbildes: Sie besteht im Verhalten des Amnestierten seinem Kollegen gegenüber. Anders gesagt, und hier schimmert die Pointe des Gleichnisses durch: Wer die Vergebungsbereitschaft Gottes durch eigene Erbarmungslosigkeit konterkariert, provoziert Gottes Zorn. Der Zorn ist die Reaktion Gottes auf unangemessenes menschliches Verhalten, auf Undank, Kleinlichkeit und Egoismus. Der Mensch überschreitet eine rote Linie Gottes, wenn er sich, gegen alle positive Vorerfahrung, an seinem Mitmenschen geradezu widergöttlich vergeht. Das Gottesbild des Textes ist bipolar; die Pole lauten Vergebungsbereitschaft, Heilswille auf der einen und Anspruch auf Gerechtigkeit allen Menschen gegenüber auf der anderen Seite. Verweigert der Mensch seinem Mitmenschen die Gerechtigkeit, und das heißt im Sinne des MtEv: Barmherzigkeit und Vergebungsbereitschaft, sorgt Gott selbst für Gerechtigkeit. Gerechtigkeit bei Gott ist laut Matthäus unteilbar; sie ist eine Gerechtigkeit, die selbst dem größten Schuldner noch gerecht wird, indem sie ihn freispricht von seinen Altlasten. Gottes Gerechtigkeit kennt kein „Abstandsgebot" zwischen verschiedenen Menschen; das zeigt auch das Gleichnis von den Arbeitern im Weinberg (Mt 20,1–16). Gerechtigkeit, Barmherzigkeit, Vergebungsbereitschaft und Güte sind ein *bundle* bei Gott; es umschreibt das göttliche Rundum-sorglos-Heilspaket. Wer das nicht erkennt und weitergibt, wer durch sein Verhalten Gottes Heilswillen in der Welt verdunkelt und verschleiert, verfällt dem Gericht.[27]

26 Anders beurteilt Dannenmann, Emotion (Anm. 24) 324, die textpragmatische Fluchtlinie: Provoziert werde eine Distanzierung von den Mitknechten, die, anstatt dem ersten Knecht zu vergeben, ihn denunzieren. Die Genugtuung des Rezipienten über die letztliche Bestrafung des „Schalksknechts" zeige seine Unfähigkeit, die in Mt 18,21f. geforderte, grenzenlose Vergebungsbereitschaft zu üben.

27 Erlemann, Gleichnisse (Anm. 2) 232f.

4.2 Das Gleichnis vom anvertrauten Gut (Mt 25,14–30 par. Lk 19,11–27)

[14] Es ist wie mit einem Mann, der auf Reisen ging. Er rief seine Diener und vertraute ihnen sein Vermögen an. [15] Dem einen gab er fünf Talente Silbergeld, einem anderen zwei, wieder einem anderen eines, jedem nach seinen Fähigkeiten. Dann reiste er ab. Sofort [16] ging der Diener, der die fünf Talente erhalten hatte hin, wirtschaftete mit ihnen und gewann noch fünf weitere dazu. [17] Ebenso gewann der, der zwei erhalten hatte, noch zwei weitere dazu. [18] Der aber, der das eine Talent erhalten hatte, ging und grub ein Loch in die Erde und versteckte das Geld seines Herrn. [19] Nach langer Zeit kehrte der Herr jener Diener zurück und hielt Abrechnung mit ihnen. [20] Da kam der, der die fünf Talente erhalten hatte, brachte fünf weitere und sagte: Herr, fünf Talente hast du mir gegeben; sieh her, ich habe noch fünf dazugewonnen. [21] Sein Herr sagte zu ihm: Sehr gut, du tüchtiger und treuer Diener. Über Weniges warst du treu, über Vieles werde ich dich setzen. Komm, nimm teil am Freudenfest deines Herrn! [22] Dann kam der Diener, der zwei Talente erhalten hatte, und sagte: Herr, du hast mir zwei Talente gegeben; sieh her, ich habe noch zwei dazugewonnen. [23] Sein Herr sagte zu ihm: Sehr gut, du tüchtiger und treuer Diener. Über Weniges warst du treu, über Vieles werde ich dich setzen. Komm, nimm teil am Freudenfest deines Herrn! [24] Es kam aber auch der Diener, der das eine Talent erhalten hatte, und sagte: Herr, ich wusste, dass du ein strenger Mensch bist; du erntest, wo du nicht gesät hast, und sammelst, wo du nicht ausgestreut hast; [25] weil ich Angst hatte, habe ich dein Geld in der Erde versteckt. Sieh her, hier hast du das Deine. [26] Sein Herr antwortete und sprach zu ihm: Du bist ein schlechter und fauler Diener! Du hast gewusst, dass ich ernte, wo ich nicht gesät habe, und sammle, wo ich nicht ausgestreut habe. [27] Du hättest mein Geld auf die Bank bringen müssen, dann hätte ich es bei meiner Rückkehr mit Zinsen zurückerhalten. [28] Nehmt ihm also das Talent weg und gebt es dem, der die zehn Talente hat! [29] Denn wer hat, dem wird gegeben werden und er wird im Überfluss haben; wer aber nicht hat, dem wird auch noch weggenommen, was er hat. [30] Werft den nichtsnutzigen Diener hinaus in die äußerste Finsternis! Dort wird Heulen und Zähneknirschen sein. (EÜ 2016)

Dieses Gleichnis kontrastiert extravagante Großzügigkeit und kompromisslose Härte des kýrios. Der gemeinsame Fluchtpunkt ist die Forderung nach loyalem Verhalten. Die Menschen sollen als Bedienstete dem kýrios zuarbeiten, das anvertraute Gut vermehren, die geschenkte Zeit sinnvoll nutzen, um am Ende, bildlich gesprochen, eine Rendite zu erwirtschaften. Übertragen heißt das: Wer die von Gott geschenkten Begabungen und Talente, wer seine finanziellen Ressourcen und anderes mehr (die Metaphorik ist hier, wie andernorts auch, polyvalent) im Sinne Gottes nutzt und vermehrt, tut genau das Richtige. Wer sich weigert, Gott zuzuarbeiten, tut exakt das Falsche. Das ist die Pointe des Gleichnisses.[28] Der Fluchtpunkt des kontrastiven Gottesbildes ist die Publikation Gottes und seiner Wohltaten in der Welt, und zwar im Tun der Menschen. Das Gleichnis liest sich als narrative Entfaltung der Vaterunserbitte „Dein Wille geschehe wie im Himmel so auf Erden". Ähnliches gilt auch für das Schalksknecht-Gleichnis. Wo Menschen sich von Gott in Dienst nehmen lassen und ihre Fähigkeiten als Geschenk und als Verpflichtung erkennen, tragen sie dazu bei, dass Gott in der

28 Ders., Fenster (Anm. 8) 120f.

Welt sichtbar wird. Wer seine Talente dagegen vergräbt und sich in Verweigerung übt, wird seiner eigentlichen Bestimmung nicht gerecht und verliert am Ende alles.

4.3 *Das Gleichnis von Pharisäer und Zöllner (Lk 18,9–14)*

> [9] Einigen, die von ihrer eigenen Gerechtigkeit überzeugt waren und die anderen verachteten, erzählte Jesus dieses Gleichnis: [10] Zwei Männer gingen zum Tempel hinauf, um zu beten; der eine war ein Pharisäer, der andere ein Zöllner. [11] Der Pharisäer stellte sich hin und sprach bei sich dieses Gebet: Gott, ich danke dir, dass ich nicht wie die anderen Menschen bin, die Räuber, Betrüger, Ehebrecher oder auch wie dieser Zöllner dort. [12] Ich faste zweimal in der Woche und gebe den zehnten Teil meines ganzen Einkommens. [13] Der Zöllner aber blieb ganz hinten stehen und wollte nicht einmal seine Augen zum Himmel erheben, sondern schlug sich an die Brust und betete: Gott, sei mir Sünder gnädig! [14] Ich sage euch: Dieser ging gerechtfertigt nach Hause hinab, der andere nicht. Denn wer sich selbst erhöht, wird erniedrigt, wer sich aber selbst erniedrigt, wird erhöht werden. (EÜ 2016)

Auch in diesem Gleichnis liegt der Grund für die Kontrastivität des Gottesbildes im menschlichen Verhalten. Grundsätzlich ist Gott vergebungsbereit; dies setzt aber eine schuldbewusste, an Gottes Gnade appellierende Haltung des Menschen voraus (so der Zöllner). Der Pharisäer, der auf seinen moralischen Abstand zum Zöllner hinweist, erfährt keine Vergebung. Ihm fehlen das Schuldbewusstsein und die Fähigkeit zur Selbstkritik; damit degradiert er zugleich den Zöllner. Am Ende steht die Umkehrung der Rangfolge. Falsche Selbsteinschätzung und Stigmatisierung des Anderen konterkarieren Gottes universalen Heilswillen, der gerade die „Verlorenen“ sucht und niemanden aufgibt (Lk 19,10).[29]

29 Ebd., 127f.

4.4 *Das Gleichnis vom Ölbaum (Röm 11,17–24)*

> [17] Wenn aber einige Zweige herausgebrochen wurden, du aber als Zweig vom wilden Ölbaum mitten unter ihnen eingepfropft wurdest und damit Anteil erhieltest an der kraftvollen Wurzel des edlen Ölbaums, [18] so rühme dich nicht gegen die anderen Zweige! Wenn du dich aber rühmst, sollst du wissen: Nicht du trägst die Wurzel, sondern die Wurzel trägt dich. [19] Nun wirst du sagen: Die Zweige wurden doch herausgebrochen, damit ich eingepfropft werde. [20] Gewiss, wegen des Unglaubens wurden sie herausgebrochen. Du aber stehst durch den Glauben. Sei daher nicht überheblich, sondern fürchte dich! [21] Hat nämlich Gott die Zweige, die von Natur zum edlen Baum gehören, nicht verschont, so wird er auch dich nicht verschonen. [22] Siehe nun die Güte Gottes und seine Strenge! Die Strenge gegen jene, die gefallen sind, Gottes Güte aber gegen dich, sofern du in seiner Güte bleibst; sonst wirst auch du herausgehauen werden. [23] Ebenso werden auch jene, wenn sie nicht im Unglauben bleiben, wieder eingepfropft werden; denn Gott hat die Macht, sie wieder einzupfropfen. [24] Wenn du nämlich aus dem von Natur wilden Ölbaum herausgehauen und gegen die Natur in den edlen Ölbaum eingepfropft wurdest, dann werden erst recht sie als die von Natur zugehörigen Zweige ihrem eigenen Ölbaum wieder eingepfropft werden. (EÜ 2016)

Vordergründig werden Erwählung und Verstockung bzw. Verwerfung kontrastiert. Während das Erwählungshandeln Gottes souverän erfolgt und sich nicht an menschlichen Denkkategorien wie Erstgeburtsrecht oder ähnlichen Kriterien orientiert, sind Verstockung und Verwerfung Konsequenzen menschlichen Fehlverhaltens. Wer seinen Erwählungsstatus einseitig als Privileg versteht, als unverlierbares Gut, das ihm das Recht gibt, sich arrogant über andere zu erheben und sich von ihnen abzugrenzen, verliert sein Privileg. Wer den Status hingegen als Verpflichtung wahrnimmt, den Willen Gottes in der Welt und am konkreten Mitmenschen sichtbar zu machen, und wer sich dessen bewusst bleibt, dass er von Gottes unverfügbarer Gnade lebt, wird seinen Erwählungsstatus behalten.[30]

5. Fazit

Die Kontrastivität der Gottesbilder markiert keine innere Zerrissenheit oder Willkür Gottes. Sie ist vielmehr ein textpragmatisches Mittel, um die Adressatenschaft zu einer klaren, eindeutigen Haltung zu bewegen. Hintergrund ist ein Klarheit forderndes, radikales Gottesbild: Gott geht es ums Ganze, um das Heil aller seiner Menschen, gerade der „Verlorenen", Abgeschriebenen und Randständigen. Gottes Gerechtigkeit ist nicht teilbar, sie ist vielmehr allen Menschen mit-zuteilen. Gott ist (überaus) grenzenlos großzügig, vergebungsbereit, barmherzig und will das Heil aller Menschen. Das ist die *Grundlinie* des Gottesbildes.[31]

---

30 Ebd., 141.
31 Erlemann, Bild (Anm. 1) 253f.; ders., Gott (Anm. 22) 159-164.

Die negative Kehrseite ist die Kompromisslosigkeit, mit der Gott ein Verhalten, das seinem universalen Heilswillen zuwiderläuft, sanktioniert. Der Mensch erscheint in den Gleichnissen als Bediensteter bzw. als Beauftragter Gottes. Im Verhalten der Menschen wird in der Welt sichtbar, wie Gott „tickt" – oder es wird eben nicht sichtbar. Gottes Heilswille zielt auf weltweites Bekanntwerden, auf globale Glaub-würdigkeit. Seine *basileía* umfassender Gerechtigkeit und Barmherzigkeit will sich weltweit durchsetzen. Wo Menschen dem zuarbeiten, werden sie Gottes Willen gerecht und dürfen überschwängliches Lob und maximalen Lohn erwarten. Wo sie Gott entgegenarbeiten, erfahren sie das Zorngericht Gottes in maximaler Härte.[32]

Beides ist, unter dem Aspekt der durch Jesus angesagten Nähe Gottes, der Rahmen christlich-eschatologischer Zukunftshoffnung. Die eschatologische Situation erlaubt keine Halbheiten mehr. Da es Gott ums Ganze geht, geht es im Verhalten der Menschen auch ums Ganze. Das ist frohe Botschaft und ethischer Anspruch zugleich. Die Kontrastivität der Gottesbilder unterstreicht dies in hyperbolisch eindrucksvoller, oft emotional anrührender Weise. Das reicht über reine Information der Art „Gott ist so" weit hinaus. Die Gleichnisse appellieren an die Herzen der Menschen, ihr Verhalten zu überdenken und das Geschenk, das ihnen von Gott gemacht wird, zum Segen für die Mitmenschen werden zu lassen.

---

32 Das erklärt dämonische bzw. „ungerechte" Züge des Gottesbildes (Erlemann, Bild [Anm. 1] 258f.; ders., Gott [Anm. 22] 50f.).

Der Vater als Winzer. Die Breite der Metaphorik johanneischer Gottesrede

Veronika Burz-Tropper

1. Einführung

> *Das Johannesevangelium wirkt auf seine Leserinnen und Leser in ganz erheblichem Maße durch seine Bilder.* Dazu gehören natürlich die bei Johannes breit ausgeführten „Szenenbilder" wie etwa in der Perikope von der Begegnung am Jakobsbrunnen (Joh 4) oder von der Auferweckung des Lazarus (Joh 11). Doch neben diesen großen erzählten Bildern steht eine Vielzahl von Metaphern, die das Evangelium durchziehen und die sich in bestimmten Worten Jesu konzentrieren. [...] In ihrer semantischen Weite tragen die Metaphern wesentlich dazu bei, dass sich der johanneische Text seinen Leserinnen und Lesern erschließt. *Die einprägsamen Metaphern wie Brot und Wasser, Licht und Weg, Hirte und Weinstock steigern das Wirkungspotenzial des johanneischen Textes.* Diese Bilder bedürfen kaum weiterer Erläuterungen, sie erschließen sich ihren Lesern weithin von selbst. Andererseits lässt sich in der Einbindung dieser Metaphern in ihren Kontext, gerade in den Ich-bin-Worten, eine außergewöhnlich starke christologische Zuspitzung erkennen. *Der johanneische Text vereint somit metaphorische Weite und christologische Konzentration.* Damit bringt der johanneische Text seine christologisch zugespitzte Botschaft seinen Leserinnen und Lesern nahe.[1]

Das Zitat von Jörg Frey aus dem Jahr 2000 macht gleich mehreres deutlich:

1. Bildlichkeit bzw. Metaphorik wurde und wird nach wie vor bei der Beschäftigung mit dem Johannesevangelium vorwiegend unter christologischer Hinsicht behandelt.[2]
2. Dass die Verwendung von Bildern wesentliches Merkmal der johanneischen Sprache ist, ist in der Forschung mittlerweile Konsens, allerdings gibt es im-

---

1 Jörg Frey, Das Bild als Wirkungspotenzial. Ein rezeptionsästhetischer Versuch der Funktion der Brot-Metapher in Johannes 6, in: Ruben Zimmermann (Hg.), Bildersprache verstehen. Zur Hermeneutik der Metapher und anderer bildlicher Sprachformen. Mit einem Geleitwort von Hans-Georg Gadamer (Übergänge 38), München 2000, 331–361: 333 (Hervorhebungen im Original).

2 Vgl. dazu etwa Ruben Zimmermann, Christologie der Bilder. Die Christopoetik des vierten Evangeliums unter besonderer Berücksichtigung von Joh 10 (WUNT 171), Tübingen 2004, der auf den Seiten 77–87 auch einen guten Überblick zur johanneischen Bildersprache im Spiegel der Forschung bietet.

mer noch keinen Konsens bezüglich der methodischen Erfassbarkeit der johanneischen Bildlichkeit. Begriffe wie „rätselhafte Sprache", „Metaphern" oder auch „Symbole" werden dabei verwendet.[3]

Ruben Zimmermann betont in seiner Habilitationsschrift „Christologie der Bilder im Johannesevangelium" etwa:

> Die Theologie und besonders auch die Christologie des JohEv werden [...] gerade in und durch Bildersprache formuliert und vermittelt. [...] Die Bildlichkeit der joh Sprache ist in die Metaphern- und Bildfeldtradition ihres Vor- und Umfeldes eingezeichnet, so dass die traditionsgeschichtliche Rückbindung an diese Bereiche in formaler und theologischer Hinsicht aufschlussreich sein dürfte. [...] Um die theologische Tragweite bildhafter Sprach- und Denkformen gerade auch für die joh Christologie im Ganzen beurteilen zu können, scheinen einseitige Zugänge zu kurz zu greifen. Nur eine multiple Annäherung an die unterschiedlichen Bildphänomene mit je spezifischen Methoden vermag es, der Komplexität und Vielfalt joh Sprachformen gerecht zu werden, um schließlich ihren Bedeutungsgehalt für die Christologie des Evangeliums beurteilen zu können.[4]

Was Zimmermann für die johanneische Christologie aussagt und in seiner Christologie der Bilder ausführt, muss m. E. auch und vor allem für die Theo-Logie im Johannesevangelium angewandt werden. In der bisherigen Forschung zum Johannesevangelium wie zum Neuen Testament insgesamt spielte gerade die spezielle Theologie, d. h. die dezidierte Frage nach Gott(-Vater), wenn überhaupt, lediglich eine untergeordnete Rolle.[5]

---

3 Vgl. etwa ebd., 86: „Einerseits wurde die Bildlichkeit unter dem Leitbegriff des ‚Rätselhaften und Änigmatischen' beschrieben. Diese beiden Begriffe sind jedoch im strengen Sinn keine sprachlichen Kategorien, so dass mit solchen allgemeinen Klassifikationen für eine in der Exegese notwendige methodische Kontrollierbarkeit wenig gewonnen wird. Anders bei dem metapherntheoretischen Ansatz, der vielfach ausgehend von moderner Linguistik und Sprachphilosophie mit einer präzisen Methodik und Begrifflichkeit arbeitet, allerdings kaum für alle Formen der joh Bildlichkeit hinreichend ist. Dies gilt besonders dann, wenn sich die ‚Uneigentlichkeit' einer Aussage nicht auf syntaktischer und semantischer Ebene als impertinente Prädikation beschreiben lässt, sondern wenn sie über die Sprachkonvention der Kommunikationsgemeinschaft vermittelt wird. Hier hilft schließlich der Symbolbegriff weiter, da sich ein Symbol gerade durch die Usualität der Bedeutungszuschreibung konstituiert. Um Symbole erkennen und verstehen zu können, ist deshalb die Rekonstruktion des vom Autor und seinen (impliziten) Lesern gekannten Symbolwissens notwendig, wobei insbesondere die Symboltradition, d. h. die konventionelle Kopplung von Sinnbereichen (Bildfeldern), weiterhilft." Auch Jan G. van der Watt, Family of the King. Dynamics of Metaphor in the Gospel According to John (BIS 47), Leiden u. a. 2000, xviii konstatiert, dass es bisher keine systematische Abhandlung zu Metaphern im Johannesevangelium gibt und versucht dann selbst, eine Theorie der Metaphern zu entwickeln.

4 Zimmermann, Christologie der Bilder (Anm. 2) 86f. Vgl. dazu auch Ruben Zimmermann, Imagery in John. Opening up paths into the tangeled thicket of John's figurative world, in: Jörg Frey/Jan G. van der Watt/Ruben Zimmermann (Hg.), Imagery in the Gospel of John. Terms, Forms, and Theology of Johannine Figurative Language (WUNT 200), Tübingen 2006, 1–43.

5 Vgl. dazu meine Ausführungen in Veronika Burz-Tropper, Einführung, in: dies. (Hg.), Studien zum Gottesbild im Johannesevangelium (WUNT 2,483), Tübingen 2019, 1–18: 4–9

Für meine Beschäftigung mit dem Johannesevangelium ist Joh 1,18 der hermeneutische Schlüssel, sozusagen das Paradigma, einer Theo-Logie des Johannesevangeliums.[6] Der Vers lautet: „Gott hat niemand jemals gesehen: Der Einzige [, der] Gott [ist], der Seiende im Schoß des Vaters, jener legte aus." (Θεὸν οὐδεὶς ἑώρακεν πώποτε· μονογενὴς θεὸς ὁ ὢν εἰς τὸν κόλπον τοῦ πατρὸς ἐκεῖνος ἐξηγήσατο.)

Da gerade am Ende des Prologs[7] – und damit an der Schwelle zur eigentlichen Erzählung des Evangeliums – Jesus als derjenige präsentiert wird, der die authentische Auslegung Gottes bringt, muss man das Johannesevangelium viel genauer als bisher auf Jesu Aussagen[8] bezüglich Gott untersuchen. So kann man eine erstaunliche Vielzahl an johanneisch-jesuanischer Gottes-Rede erkennen.

---

sowie die diesbezüglichen Ausführungen bei Christiane Zimmermann, Die Namen des Vaters. Studien zu ausgewählten neutestamentlichen Gottesbezeichnungen vor ihrem frühjüdischen und paganen Sprachhorizont (AJEC 69), Leiden u. a. 2007, 1–6. In der Folge wird sich häufig die Bezeichnung „Gott-Vater" finden. Wohlwissend, dass das bei vielen Leser*innen einen trinitätstheologischen und auch (philosophisch-)ontologischen Verstehenshorizont hervorruft, der so für das Johannesevangelium selbst noch nicht gilt. Allerdings ist der „Vater", wie unter 2. Das Vaterbild gezeigt wird, so prägend für das Johannesevangelium und wird zum Leitbegriff für Gott im vierten Evangelium, dass die Verwendung Gott-Vater im Zuge meiner Ausführungen zum Johannesevangelium als durchaus passend erscheint.

6 Vgl. dazu meine diesbezüglichen Ausführungen Veronika Burz-Tropper, Joh 1,18 als Paradigma einer Theo-Logie des Johannesevangeliums, in: dies. (Hg.), Studien zum Gottesbild im Johannesevangelium (WUNT 2,483), Tübingen 2019, 59–79.

7 Zur Funktion des Prologs vgl. etwa Johannes Beutler, Der Johannes-Prolog – Ouvertüre des Johannesevangeliums, in: ders. (Hg.), Neue Studien zu den johanneischen Schriften (BBB 167), Göttingen 2012, 215–238. Michael Theobald, Die Fleischwerdung des Logos. Studien zum Verhältnis des Johannesprologs zum Corpus des Evangeliums und zu 1 Joh (NTA 20), Münster 1988, 490 charakterisiert den Prolog von der Textsorte her als einen „reflektierte[n] Eröffnungstext". Vgl. auch seine diesbezügliche Aussage S. 267: „Eröffnungstexte, die an Umfang und gedanklicher Tiefe dem Joh-Prolog gleichkämen, sucht man im zeitgenössischen jüdischen und christlichen Schrifttum vergebens. [...] Aber ein Vergleich mit diesen Texten, die verschiedene Typen von Texteröffnungen repräsentieren, bestätigt nur den ersten Eindruck, daß der Joh-Prolog ein Eröffnungstext sui generis ist." Jean Zumstein, Der Prolog, Schwelle zum vierten Evangelium, in: ders. (Hg.), Kreative Erinnerung. Relectüre im Johannesevangelium (ATANT 84), Zürich 2004 (1995), 105–126: 115 konstatiert: „Der Prolog fasst nicht den Plot der Erzählung zusammen, sondern er sagt, wie die Erzählung, die sich anschließend entfalten wird, zu lesen ist." Siehe auch die in Burz-Tropper, Joh 1,18 als Paradigma (Anm. 6) 63 Anm. 19 angeführten Aussagen in den Kommentarwerken.

8 Jesus offenbart im Johannesevangelium Gott-Vater nicht nur worthaft sondern auch in seinem Wirken. Eine Einschränkung des ohnehin weiten Themas erschien für meine Arbeit aber notwendig und ist auch durch die Charakterisierung Jesu als Logos gerechtfertigt.

Jesus ist Exeget des Vaters, daher sind seine Aussagen nicht primär christo-logisch zu deuten,[9] sondern vielmehr theo-logisch, d. h. als Gottesrede bzw. als Rede über/von Gott ernst zu nehmen.[10]

Dass es dem Johannesevangelium auch um eine Beschreibung Gottes geht, hat schon Ludger Schenke erkannt:

> Von Jesus in seinem tiefsten Sein zu sprechen heißt von Gott sprechen. Für das JohEv ist die Theologie eben bedeutsamer als die Christologie (17,3! Vgl. 17,6; 16,25; 14,6f.), ja die johanneische Christologie *ist* Theologie.[11]

Dass das Johannesevangelium also durchaus einen theozentrischen Charakter hat, wird immer wieder gesehen.[12] Allerdings haben solche Beobachtungen bislang wenig Resonanz in der gesamten Johannesforschung gefunden und es gibt,

---

9 Wie das bspw. dezidiert Philippe van den Heede, Der Exeget Gottes. Eine Studie zur johanneischen Offenbarungstheologie (HBS 86), Freiburg i. Br. u. a. 2017 tut.

10 Dazu passend die Aussage von Udo Schnelle, Das Evangelium nach Johannes (ThHK 4), Leipzig ^{5}2016, 42: „[...] an der Stellung und der Interpretation des Prologs entscheidet sich in der Regel das Verständnis des gesamten Evangeliums." Vgl. des Weiteren Jörg Frey, „Wer mich sieht, der sieht den Vater": Jesus als Bild Gottes im Johannesevangelium, in: Andrea Taschl-Erber/Irmtraud Fischer (Hg.), Vermittelte Gegenwart. Konzeptionen der Gottespräsenz von der Zeit des Zweiten Tempels bis Anfang des 2. Jahrhunderts n. Chr (WUNT 367), Tübingen 2016, 179–208: 202: „Darin ist Jesus ‚Exeget' des Vaters (Joh 1,18), darin wird der Vater erschlossen: In der gedeuteten Darstellung des Erdenweges Jesu und in der lektoralen Wahrnehmung seiner Person und seines Werkes ist der Vater erschlossen."

11 Ludger Schenke, Christologie als Theologie. Versuch über das Johannesevangelium, in: Rudolf Hoppe/Ulrich Busse (Hg.), Von Jesus zum Christus. Christologische Studien (FS Hoffmann) (BZNW 93), Berlin u. a. 1998, 446–465: 463 (Hervorhebung im Original). Ob allerdings diese Gleichsetzung von Theologie und Christologie tatsächlich zu 100 Prozent tragfähig ist, muss diskutiert werden. Vgl. auch Konrad Huber, „Wer mich gesehen hat, hat den Vater gesehen" (Joh 14,9). Jesus als Ort der Gottes-Offenbarung im Johannesevangelium, in: Christian Kanzian/Roman Siebenrock (Hg.), Gottesentdeckungen (theologische trends 8), Thaur 1999, 73–87: 76, der ebenfalls betont, dass so sehr Jesus im Johannesevangelium auch als Offenbarer dargestellt wird, letztendlich seine Tätigkeit rückgebunden ist an Gottes Wirken und Willen. Huber sieht das besonders deutlich gegeben in den Sendungsaussagen. Michael Theobald, Gott, Logos und Pneuma. „Trinitarische" Rede von Gott im Johannesevangelium, in: Hans-Josef Klauck (Hg.), Monotheismus und Christologie. Zur Gottesfrage im hellenistischen Judentum und im Urchristentum (FS Kertelge) (QD 138), Freiburg i. Br. u. a. 1992, 41–87: 59f. betont ebenfalls, dass die Sendungsaussagen im Johannesevangelium Signal für dessen theozentrischen Charakter sind. Vgl. auch Jean Zumstein, „Niemand hat Gott je gesehen". Das johanneische Gottesverständnis am Beispiel des Prologs, in: Ulrich H. J. Körtner (Hg.), Gott und die Götter. Die Gottesfrage in Theologie und Religionswissenschaft, Neukirchen-Vluyn 2005, 51–70: 55: „Nach dem Prolog ist die Rede von Jesus nur von Gott her möglich und umgekehrt ist die Rede von Gott nur anhand der Person Jesu durchführbar."

12 Vgl. dazu auch etwa: Adelbert Denaux, Der monotheistische Hintergrund neutestamentlicher Theologie. Kritische Reflexionen über pluralistische Theologien der Religionen, in: Ulrich Busse (Hg.), Der Gott Israels im Zeugnis des Neuen Testaments (QD 201), Freiburg i. Br. u. a. 2003, 193–223: 211: „Christologie *ist* Theologie oder zumindest ihre christliche

soweit mir bekannt, zumindest für den deutschsprachigen Raum keine einzige Arbeit, die sich umfassend mit dem Gottesbild des Johannesevangeliums beschäftigt.[13]

Um die Beschäftigung mit der Theo-Logie des Johannesevangeliums voranzutreiben, möchte ich im Folgenden auf einige Bilder und Metaphern eingehen, die im vierten Evangelium auf Gott fokussieren. Behandelt werden: Das Vaterbild (2.), Der Vater als Winzer (3.), Die metaphorischen Ich-bin-Worte als Gottes-Bilder (4.). Ein Schlussfazit (5.) rundet meine Ausführungen ab.

2. Das Vaterbild

Schon die Konkordanz zeigt, dass „Vater" (griech. πατήρ) dasjenige Bild ist, das im Johannesevangelium am häufigsten für Gott verwendet wird. Es tritt zahlenmäßig sogar häufiger auf als der Begriff θεός (Gott). Insgesamt kommt πατήρ im Johannesevangelium 136mal vor, davon 121mal als Bezeichnung Gottes,[14] wohingegen θεός insgesamt nur 83mal belegt ist und davon 49 Belege Gott direkt bezeichnen. Christiane Zimmermann hält diesbezüglich in ihrer Habilitationsschrift „Die Namen des Vaters" fest:

> Für das Johannes-Evangelium ist die Vaterbezeichnung die Bezeichnung Gottes im Munde Jesu schlechthin. Sie löst die Gattungsbezeichnung θεός mit 115 Belegen gegen 83 nicht nur an Häufigkeit ab: der „Vater" ist schlechterdings der Gott des Joh. Vater ist und bleibt allein Gott, dagegen geht die Bezeichnung θεός im Joh nun auch auf Jesus über (1,18; 20,28).[15]

Variante. Sowohl Paulus als auch Johannes sind *theo*zentrisch, obgleich die Christologie in ihren Schriften eine Vorrangstellung einnimmt." (Hervorhebung im Original)

13 Siehe dazu auch meine Ausführungen Burz-Tropper, Joh 1,18 als Paradigma (Anm. 6) 59–62. Vgl. diesbezüglich auch schon den guten Überblicksartikel Jörg Frey, Was trägt die johanneische Tradition zum christlichen Bild von Gott bei?, in: Jörg Frey/Uta Poplutz (Hg.), Narrativität und Theologie im Johannesevangelium (BThSt 130), Neukirchen-Vluyn 2012, 217–257. Als englischsprachige Arbeiten, die sich zumindest dem Titel nach vorwiegend mit Gott im Johannesevangelium beschäftigen, sind zu nennen: Marianne Meye Thompson, The God of the Gospel of John, Grand Rapids 2001; Tord Larrson, God in the Fourth Gospel. A Hermeneutical Study of the History of Interpretations (CB.NTS 35), Stockholm 2001 und Daniel Rathnakara Sadananda, The Johannine Exegesis of God. An Exploration into the Johannine Understanding of God (BZNW 121), Berlin u. a. 2004.

14 Siehe dazu Kurt Aland, Vollständige Konkordanz zum griechischen Neuen Testament. Unter Zugrundelegung aller modernen kiritischen Textausgaben und des Textus Receptus. Band I. Teil 2. M – O, Berlin/New York 1983, 1105f. sowie die systematisierende Tabelle bei Edith Zingg, Das Reden von Gott als „Vater" im Johannesevangelium (HBS 48), Freiburg i. Br. u. a. 2006, 25.

15 Zimmermann, Die Namen des Vaters (Anm. 5) 115.

Für den deutschsprachigen Raum[16] bietet Edith Zingg eine umfangreiche Studie zur Charakterisierung Gottes als Vater im Johannesevangelium. Ihr Ziel ist es,

> einzelne joh Texte auf die Facetten des Vaterbildes [hin] zu untersuchen und in einer Zusammenschau der joh Art, Gott zur Sprache zu bringen, auf die Spur zu kommen. Verschiedene Themenbereiche, Wortfelder und Konnotationen, die das joh Vater-/Gottesbild prägen, sollen im Gesamtkontext des JohEv auf ihre Bedeutung für die Lesenden untersucht werden.[17]

Zinggs Meinung, dass „das Gottesbild im JohEv wesentlich auf *die eine männliche Metapher* ‚Vater' beschränkt [ist]",[18] halte ich allerdings für unzureichend, da es noch einige weitere Metaphern und Beschreibungen Gottes (vgl. nur die Aussage Joh 15,1: Vater = Winzer) gibt, ohne deren Einbezug das durchaus dominierende Vaterbild nicht sachgerecht erschlossen werden kann. Da es Zingg in ihrer Studie ausschließlich um die Bedeutung der Vater-Metapher für die Lesenden geht, bleibt bei ihr eine motiv- und traditionsgeschichtliche Untersuchung des Bildes aus.[19]

Bereits im Prolog wird Gott als Vater bezeichnet, in den Versen 14.18 als Vater Jesu und indirekt auch als Vater der gläubigen Menschen in Vers 12. Vorwiegend ist im Erzählcorpus dann Gott aber der Vater Jesu.[20] Das, was den johanneischen Gott-Vater v. a. ausmacht, ist seine umfassende Offenbarung[21] im Sohn, dem Logos und μονογενής, der Jesus von Nazaret ist. Dieser steht in einer Wirkens-, Wollens- und „Wesens"-Einheit mit ihm als Gott-Vater und wirkt aus dieser Einheit heraus (Joh 1,1.18 u. ö.).[22]

---

16 Für den angloamerikanischen Raum siehe dazu etwa den Sammelband von Adele Reinhartz (Hg.), God the Father in the Gospel of John (Semeia 85), Atlanta 1999.

17 Zingg, Gott als „Vater" (Anm. 14) 19.

18 Ebd., 326 (Hervorhebung im Original).

19 Vgl. diesbezüglich aber Anm. 27. Im Rahmen dieses Beitrages kann ich darauf ebenfalls nicht näher eingehen. In meiner Habilitationsarbeit werde ich diese aber ausführlich behandeln, da es mir v. a. auch um den motiv- und traditionsgeschichtlichen Hintergrund der für Gott verwendeten Bilder im Johannesevangelium geht.

20 Mit Gott als dem Vater der Jünger setzt sich explizit Frances Back, Gott als Vater der Jünger im Johannesevangelium (WUNT 2,336), Tübingen 2012 auseinander.

21 Vgl. dazu etwa Joh 1,18; 3,16-18; 17,3f.6-8.26.

22 Vgl. dazu etwa Udo Schnelle, Theologie des Neuen Testaments (UTB 2917), Göttingen u. a. ³2016, 645–648. Weiter: Zimmermann, Die Namen des Vaters (Anm. 5) 127: „Die Vater-‚Theologie' der johanneischen Schriften, die sowohl das exklusive Verhältnis des Vaters zum Sohn als auch die Partizipation der Glaubenden an diesem Verhältnis durch die Neuzeugung beschreibt, stellt inhaltlich eine weit über das synoptische Vaterbild hinausgehende, durch die Liebe geprägte Nähe zwischen Gott als Vater und seinem Sohn bzw. seinen Kindern her. In Trennung von der Synagoge und der Welt dient die Vater-Sohn-Kinder Relation zur Konstituierung einer von bisherigen religiösen Gemeinschaftsformen unabhängigen familia dei. Der absolute Gebrauch der Bezeichnung ‚Vater' für Gott in diesen Schriften, der die Differenzierung ‚mein' und ‚euer' völlig in den Hintergrund drängt, hat dazu geführt, dass ‚der Vater' zum Namen Gottes im Christentum schlechthin wurde." Siehe ebenfalls Klaus Scholtissek, In ihm sein und bleiben. Die Sprache der Immanenz in

Alle Stellen, in denen Gott als Vater bezeichnet wird, nun im Einzelnen durchzugehen, würde den Rahmen des Beitrages bei Weitem sprengen.[23] Ich habe deshalb versucht, eine gewisse thematische Systematisierung vorzunehmen: Neben einigen herausragenden Einzelstellen (In 2,16 bezeichnet Jesus in der johanneischen Tempelaktion den Tempel als „Haus meines Vaters“. In Joh 18,11 nennt Jesus sein bevorstehendes Leiden als „Kelch, den mir der Vater gegeben hat“; in Joh 15,1 sagt Jesus: „Ich bin der wahre Weinstock, und mein Vater ist der Winzer.“) gibt es die direkte (Gebets-)Anrede Jesu an Gott (1,41; 12,27f.; 17,1.5.11.21.24f. in Vers 25 wird die Zuschreibung gerecht gebraucht). Es gibt die Sendungsaussagen (3,16–18; 5,23.36f.; 6,57; 8,16f.; 10,24.36; 12,49; 17,24; 20,21), Aussagen über die Liebe des Vaters zum Sohn und zur Welt (3,35; 5,20, 10,17; 15,9; 17,24.26; 3,16) und die Immanenzaussagen[24] (8,19; 10,30.38; 14,6f.10f.; 16,15; 17,21; 16,32), die in der Einheitsaussage von 10,30 gipfeln. 10,29 und 14,28

---

den Johanneischen Schriften (HBS 21), Freiburg i. Br. u. a. 2000, 363f.: „Ausgangspunkt der gesamten joh Theologie ist der biblische Monotheismus und die ihm eigene Theozentrik: In der Sendung und dem Geschick Jesu handelt der eine und einzige Gott Israels, der vor der Schöpfung war, der die gesamte Welt ins Dasein gerufen hat, der an und in Israel verbindlich gehandelt und Israel Verheißungen (vgl. im JohEv: das Zeugnis Abrahams, Moses, Jesajas, des Täufers; die unauflösbare Schrift) gegeben hat. Es ist dieser Gott Israels, der in der endzeitlichen Sendung seines Sohnes Israel (vgl. 1,31) seine Doxa offenbart, zum Glauben ruft und den Glaubenden die Lebensgemeinschaft mit ihm und untereinander in der neuen familia dei zuteil werden läßt.“ Sowie 371: „Die Theozentrik Jesu ermöglicht es dem Vater, sich selbst ganz und gar im Sohn zu vergegenwärtigen. Jesus repräsentiert nicht den Vater, er präsentiert ihn.“ Vgl. dazu auch Jörg Frey, Die johanneische Theologie als Klimax neutestamentlicher Theologie, ZThK 107 (2010) 448–478: 462f.: „Die Einzigartigkeit des Verhältnisses kommt in der Einheitsaussage Joh 10,30 zu Sprache: Jesus und der Vater sind eins – neutrisches ἕν und nicht εἷς –, und diese Einheit bezieht sich nicht allein auf das Wirken und Wollen, sondern nach johanneischer Überzeugung über dieses hinaus und soll durchaus auch ontologisch im Sinne einer Teilhabe am göttlichen Wesen verstanden werden.“ Allerdings ist mit Stefan Schreiber, Die Anfänge der Christologie. Deutungen Jesu im Neuen Testament, Neukirchen-Vluyn 2015, 200 festzuhalten, dass das Johannesevangelium diese Einheit, auch wenn ich vorausgehendem Zitat von Jörg Frey zustimme, noch nicht ontologisch sondern offenbarungstheologisch reflektiert. Trotzdem: „Theologiegeschichtlich ist der Weg von den christologischen Spitzenaussagen im JohEv zu den trinitarischen Formulierungen der ersten Konzile von Nikaia und Chalkedon nachvollziehbar. Er setzt neue, aus der griechischen Philosophie stammende Grundbegriffe (wie prosōpon, physis, ousia oder hypostasis) und damit verbundene Denkmodelle voraus, womit der Logos selbst als Teil Gottes gedacht werden kann. Statt des Weisheitsmythos wird die Philosophie des Neuplatonismus entscheidend, und auf dem Konzil von Nikaia (325) treten neue Kategorien wie ‚Wesen‘ (ousia) und ‚wesensgleich‘ (homoousios) hinzu.“ Insofern sollte man – wie auch im Text – von einer Wesens-Einheit von Vater und Sohn im Johannesevangelium am besten immer nur in Anführungszeichen sprechen.

23 Vgl. dazu etwa auch die Ausführungen von Ruben Zimmermann, Ein Bild ist nicht genug. „Mixed Metaphors“ und ihr Wert für die biblische Gottesrede in diesem Band zu Joh 5. In diesem Text kommen etwa die Bilder Schöpfer, Richter und „Lehrer“ vor.

24 Zur Immanenz-Konzeption des Johannesevangeliums vgl. bes. Scholtissek, In ihm sein und bleiben (Anm. 22).

zeigen aber, dass der Vater der Größere bleibt. Mit Christiane Zimmermann kann resümierend festgehalten werden:

> Im Johannes-Evangelium wird die Vaterbezeichnung zu der dominanten Gottesbezeichnung schlechthin, mit der der Verfasser die Einheit des Vaters mit dem Sohn beschreibt, in die auch die Glaubenden mithineingenommen werden.[25]

Insgesamt ist die Vater-Metapher aber natürlich keine johanneische Erfindung.[26] Ich kann hier nicht auf den gesamten traditionsgeschichtlichen Rahmen eingehen.[27] Nur so viel sei festgehalten: Bereits im hebräischen Alten Testament taucht die Vater-Bezeichnung für Gott auf, und zwar besonders als Anrede durch Israel im Kollektiv. Als individuelle Anrede findet sie sich dann v. a. in den griechischen Texten des Frühjudentums. Basierend auf den Arbeiten von Joachim Jeremias[28] wird die Vater-Anrede für Gott in neutestamentlichen Kreisen immer noch sehr stark als typisch jesuanisch gesehen.[29] Neuere Forschungen zeigen aber, dass Jesus und die neutestamentlichen Schriftsteller mit der Vateranrede jedenfalls in frühjüdischer Tradition stehen,[30] wenn auch einige von ihnen diese Anrede und Bezeichnung, wie gerade auch das Johannesevangelium, deutlich betonen. Das Besondere des Gottesverhältnisses Jesu zeigt sich aber nicht oder zumindest nicht ausschließlich in der Anrede Gottes mit „Vater".[31] Es geht in der

---

25 Zimmermann, Die Namen des Vaters (Anm. 5) 603.

26 Im Johannesevangelium ist die Verwendung der Vatermetapher eingebettet in die johanneische Familienmetaphorik, die Jan G. van der Watt in seinem Werk van der Watt, Family of the King (Anm. 3) eindrucksvoll als „the consitutive and most essential imagery" (397) herausgearbeitet hat. In seiner Arbeit zeigt van der Watt auf, dass im Johannesevangelium ein Netzwerk unterschiedlicher Metaphern, die dem Bereich des Familienlebens zuzuschreiben sind, zusammengewoben ist zum „Familien-Bild": „Most of the metaphors or groups of metaphors are related to the idea of family life. A complex network of different metaphors are woven together to form the family imagery. It indeed forms the focal point of argumentation, to which most themes in this Gospel are directly related. Metaphorical use of friends, slaves, orphans, forensic elements and so on, actually form part of the extended family imagery, which supports the centrality of this imagery in the Gospel." (398) Als solche Bereiche führt er beispielsweise Geburt, Leben, und Erziehung an.

27 Vgl. dazu ausführlich Zimmermann, Die Namen des Vaters (Anm. 5) 41–73 sowie die Arbeiten von Annette Böckler, Gott als Vater im Alten Testament. Traditionsgeschichtliche Untersuchungen zur Entstehung und Entwicklung eines Gottesbildes, Gütersloh 2000 und Angelika Strotmann, „Mein Vater bist du!", (Sir 51,10). Zur Bedeutung der Vaterschaft Gottes in kanonischen und nichtkanonischen frühjüdischen Schriften (FTS 39), Frankfurt a. M. 1991.

28 Vgl. etwa Joachim Jeremias, Abba, in: ders. (Hg.), Abba. Studien zur neutestamentlichen Theologie und Zeitgeschichte, Göttingen 1966, 15–67; Joachim Jeremias, Kennzeichen der ipsissima vox Jesu, in: ebd., 145–152.

29 Vgl. dazu die Ausführungen von Zimmermann, Die Namen des Vaters (Anm. 5) 46.

30 Vgl. dazu auch den Beitrag von Markus Tiwald, Die Vatermetaphorik Jesu. Religionspsychologische Überlegungen zum jesuanischen Gottesbild in diesem Band.

31 Vgl. dazu Zimmermann, Die Namen des Vaters (Anm. 5) 48. Vgl. ferner Schnelle, Theologie des Neuen Testaments (Anm. 22) 74.

Predigt Jesu, um es mit den Worten Udo Schnelles zu sagen „um den hereinbrechenden Gott".[32] Das Besondere liegt dann schließlich darin, dass Jesus dieses Hereinbrechen des Reiches Gottes in Verbindung mit seiner Person sieht und es im Gegensatz bspw. zur Predigt des Täufers einen Vorrang des Heilshandelns Gottes gibt.[33]

Bekannt ist, dass die Verkündigung des Reiches Gottes im Johannesevangelium keine Rolle mehr spielt – die Begriffe kommen nur an zwei Stellen (3,3.5) vor. Inhaltlich ist an die Stelle des Reiches Gottes im Johannesevangelium der Begriff des Lebens getreten. Der Glaube an Jesus und den Vater und das Bleiben in ihnen ermöglicht einen neuen Lebensraum.[34] Das wird durch die Verwendung einer Vielzahl von Bildern, die auch die Theo-Logie betreffen, deutlich. Primär sind für mich in diesem Zusammenhang die metaphorischen Ich-bin-Aussagen wichtig (siehe dazu unten).

3. Der Vater als Winzer

In der sogenannten zweiten Abschiedsrede (Joh 15,1 – 16,33)[35] findet sich im Rahmen der Weinstockrede 15,1–8[36] das letzte metaphorische Ich-bin-Wort des

32 Schnelle, Theologie des Neuen Testaments (Anm. 22) 70.

33 Vgl. ebd., 70. Ferner S. 97: „Gottes Kommen und Handeln in seinem Reich ist die Basis, die Mitte und der Horizont des Wirkens Jesu. Mit der Rede vom Reich/der Herrschaft Gottes nimmt Jesus nicht nur eine Zeitdiagnose, sondern eine umfassende Sinnbildung vor, deren Ausgangspunkt die Erfahrung und die Einsicht war, dass Gott in neuer Weise zum Heil der Menschen unterwegs ist und das Böse zurückgedrängt wird."

34 Vgl. dazu besonders Mira Stare, Durch ihn leben. Die Lebensthematik in Joh 6 (NTA 49), Münster 2004 sowie Nadine Ueberschaer, Theologie des Lebens bei Paulus und Johannes. Ein theologisch-konzeptioneller Vergleich des Zusammenhangs von Glaube und Leben auf dem Hintergrund ihrer Glaubenssummarien (WUNT 389), Tübingen 2017.

35 Vgl. zu den johanneischen Abschiedsreden neben den diesbezüglichen Erläuterungen in den einschlägigen Kommentaren bes. Andreas Dettwiler, Die Gegenwart des Erhöhten. Eine exegetische Studie zu den johanneischen Abschiedsreden (Joh 13,31 – 16,33) unter besonderer Berücksichtigung ihre Relecture-Charakters (FRLANT 169), Göttingen 1995; Christina Hoegen-Rohls, Der nachösterliche Johannes. Die Abschiedsreden als hermeneutischer Schlüssel zum vierten Evangelium (WUNT 2,84), Tübingen 1996; Christian Dietzfelbinger, Der Abschied des Kommenden. Eine Auslegung der johanneischen Abschiedsreden (WUNT 95), Tübingen 1997; Stefan Burkhalter, Die johanneischen Abschiedsreden Jesu. Eine Auslegung von Joh 13 – 17 unter besonderer Berücksichtigung der Textstruktur (Judentum und Christentum 20), Stuttgart 2014.

36 Vgl. dazu im Folgenden besonders Uta Poplutz, Eine fruchtbare Allianz (Weinstock, Winzer und Reben) Joh 15,1–8 (vgl. Agr 61), in: Ruben Zimmermann/Detlev Dormeyer (Hg.), Kompendium der Gleichnisse Jesu, Gütersloh 2007, 828–839; Rainer Borig, Der wahre Weinstock. Untersuchungen zu Jo 15,1–10 (StANT 16), München 1967, bes. 19–76; Petra von Gemünden, Vegetationsmetaphorik im Neuen Testament und seiner Umwelt. Eine

Johannesevangeliums, das auch eine Charakterisierung Gottes vornimmt und die zentrale Vater-Metapher des Johannesevangeliums mit der des Winzers verbindet.

> 15,1 Ich bin der wahre Weinstock und mein Vater ist der Winzer. 2 Jede Rebe an mir, die keine Frucht bringt, schneidet er ab und jede Rebe, die Frucht bringt, reinigt er, damit sie mehr Frucht bringt. 3 Ihr seid schon rein kraft des Wortes, das ich zu euch gesagt habe. 4 Bleibt in mir und ich bleibe in euch. Wie die Rebe aus sich keine Frucht bringen kann, sondern nur, wenn sie am Weinstock bleibt, so auch ihr, wenn ihr nicht in mir bleibt. 5 Ich bin der Weinstock, ihr seid die Reben. Wer in mir bleibt und in wem ich bleibe, der bringt reiche Frucht; denn getrennt von mir könnt ihr nichts vollbringen. 6 Wer nicht in mir bleibt, wird wie die Rebe weggeworfen und er verdorrt. Man sammelt die Reben, wirft sie ins Feuer und sie verbrennen. 7 Wenn ihr in mir bleibt und meine Worte in euch bleiben, dann bittet um alles, was ihr wollt: Ihr werdet es erhalten. 8 Mein Vater wird dadurch verherrlicht, dass ihr reiche Frucht bringt und meine Jünger werdet. (EÜ 2016)

In 15,1 sagt der johanneische Jesus: „Ich bin der wahre Weinstock und mein Vater ist der Winzer." (Ἐγώ εἰμι ἡ ἄμπελος ἡ ἀληθινὴ καὶ ὁ πατήρ μου ὁ γεωργός ἐστιν.). Jesus beginnt die Rede mit dem für das Johannesevangelium typischen Offenbarungswort „Ich bin der wahre Weinstock", setzt dann aber metaphorisch atypisch bzw. die Weinstockmetapher ausweitend fort mit „und mein Vater ist der Winzer".[37] Auch wenn der Mittelpunkt der Rede der Weinstock und damit Jesus ist, bleibt doch der Vater als Winzer und Herr des Weinstocks immer präsent. Nach Rainer Borig zeigen das v. a. die Verse 2 und 8.[38] Einmal mehr steht man damit im Johannesevangelium vor der Aufgabe, die Theo-Logie nicht aus den Augen zu verlieren.

Vers 2 („Jede Rebe an mir, die keine Frucht bringt, schneidet er ab und jede Rebe, die Frucht bringt, reinigt er, damit sie mehr Frucht bringt." / πᾶν κλῆμα ἐν ἐμοὶ μὴ φέρον καρπὸν αἴρει αὐτό, καὶ πᾶν τὸ καρπὸν φέρον καθαίρει αὐτὸ ἵνα καρπὸν πλείονα φέρῃ.) zeigt den Vater als Winzer bei der „normalen" Arbeit, die als nützliche Pflege bezeichnet werden kann.[39] Deutlich wird zudem, dass es dem

---

Bildfelduntersuchung (NTOA 18), Freiburg i. Ü./Göttingen 1993, 156–171 sowie Silke Petersen, Brot, Licht und Weinstock. Intertextuelle Analysen johanneischer Ich-bin-Worte (NT.S 127), Leiden 2008, 286–313.

37 Vgl. Scholtissek, In ihm sein und bleiben (Anm. 22) 285, wobei er dezidiert darauf hinweist: „Die Theozentrik Jesu und des Fruchtbringens der Reben im JohEv bleibt in der gesamten Bildrede 15,1–8 bzw. in 15,1 – 16,4d vorausgesetzt und wird immer wieder angesprochen (vgl. 15,2bd; 15,6b; 8a.9a.10cd.15e.16h21b.23b.24e.26bd; 16,3b)."

38 Vgl. Borig, Der wahre Weinstock (Anm. 36) 36.

39 Vgl. ebd., 38. Nach Borig wird außerdem „sogleich deutlich, daß bereits hier, obwohl erst in Vers 5 expressis verbis formuliert, das Gesamtbild ‚Weinstock und Winzer' alle Einzelteile enthält: die Wartung des Weinstocks durch den Vater setzt schon das Verständnis der Reben als Jünger voraus, denn was wäre am Sohn selbst zu ‚reinigen' oder gar ‚abzuschneiden'?" Siehe auch Poplutz, Eine fruchtbare Allianz (Anm. 36) 831, die neben dem Hinweis auf die normale Winzertätigkeit des Vaters noch festhält: „Seinen Fokus findet der Text jedoch in der engen Beziehung zwischen Weinstock und Reben. Die Aufgabe der Reben ist es, Frucht zu bringen, was gelöst vom Weinstock – und damit wird eine botani-

Winzer nicht um einen „schönen" oder „besonders starken" Weinstock, sondern ausschließlich um die Frucht geht.[40] Alles, was in den Versen 2 bis 7 ausgesagt wird, ja im Grunde der Weinstock als ganzer, hat ein einziges Ziel: die Verherrlichung des Vaters, wie Vers 8 zeigt.[41] Vers 8 nennt wieder den Vater (ὁ πατήρ μου), greift damit auf den Eingang der Rede in Vers 1 zurück, schließt den Kreis und rundet das Gesamtbild ab.[42] Gott-Vater als der γεωργός legt alles darauf an, Frucht, ja καρπὸν πλείονα, aus seinem Weinstock zu erzielen. Er hat Erfolg (vgl. V. 2) und sein fruchttragender Weinstock gereicht ihm zur Ehre.[43] Borig stellt fest: „Die überragende Stellung des Vaters, die bereits Vers 1f. enthält, ist somit für das Ganze gewahrt, ja verstärkt: der Vater ist der, auf den alles ausgerichtet ist und von dem es seine Prägung erhält."[44]

Wie das Vaterbild alttestamentlich-frühjüdische Wurzeln hat, so ist auch das Bild von Gott-Vater als γεωργός dem Alten Testament[45] entnommen, genauso wie das Bild vom Weinstock/Weinberg als Bild für Israel bzw. den Messias, das der johanneische Jesus auf sich anwendet, alttestamentliche Wurzeln[46] besitzt. Nach Borig ist es dabei

> [b]esonders auffallend [...], daß mit der Tatsache des Fruchtbringens – „Frucht" wird übrigens in beiden Darstellungen [AT und Joh] stets metaphorisch gebraucht – der Bildgebrauch endet: weder der „Vater" in Jo 15 noch „Jahwe" im atl. Weinstockbild suchen etwa die Trauben als solche, um daraus Most oder Wein zu gewinnen. Der Vorgang des Fruchtbringens oder sein Unterbleiben bildet also in beiden Darstellungen die Pointe des Bildgebrauchs.[47]

Im johanneischen Kontext bedeutet Fruchtbringen das Bleiben in Jesus/im Vater, d. h. es bezeichnet ein Leben in und aus der Gemeinschaft mit Christus und

---

sche Allerweltsweisheit formuliert – nicht möglich ist. Somit ist das Beschneiden Konsequenz des mangelnden Frucht-Bringens." Vgl. zur Winzertätigkeit des Weiteren Jan Heilmann, Arbeit am Weinstock. Joh 15,1–8 im Spiegel des antiken Weinbaus, in: Thomas Söding/Peter Wick (Hg.), Würde und Last der Arbeit. Beiträge zur neutestamentlichen Sozialethik (BWANT 209), Stuttgart 2017, 209–224: 213–216 und dabei bes. die graphische Übersicht über die Deutungsmöglichkeiten zu Joh 15,2 auf S. 216.

40 Vgl. Borig, Der wahre Weinstock (Anm. 36) 39.

41 Ebd., 36: Hier „wird alles, was bis dahin über den Weinstock gesagt wurde, auf die Verherrlichung des Vaters ausgerichtet [...] und der Vater [zeigt] sich damit als Grund und Ziel des Weinstocks [...]."

42 Vgl. ebd., 57. Auch Poplutz, Eine fruchtbare Allianz (Anm. 36) 839 weist auf die Klammerfunktion von V. 1 und V. 8 hin.

43 Vgl. Borig, Der wahre Weinstock (Anm. 36) 57f.

44 Ebd., 58.

45 Vgl. dazu ebd., 89–91; sowie Poplutz, Eine fruchtbare Allianz (Anm. 36) 832f. und Scholtissek, In ihm sein und bleiben (Anm. 22) 280.

46 Vgl. dazu Borig, Der wahre Weinstock (Anm. 36) 82f. Borig ist diesbezüglich auch beispielhaft für die Interpretation, dass Jesus als „wahrer Weinstock" Israel ersetzt. Seine „israelfeindliche" Position fasst Petersen, Brot, Licht und Weinstock (Anm. 36) 303 gut überschaubar zusammen.

47 Borig, Der wahre Weinstock (Anm. 36) 94.

dem Vater.[48] Gemeint ist nicht so sehr die Mission, sondern der Nachdruck, um es mit den Worten Rudolf Schnackenburgs zu sagen, liegt „auf der Entfaltung der Heils- und Lebenskräfte Christi in der Gemeinde, auf einem immer reicheren Fruchtertrag, vor allem in der Liebe (vgl. V 12.17).“[49]

Was das offensichtliche Gerichtswort[50] in Vers 6 betrifft, sei angemerkt, dass das Gericht – wie öfter im Johannesevangelium (vgl. etwa 3,19f.; 8,24; 9,39; 12,47f.) – auch hier die selbstgewählte Verweigerung (d. h. das Nicht-Glauben) des Menschen meint und nicht das den Kosmos umfassende Endgericht am Ende der Zeiten.[51] Zudem ist durch den Plural ausgeschlossen, dass der Winzer für diese Arbeitsschritte zuständig ist.[52] D. h. es bleibt das positive Gottesbild vom Winzer-Vater, der sich um seinen Weinstock und die Reben, d. h. die Gemeinde kümmert, im Vordergrund.

---

48 So etwa auch Klaus Wengst, Das Johannesevangelium (Theologischer Kommentar zum Neuen Testament 4), Stuttgart [3]2019, 437. Schnelle, Evangelium nach Johannes (Anm. 10) 317. Petersen, Brot, Licht und Weinstock (Anm. 36) 287 bezeichnet die bleibende Gemeinschaft als „ein zentrales Thema der Weinstockrede“. In Anm. 67 (303f.) führt sie schließlich weitere neuere Literatur, die diese „Ersetzungshypothese“ vertritt, an. Schließlich verweist sie nach ihrem traditionsgeschichtlichen Durchgang (304-307) darauf, dass es bei den über 150 Stellen, an denen Weinstock bzw. Weinberg in der LXX vorkommen, nur wenige Stellen gibt, wo Israel selbst mit einem Weinstock verglichen wird, vorwiegend geht es um die Beschreibung eines Idealzustandes für Israel, wo es Frieden und Nahrung in Überfluss gibt. Schließlich konstatiert sie S. 309: „Freude, Fülle und Fruchtbarkeit sind also die Konnotationen, die sich für eine intertextuelle Lektüre der Weinstockmetaphorik nahelegen – nicht aber die Ersetzung Israels.“ S. 311 hält sie nach vorheriger Auseinandersetzung mit Weisheitstexten noch fest: „Es spricht nichts dagegen und vieles dafür, Joh 15 als Traditionsfortführung zu lesen und die Verankerung des Weinstockbildes in der Geschichte Israels zu betonen. Die Verwendung dieses Bildes für Jesus verdankt sich nicht der Idee der Ersetzung Israels, sondern einer Kontinuität mit den Überlieferungen Israels. Ebenso wie die Weisheit ist auch Jesus fruchttragender Weinstock innerhalb Israels.“

49 Rudolf Schnackenburg, Das Johannesevangelium. III. Teil. Kommentar zu Kap. 13 – 21 (HThKNT 4,3), Freiburg i. Br. u. a. [6]1992, 113. Vgl. auch von Gemünden, Vegetationsmetaphorik (Anm. 36) 163.

50 Zu Feuer als Zeichen des eschatologischen Gerichts vgl. etwa Friedrich Lang, πῦρ κτλ., ThWNT 6 (1959) 927–953: 941–946; Hans Bietenhard, Feuer, TBLNT 1 (2000) 462–468: 467; Hermann Lichtenberger, πῦρ, EWNT III ([3]2011) 477–484: 481–483.

51 Vgl. etwa Ludger Schenke, Johannes. Kommentar, Düsseldorf 1998, 300; Christian Dietzfelbinger, Das Evangelium nach Johannes. Teilband 1 und 2 (ZBK 4), Zürich [2]2004, 98; Schnackenburg, Johannesevangelium III (Anm. 49) 114.

52 Vgl. Heilmann, Arbeit am Weinstock (Anm. 39) 217. Trotzdem sei darauf verwiesen, dass hier möglicherweise dennoch synoptische Gerichtsterminologie anklingt (vgl. nur Mt 13,40–42); so etwa Benedikt Schwank, Evangelium nach Johannes. Erläutert für die Praxis, St. Ottilien 1996, 377; Dietzfelbinger, Evangelium nach Johannes (Anm. 51) 98; Johannes Beutler, Das Johannesevangelium. Kommentar, Freiburg i. Br. 2013, 424; Georg Rubel, Bleiben und Fruchtbringen (Joh 15,1–8). Die Rede vom Weinstock und den Reben als Beispiel für gleichnishafte Sprache im Johannesevangelium, in: Christoph Heil/Rudolf Hoppe (Hg.), Menschenbilder – Gottesbilder. Die Gleichnisse Jesu verstehen, Ostfildern 2016, 278–297: 293.

Insgesamt wird deutlich, dass es in der Weinstockrede und mit dem letzten metaphorischen Ich-bin-Wort Jesu, ganz passend zum Kontext der Abschiedsreden, um die „Gemeinde als eschatologisches Heilsvolk“[53] geht. Trotz seiner physischen Abwesenheit, bedingt durch Tod und Auferstehung, ist Christus in der christlichen Gemeinde in der Welt anwesend. Wie die Reben zum Leben und Fruchtbringen den Weinstock brauchen, so ist Christus als die lebensspendende Kraft unter seinen Jüngern anwesend. Und auch Gott-Vater als der Winzer ist in der Gemeinde immer noch am „Arbeiten“ am Weinstock und an einen Reben.[54] In der Winzermetapher wird also die Theozentrik des Johannesevangeliums ebenso greifbar wie ihr deutendes Potential für die dominierende Größe von Gott als Vater. Dass aber nicht nur das letzte Ich-bin-Wort durch seine explizite Erwähnung des Vaters dafür eine Rolle spielt, sondern auch die anderen metaphorischen Ich-bin-Worte, zeigt der folgende Punkt.

4. Die metaphorischen Ich-bin-Worte als Gottes-Bilder

Am Beispiel der Aussage Jesu „Ich bin das Licht der Welt“ (ἐγώ εἰμι τὸ φῶς τοῦ κόσμου) in Joh 8,12 möchte ich beispielhaft exemplifizieren, dass gerade auch die metaphorischen Ich-bin-Aussagen des Johannesevangeliums Gottes-Bilder sind. Im Fall von Joh 8,12 ist es besonders augenscheinlich, dass die Aussage auch als „Gottes-Bild“ zu verstehen ist, denn im ersten Johannesbrief heißt es in 1,5:

> Das ist die Botschaft, die wir von ihm [= Christus] gehört haben und euch verkünden: Gott ist Licht und keine Finsternis ist in ihm. (Καὶ ἔστιν αὕτη ἡ ἀγγελία ἣν ἀκηκόαμεν ἀπ'αὐτοῦ καὶ ἀναγγέλλομεν ὑμῖν, ὅτι ὁ θεὸς φῶς ἐστιν καὶ σκοτία ἐν αὐτῷ οὐκ ἔστιν οὐδεμία.)

In diesem Rahmen ist es nicht möglich, auf die Lichtmetaphorik des Johannesevangeliums, die dieses durchdringt,[55] einzugehen, aber es dürfte klar sein, dass diese dem Briefautor jedenfalls bekannt war. D. h. ich hänge der exegetischen Mehrheitsmeinung an, dass das Johannesevangelium die erste Schrift im Corpus Johanneum ist und die drei Johannesbriefe nachfolgende Texte sind, wobei der

53 Poplutz, Eine fruchtbare Allianz (Anm. 36) 833.

54 Vgl. Heilmann, Arbeit am Weinstock (Anm. 39) 222.

55 Vgl. dazu etwa Petersen, Brot, Licht und Weinstock (Anm. 36) 239–245; Otto Schwankl, Die Metaphorik von Licht und Finsternis im johanneischen Schrifttum, in: Karl Kertelge (Hg.), Metaphorik und Mythos im Neuen Testament (QD 126), Freiburg i. Br. u. a. 1990, 135–167; Otto Schwankl, Licht und Finsternis. Ein metaphorisches Paradigma in den johanneischen Schriften (HBS 5), Freiburg i. Br. u. a. 1995.

erste u. a. als Kommentar zum Evangelium verstanden wird.[56] Hans-Josef Klauck hält in seinem Kommentar zu 1 Joh zu 1,5 fest:

> Ein Unterschied fällt sofort ins Auge: Das Evangelium verwendet die Lichtmetapher für Christus, der Brief für Gott. Doch war dem Briefautor diese Fortschreibung ohne weiteres möglich, wenn er Joh 14,9 und 10,30 ernst nahm: „Wer mich sieht, sieht den Vater." Wenn vom Offenbarer gilt, daß er Licht ist, muß das erst recht von dem gelten, den er aus eigener Anschauung offenbart. Nur auf diesem Wege wird auch verständlich, wieso der Verf. behaupten kann, er habe dieses Wissen „von ihm", d.h. von Jesus Christus.[57]

Ein solches Jesuswort, wie es der erste Johannesbrief impliziert, findet sich im ganzen Johannesevangelium nicht, auch nicht in der synoptischen Tradition und wohl auch nicht in der außerevangeliaren Jesusüberlieferung. Wo aber das Prinzip der geistgeleiteten Erschließung der Jesustradition in nachösterlicher Zeit Geltung hat (vgl. 16,13–15), darf ein Jesuswort wohl anhand der Vorgaben im Evangelium neu gebildet werden, um der Kontinuität seiner Verkündigung willen.[58] Mit Klauck ist zu betonen: Die christologische Herleitung des Satzes „Gott ist Licht" im ersten Johannesbrief stellt zugleich sein christliches Spezifikum dar.[59] Es hebt ihn heraus aus der Fülle ähnlich lautender Aussagen in der Umwelt.[60] Jesus hat die Selbsterschließung Gottes als Licht vorgelebt, er macht sie an sich erfahrbar, anschaubar, vor allem: nachvollziehbar. Als ein Aspekt der Lichtaussage ist ihre Offenbarungsqualität festzuhalten: Gott ist Licht, er wird in Jesus als solches erkennbar und erleuchtet durch ihn die Menschen.

Die beiden von Klauck erwähnten Stellen Joh 10,30[61] und 14,6b.7,9[62] sind für mein Verständnis der Theo-Logie des Johannesevangeliums auch ganz wichtig.

---

56 Vgl. diesbezüglich bspw. die Anm. 56 im Beitrag Jörg Frey, Zwischen der Majestät auf dem Thron und dem Gott, der Liebe ist. Gott in der Johannesapokalypse und im Johannesevangelium, in: Veronika Burz-Tropper (Hg.), Studien zum Gottesbild im Johannesevangelium (WUNT 2,483), Tübingen 2019, 245–275. Anders hingegen Udo Schnelle, Die Reihenfolge der johanneischen Schriften, NTS 57 (2011) 91–113, der als erste Schrift des Corpus den ersten Johannesbrief sieht.

57 Hans-Josef Klauck, Der erste Johannesbrief (EKK 23,1), Zürich u. a. 1991, 83.

58 So auch ebd., 83.

59 Vgl. ebd., 83.

60 Zur Lichtmetaphorik in der Umwelt vgl. etwa Petersen, Brot, Licht und Weinstock (Anm. 36) 233–285 sowie Schwankl, Licht und Finsternis (Anm. 55) 50–73, aber auch die Ausführungen bei Klauck, Der erste Johannesbrief (Anm. 57) 81–83. Vgl. des Weiteren Birgit Langer, Gott als „Licht" in Israel und Mesopotamien. Eine Studie zu Jes 60,1–3.19f. (ÖBS 7), Klosterneuburg 1989.

61 ἐγὼ καὶ ὁ πατὴρ ἕν ἐσμεν. (Ich und der Vater, eins sind wir.)

62 οὐδεὶς ἔρχεται πρὸς τὸν πατέρα εἰ μὴ δι᾽ ἐμοῦ. εἰ ἐγνώκατέ με, καὶ τὸν πατέρα μου γνώσεσθε. καὶ ἀπ᾽ ἄρτι γινώσκετε αὐτὸν καὶ ἑωράκατε αὐτόν. […] ὁ ἑωρακὼς ἐμὲ ἑώρακεν τὸν πατέρα· πῶς σὺ λέγεις· δεῖξον ἡμῖν τὸν πατέρα. (Niemand kommt zum Vater, wenn nicht durch mich. Wenn ihr mich erkannt habt, werdet ihr auch den Vater erkennen. Und von jetzt an kennt ihr ihn und habt ihn gesehen. […] Wer mich gesehen hat, hat den Vater gesehen: Wieso sagst du: Zeig uns den Vater?)

Es handelt sich dabei um zwei Aussagen, die klassischerweise immer für die sogenannte „hohe Christologie" des Johannesevangeliums in Anspruch genommen werden. Sie sind aber, wie mir Klaucks Bemerkung bestätigt, auch in Hinblick auf die Theo-Logie wichtig und für die „theo-logische" Lektüre des vierten Evangeliums von Bedeutung.[63]

Die metaphorischen Ich-bin-Aussagen werden in der Johannesforschung und generell als wichtige Aussagen der Selbstoffenbarung Jesu und damit Teil der für das Johannesevangelium propagierten hohen Christologie angesehen. Die Aussage „Ich bin das Licht der Welt" tätigt in Joh 8,12 der johanneische Jesus. Sie wird aber schon im ersten Johannesbrief mit einer christologischen Herleitung auf Gott bezogen. Das macht deutlich, dass die metaphorischen Ich-bin-Worte ebenso zentrale Aussagen über Gott bieten und als solche auszuwerten sind. Sie sind gewichtige Gottesbilder, nämlich Bilder für den, den Jesus als Gesandter offenbart – Gott-Vater. Deshalb sind auch die übrigen Bilder der metaphorischen Ich-bin-Aussagen „das Brot des Lebens" (6,35), „die Tür" (10,7.9),[64] „der gute Hirte" (10,11.14), sowie „die Auferstehung und das Leben" (11,25), „der Weg, die Wahrheit und das Leben" (14,6) als Gottes-Bilder zu deuten. Es lässt sich zudem zeigen, dass diese Bilder allesamt ebenfalls traditionsgeschichtlich schon im Alten Testament als Bilder für Gott bzw. sein heilvolles Handeln an den Menschen zu finden sind.[65]

In Hinblick auf meine Lesart des Johannesevangeliums mit 1,18 als hermeneutischer Leseanweisung sind unter Berücksichtigung der Aussagen von Joh 10,30 und Joh 14,6b.7.9 also gerade auch die sieben metaphorischen Ich-bin-Worte als Aussagen über Gott(-Vater) zu verstehen. Allerdings gilt das nur für die ersten sechs metaphorischen Ich-bin-Worte, da wie ja im vorigen Punkt gerade gezeigt, im siebenten Gott dezidiert als Winzer bezeichnet wird. Abgesehen davon, dass man mit Silke Petersen[66] konstatieren kann, dass sich im Johannesevangelium „[j]edesmal, wenn sich eine Gemeinsamkeit einer Gruppe von Texten abzuzeichnen scheint, dieses Ergebnis vom Text selbst dadurch unterlaufen [wird], dass eine Ausnahme auftaucht", gibt es auch eine inhaltliche Erklärungsmöglichkeit: Beim Weinstock-Winzer-Wort handelt es sich um eine Aussage der

63 Vgl. meine diesbezüglichen Überlegungen in Burz-Tropper, Joh 1,18 als Paradigma (Anm. 6) 73f.

64 Zu diesem Ich-bin-Wort vgl. schon Veronika Burz-Tropper, „Ich bin die Tür" (Joh 10,7.9). Die Eröffnung neuer Räume durch Jesus (Gott) im Johannesevangelium, PZB 26 (2017) 65–83.

65 Vgl. dazu bpsw. meinen Versuch zu Jesaja als Hintergrund der metaphorischen Ich-bin-Worte des Johannesevangeliums – Veronika Burz-Tropper, Isaiah as a Background of the Metaphorical "I Am" Sayings in John's Gospel, Bib. 102,2 (2021) 229-247.

66 Vgl. zu Regeln und Ausnahmen im Johannesevangelium die für mich sehr hilfreiche und plausible Aussage von Petersen, Brot, Licht und Weinstock (Anm. 36) 324f. Sie stellt auch fest: „bemerkenswerterweise handelt es sich in vielen Fällen um genau *eine* Ausnahme". (324, Hervorhebung im Original)

zweiten Abschiedsrede, die mehrheitlich einem etwas späteren Entwicklungsstadium zugeschrieben wird.[67] Hier geht es nicht mehr um den Einzelnen/die Einzelne sondern um die christliche Gemeinschaft als Ganzes und die Gemeinschaft zwischen Vater, Sohn und Jüngern, d. h. um die bleibende Verbundenheit auch nach dem Abschied Jesu, der in der ersten Abschiedsrede thematisiert worden ist.[68]

5. Fazit: Die Winzermetapher und andere Bausteine einer Theo-Logie des Johannesevangeliums

Abschließend möchte ich noch einmal den theozentrischen Charakter des Johannesevangeliums betonen, der sich in der breiten Metaphorik der johanneischen Christo-Theo-Logie niederschlägt. Ich bediene mich diesbezüglich der Wortwahl Ruben Zimmermanns und stelle die These in den Raum, dass das Johannesevangelium mehr als eine Theo-Logie in Bildern im Bilde Jesu bietet. Zunächst eine Erklärung zur Theo-Logie in Bildern im Bilde Jesu: Jörg Frey betont in einem rezenten Beitrag, dass Jesus Christus in seiner irdischen Geschichte, wie sie im Johannesevangelium dargestellt wird, das eine und einzige wahre „Bild Gottes" ist.[69] Es ist aber nicht nur eine christologische Aussage, wenn der einzige und unsichtbare biblische Gott in Jesus sichtbar und verstehbar wird, sondern auch eine theologische.[70] Nach dem Johannesevangelium lässt sich

67 Vgl. dazu etwa Schnelle, Evangelium nach Johannes (Anm. 10) 315 sowie weiters Dettwiler, Die Gegenwart des Erhöhten (Anm. 35) 34–44, der die verschiedenen Forschungshypothesen in Bezug auf Textumstellungen und -wachstum zusammenstellt.

68 Vgl. etwa Petersen, Brot, Licht und Weinstock (Anm. 36) 288 und Wengst, Johannesevangelium (Anm. 48) 434.

69 Frey, „Wer mich sieht, der sieht den Vater" (Anm. 10) 180.

70 Vgl. dazu auch ders., Was trägt die johanneische Tradition zum christlichen Bild von Gott bei? (Anm. 13) 244: „Mit dieser Übertragung der göttlichen Prädikationen auf Jesus wird aber auch das Bild Gottes ‚des Vaters' signifikant neu konnotiert und strukturell verändert: Gott – und zwar dezidiert der biblische Gott – ist nun durch seine exklusive Beziehung zum ‚Sohn' bestimmt, der ihn kundmacht (1,18) und ‚abbildet', so dass, wer Jesus ‚sieht', den Vater ‚sieht' (14,7.9). Der unsichtbare Gott, dem kein Bildnis gleicht, hat insofern in Christus – und seit der Christusgeschichte – ein ‚Abbild', an dem allein sein Wesen zu erkennen ist. Nach johanneischer Überzeugung ist dieses ‚Abbild' das wahre Bild des biblischen Gottes. Vor dem Kommen Christi, vor seiner ‚Inkarnation' und seinem Weg zum Kreuz, war der Zugang zu ihm als dem Vater so nicht gegeben: ‚Keiner hat Gott jemals gesehen' (1,18). Erst in dem, was in der Sendung des ewigen Logos, im Fleischgewordenen, kundgetan wurde – nicht nur in seiner Predigt, sondern in seinem Wirken und seinem Geschick – ja, erst was in der nachösterlichen Perspektive, die die Darstellung des vierten Evangeliums prägt, erkennbar geworden ist, wird Gott in seinem eigentlichen Wesen offenbar." Ähnlich auch Ruben Zimmermann, Jesus im Bild Gottes. Anspielungen auf das

Gott-Vater ausschließlich in und durch Jesus wirklich und wahrhaft erkennen, denn: niemand hat Gott je gesehen, der einzige, der Gott ist und im Schoß des Vaters ruht, er hat Kunde gebracht (Joh 1,18). Um diese Gottes-Erkenntnis, die den gesamten Menschen sowohl intellektuell als auch sinnesmäßig auf allen Ebenen[71] betrifft, drehen sich im Grunde alle johanneischen Diskursen.

Es geht dem Johannesevangelium also weniger um die viel propagierte Selbstoffenbarung Jesu als vielmehr um die Offenbarung des biblischen Gottes in Jesus Christus. Das wird durch die Verwendung einer Vielzahl von Bildern deutlich. Dominierendes Bild ist das Bild des Vaters, das durch weitere Bilder, explizit durch das des Winzers und wie wir sahen, die Bilder „Licht", „Brot", „Tür" etc., präzisiert wird. Ziel dieser Gottes-Erkenntnis ist nach dem Johannesevangelium weder Jesus noch Gott selbst als Person, sondern vielmehr das, was die beiden umfängt und ausmacht: die zum Leben führende Liebesgemeinschaft von Vater und Sohn. In diese zum Leben führende Liebesgemeinschaft sind auch die Gläubigen als „Kinder Gottes" mithineingenommen und diese Erkenntnis mündet in die johanneische, gerade nicht metaphorische, Spitzenaussage „Gott ist die Liebe" (1 Joh 4,8.16). Diese Aussage findet sich zwar auch wieder erst im ersten Johannesbrief, ist aber mit der Aussage in Joh 3,16 (Denn Gott hat die Welt so sehr geliebt, dass er seinen einzigen Sohn hingab, damit jeder, der an ihn glaubt, nicht zugrunde geht, sondern das ewige Leben hat./οὕτως γὰρ ἠγάπησεν ὁ θεὸς τὸν κόσμον, ὥστε τὸν υἱὸν τὸν μονογενῆ ἔδωκεν, ἵνα πᾶς ὁ πιστεύων εἰς αὐτὸν μὴ ἀπόληται ἀλλ'ἔχῃ ζωὴν αἰώνιον.) in Deckung zu bringen.

Diese Liebe äußert sich speziell auch im Bild des Winzers. Inwiefern: Das Evangelium nimmt mit der Winzer-, Weinstock-, Rebenmetaphorik einen alttestamentlichen Metaphernkomplex[72] auf, der seinen Ort in der Weisheitsliteratur meist – wie bspw. in Ps 80 – im heilsgeschichtlichen Rückblick hat und auch Israels Erwählungsbewusstsein herausstellt. In der Prophetenliteratur rückt mit dem Fruchtmotiv der Ertrag intensiver in den Blick und es verlagert sich die Perspektive von Heils- zu vermehrten Gerichtsaussagen.[73] Petra von Gemünden konstatiert:

> Joh 15 kann also als Neurealisation traditionell vorgegebener Elemente verstanden werden. Neu ist, daß Christus jetzt Mittelpunkt des Bildes ist – er eröffnet es mit einer Selbstvorstellung, der γεωργός ist dem Weinstockbild (diff. AT) nur zugeordnet.[74]

Alte Testament im Johannesevangelium der Hirtenbildfelder in Joh 10, in: Jörg Frey/Udo Schnelle (Hg.), Kontexte des Johannesevangeliums. Das vierte Evangelium in religions- und traditionsgeschichtlicher Perskpektive (WUNT 175), Tübingen 2004, 81–116: 115f.

71 Vgl. dazu besonders Rainer Hirsch-Luipold, Gott wahrnehmen. Die Sinne im Johannesevangelium (WUNT 374/Ratio Religionis Studien 4), Tübingen 2017.

72 Vgl. dazu von Gemünden, Vegetationsmetaphorik (Anm. 36) 55f.; 66–69.

73 Vgl. etwa ganz prominent Jes 5,1–7 oder auch Hos 10,1; Jer 2,21; 8,13; Mi 7,1; Ez 15. Als Gegenbild zu Jes 5,1–7 ist schließlich das neue (zweite) Weinberglied Jes 27,2–6 konzipiert, das das künftige Heil Israels beschreibt.

74 Von Gemünden, Vegetationsmetaphorik (Anm. 36) 167.

Dieser Aussage ist nur bedingt zuzustimmen: Richtig ist, dass Christus als Weinstock den Mittel- und Angelpunkt der Rede bildet. Wie wir sahen, zwingt uns der Verlauf der Weinstockrede aber, den Winzer-Vater nicht aus den Augen zu verlieren. Der Vater als Winzer kümmert sich pflegend um seinen Weinstock. So wird dann auch der bloße Appell an die Gläubigen durchbrochen, am Weinstock zu bleiben und Frucht zu bringen (15,4). Gott als Winzer kümmert sich selbst um die Integration der Glaubenden in die innige Relation zwischen Vater und Sohn. Insofern kann nicht von einer bloßen „Zuordnung" des Winzers zum Weinstock gesprochen werden! Theologisch gesprochen umfasst Joh 15,1–8 bzw. die konkrete Anwendung der Winzermetapher für Gott vielmehr die Christologie und Ekklesiologie. Das verdeutlichen die an die Rede anschließenden Verse 9-17. D. h. Gott-Vater ist Ausgangs- und Zielpunkt sowie überhaupt Realisierungsmöglichkeit der Gemeinschaft von Vater, Sohn und Gemeinde. Deshalb sollte auch der Theo-Logie bei der Beschäftigung mit dem Johannesevangelium eine bedeutendere Rolle als bisher zukommen, insofern sie Christologie und Ekklesiologie integriert.

Die Betrachtung der Breite der Metaphorik der johanneischen Gottesrede erlaubt eine neue Sicht auf das Gottesbild im Johannesevangelium: Der vierte Evangelist stellt uns zum einen mit Jesus, in der Darstellung seines gesamten Redens und Wirkens, die lebendige Metapher des Gottes, der Liebe ist und Leben schenkt, vor Augen. Das Johannesevangelium bietet uns in den Jesus-Bildern eine Theo-Logie in Bildern, geht aber darüber hinaus. Durch die bewusste Präzisierung und auch eigenständige Charakterisierung des Vaters, als demjenigen, von dem die gesamte Liebesbewegung im Johannesevangelium ausgeht, wird die Theozentrik des vierten Evangeliums deutlich. Besonders anschaulich wird das an der Winzermetapher. Um den Kreis zu schließen: Ja, im Johannesevangelium ist Christologie Theologie, aber die Theo-Logie ist dabei dennoch mehr als nur die Christologie. Durch die Darstellung Jesu als Bild Gottes und darüberhinausgehende Präzisierungen, die Gott-Vater als denjenigen präsentieren, von dem alles ausgeht und auf den alles zuläuft, bietet das vierte Evangelium einen neuen Blick auf den alttestamentlich-biblischen Gott.

Die andere Wirklichkeit. Paulus, Gott und die Metapher

Jochen Flebbe

Die Frage nach den Gottesbildern bei Paulus und nach der Metaphorik in der paulinischen Rede von Gott ist tatsächlich interessanter, als zunächst angenommen. Die Untersuchung läuft anders als erwartet – und schnell kristallisiert sich als Problem heraus, ob Paulus' Gottesrede überhaupt in einen Reigen biblischer Gottes-Bilder eingeordnet werden kann. Denn es findet sich zwar reichlich metaphorische Rede in den paulinischen Briefen, aber sie ist kaum direkt auf Gott bezogen. Echte Gottesbilder im eigentlichen Sinn finden sich bei Paulus eher zurückhaltend. Bilder und Metaphorik, die auf Gott als Person, auf Gott als Größe bezogen sind, so wie etwa die auf Christus bezogenen Bilder im Johannesevangelium oder auch die alttestamentliche Bildwelt für Gott, lassen sich bei Paulus eher sporadisch erkennen. Paulus skizziert und erfasst Gott weniger durch Bilder. Es sind eher Theologumena, alttestamentliche Theologumena mit denen und von denen her Paulus über Gott redet.[1] Es gibt wenig Metaphorisches, wo ein Begriff dem Wort „Gott" metaphorisch an die Seite gestellt wird und aus der Zusammenstellung des Fremden eine Metapher entstünde. Das spiegelt sich auch in der Forschung wider, in der es lange Zeit wenig zur Gottesrede bei Paulus überhaupt und vor allem gar nichts zu der Frage paulinischer Gottes-Bilder oder auch zur Metaphorik bei Paulus gab. So finden sich etwa im Paulus Handbuch von Friedrich-Wilhelm Horn die Themen ‚Rhetorik' und ‚Argumentation' in Bezug auf die paulinischen Texte, nicht aber ein Eintrag: Metaphorik oder Bilderwelt – wie es für ein Johannes-Handbuch etwa unumgänglich wäre.[2]

1. Vater und Töpfer

In Bezug auf Gott lässt sich bei Paulus vor allem die wenig überraschende und kaum innovative Metapher „Vater" feststellen. Es verwundert nicht, dass gerade diese bei Paulus häufig ist. Geht doch nach Röm 1 das Evangelium Gottes über

1 Vgl. Jochen Flebbe, Solus Deus. Untersuchungen zur Rede von Gott im Brief des Paulus an die Römer (BZNW 158), Berlin/New York 2008, 449f. u. ö.

2 Vgl. Friedrich Wilhelm Horn (Hg.), Paulus Handbuch (Handbücher Theologie), Tübingen 2013.

seinen Sohn. So ist Gottes metaphorische Vaterschaft ein zentraler Punkt des Evangeliums als des Kerns der paulinischen Botschaft. Wenn auch in Bezug auf Gott selbst die Metaphorik keine besondere Rolle spielt, ist mit dem Vorkommen des metaphorischen Elementes an der wichtigen Stelle des Evangeliums und hier in Röm 1 in zentral eröffnender Position doch angedeutet, dass das Evangelium wesentlich metaphorisch geprägt ist. Gott ist aber nicht nur Vater Jesu Christi, sondern auch der Vater der Glaubenden, wie ganz zu Beginn des paulinischen Schrifttums in 1 Thess 1,3 mit einem dezidierten καί betont ausgesagt wird: „Vor unserem Gott *und* Vater." Ansonsten sind für Gott vor allem noch das Bild des Richters, wie etwa in Röm 3,6, und das Bild des Töpfers in Röm 9 zu nennen. Mit allem bewegen wir uns aber ganz unspektakulär und konventionell auf alttestamentlich-antik-jüdischem Boden. Dass Paulus das Bild des Töpfers aufruft, ist dennoch nicht ganz unbedeutend, steht es doch für zentrale Züge des paulinischen Gottesverständnisses. Die für Paulus zentrale Unterscheidung der göttlichen und der menschlichen Wirklichkeit, die später noch ausführlich Gegenstand sein wird, auszusagen, ist das Töpferbild aus dem Alten Testament (Jer 18; Jes 29; Jes 41) bestens geeignet: Es ist zum einen in der Lage, einen kategorialen Unterschied zu transportieren, nämlich den zwischen Schöpfer und Geschöpf, zwischen Subjekt und Objekt, zwischen Gestalter und Gestaltetem, zwischen Töpfer und Ton. Zum anderen steht das Töpfer-Ton-Bild für den für Paulus so zentralen Aspekt einer uneingeschränkten gestalterischen Freiheit Gottes und der bedingungs- und rechtfertigungslosen Souveränität Gottes. Diese uneingeschränkte gestalterische Souveränität des Töpfers, der mit dem Ton machen kann, was er will, und der aus diesem und mit diesem ohne jeden Rechtfertigungszwang, nach vollkommen freiem Willen Wirklichkeiten von Gefäßen schaffen kann, ist es, die die kategoriale Unterschiedenheit der Wirklichkeit Gottes in ihrer vollkommenen Differenz und Andersartigkeit zur menschlichen Wirklichkeit begründet und legitimiert.[3] Die Metapher ist es, die Gottes Sein und sein Wirken legitimiert – und am Anfang, so könnte man sagen, steht so die Legitimation der Metapher. Anfang darf dabei wie griechisch ἀρχή auch als Prinzip, Grundlage verstanden werden.

2. Die Rolle der Metaphorik bei Paulus

Damit deutet sich aber an, dass – ungeachtet einer eher wenig signifikanten Metaphorik im Gottesbild selbst – Metaphorik bei Paulus doch eine große Rolle spielt, wie eben die paulinische Argumentation außerhalb ihrer direkten Berüh-

3 Vgl. Michael Wolter, Der Brief an die Römer. Teilband 1. Röm 1 – 8 (EKK 6,1), Neukirchen-Vluyn 2014, 86f.

rung mit Gott auf poetischen Wendungen aufbaut und von vielen Bildern durchzogen ist. Entsprechend lässt sich als These formulieren, dass die Wirklichkeit des Glaubens, das ist die Wirklichkeit Gottes, von Paulus vor allem metaphorisch beschrieben wird, ja dass die Wirklichkeit Gottes und des Glaubens nur metaphorisch ausgesagt werden kann, weil sie als Wirklichkeit Gottes die ganz andere Wirklichkeit ist, die Fleisch und Blut eben nicht ererben können, die Menschliches und Bisheriges übersteigt und die nur im Glauben, im Geist, in Christus – und das heißt: die nur in der Metaphorik zugänglich ist und die nur in der Metaphorik ausgesagt und beschrieben werden kann.

2.1 *Wirklichkeit Gottes und Wirklichkeit des Menschen*

Zugrunde liegt allem die paulinische Dichotomie von zwei Wirklichkeiten, der Wirklichkeit Gottes und der Wirklichkeit des Menschen. Alles paulinische Denken basiert auf der Unterscheidung von Mensch und Gott, σάρξ und πνεῦμα, ἐν Χριστῷ und ἐξ Χριστοῦ, zweier Wirklichkeiten, die fundamental unterschieden sind und jeweils ganz eigene und damit ganz andere jeweilige Koordinatensysteme haben.[4] Dabei ist es Signum der Wirklichkeit Gottes, nur metaphorisch ausgesagt werden zu können, eine metaphorische Wirklichkeit zu sein. Das heißt: Bei Paulus ist Metaphorik weniger zentral in der Rede von Gott selbst, aber zentral und fundamental in der Beschreibung der Wirklichkeit Gottes.

Damit gilt aber für diese metaphorisch grundierte Wirklichkeit Gottes, dass Fleisch und Blut das Reich Gottes nicht ererben können, wie literale Rede die Wirklichkeit Gottes nicht aussagen und erfassen kann. Umgekehrt ist die Wirklichkeit Gottes eine echte metaphorische Wirklichkeit und in ihrer Metaphorik so echt und so wirklich, wie es die unmögliche und nicht existente Metapher, der immer das „ist nicht" eignet, dann mit ihren „ist" doch ist. Dieser Metaphorik zufolge sind die Christen Juden, ist die paulinische Theologie nichts anderes als das Alte Testament, ist Paulus' Theologie und Botschaft nichts, weder etwas Neues, noch ein Sonderweg, sondern es ist die eine alttestamentliche, jüdische Theologie, es ist das Judentum in seiner Reinform, wie es schon immer war.[5]

---

4 Vgl. Michael Wolter, Paulus. Ein Grundriss seiner Theologie, Neukirchen-Vluyn, 2011, 86ff. u. ö.

5 Vgl. Flebbe, Deus (Anm. 1) 456 u. ö. – Selbstverständlich gibt es eine Vielzahl an „alttestamentlichen Theologien" und Judentümern auch zur Zeit des Paulus. Für Paulus gibt es dennoch nur eine gültige Interpretation der Schrift und ein wahres Judentum – nämlich das seiner Verkündigung. Diese sieht Paulus in Identität mit der Schrift und Judentum in seinem Verständnis. Metaphorisch gesprochen ist paulinisches Christentum Judentum.

2.2 *Metaphorische Wirklichkeit*

Werfen wir nun einen genaueren Blick auf diese metaphorische Wirklichkeit und sehen wir uns ihre Beschreibungen an, um sie zu verstehen. Zum zentralen Ausgangspunkt nehmen wir Röm 2,28f.[6] Von hier aus wird diese metaphorische Wirklichkeit und ihre Art und Weise schnell erkennbar:

> Jude ist nicht, wer es nach außen hin ist, und Beschneidung ist nicht, was sichtbar am Fleisch geschieht, sondern Jude ist, wer es im Verborgenen ist, und Beschneidung ist, was am Herzen durch den Geist, nicht durch den Buchstaben geschieht. Der Ruhm eines solchen Juden kommt nicht von Menschen, sondern von Gott.

Hier wird alles ersichtlich: Der nominale Relativsatz am Schluss mit der Alternative des Lobes/der Anerkennung von Gott und des Lobes/der Anerkennung von den Menschen macht sehr schön und sehr klar die Alternative der beiden Wirklichkeiten der paulinischen Theologie deutlich. Basis des paulinischen Denkens ist gut alttestamentlich (vgl. nur Hos 11) der Unterschied zwischen der Wirklichkeit Gottes und der Wirklichkeit des Menschen. Beide Wirklichkeiten haben ihre je eigenen Koordinaten und ihre je eigene Ausprägung. Dabei ist bemerkenswert – und das ist in der Forschung viel zu wenig gesehen und wird immer noch viel zu wenig in Anschlag gebracht –, dass diese Wirklichkeit Gottes nicht nur eine alttestamentliche, sondern eine durch und durch jüdische Wirklichkeit ist: eine Wirklichkeit von Juden und der Beschneidung. – Nur eben eine Beschneidung und ein Judentum nach den Koordinaten der göttlichen Wirklichkeit und nicht nach den Koordinaten der menschlichen Wirklichkeit. Dabei muss man von der Argumentation und der inneren Logik her Paulus Recht geben, denn wer wollte widersprechen, dass die jüdische Wirklichkeit eine göttliche und keine menschliche Wirklichkeit ist. Nach dieser göttlichen Wirklichkeit ist aber nun die Beschneidung nicht die der Vorhaut, sondern des Herzens und der Jude nicht ein Phänomen des Äußeren, Sichtbaren, sondern ein Phänomen des Verborgenen. Denn die Beschneidung des Herzens kann man anders als die Beschneidung der Vorhaut äußerlich nicht erkennen. Die Begründung ist, wiederum ebenso einfach wie plausibel, dass der Mensch sieht, was vor Augen ist, Gott aber das Herz sieht (1 Sam 16,7). Vorhaut – Fleisch – Äußeres – Sichtbares sind alttestamentliche Elemente und Indikatoren der menschlichen Wirklichkeit, entsprechend sind Verborgenes, Inneres, Herz als Personzentrum Elemente und Indikatoren der göttlichen Wirklichkeit.

„Beschneidung des Herzens" ist aber nun eine lupenreine Metapher – und als diese Zentrum des paulinischen Glaubens und seiner Gotteswirklichkeit – wie

6 Zur Bedeutung vgl. auch Wolter, Paulus (Anm. 4) 164.

damit Glaube und Theologie bei Paulus nichts anderes als lupenreines metaphorisches Judentum sind.[7]

Das – und auch das ist kein Zufall, dass Paulus das ausdrücklich erwähnt – ist alles keine Sache des Buchstabens und der literalen Welt, wohl aber der Metapher und der metaphorischen Welt. Dazu passt auch, dass Paulus so zentral und fundamental immer wieder von der Neuschöpfung und den Christ*innen und der Glaubenswirklichkeit als Neuschöpfung spricht.

> Ist jemand in Christus, so ist er eine neue Schöpfung. (2 Kor 5,17)

Dabei geht es bei der Neuschöpfung nicht um eine *creatio ex nihilo*, die es im Alten Testament und Judentum nicht gibt, sondern um die fundamentale Umgestaltung und Umwandlung des Alten in das Neue, des Menschlichen in das Göttliche, des Buchstäblichen in das Metaphorische.[8] Die Metapher ist aber das zentrale sprachliche Element der Neuschöpfung. Sie kann aus dem Alten und mittels des Alten etwas Neues, ganz Neues, eine andere Wirklichkeit schaffen, die dennoch auch ein Element der Kontinuität und Verwandlung hat, insofern zwar zwei fremde und kategorial verschiedene, aber doch je für sich existente und bekannte Größen nebeneinandergestellt werden. Und insofern korrelieren neue Schöpfung und Metaphorik bei Paulus. Die Wirklichkeit Gottes, in die die Christ*innen eintreten, ist eine neue Schöpfung, eine Neuschöpfung, die sprachlich durch die Metapher und ihre metaphorische Wirklichkeit, die nichts anderes als Neuschöpfung, sprachliche Neuschöpfung ist, gestaltet und erlangt wird. Dabei ist auch der Zugang, Modus für die neue Schöpfung, nämlich das ἐν Χριστῷ εἶναι, „in Christus sein", nichts anderes als eine Metapher.

Dabei kann man leicht, wenn der Geist dem Buchstaben gegenübergestellt wird, den Geist als Anzeige der metaphorischen Bedeutung im Gegensatz zum Buchstaben als Literalsinn verstehen. Vielleicht muss man den Geist, der an sich ja schon eine Metapher ist, bei Paulus als Begriff für „Metapher" verstehen und das Wirken des Geistes als ein Metaphorisieren. In seiner metaphorisierenden Aktivität, als Neuschöpfung der Bedeutung und in der Übertragung von Bedeutung verwandelt der Geist Altes in Neues und (er-)schafft auf diese Weise die Wirklichkeit Gottes, beschreibt sie und lässt sie so entstehen.

---

7 Für ein Christentum heute ist es angesichts Israels etwas anderes, vom Christentum als dem metaphorischen Judentum oder von sich als dem Judentum der göttlichen Wirklichkeit zu sprechen und nicht so möglich, wie Paulus es tut. Denn etwas anderes ist es, wenn der Jude Paulus das vor 2000 Jahren tut. Oder, um mit Klaus Wengst zu sprechen: Dasselbe in einer anderen Situation gesagt, ist nicht mehr dasselbe.

8 Auch wenn Gerhard von Rad, Das Erste Buch Mose. Genesis (ATD 2,4), Göttingen [9]1972, 29f., eine creatio ex nihilo indirekt erschließt, stellt er doch das Künstlerische und das Chaosordnende der Schöpfungstätigkeit Gottes in den Vordergrund. Damit wird der Zusammenhang von Neuschöpfung und Metapher für Paulus und überhaupt unterstrichen, insofern auch die Metapher ein künstlerisches, nämlich poetisches Element enthält und ganz wesentlich Chaos ordnet, wie Sprache überhaupt und die Metapher im Besonderen nichts anderes tut, als (schöpferisch) das Chaos zu ordnen.

Deutlich wird das auch in Röm 7,6, wo dem alten Literalsinn des Buchstabens die Neuheit des Geistes, die Neuschöpfung des übertragenden Sinnes, d. h. der Metapher, gegenübergestellt wird. Gestützt wird dies alles auch aus 1 Kor 2,13, wo pneumatische Worte und Pneumatisches menschlichen Worten und Menschlichem gegenübergestellt werden. Hier beschreibt πνευματικῶς als Adverb tatsächlich einen geistlichen Modus, der letztlich eine andere, bildliche, übertragene, metaphorische Ebene meint, sodass πνευματικῶς in seiner Bedeutung bei Paulus tatsächlich in die Nähe von „metaphorisch" gerückt werden kann.

Diese Metaphorik und dieses metaphorische Judentum, paulinische Theologie als metaphorische Neuschöpfung des Judentums findet sich auch in Phil 3,3. Hier nimmt Paulus für sich und die Heidenchristen in Anspruch, die Beschneidung, das Judentum zu sein. Denn Beschneidung entsteht durch den Dienst Gottes im Geiste, durch das Rühmen in Christus und durch das Nicht-im-Fleisch-überzeugt-Sein und sie liegt im Glauben an die unsichtbare, übertragene, innere, metaphorische Wirklichkeit.

2.3 Der Geist Gottes als „Metaphorisierer"

Dass der Geist als Kraft Gottes tatsächlich der Metaphorisierer ist und damit Gottes eigenes Werk ausführt, wird auch aus der Zusammenstellung aus Gal 6,16 deutlich. Die Wendung „Israel Gottes" kann im ganzen Zusammenhang der Argumentation und des paulinischen Denkens nur die christliche Gemeinde, die Juden im Verborgenen, die Gemeinschaft der im Herzen Beschnittenen sein.[9] Somit wird Israel hier zur Metapher. Es geht nicht mehr um das empirische Israel der Beschneidung der Vorhaut, um das Israel der leiblichen jüdischen Abstammung, sondern um die neue ἐκκλησία als Eigentum und Größe Gottes. Diese neue, metaphorische Größe der Wirklichkeit Gottes entsteht aber dadurch, dass dem Terminus Israel der Terminus Gott an die Seite gestellt wird und in dieser Verbindung der Terminus Gott den Terminus Israel metaphorisiert, ihm eine neue Bedeutung in der Wirklichkeit Gottes zuschreibt und ihn einer übertragenen und neuen, verwandelten Bedeutung als Teil der Wirklichkeit Gottes markiert. Gott ist gleichsam der große Metaphorisierer, und die metaphorische Bedeutung und die Wirklichkeit eines Wortes als Metapher entsteht schlicht dadurch, dass Gott qualifizierend an seine Seite tritt. Natürlich wird „Israel" schon dadurch zur Metapher, indem es implizit und unausgesprochen der ἐκκλησία an die Seite gestellt wird und diese bezeichnet. Aber dessen ungeachtet zeigt die An-die-Seite-Stellung des Begriffs „Gott" an, dass hier die metaphorische und

9 Vgl. Joseph Barber Lightfoot, Saint Paul's Epistle to the Galatians, London 1865, 225; Udo Borse, Der Brief an die Galater (RNT), Regensburg 1984, 223.

damit die eigentliche Bedeutung der Wirklichkeit Gottes gemeint ist und dass Gott Ursprung und Grundlage dieser Bedeutung ist.

Nicht zufällig ist in unmittelbarer Nähe das ἐν Χριστῷ als Modus, Bedingung Art und Weise der Wirklichkeit Gottes genannt ebenso wie die καινὴ κτίσις – die Neuschöpfung, die in der Metaphorisierung erfolgt.

3. 1 Kor 15 – Auferstehung

Wie immer verdichtet sich alles und wird am deutlichsten in der Rede von der Auferstehung. Wenn wir davon sprechen, dass Fleisch und Blut als literale Bedeutung verstanden das Reich Gottes nicht ererben können, sind wir bei 1 Kor 15 und eben der paulinischen Rede von der Auferstehung. Wenn Paulus in 1 Kor 15,44 sagt, dass die Auferstehung im Modus eines σῶμα πνευματικόν, eines geistigen Leibes erfolgt, sind wir im Bereich der Metapher und auch der Kern der Auferstehung als theologischer Kern ist die Metapher. Denn entweder σῶμα oder πνεῦμα. Bei allen auch möglichen Konzepten von Durchdringung bleiben σῶμα und πνεῦμα Gegensatzbegriffe.[10] Mit σῶμα als Begriff auch für „Leiche“ ist seine sterblich-stoffliche Dimension beschrieben.[11] Gerade neutestamentlich wird πνεῦμα dann noch im alttestamentlichen Anschluss zusätzlich als allem anderen gegenüberstehende göttliche Wirklichkeit profiliert.[12] Mit dieser unmöglichen metaphorischen Zusammenstellung der Gegensätze, die in der metaphorischen Zusammenstellung des Unmöglichen eine vorher nicht dagewesene neue Wirklichkeit schafft, wird die Wirklichkeit der Auferstehung und die Wirklichkeit Gottes als metaphorische Wirklichkeit gekennzeichnet.[13] Auferstehung, glaubende Wirklichkeit sind in der paulinischen Rede ihrem Wesen nach Metapher, wie Gott seinem Wesen nach Metapher ist. Oder besser: Wenn man Gott alttestamentlich weniger als Wesen, denn als Handelnden versteht, muss Gott in den auch für Paulus bestimmenden handelnden Linien des Alten Testamentes als der, der alles zum Heil metaphorisiert, verstanden werden.

10 Vgl. Hartmann Hinterhuber, Die Seele. Natur- und Kulturgeschichte von Psyche, Geist und Bewusstsein, Wien 2001, 31.

11 Vgl. nur Eduard Schweizer, σῶμα κτλ., ThWNT VII (1964), 1024–1091: 1035.

12 Vgl. Wolter, Paulus (Anm. 4) 160–162.

13 Zur Offenheit und Unbestimmtheit jenseits einer klaren somatischen Bestimmung der Auferstehungsvorstellung des Paulus aufgrund seines pharisäischen Erbes vgl. nur Alan F. Segal, Paul's Jewish Presuppositions, in: James G. D. Dunn (Hg.), The Cambridge Companion to St. Paul, Cambridge 2006, 153–172.

Vielleicht ist hier auch eine Verbindungslinie zum Johannesevangelium, wo Gott nach Joh 1,1 Wort ist, gegeben. Wort aber hat an sich schon – und bei Johannes und im Bereich des Glaubens im Besonderen – immer auch eine metaphorische Dimension.[14]

4. Die metaphorische Wirklichkeit Gottes und paulinischer Glaube als metaphorisches Judentum

Führen wir an dieser Stelle die metaphorische Wirklichkeit Gottes und des paulinischen Glaubens als metaphorisches Judentum noch ein wenig aus und geben ihr Kontur, bevor wir noch auf einen weiteren sprachlichen Aspekt der Wirklichkeit Gottes aufmerksam machen.

Sowohl der einzelne Christ, die einzelne Christin wie auch die Gemeinde insgesamt sind der Tempel. In 1 Kor 6,19 wird der Leib des Glaubenden als Tempel des Heiligen Geistes beschrieben, in 1 Kor 3,16 wie in 2 Kor 6,16 heißt es in einer offenen ihr- bzw. wir-Formulierung, die den einzelnen Gläubigen wie auch die Gemeinschaft der Glaubenden meinen kann:

> Wisst ihr nicht, dass ihr der Tempel Gottes seid – denn wir sind der Tempel Gottes.

Das Entscheidende ist auch hier, wie schon bei der Verbindung „Israel Gottes", die ungewöhnliche Zusammenstellung von „Tempel" und „Gott" als „Tempel Gottes". Diese Wendung findet sich im Alten Testament nicht, wo entweder vom „Tempel JHWHs", vom ναὸς κυρίου oder von dem „Haus Gottes", aber niemals von dem „Tempel Gottes" die Rede ist. Wieder ist es die Zusammenstellung eines Begriffs mit dem Terminus Gott, wodurch der Begriff metaphorisiert und als Größe der Wirklichkeit Gottes genannt wird und entsteht. So ist diese jüdisch-göttliche Wirklichkeit des Paulus auch dadurch gekennzeichnet, dass mit dem Tempel das im wahrsten Sinne des Wortes zentrale Element der jüdischen Religion auch prominentes Element des paulinischen Christusglaubens wird. Das, was den Glauben ausmacht, der einzelne und die Glaubensgemeinschaft, wird zum Tempel, der nun nicht mehr irdischer, literaler Tempel einer menschlichen Wirklichkeit, sondern metaphorischer Tempel der göttlichen Wirklichkeit ist und den paulinischen Christusglauben als metaphorisches Judentum der Wirklichkeit Gottes skizziert.

In 1 Kor 5 scheint durch, dass die Gründungstat der christlichen Gemeinde als rettende Tat des Israels Gottes die Schlachtung des rettenden Passahlammes

---

14 Vgl. Jochen Flebbe, Jesus Tora. Christologie und Gesetz im Johannesevangelium vor dem Hintergrund antik-jüdischer Torametaphorik (BBB 190), Göttingen 2020, 202–217.407f. u. ö.

und das Vergießen seines Blutes war und dies die Antwort der Glaubensgemeinschaft des ungesäuerten Brotes zur Folge hat. Das metaphorische Passahlamm ist Christus. Der Gründungsmythos der ἐκκλησία ist der metaphorisierte jüdische Gründungsmythos. Die Heilsbedeutung des Kreuzestodes Jesu liegt in dem gleichsam auf die Türrahmen derer ἐν Χριστῷ gestrichenen, das den Tod vorüberziehen lassenden und so den Tod abweisenden Blutes Jesu.

5. Paradox und Metapher

Nach dieser inhaltlichen Zeichnung ist auf ein weiteres zentrales logisches Element der paulinischen metaphorischen Welt zu verweisen: das Paradox. Paradox und paradoxale Rede sind ein häufiges und weitreichendes sprachliches Phänomen dieser paulinischen Wirklichkeit Gottes und bestimmen ihren Gehalt und Charakter. Unzweifelhaft gibt es eine enge Beziehung zwischen Paradox und Metapher, und das Paradox hat etwas Metaphorisches wie der Metapher immer auch etwas Paradoxes eignet.[15] Das war in unserem Zusammenhang zunächst am Paradox des σῶμα πνευματικόν zu sehen. Und so bildet die paradoxe Rede ein zentrales Gerüst der paulinischen Theologie und der paulinischen Beschreibung – oder vielleicht besser: Erstellung der Wirklichkeit Gottes.

Wie verbreitet, zentral und sich durch alles durchziehend diese paradoxe Wirklichkeit als Wirklichkeit Gottes ist, soll die folgende Aufzählung deutlich machen:

Schwäche ist Kraft und schwach sein ist stark bei Gott. Das ist eindeutig metaphorisch, denn literal ist Schwäche das Gegenteil von Stärke – wie es ebenso eindeutig paradox ist, wenn der Schwache stark ist. Nach 2 Kor 12,10 ist Paulus dann stark, wenn er schwach ist. Die metaphorische paradoxe „Verdrehung“ entsteht durch den Katalysator ὑπὲρ Χριστοῦ. Paradoxerweise soll man sich der Schwachheit und nicht der Stärke rühmen (2 Kor 11,30) und in der Schwachheit kommt die δύναμις Gottes zur Vollendung. Nach 1 Kor 1 ist Weisheit töricht und Torheit weise. Die paradoxale Umkehrung erfolgt durch Gott. Gewinn wird zu Verlust nach Phil 3,7 und der metaphorische Katalysator dafür ist hier erneut Christus. Auch in Röm 11 bewirkt Verlust Gewinn und Ungehorsam Rettung. Gefunden wird Gott nach Röm 9 von denen, die nicht suchen. Ein Nicht-Volk wird zum Volk, zur zentralen Heilskategorie, und Nicht-Geliebte werden Geliebte. Die nach Gerechtigkeit streben, erlangen keine Gerechtigkeit, aber die nicht nach Gerechtigkeit streben, erhalten sie. Nach Röm 10,20 ist Gott gefunden worden von denen, die ihn nicht suchten, während die, die suchen,

15 Vgl. nur Anselm Haverkamp, Die paradoxe Metapher (Aesthetica es 1940), Frankfurt a. M. 1998.

Israel, nicht finden (Röm 11,7). Denen keine Botschaft gebracht wurde, die werden sehen, und die nicht gehört haben, werden verstehen (Röm 15,21). Das Nicht-Seiende wird Seiendes nach Röm 4 durch den heilsparadoxalen metaphorisierenden Ruf Gottes. Auch das ist Metapher, dass der Nichtbedeutung Bedeutung zugeschrieben wird. Einschließen ist Retten nach Röm 11,32, und der Mann bestimmt nicht über seinen eigenen Leib, während die Frau über den Leib des Mannes bestimmt, wie nicht die Frau über den eigenen Leib, sondern der Mann über ihren Leib bestimmt (1 Kor 7). Gottes Apostel sind Müll der Welt (1 Kor 4,13).

Mit ihrem Zugleich von „ist" und „ist nicht"[16] schließt die Metapher auch diese paradoxe Rede als metaphorische Rede in sich ein und macht damit auf ein weiteres zentrales metaphorisches Element paulinischen und christlichen Wirklichkeitsverständnisses aufmerksam. Ein Zentrum des paulinischen Wirklichkeitsverständnisses ist es damit, eine Absolutsetzung der Dinge zu hinterfragen und die Dinge zu relativieren und eine andere, sprich gegensätzliche Perspektive aufzuzeigen und eine konträre Bewertung vorzunehmen. Kern ist hier das metaphorische Zugleich von „ist" und „ist nicht". So ist Leiden eben Leiden – aber es ist zugleich auch nicht Leiden – sondern Kraft (2 Kor 11; 12 u. ö.). Kreuz ist Kreuz und zugleich Heil. Sterben kann Gewinn sein (Phil 1,21), und diese Welt kann Gewicht haben und die eigentliche Heimat doch im Himmel sein. Paulinisch gesprochen ist also die gesamte christliche Existenz, weil sie sich auf zwei Wirklichkeitsbereiche bezieht, eine metaphorische Existenz zwischen „ist" und „ist nicht". Gerade die Metapher ist in der Lage, zwei Wirklichkeitsbereiche, die einander ausschließen, doch miteinander in Beziehung zu bringen. Darauf verweisen auch die paulinischen Figuren von „schon jetzt" und „noch nicht" und von „haben als hätte man nicht", „weinen als weine man nicht", „freuen als freue man sich nicht", „kaufen als besitze man nicht", „die Welt benutzend als benutze man sie nicht" (1 Kor 7). Die Metapher in ihrem zugleich von „ist" und „ist nicht" ermöglicht auch die Umkehrung, nämlich etwas, das man nicht hat, schon zu haben. Gerade auch in dem paradoxalen Element der metaphorischen Wirklichkeit Gottes wird deutlich, wie sehr sich Gott und seine Wirklichkeit von der menschlichen Wirklichkeit unterscheiden und welche Fülle von für die menschliche Welt undenkbaren und sie radikal durchbrechenden Möglichkeiten diese göttliche Wirklichkeit bietet. Metapher und Paradoxon stehen für die unbegrenzte Souveränität von Gott und seiner Wirklichkeit, die eben durch Metapher und Paradoxon alle Gesetzmäßigkeiten, Logiken, Erfahrungen, Zwänge der menschlichen Welt durchbrechen kann.

Dabei ist aber das Schöne und das Bestechende, das zutiefst Menschliche an der christlichen Existenz von „ist" und „ist nicht", dass diese metaphorische Re-

16 Vgl. Paul Ricœur, Die lebendige Metapher (Übergänge 12), München 1986, 10, 303 u. ö.

lativierung allem Irdischen bei all seiner Relativierung, Überblendung und Neuperspektivierung, wie schon angedeutet, eben doch auch sein Gewicht lässt.[17] Natürlich ist in der Welt Leiden nicht Heil und Schwäche nicht Stärke. Das hält das „ist nicht" der Metapher fest. Leiden ist eben Leiden, auch wenn es zugleich auch Nicht-Leiden ist, Schwäche ist zugleich eben auch Schwäche, wie sie auch Stärke ist. Das Kreuz ist Kreuz und zugleich Heil. Damit wird aber dem Leiden, der Schwäche, dem Kreuz und der Welt ihr Gewicht gegeben, denn sie werden nicht nur in dem „ist" der Metapher, das ja zu einem „ist nicht" der Welt wird, verneint, sondern ihr „ist nicht", das der Realität ihren Platz einräumt, wird zugleich festgehalten. Diese Verneinung, Relativierung, Transformation und Neuperspektivierung bei gleichzeitiger Wahrnehmung, Anerkennung und Würdigung des Bestehenden kann nur die Metapher leisten. Damit ist das metaphorische paulinische doppelte Wirklichkeitsverständnis tatsächlich keine Weltflucht, wie auch die Metapher keine Weltflucht ist. Vielmehr sind Metapher und paulinisches doppeltes Wirklichkeitsverständnis eine Sinn(neu-)bestimmung und Sinn(neu-)generierung, die zugleich in der Welt bleiben und ihr entfliehen.

Insofern wird gerade auch der paradoxale Aspekt der Metapher, wie er sich in der sich durchziehenden paradoxalen paulinischen Denkstruktur zeigt, zum zentralen Signum paulinischer Theologie in ihrem doppelten Wirklichkeitsverständnis von Mensch und Gott.

6. Eine kleine paulinische Metapherntheorie

Aus 1 Kor 9,9 lässt sich fast eine kleine paulinische Metapherntheorie erheben. Der unscheinbare kleine Text lässt Grundlegendes und Interessantes zum paulinischen Metaphernverständnis erkennen, das die Bedeutung der Metapher für Paulus andeutet, die theologische Validität der Metapher erklärt und verstehen lässt, warum es nur die Metapher sein kann, die die Wirklichkeit der christlichen Gemeinde beschreibt und konstituiert.

> Im Gesetz des Mose steht doch: Du sollst dem Ochsen beim Dreschen keinen Maulkorb anlegen. Liegt denn Gott etwas an den Ochsen? Spricht er nicht allenthalben unseretwegen? (1 Kor 9,9f.)

Zwei Dinge werden deutlich. Das eine geht aus von der rhetorischen Frage, ob Gott in diesem Ochsensatz um die Ochsen besorgt ist, hervor. Mit dieser rhetorischen Abweisung der Ochsen als literalem Verständnisraum der Proposition

17 In diesem Kernpunkt christlichen Glaubens liegt ein zutiefst seelsorgerliches Potenzial, dass Leid und Leidende nicht einfach durch Vertröstung und Hoffnung ignoriert und marginalisiert.

macht Paulus deutlich, dass nicht der Literalsinn und die eigentliche Bedeutung, sondern die metaphorische Übertragung und die uneigentliche Bedeutung das Entscheidende und die zentrale Wirklichkeit sind. Entscheidend ist letztlich nicht die literale Bedeutung der Welt κατὰ σάρκα, κατὰ ἄνθρωπον, entscheidend ist die Bedeutung κατὰ πνεῦμα, κατὰ θεόν. So ist das Uneigentliche zum Eigentlichen geworden.

Das andere ist das *pro nobis*. Haben wir eben noch festgehalten, dass die Metapher über dem „ist" das „ist nicht" als die reale Welt nicht vergisst, gibt es hier doch ein deutliches Übergewicht hin zum „ist" der Metapher als der entscheidenden Wirklichkeit. Zugleich postuliert Paulus, wie gesagt, damit, dass die metaphorische Bedeutung, die übertragene Bedeutung die „eigentliche" Bedeutung ist. Das liegt schlicht daran, dass sie die Bedeutung der Wirklichkeit Gottes ist – und dass eben die göttliche Wirklichkeit gegenüber der menschlichen Wirklichkeit die eigentliche Wirklichkeit ist. Paulus führt auch eine Begründung an: „Weil es alles um unseretwillen gesagt wurde." Die in der Metapher geschehende Übertragung des Sinnes in einen anderen Zusammenhang ist der Grund, warum die metaphorische Bedeutung das Entscheidende und Eigentliche ist: Sie ermöglicht es, alles auf die Gemeinde, auf die Gläubigen zu beziehen, Bedeutung auf sie zu übertragen und um ihretwillen auszusagen. Sie aktiviert und transportiert so die Bedeutung der Welt in die Gemeinde und die Gläubigen hinein, sie so für sie als Gutes, zum Guten transformierend. Die Metapher ist es, die alles in der Bibel und alles in der Welt zur Sinnkonstituierung der Gemeinde dienen lässt. Durch diese metaphorische Sinnübertragung in den Zusammenhang der Gemeinde gibt die Metapher allem Sinn, weil sie es für die Gemeinde nutzbar und relevant macht und es zur Nahrung der Gemeinde, zum Bau der Gemeinde, zur Konstituierung der Gemeinde überhaupt werden lässt. Nur in der Erschließung für die Wirklichkeit der Gemeinde, für die göttliche Wirklichkeit kann überhaupt Sinn von Dingen entstehen. Und der Gemeinde nutzt es nur, wenn Dinge auf sie bezogen und für sie und ihre Wirklichkeit erschlossen werden, dann aber nutzt ihr alles. Das kann die Metapher leisten, die es „um unseretwillen", *pro nobis* aussagt und die Bedeutung für uns in unseren Wirklichkeitsbereich überträgt. So ist das *pro nobis* Jesu Christi allererst durch die Metapher ermöglicht. Ohne die Metapher würde alles sinnlos in der Wirklichkeit der Menschen stehen bleiben und der Gemeinde nicht nützen, nichts könnte die göttliche Welt konstituieren und mit Sinn füllen. Gottes wirksames Metaphersein, sein Metaphorisieren ist sein Heilschaffen.[18] Vielleicht ist auch so das אהיה אשר אהיה von Ex 3,14 zu verstehen.

18 Zur heilsamen Funktion der Metapher vgl. Christine Gerber, Paulus und seine Kinder. Studien zur Beziehungsmetaphorik der paulinischen Briefe (BZNW 136), Berlin/New York 2005, 81ff. und Flebbe, Jesus Tora (Anm. 14) 32.

Indem die Metapher so auch alle Dinge und die ganze Welt in ein *pro nobis* verwandelt (Röm 8,28), kommt ihr eine soteriologische Funktion zu, bzw. ist die Metapher die soteriologische Verwandlung der Welt in ihre Erlösung.[19]

Dem Metaphorischen als dem Entscheidenden und dem Eigentlichen sein Recht im Leben eines Christen, einer Christin einzuräumen, könnte bedeuten, wie Paulus es formuliert, mit Christus der Welt gekreuzigt zu werden – nämlich die literalen Bedeutungen und ihre Wirklichkeit immer weiter zu relativieren und zu verlassen und sich in die metaphorische Bedeutung hinein zu entdecken und mit ihr immer weiter in die Wirklichkeit Gottes einzutreten und in ihr zu leben.

Am Ende wird aber auch die metaphorische Wirklichkeit als Wirklichkeit des Glaubens ihr Ende finden. Wenn Gott am Ende nach 1 Kor 15,28 alles in allem ist, dann fallen beide Elemente der Metapher, Bildhälfte und Sachhälfte, Quellbereich und Zielbereich, *frame* und *focus*, literale und übertragene Bedeutung in eins zusammen.

---

19 Zur soteriologischen Dimension der Metapher vgl. Günter Bader, Melancholie und Metapher. Eine Skizze, Tübingen 1990, 83.

Gottesbilder in den Deuteropaulinen. Metaphernrezeption im Kontext von Bildfeldtraditionen

Andrea Taschl-Erber

In der deuteropaulinischen Briefliteratur spezifisch und fokussiert nach Gottesbildern und theozentrischen Metaphern Ausschau zu halten, entspricht nicht dem üblichen Fokus der Erforschung des Kol und Eph,[1] und auch in der Untersuchung biblischer Gottesrede liegt das Augenmerk nicht zunächst auf den Deuteropaulinen. Dennoch lohnt sich das Unternehmen, ausschnitthaft die Theo-logie einer bestimmten Textwelt zu beleuchten: Gegenüber den sonst auf andere Fragen konzentrierten Arbeiten zu den Deuteropaulinen lässt dieser geänderte Blickwinkel auch neue Aspekte der bekannten Briefe zu Tage treten.

Zu Beginn können einige grundsätzliche Beobachtungen festgehalten werden, die Fragehorizonte eröffnen:

a) Gottesbilder werden in der Briefliteratur nicht systematisch entwickelt und auch nicht in einem bestimmten Textzusammenhang (wie z. B. einem Psalm, einem Gleichnis, einem größeren Erzählwerk) präsentiert, sondern kommen eher *en passent* zur Sprache, fast zufällig und nebenbei, im Rückgriff auf geläufige Sprachformen, feste Metaphern, gebetssprachliche und liturgische Formeln. Es sind gleichsam fragmentarische Splitter, die auf ein davor oder dahinter befindliches größeres Ganzes deuten: Welche Gottesvorstellungen liegen dem Kol und Eph voraus und zugrunde und lassen sich aus den ein-

---

1 Ich verweise hier auch auf meine bisherigen Arbeiten zu den Deuteropaulinen: Andrea Taschl-Erber, „Erstgeborener der ganzen Schöpfung“: Der exklusive „Mittler“ im Brief an die Gemeinde in Kolossä, in: dies./Irmtraud Fischer (Hg.), Vermittelte Gegenwart. Konzeptionen der Gottespräsenz von der Zeit des Zweiten Tempels bis Anfang des 2. Jahrhunderts n. Chr. (WUNT 367), Tübingen 2016, 245–292; dies., Identitätspolitische Rhetorik. Der Brief „an die Heiligen in Kolossä“, in: Gernot Michael Müller/Sabine Retsch/Johanna Schenk (Hg.), Adressat und Adressant in antiken Briefen. Rollenkonfigurationen und kommunikative Strategien in griechischer und römischer Epistolographie (BzA 382), Berlin/Boston 2019, 279–328; dies., Zwischen Römer- und Epheserbrief. Zur Kontextualisierung des Kolosserbriefs, in: Wolfgang Grünstäudl/Karl Matthias Schmidt (Hg.), Die Datierung neutestamentlicher Pseudepigraphen. Herausforderungen und neuere Lösungsansätze (WUNT), Tübingen 2021, 133–167; dies., Making “the Two” Into One Body. De- and Recategorization of (Un-)Circumcision, in: Annette Weissenrieder (Hg.), Reconsidering the Letter to the Ephesians in Context (WUNT), Tübingen, erscheint 2022.

zelnen Aspekten und Fragmenten rekonstruieren? Welcher Eindruck entsteht in der Zusammenschau der Bilder von der Gottesrede in den deuteropaulinischen Gemeinden der 2. Hälfte des 1. Jahrhunderts? Lässt sich eine *kohärente Theo-Logie* in den Deuteropaulinen rekonstruieren?[2]

b) Welche Gottesmetaphern, -epitheta und Bildaussagen treten im Kol und Eph konkret zu Tage? Was sich in einer darauf konzentrierten Lektüre zeigt, ist: Die Bilder für Gott sind großteils verwurzelt in traditionellen Sprachformen (des Ersten Testaments und jüdischer Literatur der Periode des Zweiten Tempels), in bereits konventionalisierten *Bildfeldtraditionen*, deren Kenntnis für ein tieferes Verständnis des Bedeutungspotentials theo-logischer Rede in den Briefen vorausgesetzt ist. Für eine angemessene Begegnung mit der metaphorischen Sprachwelt der Deuteropaulinen ist die intertextuelle Dialogizität der Texte zu beachten. Das innovativ-kreative Novum liegt dabei auch weniger in einer Weiterentwicklung klassischer *theo-logischer* Sprachformen als solcher, sondern darin, inwiefern sich diese *christo-logisch* mit je neuen Akzenten (insbesondere in einer universalen Soteriologie auch im Blick auf „die Völker“) durchbuchstabieren lassen (noch deutlicher in der sich abzeichnenden Entwicklung vom Kol zum Eph): Eine scharfe Trennung von Theo-logie und Christo-logie unterläuft damit das Programm der deuteropaulinischen Briefe. Welche Metaphern wurden dabei aus der Tradition rezipiert – und welche nicht? Welche fehlen? Welche Möglichkeiten metaphorischer Gottesrede schöpfen die Briefe (nicht) aus?

Zunächst gilt es bei einer solchen Analyse die auf Gott bezogenen Aussagen, Sprachformen, Bilder und Metaphern freizulegen (und das sind durchaus mehr, als vielleicht von anderen Fragehorizonten her erwartet), sowie die bildlichen Gottesprädikationen zu metaphorischen Clustern, Bildfeldern bzw. Bildkomplexen zu ordnen. In einem ersten Schritt lässt sich ein daraus resultierender Überblick über eine *deuteropaulinische Theo-logie* präsentieren (1.). Eine grobe Strukturierung der unterschiedlichen Arten bildlicher Ausdrucksweisen setzt den Blick frei auf Herrscher- und Verwandtschaftsterminologie, emotive und kommunikative Metaphern bis hin zu abstrakteren Licht-, Kraft-, Geist-Prädikationen, räumlichen Sprachwelten etc. Hier werde ich anhand einiger dominanter Bildkomplexe Tiefenbohrungen zu *exemplarischen metaphorischen Netzwerken* und ihrer Einbettung in Bildfeldtradtionen vornehmen (2.). Welche Metaphern aus den Prä- und Intertexten werden aufgenommen und wie werden sie umgesetzt? Zeigt sich in einem *conceptual blending* eine kreative Neukombination von Sinnbereichen und Bedeutungsfeldern? Am Ende erfolgt eine *Bilanz* (3.).

2 Wie sich weder gesamtbiblisch noch für das NT *das* Gottesbild als einheitliches Ganzes erheben lässt, stellt sich natürlich auch für das *Corpus Paulinum* und spezifisch für die Deuteropaulinen die Frage, ob es hier *die* Gottesrede gibt.

1. Theo-Logie der Deuteropaulinen

Ein kompakter Überblick zeigt, dass nicht *ein* regierendes Gottesbild im Vordergrund steht. Es gibt aber dominante Metaphern, die insbesondere aus dem häuslich-familiären sowie aus dem politischen Bereich stammen. Diese kreisen grob gesprochen um die Themen- bzw. Bildfelder des himmlischen Herrschers und Leben wirkenden Schöpfers, dessen Wille und Wort die Geschichte (vorher-)bestimmt, sowie des liebenden, vergebenden Vaters – personalen Gottesbildern der ersttestamentlichen Textwelten und ihrer Rezeptionen entsprechend – und erweitern aus der griechischen Tradition (in hellenistisch-jüdischer Vermittlung) noch das Feld der für Gott verwendeten Abstrakta. Freilich sind diese klassischen Metaphern nicht scharf voneinander abzugrenzen, sondern – wie schon in der vorauslaufenden biblischen und antik-jüdischen Tradition, so auch in der deuteropaulinischen Briefliteratur – zu Netzwerken verknüpft und stehen in einer Vernetzung und Überblendung der metaphorischen Konzepte miteinander in Verbindung.

1.1 Der (all-)mächtige König

Die biblische Tradition stellt Bildaspekte für den Vorstellungskomplex des mächtigen Königs bereit (ohne dass Gott in den Deuteropaulinen explizit als König tituliert wird).[3] Dieser wird charakterisiert durch

- seinen souveränen *Willen*,[4] der – anders als bei irdischen Königen – plan- und absichtsvoll die Heilsgeschichte (mit der Inklusion der Völker) prädestiniert;[5] parallel zum „Willen" ist auch vom „Wohlgefallen" Gottes (vgl. hebräisch רָצוֹן) die Rede;[6]

---

3 Siehe die Prädikationen „großer König" und „Herr der ganzen Erde" in Ex 8,18 LXX; Jos 3,11.13; Ps 47f.; 97,5–9; Mi 4,13; Sach 4,14; Mal 1,14. Zur Königsvorstellung im NT vgl. Jesu Verkündigung von der *βασιλεία* τοῦ θεοῦ.

4 θέλημα in Kol 1,1.9; 4,12; Eph 1,1.5.9.11; 5,17; 6,6; vgl. ἠθέλησεν in Kol 1,27.

5 Im Eph noch mehr als explizite Vorherbestimmung, siehe 1,5 (προορίσας [...] κατὰ τὴν εὐδοκίαν τοῦ θελήματος αὐτοῦ); 1,9 (κατὰ τὴν εὐδοκίαν αὐτοῦ ἣν προέθετο [...]); 1,11 (προορισθέντες κατὰ πρόθεσιν τοῦ τὰ πάντα ἐνεργοῦντος κατὰ τὴν βουλὴν τοῦ θελήματος αὐτοῦ); 3,11 (κατὰ πρόθεσιν).

6 Siehe Kol 1,10: *ἀρεσκείαν* (zum Zusammenhang vgl. 1 Thess 4,1: ἀρέσκειν θεῷ). Zum Substantiv (ein ἅπαξ λεγόμενον im NT) siehe Spr 31,30 LXX; häufiger ist hier das Verb ἀρέσκω oder das Adjektiv ἀρεστός belegt (vgl. Kol 3,20: *εὐάρεστόν ἐστιν* ἐν κυρίῳ): ἀρεστόν kann neben θέλημα das hebräische רָצוֹן („Wohlgefallen, Wille") wiedergeben, siehe die parallelen Formulierungen in Eph 5,10.17: *τί ἐστιν εὐάρεστον* τῷ κυρίῳ/*τί τὸ θέλημα* τοῦ κυρίου. In Weish 9,9–18 vermittelt die σοφία die Erkenntnis des Willens Gottes (τί ἀρεστὸν/εὐάρεστόν ἐστιν, τί θέλει ὁ κύριος, τὰ ἀρεστά). – Außerdem siehe Kol 1,19 *εὐδόκησεν*; Eph 1,5.9 *εὐδοκίαν*.

- seine *Macht*, (Wirk-)Kraft und Stärke, an der er auch Anteil gibt (z. B. Kol 1,11: τὸ *κράτος* τῆς δόξης αὐτοῦ; 2,12 τῆς *ἐνεργείας* τοῦ θεοῦ;[7] Eph 1,19 mit dicht gedrängter Häufung von Kraftbegriffen: τὸ ὑπερβάλλον μέγεθος τῆς *δυνάμεως* αὐτοῦ [...] κατὰ τὴν *ἐνέργειαν*[8] τοῦ *κράτους* τῆς *ἰχύος* αὐτοῦ);[9]
- seine majestätische *Herrlichkeit* (aus der Tradition von Gottes Kabod-Doxa: z. B. Kol 1,11;[10] in Eph 1,6.12.14 formelhaft: εἰς ἔπαινον [*τῆς*] *δόξης* [...] αὐτοῦ);[11]
- *Reichtum*[12] (τὸ[13] πλοῦτος, verbunden mit Genitivattributen[14]) und *Fülle* (Kol 1,19; 2,2.9), in einem übertragenen Sinn verwendet.

Er kann sich *rettend* (siehe z. B. das Exodusmotiv in Kol 1,13: ἐρρύσατο wie in Ex 12,27; 14,30 LXX etc.)[15] und *gnädig*[16] erweisen, *Frieden* und *Versöhnung* stiften,[17] Schuldscheine tilgen (Kol 2,14) – er kann jedoch auch seinen *Zorn* (Kol 3,6/Eph 5,6: ἔρχεται ἡ ὀργὴ τοῦ θεοῦ) walten lassen und – unter Aufnahme von Kriegsbildlichkeit – Feinde in siegreichem *Triumph* entwaffnen (Kol 2,15;

---

7 In Kol 1,29 aufgrund des unmittelbaren Kontextes möglicherweise auf Christus bezogen: κατὰ τὴν *ἐνέργειαν αὐτοῦ* τὴν *ἐνεργουμένην* ἐν ἐμοὶ ἐν *δυνάμει*. (In 1 Kor 15,10 ist aber die Gnade *Gottes* mit Paulus.)

8 In Eph 1,20 folgt eine verbale Formulierung angelehnt an Kol 2,12; in Eph 1,11 bezieht sich τοῦ τὰ πάντα *ἐνεργοῦντος* auf die stete Ausführung seines Willensbeschlusses. (In 2,2 *wirkt* „der Herrscher der Macht der Luft" als „Geist" „in den Söhnen des Ungehorsams".) Vgl. auch 3,7: κατὰ τὴν *ἐνέργειαν* τῆς *δυνάμεως* αὐτοῦ; in 4,16 taucht κατ᾽ ἐνέργειαν ferner im Bild des (ekklesialen) Leibes auf.

9 Vgl. ferner Eph 3,16: *δυνάμει*; die Doxologie in 3,20f.: Τῷ δὲ *δυναμένῳ* [...] κατὰ τὴν *δύναμιν* τὴν *ἐνεργουμένην* ἐν ἡμῖν [...]; 6,10: *ἐνδυμαμοῦσθε* ἐν κυρίῳ καὶ ἐν τῷ *κράτει* τῆς *ἰσχύος* αὐτοῦ.

10 In Kol 1,27 bezogen auf das Geheimnis (τὸ πλοῦτος τῆς *δόξης* τοῦ μυστηρίου τούτου ἐν τοῖς ἔθνεσιν [...]) bzw. Christus als „Hoffnung auf die Herrlichkeit" ([...] ὅ ἐστιν Χριστὸς ἐν ὑμῖν, ἡ ἐλπὶς τῆς *δόξης*). In 3,4 wird sie den Adressat*innen mit Christus verheißen (τότε καὶ ὑμεῖς σὺν αὐτῷ φανερωθήσεσθε ἐν *δόξῃ*); vgl. dazu auch Eph 3,13 (*δόξα* ὑμῶν).

11 In Eph 1,17 mit der Vaterprädikation: ὁ πατὴρ *τῆς δόξης*; siehe ferner 3,16: τὸ πλοῦτος *τῆς δόξης* αὐτοῦ (vgl. Kol 1,27); oder in 3,21 die Doxologie: αὐτῷ *ἡ δόξα*.

12 Das Motiv des Reichtums (bzw. von Schätzen: Kol 2,3) ist aber auch als fester Topos mit der Weisheit verknüpft; siehe z. B. Ijob 28,15–19; Spr 2,4; 3,14–16; 8,18–21; 15,16; 21,20; 22,4; 24,4; Sir 1,25; 24,17; Bar 3f.; Weish 7,8–14; Röm 11,33.

13 In Eph 1,18 maskulin (ὁ).

14 Eph 1,7; 2,7: τῆς χάριτος αὐτοῦ; 3,16: τῆς δόξης αὐτοῦ. Vgl. gemäß dem pleonastischen Stil der Deuteropaulinen Kol 1,27 (s. o.); 2,2: τῆς πληροφορίας τῆς συνέσεως; Eph 1,18: τῆς δόξης τῆς κληρονομίας αὐτοῦ. In Eph 3,8 τὸ ἀνεξιχνίαστον πλοῦτος *τοῦ Χριστοῦ*. Siehe außerdem Eph 2,4: πλούσιος [...] ἐν ἐλέει.

15 Eph 1,13 verweist auf „die Frohbotschaft von eurer *Rettung*" (τὸ εὐαγγέλιον τῆς *σωτηρίας* ὑμῶν). Siehe auch 2,5.8: „durch Gnade seid ihr *gerettet*" (χάριτί ἐστε *σεσῳσμένοι*).

16 Zur χάρις siehe Kol 1,2/Eph 1,2; Kol 1,6; 3,16; 4,18; Eph 1,6f. (in V. 6 Wortspiel: τῆς *χάριτος* αὐτοῦ ἧς *ἐχαρίτωσεν*); 2,5.8; 3,2.7.8; 4,7; 6,24 (in 4,29 in allgemeinem Sinn).

17 Siehe Kol 1,2/Eph 1,2 und Eph 6,23: εἰρήνη; Kol 1,20: εἰρηνοποιήσας sowie ἀποκαταλλάξαι (in Kol 1,22 und Eph 2,16 von Christus; außerdem ist der Friede in Kol 3,15; Eph 2,14.15.17 christozentrisch formuliert).

freilich durch das Kreuz).[18] In Eph 6,11.13 verhilft die „*Rüstung* Gottes" (τὴν πανοπλίαν τοῦ θεοῦ) zum Widerstand.

Was räumliche Vorstellungswelten betrifft, ist von seinem *Reich* (Kol 4,11: εἰς τὴν βασιλείαν τοῦ θεοῦ) bzw. jenem seines geliebten Sohnes die Rede, in das er versetzen kann (Kol 1,13; vgl. Eph 2,6); Eph 5,5 spricht vom „Erbteil im Reich Christi und Gottes". Christi Sitzen zu seiner Rechten (Kol 3,1) im Himmel (Eph 1,20) verweist auf *Thronmotivik*, und zugleich damit auf die Aspekte königlicher Würde, Herrschaft und Macht.

1.2 Der himmlische Allherrscher = der Leben spendende Schöpfer

Der in himmlischem Lichtglanz thronende, machtvoll über alles/das All regierende Herrscher ist der allmächtige *Schöpfer*[19] (z. B. formelhaft in Eph 3,9: τῷ θεῷ τῷ τὰ πάντα *κτισάντι*;[20] Neuschöpfung in Kol 3,10/Eph 4,24 mit Anspielung auf Gen 1,26f.; Eph 2,10: αὐτοῦ γάρ ἐσμεν *ποίημα*, *κτισθέντες* ἐν Χριστῷ Ἰησοῦ[21] ἐπὶ ἔργοις ἀγαθοῖς οἷς προητοίμασεν ὁ θεὸς) und *Lebensspender*, der auch Macht über den Tod hat: Er hat die Kraft, von den Toten aufzuwecken und – durch Sünden und „Übertretungen" (παραπτώματα) Tote – lebendig zu machen (Kol 2,12f.; vgl. auch 3,3; Eph 1,20; 2,1.5f.).[22] Bereits in Ez 36f. sind die Themen Vergebung – Transformation zu neuem Leben – Auferweckung verknüpft.

1.3 Der Offenbarer – kommunikative Bilder

Er bleibt nicht in himmlischer Distanz, sondern in Aufnahme kommunikativer und epistemologischer Bildfelder *offenbart* er seinen Willen und sein *Wort*:[23] insbesondere, als „das verborgene Geheimnis seit Äonen und seit Generationen"

18 In der Rezeption von Eph 1,22 „legte er alles unter seine (d. h. Christi) Füße" (im zitierten Ps 8,7 auf den Menschen bezogen).

19 Vgl. z. B. in Jdt 9,12 die Titulatur Gottes als „Gebieter der Himmel und der Erde" sowie „König deiner ganzen Schöpfung".

20 Vgl. auch das *Passivum divinum* in Kol 1,16 (ἐκτίσθη, ἔκτισται) sowie die „Schöpfung" in Kol 1,23 (κτίσει).

21 In Eph 2,15 erschafft Christus den neuen Menschen.

22 Dazu siehe in den unumstrittenen Paulusbriefen Röm 6,11 (*νεκροὺς* μὲν τῇ ἁμαρτίᾳ ζῶντας δὲ τῷ θεῷ ἐν Χριστῷ Ἰησοῦ); 8,11 (ὁ *ἐγείρας* [τὸν] Χριστὸν *ἐκ νεκρῶν ζῳοποιήσει* καὶ τὰ θνητὰ σώματα ὑμῶν); 1 Kor 6,14 (*καὶ ἡμᾶς ἐξεγερεῖ διὰ* τῆς δυνάμεως *αὐτοῦ*); 2 Kor 4,14 (ὁ *ἐγείρας* τὸν κύριον Ἰησοῦν *καὶ ἡμᾶς σὺν* Ἰησοῦ *ἐγερεῖ*); 13,4 (ζήσομεν *σὺν αὐτῷ*).

23 Kol 1,25: τὸν λόγον τοῦ θεοῦ; in 1,5 „das Wort der Wahrheit des Evangeliums"/Eph 1,13 „das Wort der Wahrheit, das Evangelium eurer Rettung"; in Kol 3,16 ὁ λόγος τοῦ Χριστοῦ,

(Kol 1,26/Eph 3,9),[24] das *Christusmysterium*,[25] um – gerade auch τὰ ἔθνη – zur *Erkenntnis* zu bringen.[26] Dafür bedient er sich im (deutero-)paulinischen Narrativ des Paulus, der nach seinem Willen (Kol 1,1/Eph 1,1: διὰ θελήματος τοῦ θεοῦ) und amtlichem Auftrag (Kol 1,25: κατὰ τὴν οἰκονομίαν τοῦ θεοῦ)[27] Apostel des Messias Jesus ist, welcher sein Wort bei den Völkern[28] zur Erfüllung (πληρῶσαι; vgl. seine in Kol 1,24 beschriebene komplementäre Funktion: ἀνταναπληρῶ) bzw. ans Licht bringt (Eph 3,9: φωτίσαι).

In diesem Zusammenhang soll sich Gott auch als *Türöffner* erweisen – so bittet der Apostel seine Adressat*innen in Kol 4,3: „betet zugleich auch für uns, damit Gott uns eine Tür für das Wort (θύραν τοῦ λόγου) öffne, das Geheimnis Christi (τὸ μυστήριον τοῦ Χριστοῦ) zu verkünden". Vor dem Hintergrund der imaginierten Gefangenschaftssituation ([...] δι' ὃ καὶ δέδεμαι) ist die erbetene Öffnung der Tür für das Wort mehrdeutig – als ein Wunder wie in Apg 12,10 (Öffnung der Gefängnistür)? Oder auch in Bezug auf gastfreundliche Aufnahme (in ein offenes Haus)?

---

als „das Wort Christi" = *Genitivus subiectivus* oder „von/über Christus" = *Genitivus obiectivus* lesbar; in 4,3 absolut gebraucht. In Eph 6,17 ῥῆμα θεοῦ.

24 Vgl. die übereinstimmenden Stichwörter in Kol 1,26: τὸ *μυστήριον* τὸ *ἀποκεκρυμμένον ἀπὸ τῶν αἰώνων* καὶ ἀπὸ τῶν γενεῶν (Eph 3,9: τοῦ *μυστηρίου* τοῦ *ἀποκεκρυμμένου ἀπὸ τῶν αἰώνων*)/1 Kor 2,7: ἀλλὰ λαλοῦμεν θεοῦ σοφίαν ἐν *μυστηρίῳ* τὴν *ἀποκεκρυμμένην*, ἣν προώρισεν ὁ θεὸς πρὸ *τῶν αἰώνων* εἰς δόξαν ἡμῶν [...] (1 Kor 2,10: ἡμῖν δὲ ἀπεκάλυψεν ὁ θεὸς [...]). Siehe auch Röm 16,25f.: [...] κατὰ ἀποκάλυψιν *μυστηρίου* χρόνοις *αἰωνίοις* σεσιγημένου, φανερωθέντος δὲ νῦν διά τε γραφῶν προφητικῶν [...] (Kol 1,26: νῦν δὲ ἐφανερώθη τοῖς ἁγίοις αὐτοῦ). – Ähnlich Eph 3,5: ὃ ἑτέραις *γενεαῖς* οὐκ ἐγνωρίσθη τοῖς υἱοῖς τῶν ἀνθρώπων ὡς *νῦν* ἀπεκαλύφθη *τοῖς ἁγίοις* ἀποστόλοις *αὐτοῦ* καὶ προφήταις ἐν πνεύματι (in Eph 3,10: ἵνα γνωρισθῇ νῦν [...]).

25 Kol 2,2: τοῦ μυστηρίου τοῦ θεοῦ, Χριστοῦ (P^{46} und B, variantenreiche Überlieferung aufgrund des unklar positionierten erläuternden Genitivs Χριστοῦ; D* korrigiert: ο εστιν Χριστος); 4,3: τὸ μυστήριον τοῦ Χριστοῦ („das Geheimnis Christi" bzw. „vom Christus/Messias"); vgl. Eph 3,4. In Eph 6,19 „das Geheimnis des Evangeliums".

26 Kol 1,27: ἠθέλησεν ὁ θεὸς γνωρίσαι τί τὸ πλοῦτος τῆς δόξης τοῦ μυστηρίου τούτου ἐν τοῖς ἔθνεσιν; Eph 1,9: γνωρίσας ἡμῖν τὸ μυστήριον τοῦ θελήματος αὐτοῦ [...]; 3,3: κατὰ ἀποκάλυψιν ἐγνωρίσθη μοι τὸ μυστήριον. – Vgl. dazu Röm 9,23: καὶ ἵνα *γνωρίσῃ τὸν πλοῦτον τῆς δόξης* αὐτοῦ ἐπὶ σκεύη ἐλέους, ἃ προητοίμασεν εἰς δόξαν; 16,25f.: [...] κατὰ ἀποκάλυψιν *μυστηρίου* [...] *εἰς πάντα τὰ ἔθνη γνωρισθέντος*.

27 Ähnlich formuliert 1 Kor 3,10: *τὴν* χάριν *τοῦ θεοῦ τὴν δοθεῖσάν μοι* (vgl. Röm 12,3; 15,15; Gal 2,9) – Eph 3,2 verbindet beides: τὴν οἰκονομίαν τῆς χάριτος τοῦ θεοῦ τῆς δοθείσης μοι; 3,7 variiert Kol 1,25: κατὰ τὴν δωρεὰν τῆς χάριτος τοῦ θεοῦ τῆς δοθείσης μοι (in 3,8 wiederholt: Ἐμοὶ [...] ἐδόθη ἡ χάρις αὕτη [...]), während 3,9 wieder das Stichwort οἰκονομία für das mit dem göttlichen Heilsplan (siehe 1,10) verbundene Verwaltungsamt aufnimmt (τίς ἡ οἰκονομία τοῦ μυστηρίου [...]). Vgl. dazu 1 Kor 9,17 (*οἰκονομίαν* πεπίστευμαι); in 4,1 beschreibt sich Paulus als „*Verwalter* von Geheimnissen Gottes" (ὡς [...] *οἰκονόμους* μυστηρίων θεοῦ).

28 Siehe Eph 3,8: [...] *τοῖς ἔθνεσιν* εὐαγγελίσασθαι τὸ ἀνεξιχνίαστον πλοῦτος τοῦ Χριστοῦ.

Menschen entsprechen Gottes Offenbarung mit der *Erkenntnis* (Kol 1,10: αὐξανόμενοι τῇ *ἐπιγνώσει* τοῦ θεοῦ; vgl. Eph 1,17),[29] wie es ihrer schöpfungsmäßigen Bestimmung entspricht.[30] Sie lassen sich von ihm, seinem Willen und Geist *erfüllen*[31] und finden, ihrer *Berufung* (Eph 1,18; 4,1.4) gemäß, sein *Wohlgefallen* (z. B. Kol 1,10; Eph 5,10). Ein Gegenbild, das im Blick auf τὰ ἔθνη[32] typische Vorurteile spiegelt, ist in Eph 4,17–19 skizziert (verfinstert im Verstand, *Un*kenntnis, Herzensverhärtung, Unreinheit etc.).[33]

Gottes Gegenwart vermittelt sich auch auf Erden, insofern er hier *Wohnung* nimmt. Das Wohnen Gottes (Kol 1,19; 2,9: κατοικεῖ; Eph 2,22: κατοικητήριον τοῦ θεοῦ)[34] nimmt Elemente der Zions-, Tempel- und Schechinatheologie auf.

1.4 Der barmherzige (All-)Vater

Zugleich ist er der liebende, sich erbarmende, vergebende *Vater* – der im Vorstellungszusammenhang eines hierarchischen Systems wiederum als mächtiger Vater erkennbar ist (siehe z. B. Eph 3,14: „deshalb beuge ich meine Knie vor dem Vater"): (patriarchales) Vaterbild und Herrschervorstellung lassen sich nicht immer eindeutig trennen (vgl. dazu Weish 11,10). Zu welchem Bildkomplex gehören Gottes Wille, Plan, (Wohl-)Gefallen, Erwählung, Rettung, Gnade, Vergebung, Versöhnung, Zorn? Insgesamt regiert männlich dominierte Metaphorik. Zur festen Gottesprädikation wird die Vater-Anrede umso mehr, als der Gottesname κύριος – nicht immer eindeutig (und mit textkritischer Variantenbildung) – auch christologisch[35] verwendet wird. So fungiert in der deuteropaulinischen οἶκος-Metaphorik Gott als *pater familias* und der Erstgeborene (Kol 1,15.18) als κύριος (sowie Paulus als „Verwalter").[36]

---

29 Auch des Willens (Kol 1,9), der Gnade (Kol 1,6) oder des Geheimnisses (Kol 2,2) Gottes. In Eph 3,19 sollen die Adressat*innen die – die Erkenntnis übersteigende – Liebe Christi erkennen.

30 Siehe Kol 3,10: „und zieht den neuen [Menschen] an, der erneuert wird zur Erkenntnis (absolut: εἰς ἐπίγνωσιν) gemäß dem Bild dessen, der ihn erschaffen hat". Vgl. dazu Gen 3,22 (LXX: γινώσκειν).

31 Kol 1,9: ἵνα *πληρωθῆτε* τὴν ἐπίγνωσιν τοῦ θελήματος αὐτοῦ ἐν πάσῃ σοφίᾳ καὶ συνέσει πνευματικῇ; 2,10: ἐστὲ [...] *πεπληρωμένοι*; 4,12: *πεπληροφορημένοι* ἐν παντὶ θελήματι τοῦ θεοῦ; Eph 3,19: ἵνα *πληρωθῆτε* εἰς πᾶν τὸ *πλήρωμα* τοῦ θεοῦ; 5,18: *πληροῦσθε* ἐν πνεύματι.

32 Spätere Varianten fügen λοιπα ein.

33 Hier rekurriert der Eph stärker als der Kol auf τὴν προτέραν ἀναστροφὴν im Blick auf „den alten Menschen" (Eph 4,22 in Aufnahme von Kol 3,9 bzw. Röm 6,6).

34 In Eph 3,17 von Christus: in den Herzen der Adressat*innen (κατοικῆσαι τὸν Χριστὸν [...] ἐν ταῖς καρδίαις ὑμῶν). In Kol 3,16 vom Wort Christi (ἐνοικείτω).

35 Explizit in Kol 3,17.24; Eph 1,15.17; 3,11; 5,20; 6,23f.

36 In Hebr 3 wird eine Mose-Typologie etabliert (siehe dazu Num 12,7 LXX: ἐν ὅλῳ τῷ οἴκῳ μου πιστός ἐστιν) – hingegen ist Christus in Hebr 3,6 ὡς υἱὸς ἐπὶ τὸν οἶκον αὐτοῦ.

Wie in Hos 11 (hier gegenüber Israel als geliebtem Sohn)[37] begegnen *Emotionen* Gottes in der Spannweite *von Liebe bis Zorn.*[38] In den Deuteropaulinen bezieht sich die *Liebe* Gottes zunächst auf „den Sohn“ (Kol 1,12; Eph 1,6) und schließt in den Ehrentitel der „Geliebten“ dann auch die Adressat*innen aus den Völkern ein (Kol 3,12) – „als geliebte Kinder“ (Eph 5,1). Die Liebe wirkt *Vergebung* der Sünden und Übertretungen (siehe Kol 2,13: χαρισάμενος ἡμῖν πάντα τὰ παραπτώματα;[39] vgl. Eph 2,4–8).

Ergänzend verbinden sich in Eph 3,15; 4,6 Vatermetapher und Schöpfervorstellung zum *All-Vater*: Der Vater ist schöpferischer Urheber des Kosmos.

Über weite Strecken entspricht die deuteropaulinische Theo-logie damit dem klassischen biblisch-personalen Gottesbild (der sich seinen Geschöpfen Zuwendende und in der Geschichte Handelnde) – wobei das Moment der Parteilichkeit gegenüber Israel in Erwählung und Vorherbestimmung (implizit klingt hier auch Gottes verlässliche Treue an) auf die Universalität der Völker hin entgrenzt ist.

1.5 Abstrakte Bilder – Gottes Transzendenz

Dazu treten *Abstrakta*, die insbesondere auch für die Sprachwelt hellenistischer Bildung anschlussfähig sind und das Wirken „des unsichtbaren Gottes“ (Kol 1,15) mit Metaphern von *Geist* (z. B. Eph 3,16: διὰ τοῦ πνεύματος αὐτοῦ), *Weisheit* (Eph 3,10: ἡ πολυποίκιλος σοφία τοῦ θεοῦ),[40] *Energie* (zur ἐνέργεια als göttlicher Wirkmacht und anderen Kraftbegriffen[41] s. o.), *Licht*, *Herrlichkeit* (δόξα, auch als

---

37 In Hos 11 ist allerdings die Elternrolle nicht geschlechtlich festgelegt, wie Thomas Hieke, Von der Unzulänglichkeit des menschlichen Redens von Gott. Hos 11 und andere Metaphernsprenger im Alten Testament, in diesem Band veranschaulicht.

38 Diese lassen sich auch dem Herrscherbild zuordnen: Mit Zorn reagiert z. B. Nabuchodonosor auf den Widerstand gegen die gleichsam göttlich angeordnete Unterwerfung in Jdt 2,7 (θυμός; vgl. 1,12) – hintergründig regiert im Juditbuch die Frage, wer rechtmäßig der κύριος ist. Ebenso ist Liebe in der altorientalischen Welt ein politischer Begriff, so inspirierte die Liebesrhetorik assyrischer Vasallenverträge die Bundesterminologie im Dtn (das Israels Vertragstreue vom assyrischen Großkönig auf JHWH uminterpretiert).

39 Nicht eindeutig ist der Kyrios-Titel in Kol 3,13: καθὼς καὶ ὁ κύριος ἐχαρίσατο ὑμῖν. Die textkritische Variantenbildung belegt einen Übergang von theozentrischer zu christozentrischer Deutung. Siehe aber Eph 4,32: καθὼς καὶ *ὁ θεὸς ἐν Χριστῷ* ἐχαρίσατο ὑμῖν. Ebenso „haben“ die Glaubenden nach Kol 1,14/Eph 1,7 im geliebten Sohn „die Erlösung“, „die Vergebung der Sünden/Übertretungen“.

40 Zur σοφία siehe Kol 1,9.28; 2,3.8.23; 3,16; 4,5; Eph 1,8.17; 3,10.

41 Insbesondere die δύναμις (siehe bes. Eph 1,19; 3,7.16.30) erscheint anschlussfähig für griechische Philosophie: vgl. z. B. die alles ordnend durchwaltende δύναμις im pseudo-aristotelischen Traktat *De mundo* (dazu 5,396b28f.; ähnlich die pneumatische σοφία in Weish 7,24, 8,1 oder etwa das πνεῦμα in der Stoa: vgl. z. B. SVF 2,416); außerdem Philo, Conf. 137: τούτου *δύναμις* δέ, καθ' ἣν ἔθηκε καὶ διετάξατο τὰ πάντα, κέκληται μὲν ἐτύμως θεός, ἐγκεκόλπισται δὲ τὰ ὅλα καὶ διὰ τῶν τοῦ πάντος μερῶν διελήλυθε; Vit. Mos. 1,111:

Lichtglanz) und *Fülle* (siehe bes. das göttliche πλήρωμα in Kol 1,19; 2,9; Eph 1,22; 3,19; 4,13)[42] verbildlichen. Das πνεῦμα, als „heilig" bezeichnet in Eph 1,13 („ihr wurdet versiegelt mit dem heiligen Geist der Verheißung"),[43] begegnet insbesondere in einem begrifflichen Umfeld von Weisheit, Einsicht, Offenbarung und Erkenntnis (Kol 1,9: „dass ihr *erfüllt* werdet in Bezug auf die *Erkenntnis* seines Willens in jeder *geistgewirkten Weisheit* und *Einsicht*";[44] Eph 1,17: „damit der Vater unseres Herrn Jesus Christus, der Vater der Herrlichkeit, euch gibt den *Geist* der *Weisheit* und der *Offenbarung* zu seiner *Erkenntnis*"; 5,18: lasst euch *erfüllen* im *Geist*)[45] sowie im ekklesialen Kontext von *Liebe* (Kol 1,8: „eure Liebe im Geist"), *Einheit* (Eph 4,3: „die Einheit des Geistes zu wahren im Band des Friedens"; 4,4: „*ein* Leib und *ein* Geist"), *Segen* (Eph 1,3: „der uns gesegnet hat mit jedem pneumatischen Segen in den Himmeln in Christus"), *Gebet* (Eph 6,18: „im Geist") und *Lied* (Kol 3,16: „mit pneumatischen Psalmen, Hymnen, Oden in Gnade singt [...] Gott"; vgl. Eph 5,19).[46] Das Licht-Motiv findet sich insbesondere in einem *Licht-Finsternis-Dualismus* (Kol 1,12f.; Eph 5,8ff.) sowie als erkenntnisbezogene *Erleuchtung* (Eph 1,18 mit einer Spannung in der Metaphorik: „erleuchtete Augen eures Herzens";[47] 3,9 durch Paulus).

Gerade die – insbesondere in der alexandrinischen Weisheitsliteratur (Sapientia Salomonis, Philo) begegnende – Vorstellung des „alles" bzw. „das All" (τὰ πάντα) *erfüllenden* Gottes/Geistes lässt auch Einflüsse griechischer Philosophie vermuten – in den Deuteropaulinen also schon in jüdisch-hellenistischer Rezeption vermittelt.

1.6 Gottesbildlichkeit des Sohnes und des neuen Menschen

Das „Bild" Gottes schlechthin ist „der Sohn" als εἰκὼν τοῦ θεοῦ τοῦ ἀοράτου (Kol 1,15). Zum Abschluss der Übersicht sei noch ergänzend auf die deuteropaulinische Aufnahme der *imago Dei*-Tradition von Gen 1 verwiesen. In Kol 3,10 wird „der neue Mensch" als *κατ'* εἰκόνα, „*gemäß* dem Bild" des Schöpfers in Rezeption

θεὸς δ' ἡ ἀνωτάτω καὶ μεγίστη *δύναμις* ὢν [...] (vgl. in Eph 1,19 τὸ ὑπερβάλλον μέγεθος τῆς δυνάμεως αὐτοῦ). – Zitate aus der siebenbändigen Edition von Leopold Cohn/Paul Wendland, Philonis Alexandrini opera quae supersunt, Berlin 1896–1930 (Ndr. 1962–1963).

42 In Eph 1,10 von der „Fülle der Zeiten". Kol 2,2 spricht mit einem verwandten Substantiv vom „ganzen Reichtum der Fülle (πληροφορίας) der Einsicht, zur Erkenntnis des Geheimnisses Gottes, Christi".

43 Vgl. auch Eph 4,30: „betrübt nicht den heiligen Geist Gottes".

44 Analog ist das Land in Jes 11,9 von der Erkenntnis JHWHs erfüllt, in 11,2f. sowie in Ex 31,3; 35,31 erfolgt eine besondere Geistbegabung durch πνεῦμα σοφίας καὶ συνέσεως (LXX).

45 Siehe auch Eph 4,23: ἀνανεοῦσθαι δὲ τῷ πνεύματι τοῦ νοὸς ὑμῶν.

46 Vgl. außerdem Eph 6,17: „Schwert des Geistes". In Eph 6,12 werden feindliche Himmelsmächte bezeichnet als *τὰ πνευματικὰ* τῆς πονηρίας ἐν τοῖς ἐπουρανίοις.

47 Abhängig von „dass Gott gibt [...]" in V. 17. Vgl. 2 Kor 4,6 („leuchtete in unseren Herzen") sowie Ps 19,9 (Parallelismus Herz – erleuchtete Augen).

von Gen 1,26f. LXX bezeichnet, dessen Gottesbildlichkeit Christus neu vermittelt.[48] Eph 4,24 erläutert: „und zieht den neuen Menschen an (καὶ ἐνδύσασθαι τὸν καινὸν ἄνθρωπον), den gemäß Gott Geschaffenen (τὸν κατὰ θεὸν κτισθέντα) in *wahrer Gerechtigkeit* und *Heiligkeit* (ἐν *δικαιοσύνῃ* καὶ *ὁσιότητι* τῆς *ἀληθείας*)".[49] Die Gottesbildlichkeit spiegelt sich insbesondere auch im Aufruf zur *imitatio Dei* (vgl. Eph 5,1: γίνεσθε οὖν *μιμηταὶ τοῦ θεοῦ*), die umgekehrt auf „urbildliche" Eigenschaften Gottes rückschließen lässt, welche Menschen realisieren sollen. Zu gegenseitiger *Güte, Barmherzigkeit* und *Vergebung* nach göttlichem Beispiel (καθὼς καὶ ὁ κύριος/ὁ θεὸς ἐν Χριστῷ ἐχαρίσατο ὑμῖν) fordert Kol 3,13/Eph 4,32 auf.[50] Eph 5,2 ermahnt die Adressat*innen („als geliebte Kinder", V. 1) zu *Liebe* (περιπατεῖτε ἐν *ἀγάπῃ*) nach Christi Vorbild (καθὼς καὶ ὁ Χριστὸς ἠγάπησεν ἡμᾶς), V. 8f. erwartet von den „Kindern des *Lichts*" einen Wandel in *Güte, Gerechtigkeit* und *Wahrheit*.[51]

2. Exemplarische metaphorische Netzwerke

2.1 Gott als Vater – alte und neue Verwandtschaften

Das im NT verbreitete Bild Gottes als Vater findet auch in den Deuteropaulinen seinen Niederschlag, an zeitgenössische jüdische Traditionen anknüpfend.

48 Die Differenzierung zwischen der Gottesbildlichkeit des „Sohnes" als εἰκὼν (Kol 1,15) und jener des neuen Menschen κατ' εἰκόνα (in Anknüpfung an Gen 1,26f. LXX) erinnert an die gestufte *imago Dei* in Philos platonisierender Genesis-Interpretation (siehe z. B. Opif. 25; 69; 139).

49 Vgl. Gal 3,17: *Χριστὸν* ἐνεδύσασθε (als *corporate personality*); Kol 3,10: καὶ ἐνδυσάμενοι τὸν νέον τὸν ἀνακαινούμενον *εἰς ἐπίγνωσιν* κατ' εἰκόνα τοῦ κτίσαντος αὐτόν.

50 Kol 3,13: ἀνεχόμενοι ἀλλήλων καὶ χαριζόμενοι ἑαυτοῖς [...] – Eph 4,32: γίνεσθε εἰς ἀλλήλους χρηστοί, εὔσπλαγχνοι, χαριζόμενοι ἑαυτοῖς [...] (4,2: ἀνεχόμενοι ἀλλήλων ἐν ἀγάπῃ).

51 Eph 5,8f.: ἦτε γάρ ποτε σκότος, νῦν *δὲ φῶς* ἐν κυρίῳ· ὡς τέκνα φωτὸς περιπατεῖτε – ὁ γὰρ καρπὸς τοῦ φωτὸς ἐν πάσῃ *ἀγαθωσύνῃ* καὶ *δικαιοσύνῃ* καὶ *ἀληθείᾳ*. Vgl. zu den genannten Aspekten z. B. Ex 34,6f.

2.1.1 Formelhafte Vater-Metapher

Meist tritt die geprägte Vater-Metapher in Gruß- und Gebetsformeln des Briefformulars zu Tage, der Vater-Anrede in Gebeten im antiken Judentum entsprechend.[52] Typisch ist der *Dank* an den Vater, absolut gebraucht (Kol 1,12: εὐχαριστοῦντες *τῷ πατρὶ* [...])[53] oder in – teilweise festgefügter[54] – Kombination mit θεός (Kol 3,17: εὐχαριστοῦντες *τῷ θεῷ πατρί*; Eph 5,20: [...] τῷ θεῷ καὶ πατρί), oder auch der *Friedensgruß* (Kol 1,2: χάρις ὑμῖν καὶ εἰρήνη ἀπὸ θεοῦ πατρὸς *ἡμῶν*; in Eph 1,2 mit dem Zusatz: καὶ κυρίου Ἰησοῦ Χριστοῦ,[55] wie in 6,23: Εἰρήνη τοῖς ἀδελφοῖς καὶ ἀγάπη μετὰ πίστεως ἀπὸ θεοῦ πατρὸς καὶ κυρίου Ἰησοῦ Χριστοῦ,[56] wo die Verwandtschaftsterminologie in horizontaler und vertikaler Linie begegnet). Teilweise wird in der *beraka* die Vaterprädikation *christologisch* spezifiziert als „Vater unseres Herrn Jesus Christus":

> Kol 1,3: Εὐχαριστοῦμεν τῷ θεῷ πατρὶ τοῦ κυρίου ἡμῶν Ἰησοῦ Χριστοῦ [...]
> Eph 1,3: Εὐλογητὸς ὁ θεὸς καὶ *πατὴρ τοῦ κυρίου ἡμῶν Ἰησοῦ Χριστοῦ* (= 2 Kor 1,3)[57] [...]

Eph 1,17 bietet eine interessante Kombination: ὁ θεὸς τοῦ κυρίου ἡμῶν Ἰησοῦ Χριστοῦ („der Gott unseres Herrn Jesus Christus"), *ὁ πατὴρ τῆς δόξης* („der Vater der Herrlichkeit"). Die Überblendung der göttlichen Doxa mit dem Vaterbild führt zwei Bildbereiche zusammen: Gott in seiner majestätischen Herrlichkeit und gewichtigen Würde, der zugleich der „Vater" ist. In 1 Hen 40,3; 63,2 begegnet der Titel „Herr der Herrlichkeit" – eine gängige Formulierung jüdischer Apokalyptik, die in 1 Kor 2,8 christologisch interpretiert wird (τὸν κύριον τῆς δόξης ἐσταύρωσαν), im Eph aber gerade doch wieder theozentrisch gewendet ist.

Während etwa in Tobit 13,4 das dreigliedrige „unser Herr" (κύριος ἡμῶν) – „unser Gott" (θεὸς ἡμῶν) – „unser Vater" (πατὴρ ἡμῶν) auf JHWH bezogen ist, findet sich im NT die Vaterbezeichnung für Gott neben dem Kyriostitel für Jesus Christus. Das muss jedoch nicht bedeuten, dass der Gottesname κύριος (in LXX-

---

52 Siehe dazu Angelika Strotmann, „Mein Vater bist du!" (Sir 51,10). Zur Bedeutung der Vaterschaft Gottes in kanonischen und nichtkanonischen frühjüdischen Schriften (FTS 39), Frankfurt a. M. 1991.

53 Zur absoluten Verwendung siehe auch Eph 2,18 (in gleichsam trinitarischer Differenzierung: ὅτι δι' αὐτοῦ ἔχομεν τὴν προσαγωγὴν οἱ ἀμφότεροι ἐν ἑνὶ πνεύματι *πρὸς τὸν πατέρα*); 3,14 (Τούτου χάριν κάμπτω τὰ γόνατά μου *πρὸς τὸν πατέρα*).

54 Vgl. Gal 1,1 und Phil 2,11 (θεοῦ πατρός); 1 Thess 1,1 (ἐν θεῷ πατρὶ) etc. (gleichsam als Name).

55 So in Röm 1,7 (vgl. auch 15,6); 1 Kor 1,3; 2 Kor 1,2 (vgl. V. 3; 11,31); Gal 1,3; Phil 1,2; 2 Thess 1,2; Phlm 3.

56 Während in Eph 6,23 die Genitivkonstruktion das Präpositionalgefüge (ἀπό + Genitiv) erweitert („und vom Herrn Jesus Christus"), könnte in 1,2 das Genetivattribut auch von πατρὸς abhängig sein („von Gott, unserem Vater, und des Herrn Jesus Christus"); vgl. 1,3.17.

57 Vgl. auch Röm 15,6: ἵνα ὁμοθυμαδὸν ἐν ἑνὶ στόματι δοξάζητε *τὸν θεὸν καὶ πατέρα τοῦ κυρίου ἡμῶν Ἰησοῦ Χριστοῦ*.

Tradition für das Tetragramm JHWH verwendet) in den deuteropaulinischen Briefen bereits durchgehend christologisch gebraucht wird (zur Übertragung des Namens vgl. Phil 2,9–11). In der Zusammenschau von Kol und Eph begegnet in den parallelen Stellen manchmal θεός, wo im anderen Brief κύριος steht (interessanterweise in beiden Richtungen), was nahelegt, dass der Kyriostitel nach wie vor auch theozentrisch als Name Gottes konnotiert ist und nicht immer eindeutig verwendet und verstanden wird, was wiederum in der Textgeschichte die diversen Variantenbildungen mit beifügenden Klärungen in die eine oder andere Richtung belegen. Bei einer absoluten Verwendung von κύριος ist daher nicht zu schnell und in jedem Fall von einer christologischen Übertragung auszugehen, sondern von einem oszillierenden Gebrauch, der auch passagenweise wechseln kann. Klar ist jedoch eine formelhafte Verschiebung in der Gottesbezeichnung *vom Kyrios zum Vater* (oder mit Feldmeier und Spieckermann: „Vom Herrgott zum Gottvater"[58] – zumindest was die griechische Sprachtradition betrifft) festzustellen.

Gottes Vaterschaft verbindet sich mit dem Gedanken der *Schöpfung* in Eph 3,14f. ([...] πρὸς τὸν πατέρα, ἐξ οὗ πᾶσα πατριὰ ἐν οὐρανοῖς καὶ ἐπὶ γῆς ὀνομάζεται)[59] sowie in der All-Formel von 4,6: *εἷς θεὸς* (vgl. Dtn 6,4 LXX: κύριος ὁ θεὸς ἡμῶν κύριος εἷς ἐστιν[60] sowie die kaiserzeitlich geläufige εἷς θεός-Akklamation) καὶ *πατὴρ πάντων* („*ein Gott* und *Vater aller* bzw. *des Alls*"),[61] ὁ ἐπὶ πάντων καὶ διὰ πάντων καὶ ἐν πᾶσιν.[62] Wie in 1 Kor 8,6 (*εἷς θεὸς* ὁ *πατὴρ* ἐξ οὗ τὰ *πάντα* καὶ ἡμεῖς εἰς αὐτόν [...];[63] vgl. ferner Röm 3,29f.: als Gott auch der Völker – εἴπερ *εἷς* ὁ *θεός*) wird in unmittelbarem Zusammenhang mit dem monotheistischen Bekenntnis die universale Vaterschaft ausgesagt. Die formelhafte Sprachform der präpositionalen Metaphysik zeigt, dass die allegorisierende „kosmologische Konnotation der göttlichen Vaterschaft" hier „philosophischen

58 So die Kapitelüberschrift in Reinhard Feldmeier/Hermann Spieckermann, Der Gott der Lebendigen. Eine biblische Gotteslehre (Topoi Biblischer Theologie 1), Tübingen 2011, 51–92. Doch begegnet die Kombination der Vatermetapher mit θεός (z. B. 3 Makk 5,7) – oder κύριος (z. B. Sir 23,1.4; 51,10; JosAs 12,13–15) – auch in LXX und der Literatur des Zweiten Tempels.

59 Vgl. Lk 10,21: πάτερ, κύριε τοῦ οὐρανοῦ καὶ τῆς γῆς.

60 Entsprechend kann Eph 4,5 (*εἷς κύριος*, μία πίστις, ἓν βάπτισμα) doppeldeutig verstanden werden (und muss im Zusammenhang der Einheitsformel von V. 4–6 nicht bereits „trinitarisch" gelesen werden).

61 Dagegen spricht Paulus von „Gott und unserem Vater" (Gal 1,4; Phil 4,20; 1 Thess 1,3; 3,11.13).

62 Vgl. 1 Kor 15,28: [...] ἵνα ᾖ ὁ θεὸς [τὰ] πάντα ἐν πᾶσιν; dazu auch Sir 43,27 in gleichsam „pantheistischer" Diktion (wie die Stoa): τὸ πᾶν ἐστιν αὐτός.

63 Mit christologischer Fortführung. Theozentrisch auch Röm 11,36: ὅτι ἐξ αὐτοῦ καὶ δι' αὐτοῦ καὶ εἰς αὐτὸν τὰ πάντα. Vgl. auch Mark Aurel, Selbstbetrachtungen 4,23 über die φύσις.

Ursprungs" ist, wobei sich diese „aber bereits im hellenistischen Judentum mit dem biblischen Schöpfungsglauben verbunden hat".[64]

Anders als in der Hebräischen Bibel, wo eine gewisse Zurückhaltung gegenüber dem in der altorientalischen Umwelt geläufigen Vaterepitheton (mit seinen polytheistischen Konnotationen) zu bestehen scheint,[65] ist in der griechisch-römischen Welt „Vater" eine gängige Gottesbezeichnung (v. a. für Zeus/Jupiter als Herrn des Pantheons)[66] – so auch in der philosophischen Theologie[67] und entsprechend im hellenistisch-jüdischen Bereich (siehe z. B. Sir 23,1.4: κύριε πάτερ καὶ δέσποτα/θεὲ ζωῆς μου; Weish 14,3). Philo bezeichnet Gott mehrfach als „den Schöpfer und Vater des Alls" (z. B. Her. 236: τὸν ποιητὴν καὶ πατέρα τῶν ὅλων),[68] ähnlich tituliert ihn Flavius Josephus „Vater und Herr des Alls" (Ant. 1,20: πάντων πατήρ τε καὶ δεσπότης ὁ θεὸς ὤν; LCL 242,10) oder „Vater und Ursprung des Alls und Schöpfer alles Menschlichen und Göttlichen" (7,380: πατέρα τε καὶ γένεσιν τῶν ὅλων [...] καὶ δημιουργὸν ἀνθρωπίνων καὶ θείων; LCL 281,206).[69]

64 Feldmeier/Spieckermann, Gott (Anm. 58) 68. Im AT ist die Verbindung von Vaterschaft und Schöpfung stärker auf Israel fokussiert, siehe Dtn 32,6: „Ist er nicht dein Vater, der dich geschaffen hat [...]?"; Mal 2,10: „Haben wir nicht alle *einen* Vater? Hat nicht *ein* Gott uns geschaffen?"; Jes 64,7: „Aber nun, JHWH, du bist unser Vater. Wir sind der Ton und du bist unser Töpfer, wir alle sind das Werk deiner Hände."

65 Vgl. Feldmeier/Spieckermann, Gott (Anm. 58) 52–56. Nur 17 Belege im AT – gegenüber knapp 7000 für JHWH; häufiger im antiken Judentum (dazu Strotmann, Vater [Anm. 52]).

66 Vgl. aber auch *pater patriae* als kaiserliche Titulatur.

67 Siehe z. B. Platon, Tim. 28c (über den Demiurgen): τὸν μὲν οὖν ποιητὴν καὶ πατέρα τοῦδε τοῦ παντός; vgl. 41a (auch zur Relation zu den traditionellen Göttern); außerdem etwa SVF 2,1021: δημιουργὸν τῶν ὅλων καὶ ὥσπερ πατέρα πάντων. Ferner siehe in der Stoa den Zeushymnus des Kleanthes (Vater-Anrede Z. 34). – Weitere Belege bei Feldmeier/Spieckermann, Gott (Anm. 58) 86f.; ausführlich George H. van Kooten, The Divine Father of the Universe from the Presocratics to Celsus. The Graeco-Roman Background to the "Father of All" in Paul's Letter to the Ephesians, in: Felix Albrecht/Reinhard Feldmeier (Hg.), The Divine Father. Religious and Philosophical Concepts of Divine Parenthood in Antiquity (TBN 18), Leiden 2014, 293–323.

68 Ebenso in Philo, Fug. 84; ohne τῶν ὅλων in Opif. 7.21.77 (in 10 mit δημιουργός; in 135: τοῦ πατρὸς καὶ ἡγεμόνος τῶν πάντων); analog in Virt. 179: τὸν κτίστην καὶ πατέρα τοῦ πάντος; vgl. auch 213f. sowie Abr. 75: τοῦ συμπάντων πατρός etc. In Spec. 2,165 rekurriert Philo auf griechische Anschauungen: [...] ὃν μιᾷ γνώμῃ πάντες ὁμολογοῦσιν Ἕλληνες ὁμοῦ καὶ βάρβαροι, ὁ ἀνωτάτω *πατὴρ θεῶν τε καὶ ἀνθρώπων* (eine homerische Wendung) καὶ τοῦ σύμπαντος κόσμου δημιουργός [...]. – Mit τῶν (ἁ)πάντων/ὅλων ist die Vaterprädikation auch im griechischen *Leben Adams und Evas* (32,2; 35,2; 37,4) sowie im sog. *Gebet des Jakob* erweitert (Strotmann, Vater [Anm. 52] 361).

69 In Josephus, Ant. 5,93 „des Geschlechts der Hebräer" (πατὴρ καὶ δεσπότης τοῦ Ἑβραίων γένους; LCL 490,204); vgl. die Fortführung in 7,380 (προστάτην τε καὶ κηδεμόνα γένους τῶν Ἑβραίων). – Siehe zum „All-Vater" aber auch Ant. 1,230 (θεῷ τῷ πάντων πατρὶ; LCL 242,114); 2,152 (ὑπὸ τοῦ θεοῦ τοῦ πάντων πατρός; LCL 242,230).

2.1.2 Gotteskindschaft – Liebe und Erwählung – Erbschaft

Zu bedenken gilt, wie Feldmeier und Spieckermann resümieren: „Vater ist ein Relationsbegriff. Vater ist man nur im Bezug auf ein Kind beziehungsweise auf Kinder.“[70]

Die auf „den (geliebten) *Sohn*“ (vgl. Kol 1,13: τοῦ υἱοῦ τῆς ἀγάπης αὐτοῦ/Eph 1,6: ἐν τῷ ἠγαπημένῳ)[71] bezogene Vaterschaft (als „christologische Verortung der Vatermetapher“[72]) basiert auf der ersttestamentlichen Messianologie. Dabei wurzelt die messianisch-königliche Tradition von 2 Sam 7,14;[73] Ps 2,7 (Jerusalemer Königstheologie); 89,27f. (nachexilisch) bereits in der altorientalischen Königsideologie (siehe etwa den ägyptischen König als „Sohn“ und „Bild“ Gottes; dazu vgl. Kol 1,15). Entsprechend wird auch zeitgenössische kaiserzeitliche Motivik aufgenommen und transformiert.[74]

Kollektiv für *Israel* begegnet die Metapher des „geliebten Sohnes“ in Hos 11,1;[75] Jer 31,9.20 (הֲבֵן יַקִּיר לִי אֶפְרַיִם אִם יֶלֶד שַׁעֲשֻׁעִים; 38,20 LXX: *υἱὸς ἀγαπητὸς* Εφραιμ ἐμοί, παιδίον ἐντρυφῶν; als „Kind der Freude“ bzw. „Lieblingskind“, dessen sich Gott erbarmen muss)[76] sowie Bar 3,37 (Ισραηλ *τῷ ἠγαπημένῳ* ὑπ’ αὐτοῦ).[77] In Weish 2,16.18 bezieht sich die Vater-Sohn-Relation auf den Gerechten (dem von Gott Hilfe und Rettung zuteil werden).

In der deuteropaulinischen Familienmetaphorik schließt Gotteskindschaft – über Christus/Messias und Israel hinaus – auch die Adressat*innen aus der *Völkerwelt* ein. Gemäß der Familienaufstellung im antiken οἶκος tritt Gott so als *pater familias* auf, der Christus Jesus als „Erstgeborener“ (Kol 1,15.18), und die (auf horizontaler Ebene untereinander als „Geschwister“, z. B. im Präskript des Kol, bezeichneten) Adressat*innen werden zu „Hausangehörigen Gottes“ (Eph 2,19),

---

70 Feldmeier/Spieckermann, Gott (Anm. 58) 90. Ähnlich betont Strotmann, Vater (Anm. 52) 361f. im Resümee, dass es sich um einen Beziehungsbegriff handelt.

71 Vgl. Mk 1,11: σὺ εἶ *ὁ υἱός* μου *ὁ ἀγαπητός*, ἐν σοὶ εὐδόκησα.

72 Feldmeier/Spieckermann, Gott (Anm. 58) 66.

73 Vgl. auch 1 Chr 7,13. In Jub 1,24 kollektive Deutung: „Und ich werde ihnen Vater sein, und sie werden meine Kinder sein.“ (Übersetzung Klaus Berger in JSHRZ 2,3.) Siehe auch 1,25 sowie 19,29: Jakob als erstgeborener Sohn.

74 Dazu Harry O. Maier, Reading Colossians in the Ruins. Roman Imperial Iconography, Moral Transformation, and the Construction of Christian Identity in the Lycus Valley, in: Alan H. Cadwallader/Michael Trainor (Hg.), Colossae in Space and Time. Linking to an Ancient City (NTOA/StUNT 94), Göttingen 2011, 212–231.

75 Hier variiert die LXX: Διότι νήπιος Ισραηλ, καὶ ἐγὼ *ἠγάπησα* αὐτὸν καὶ ἐξ Αἰγύπτου μετεκάλεσα *τὰ τέκνα αὐτοῦ*.

76 Zu Gottes Vaterschaft siehe Jer 38,9 LXX: ὅτι ἐγενόμην τῷ Ισραηλ εἰς *πατέρα*, καὶ Εφραιμ πρωτότοκός μού ἐστιν. Ähnlich wird Israel in Ex 4,22 als „erstgeborener Sohn“ bezeichnet (LXX: υἱὸς πρωτότοκός μου Ισραηλ). Zum πρωτότοκος-Titel in messianischer Interpretation siehe Kol 1,15.18 (in Aufnahme von Ps 89,28).

77 Vgl. etwa auch Ps 47 (= 46 LXX),5; Jes 44,2 LXX (παῖς μου Ιακωβ καὶ *ὁ ἠγαπημένος* Ισραηλ, ὃν ἐξελεξάμην).

sogar zu „geliebten Kindern“ (Eph 5,1),[78] was sie auch zu Erb*innen macht. In Christus werden die einst Fernen nahe (Eph 2,13), aus den Fremden, von der πολιτεία Israels ausgeschlossen (V. 12), Mitbürger*innen (συμπολῖται) der Heiligen, die πάροικοι werden οἰκεῖοι τοῦ θεοῦ (V. 19): „denn durch ihn haben wir den Zugang, die beiden, in *einem* Geist, zum Vater“ (V. 18). Als τέκνα ἀγαπητά werden sie in das Liebesverhältnis des Vaters zum Sohn (mit-)adoptiert, wenn sie sich an Christus als ihren Herrn binden.[79]

Um im familiären Bildfeld zu bleiben: Wie die Patriarchen ihre Lieblingssöhne und Erbfolger wählen, erwählt auch Gott sein Volk. Mit der *Liebe* ist die *Erwählung* verbunden (Dtn 4,37; 7,7f.; 10,15),[80] so auch in Eph 1,4: „wie er uns erwählt hat in ihm vor der Grundlegung der Welt, dass wir heilig und makellos vor ihm sind (vgl. Kol 1,22), in Liebe [...].“ Der folgende Vers verknüpft damit die Vorherbestimmung (προορίσας) der Wir-Instanz (ἡμᾶς) „zur Sohnschaft (εἰς υἱοθεσίαν) durch Jesus Christus (διὰ Ἰησοῦ Χριστοῦ) auf ihn (εἰς αὐτόν)[81] hin, gemäß der Wahl/des Wohlgefallens (κατὰ τὴν εὐδοκίαν) seines Willens (τοῦ θελήματος αὐτοῦ)“ (Eph 1,5).[82] Es begegnet klassische Israel-bezogene Terminologie, mit starker Hervorhebung des der Schöpfung präexistenten Willens Gottes,[83] welche in der neuen Messias-Bewegung auf den Christus Jesus als Mittler rekurriert. Eph 1,12f. differenziert dabei zwischen einem Wir, „die vorher gehofft haben auf den Christus/Messias“, und einem Ihr, die „in ihm“ inkludiert werden.

Erwählung und Liebe schließen nun auch – mit provokantem Anspruch – die Völker ein, in einer universalen Radikalisierung von Gottes grenzenloser Liebe.[84] Entsprechend werden die Adressat*innen in Kol 3,12 tituliert als ἐκλεκτοὶ τοῦ θεοῦ, ἅγιοι καὶ ἠγαπημένοι.[85]

---

78 Vgl. τέκνα θεοῦ in Röm 8,16; 1 Joh 3,1f. (ἴδετε ποταπὴν ἀγάπην δέδωκεν ἡμῖν ὁ πατὴρ ἵνα *τέκνα θεοῦ* κληθῶμεν [...] *ἀγαπητοί*, νῦν *τέκνα θεοῦ* ἐσμεν); Joh 1,12.

79 Vgl. Feldmeier/Spieckermann, Gott (Anm. 58) 67; Michael Gese, Der Epheserbrief (Die Botschaft des Neuen Testaments), Neukirchen-Vluyn 2013, 26.

80 Vgl. etwa auch Jes 41,8f.; 44,2; Ps 47,5; außerdem Röm 11,28. Zum Themenkomplex siehe Konrad Schmid, Von der Liebe zu Gott zur Liebe Gottes zu Israel. Die theologiegeschichtliche Genese der Erwählungsvorstellung, in: Manfred Oeming (Hg.), Ahavah – Die Liebe Gottes im Alten Testament. Ursprünge, Transformationen und Wirkungen (ABIG 55), Leipzig 2018, 93–105.

81 Wie in Röm 11,36 und 1 Kor 8,6 theozentrisch zu lesen.

82 Vgl. die Familienrelation in Röm 8,29: *προώρισεν* συμμόρφους τῆς εἰκόνος τοῦ υἱοῦ αὐτοῦ, εἰς τὸ εἶναι αὐτὸν πρωτότοκον ἐν πολλοῖς ἀδελφοῖς.

83 Zur vorzeitlichen Erwählung Israels siehe etwa Ps 74,2 mit einer Motiv-Akkumulation, die in der deuteropaulinischen Theologie universal entgrenzt wird (73,2 LXX: μνήσθητι τῆς συναγωγῆς σου, ἧς ἐκτήσω ἀπ᾽ ἀρχῆς· ἐλυτρώσω ῥάβδον κληρονομίας σου, ὄρος Σιων τοῦτο, ὃ κατεσκήνωσας ἐν αὐτῷ). Vgl. auch die „ewige Liebe“ in Jer 31,3.

84 Vgl. etwa die universalen Verheißungen in Jes 2,2–4/Mi 4,1–4; Jes 56,1–8; 66,18; Sach 2,15: „und sie werden mein Volk sein“.

85 Vgl. demgegenüber klassisch Dtn 7,6–8 (LXX: ὅτι λαὸς ἅγιος εἶ κυρίῳ τῷ θεῷ σου, καὶ σὲ προείλατο κύριος ὁ θεός σου εἶναί σε αὐτῷ λαὸν περιούσιον παρὰ πάντα τὰ ἔθνη [...] οὐχ

Mit der Gotteskindschaft ist auch Erbberechtigung verbunden: Mit der (adoptiven) Familienbeziehung sind Konsequenzen auf der Rechtsebene verknüpft, wenn Gott im Bild des erblassenden Vaters gezeichnet wird. Schon in Gal 3,26–4,7 und Röm 8,14–17 resultiert aus der υἱοθεσία ein Erbanspruch, der gegenüber einem Status als Sklav*innen eine neue Position im οἶκος zum Ausdruck bringt (vgl. Gal 4,7: οὐκέτι εἶ δοῦλος ἀλλ᾽ υἱός· εἰ δὲ υἱός, καὶ κληρονόμος διὰ θεοῦ).[86] Wiederum werden gängige auf Israel fokussierte Vorstellungen[87] auf den Kopf gestellt, indem nicht nur die üblichen Anspruchsberechtigten Anteil am Erbe erhalten, sondern auch jenen aus den Völkern die „Teilhabe am Erbe der Heiligen im Licht" (Kol 1,12: εἰς τὴν μερίδα τοῦ κλήρου τῶν ἁγίων ἐν τῷ φωτί) eröffnet wird.[88] Eph 1,11 formuliert zunächst: „in ihm (ἐν ᾧ) wurden wir auch Erben (καὶ ἐκληρώθημεν),[89] als Vorherbestimmte (προορισθέντες) gemäß dem Vorsatz (κατὰ πρόθεσιν) dessen, der alles gewirkt hat (τοῦ τὰ πάντα ἐνεργοῦντος) gemäß dem Beschluss seines Willens (κατὰ τὴν βουλὴν τοῦ θελήματος αὐτοῦ)", um im Anschluss explizit die Adressat*innen einzubeziehen: „in ihm wurdet auch ihr, nachdem ihr das Wort der Wahrheit, das Evangelium eurer Rettung, gehört habt und in ihm zum Glauben gekommen seid, besiegelt mit dem heiligen Geist der Verheißung (ἐσφραγίσθητε τῷ πνεύματι τῆς ἐπαγγελίας τῷ ἁγίῳ), der Unterpfand ist [nun inklusiv:] unserer Erbschaft (ἀρραβὼν τῆς κληρονομίας ἡμῶν) [...]." (V. 13f.) Statt um den Erbbesitz im Land Israel[90] handelt es sich „um das Erbe im Reich Gottes"[91] (vgl. 5,5) – hier im Sinne

ὅτι πολυπληθεῖτε παρὰ πάντα τὰ ἔθνη, προείλατο κύριος ὑμᾶς καὶ *ἐξελέξατο* ὑμᾶς [...], ἀλλὰ παρὰ τὸ *ἀγαπᾶν* κύριον ὑμᾶς [...]). Die das gemeindliche Selbstverständnis verdeutlichenden Prädikationen finden sich insbesondere auch in Qumrantexten (z. B. 1QM VI,6: „die Heiligen seines Volkes"; vgl. III,5; 1QSb III,2; „Erwählte": 1QS VIII,6; XI,7.16; 1QM XII,1f. ; 1QpHab X,13); siehe ferner „die Gemeinde der Auserwählten und Heiligen" in 1 Hen 62,8 (ähnlich 50,1). Vgl. auch Röm 1,7 (πᾶσιν τοῖς οὖσιν ἐν Ῥώμῃ *ἀγαπητοῖς θεοῦ*, κλητοῖς *ἁγίοις*) oder 1 Petr 2,9.

86 Inklusiv formuliert in Röm 8,16f.: ἐσμὲν *τέκνα θεοῦ*. εἰ δὲ τέκνα, καὶ κληρονόμοι· *κληρονόμοι* μὲν *θεοῦ*, *συγκληρονόμοι* δὲ *Χριστοῦ*. In Kol 3,24 wird die κληρονομία gerade Sklav*innen zugesprochen. – Vgl. ferner Offb 21,7: „Wer siegt, wird dies erben (κληρονομήσει), und ich werde ihm Gott sein, und er wird mir Sohn sein."

87 Siehe z. B. auch die Motivkombination in Ps 47,5 (46,5 LXX: *ἐξελέξατο* ἡμῖν τὴν *κληρονομίαν* αὐτοῦ, τὴν καλλονὴν Ιακωβ, ἣν *ἠγάπησεν*).

88 Die identitätspolitische Erbschaftsterminologie spielt auch in Qumrantexten eine wichtige Rolle: siehe z. B. 1QS XI,7f. (Gott hat den erleuchteten Auserwählten „Anteil am Los der Heiligen gegeben und ihre Versammlung mit den Söhnen des Himmels verbunden") oder 1 Hen 58 (Erbteil der Gerechten und Auserwählten, im Licht). In Weish 5 erkennen die Frevler angesichts der unerwarteten Rettung des verhöhnten Gerechten: ἐν ἁγίοις ὁ κλῆρος αὐτοῦ ἐστιν (V. 5; zum Licht siehe V. 6; vgl. Jes 53,11f. LXX). Vgl. auch Apg 26,18.

89 Besser bezeugte Lesart gegenüber εκληθημεν (A, D, F, G).

90 In der LXX erhält der Terminus κλῆρος sein semantisches Profil insbesondere im Kontext der Landverteilung, indem er das den Stämmen Israels durch das *Los* zugeteilte *Land* als *Erbbesitz* bezeichnet. Dieser verbürgt das Wohnen im Land der Verheißung.

91 Gese, Epheserbrief (Anm. 79) 31.

einer metaphorisierenden Spiritualisierung der Vorstellung „um den Anteil an der Verheißung“,[92] wofür der Geist als Unterpfand steht. Nach Eph 1,18 soll dieses Ihr wissen, „welcher der Reichtum der Herrlichkeit seiner Erbschaft bei den Heiligen ist“ (τίς ὁ πλοῦτος τῆς δόξης τῆς κληρονομίας αὐτοῦ ἐν τοῖς ἁγίοις, vgl. Kol 1,12.27). Noch deutlicher betont Eph 3,6 explizit, „dass die Völker (τὰ ἔθνη) mit-erbend (*συγκληρονόμα*) und Mit-Leib (σύσσωμα) und mit-teilhabend (συμμέτοχα) (sind an) der Verheißung in Christus Jesus durch das Evangelium“. Eph 5,5 spricht, die räumliche Vorstellung vom Land als Erbbesitz aufnehmend, vom „Erbteil (κληρονομίαν) im Reich Christi und Gottes“.

2.1.3 Rettung – Vergebung – Neuschöpfung

Weitere Aspekte verbinden sich mit dem polyvalenten Bildfeld des Vaters – klassische Züge Gottes, die in der Traditionsgeschichte mit dem Vaterbild zusammengewachsen sind. So ist der Vater auch der Rettende: Kol 1,12f. fordert zum Dank am Vater auf, „der uns aus der Macht der Finsternis *gerettet* (ἐρρύσατο)[93] und in das Reich des Sohnes seiner Liebe versetzt hat“. Eine Kombination der Vater-Anrede mit dem Rettungs- bzw. Erlösungsmotiv findet sich bereits in Jes 63,16 (LXX: [...] κύριε, *πατὴρ* ἡμῶν· *ῥῦσαι* ἡμᾶς [...]).[94] „In der Krise des Gottesverhältnisses verdichtet sich im Vaternamen das Insistieren auf der rettenden Zuwendung Gottes inmitten erlittener Gottferne.“[95] Auch in Jer 31,9–20 wird Rettung und Erlösung (V. 11) durch den tröstenden Vater zuteil.

Das Bild des *vergebenden, barmherzigen* Vaters, das in der Rezeption wirkmächtig wird (siehe z. B. die neutestamentlichen Gleichnisse), findet sich klassisch in Ps 103,13: „Wie sich ein Vater über Kinder erbarmt, so erbarmt sich JHWH über die, die ihn fürchten.“ In der Hebräischen Bibel begegnet diese Elternrolle auch ohne geschlechtliche Festlegung (Hos 11), oder es treten ergänzende Bilder zum Vater. So vergleicht z. B. Jes 49,15 Gottes Erbarmen mit einer Frau, die ihr leibliches Kind nicht vergessen würde.[96] Vergebung als göttlicher Zug (siehe Ps 103,3: „der alle deine Sünde vergibt“) ist hier bereits mit dem Elternbild zusammengeführt bzw. in die Vaterrolle integriert. Wie Ps 103,4

92 Ebd., 31.

93 Zum Exodusmotiv siehe dieselbe Verbalform z. B. in der Septuaginta-Version von Ex 12,27; 14,30; 2 Sam (= 2 Kön LXX) 22,18; Ps 17,1 LXX; 33,5.18 LXX u. ö.; Jes 48,20; 52,9.

94 In V. 17 taucht der Begriff κληρονομία auf.

95 Feldmeier/Spieckermann, Gott (Anm. 58) 53.

96 Ps 27,10 nennt im Vergleich explizit Vater und Mutter. (Siehe dazu Thomas Hieke, Von der Unzulänglichkeit des menschlichen Redens von Gott. Hos 11 und andere Metaphernsprenger im Alten Testament) – Einen analogen Kontrast stellt 1QH IX,35f. her und verbindet väterliche mit mütterlicher Metaphorik: „Ja, du bist ein Vater für alle [Söhne] deiner Wahrheit und freust dich über sie wie eine Mutter über ihr Kind [...].“

Gottes Liebe (חֶסֶד) und Erbarmen (רַחֲמִים) parallelisiert,[97] wird auch in Ex 34,6f. (vgl. Neh 9,17; Ps 86,15; 103,8; 145,8 etc.) Gottes Wesen beschrieben:

> JHWH, JHWH, ein barmherziger und gnädiger Gott, langmütig und von großer Liebe und Treue, der Tausenden Liebe bewahrt und Schuld, Vergehen und Sünde vergibt [...].[98]

Entsprechend sind im Tugendkatalog von Kol 3,12–14 und Eph 4,2 Barmherzigkeit und Liebe aufgelistet. Jes 54,8 spricht nach der Verborgenheit in Zorn JHWHs Erbarmen zu: „aber in ewiger Liebe (וּבְחֶסֶד עוֹלָם) habe ich mich deiner erbarmt (רִחַמְתִּיךְ), spricht dein Erlöser (גֹּאֲלֵךְ) JHWH."[99]

In Kol 2,13 ist Vergebung weniger mit der Vatermetapher assoziiert,[100] sondern mit *Neuschöpfung* konnotiert (vgl. Ez 36f.; ferner Ps 103,4: „der dein Leben aus der Grube auslöst") und weist damit im Sinne von *mixed metaphors*[101] insbesondere auch auf das Bild des allmächtigen Schöpfers in einem *blended space*:

> auch euch, die ihr tot seid in den Übertretungen (= Eph 2,1) und der Unbeschnittenheit eures Fleisches – er hat euch mitlebendig gemacht (συνεζωοποίησεν, der Faden wird in Eph 2,5 wiederaufgenommen) mit ihm, *vergebend* (χαρισάμενος) uns alle Übertretungen.

Daran schließt sich ein mit ineinanderfließenden Sprachbildern beschriebenes Handeln Gottes in Kol 2,14 an:

> Er löschte (ἐξαλείψας) die gegen uns (lautende) Urkunde (χειρόγραφον) mit den (die Schuld aufweisenden) Vorschreibungen (δόγμασιν), die uns feindlich war, und nahm sie aus der Mitte (ἦρκεν ἐκ τοῦ μέσου), indem er sie ans Kreuz nagelte.

Das in umständlicher juristischer Terminologie erläuterte Schriftstück (χειρόγραφον) verweist auf einen Gerichtskontext: Gott erscheint als Gläubiger, Richter und Gerichtsvollzieher, der den „Schuldschein" (so χειρόγραφον in Tob 5,3; 9,2 [א].5)[102] in der Bildaussage „löscht",[103] ebenso aber in einer metaphorischen Überblendung „fortschafft" (die Schuld beseitigend, mit kultischen Konnotationen von Sühne),[104] indem er ihn – in kühner Metaphorik zugespitzt – „ans

---

97 MT: הַֽמְעַטְּרֵכִי חֶסֶד וְרַחֲמִים; LXX: τὸν στεφανοῦντά σε ἐν ἐλέει καὶ οἰκτιρμοῖς.

98 Ex 34,6f. LXX: Κύριος ὁ θεὸς *οἰκτίρμων* καὶ *ἐλεήμων*, *μακρόθυμος* καὶ *πολυέλεος* καὶ ἀληθινὸς καὶ δικαιοσύνην διατηρῶν καὶ ποιῶν *ἔλεος* εἰς χιλιάδας, *ἀφαιρῶν* ἀνομίας καὶ ἀδικίας καὶ *ἁμαρτίας* [...].

99 Jes 54,8 LXX: ἐν θυμῷ μικρῷ ἀπέστρεψα τὸ πρόσωπόν μου ἀπὸ σοῦ καὶ *ἐν ἐλέει αἰωνίῳ ἐλεήσω* σε, εἶπεν ὁ *ῥυσάμενός* σε κύριος.

100 Vgl. demgegenüber 2 Kor 1,3: ὁ πατὴρ τῶν οἰκτιρμῶν.

101 In Anknüpfung an den einleitenden Beitrag von Ruben Zimmermann, Ein Bild ist nicht genug. „Mixed Metaphors" und ihr Wert für die biblische Gottesrede.

102 In der achmimischen Version der ApcZeph bezeichnet χειρόγραφον als griechisches Lehnwort eine Schriftrolle, auf der Engel die guten Werke (3,5) oder Sünden (4,2; 11f.) verzeichnen. Zum Vorstellungskomplex vgl. Dan 7,10; 2 Hen 19,5; Offb 20,12.

103 Vgl. z. B. Ps 50,3 LXX; Jes 44,22 LXX; Apg 3,19.

104 Vgl. auch Ps 103,12: „er hat entfernt von uns unsere Vergehen".

Kreuz nagelt“, wodurch die in Jesu Tod am Kreuz gewirkte Versöhnung anklingt.[105] Die in einem *conceptual blending* changierenden Bilder sind nicht vorschnell vereindeutigend zu identifizieren. Dennoch kommt der Rechtsurkunde mit den δόγμασιν (vgl. τί [...] δογματίζεσθε in Kol 2,20) offenbar „dieselbe verklagende Funktion zu wie dem νόμος bei Paulus“.[106]

Eph 2 entfaltet den Prätext von Kol 2,12f. unter Verbindung von Gottes Erbarmen, Liebe, schöpferischer Lebenskraft, rettender Gnade und Güte (ohne unmittelbaren Bezug auf den „Vater“):

> 4 Gott aber, reich im Erbarmen (πλούσιος ὢν ἐν ἐλέει),
> hat wegen seiner vielfachen Liebe (ἀγάπην), mit der er uns liebte (ἠγάπησεν),
> 5 uns, auch wenn wir[107] tot waren durch Übertretungen,
> zusammen mit Christus lebendig gemacht (συνεζωοποίησεν)
> – durch Gnade (χάριτί) seid ihr gerettet (ἐστε σεσῳσμένοι) –
> 6 und mitauferweckt (συνήγειρεν) und mitversetzt (συνεκάθισεν) in die Himmel in Christus Jesus,
> 7 dass er erweist (ἐνδείξηται) in den kommenden Äonen den übersteigenden Reichtum seiner Gnade in Güte (τὸ ὑπερβάλλον πλοῦτος τῆς χάριτος αὐτοῦ ἐν χρηστότητι) gegenüber uns in Christus Jesus.
> 8 Denn durch die Gnade seid ihr gerettet durch Glauben:
> und dies nicht aus euch, (es ist) das Geschenk (τὸ δῶρον) Gottes [...].

2.2 *Der allversöhnende Friedenstifter – Bilder von Krieg und Frieden*

Die Bilder des *Friedenstifters* und *Allversöhners* setzen darüber hinaus auch einen Kontrapunkt zur imperialen Ideologie kaiserzeitlicher Rhetorik, wo ähnliche Titel dem römischen Kaiser verliehen werden. Damit gehören sie ebenso in das Bildfeld des machtvollen Herrschers. So propagiert z. B. die Inschrift von Priene die „frohen Botschaften“ (unter Verwendung des bekannten Begriffs εὐαγγέλιον) von Kaiser Augustus als σωτῆρα [...] τὸν παύσαντα μὲν πόλεμον.[108]

---

105 Im Bild des ans Kreuz Nagelns korreliert das öffentliche Anschlagen mit der öffentlichen Hinrichtungsart der Kreuzigung (vgl. den Kreuzestitulus). Dazu Lukas Bormann, Der Brief des Paulus an die Kolosser (ThHK 10,1), Leipzig 2012, 138f.

106 Michael Dübbers, Christologie und Existenz im Kolosserbrief. Exegetische und semantische Untersuchungen zur Intention des Kolosserbriefes (WUNT 2,191), Tübingen 2005, 258. Eph 2,15 stellt einen expliziten Bezug her auf „das Gesetz der Gebote in Vorschriften“ (δόγμασιν; positiv konnotiert in Philo, Leg. 1,55; Gig. 52; Spec. leg. 1,269; Flavius Josephus, Ant. 15,136; Ap. 1,42; 3 Makk 1,3; 4 Makk 10,2), das Christus in seiner trennenden Funktion, Frieden stiftend, aufhebt (καταργήσας; dazu siehe Röm 7,6, aber auch balancierend 3,31). Zum Gesetz als richtendem Maßstab siehe Röm 2,12–29; 5,13.20; zum forensischen Kontext Röm 8,1–4.

107 In Kol 2,13 und Eph 2,1 vom Ihr ausgesagt.

108 Vgl. außerdem etwa Vergils 4. Ekloge oder Augustus, Res gestae 12f.; 25f. Zur *pax Augusta* siehe ferner Tacitus, Ann. 1,4,1. – Kritik gegenüber der Herrscherideologie und der damit verbundenen Idolatrie formuliert Weish 14,22 (ἐν μεγάλῳ ζῶντες ἀγνοίας πολέμῳ τὰ

Philo bezeichnet Augustus in *Legatio ad Gaium* 147 als εἰρηνοφύλαξ, verwendet denselben Titel aber in *De specialibus legibus* 2,192 für Gott: τοῦ εἰρηνοποιοῦ (vgl. Kol 1,15) θεοῦ καὶ εἰρηνοφύλακος (vgl. Opif. 33). Vor der Hintergrundfolie der *pax Romana* tritt die politische Dimension des biblischen Friedenstifters zu Tage.[109]

2.2.1 Kosmischer Friede

Friede ist klassisch mit Gott verbunden,[110] formelhaft begegnet in den neutestamentlichen Briefen der Friedensgruß *Schalom*. Entsprechend entbietet „Paulus" den Adressat*innen im Präskript des Kol und Eph „Gnade euch und *Friede* (εἰρήνη) von Gott unserem Vater" (Kol 1,2; in Eph 1,2 mit christologischer Erweiterung, in einer *inclusio* mit 6,23).

Darüber hinaus formuliert Kol 1,20 theozentrisch: „[...] und durch ihn alles zu *versöhnen* (ἀποκαταλλάξαι) auf ihn hin, *Frieden stiftend* (εἰρηνοποιήσας) durch das Blut seines Kreuzes" in einer kühnen Metapher, mit einer Spannung zwischen den einzelnen Elementen. Das maskuline *Participium coniunctum* εἰρηνοποιήσας[111] ist dabei Gott als logischem Subjekt zuzuordnen, im Anschluss an τὸ πλήρωμα in Kol 1,19 als grammatisches Subjekt liegt eine *constructio ad sensum* vor:[112]

19 ὅτι ἐν αὐτῷ εὐδόκησεν πᾶν τὸ πλήρωμα κατοικῆσαι
20 καὶ δι' αὐτοῦ *ἀποκαταλλάξαι* τὰ πάντα εἰς αὐτόν,
εἰρηνοποιήσας διὰ τοῦ αἵματος τοῦ σταυροῦ αὐτοῦ,
δι' αὐτοῦ
εἴτε τὰ ἐπὶ τῆς γῆς
εἴτε τὰ ἐν τοῖς οὐρανοῖς.

Das wiederholte δι' αὐτοῦ (fehlt u. a. im Vaticanus), das – mit Akzentuierung der Mittlerschaft des „Sohnes" – nach der Partizipialkonstruktion den Faden von V. 20a wieder aufnimmt, verstärkt als Lesehinweis diese Deutung. Hingegen ist im anknüpfenden V. 22 die Versöhnung von jenem her formuliert (vgl. in 3,15 ἡ

τοσαῦτα κακὰ *εἰρήνην* προσαγορεύουσιν: „im großen Krieg der Unkenntnis lebend, nennen sie die so großen Übel Frieden").

109 In Hinsicht auf Bezüge zur imperialen Ideologie vgl. Maier, Colossians (Anm. 74); Angela Standhartinger, „... wegen der Hoffnung, die für euch im Himmel bereitliegt" (Kol 1,5). Zum Proömium im Kolosserbrief und seinem politischen Hintergrund, in: Peter Müller (Hg.), Kolosser-Studien (BThSt 103), Neukirchen-Vluyn 2009, 1–22.

110 Vgl. 1 Thess 5,23: ὁ θεὸς τῆς εἰρήνης.

111 Das Kompositum εἰρηνοποιέω ist ein ἅπαξ λεγόμενον im NT (in der LXX siehe Spr 10,10; vgl. insbesondere auch Jes 45,7 LXX).

112 Vgl. dazu etwa Eduard Schweizer, Der Brief an die Kolosser (EKK 12), Zürich/Neukirchen-Vluyn [3]1989, 65f.; Christian Stettler, Der Kolosserhymnus. Untersuchungen zu Form, traditionsgeschichtlichem Hintergrund und Aussage von Kol 1,15–20 (WUNT 2,131), Tübingen 2000, 250.269. Diff. Paul Foster, Colossians (Black's New Testament Commentaries), London u. a. 2016, 198.

εἰρήνη τοῦ Χριστοῦ):[113] „jetzt aber hat er Versöhnung gebracht (ἀποκατήλλαξεν) im Leib seines Fleisches durch den Tod, euch hinzustellen als heilig und makellos und unangeklagt vor ihn". Die Versöhnung „des Alls" (die den politischen Horizont römisch-hellenistischer, insbesondere augusteischer, Friedenspropaganda transzendiert) ist erwirkt durch das Sühne stiftende „Blut" (mit den kultischen Konnotationen eröffnet sich ein weiteres Bildfeld)[114] „seines Kreuzes(-todes)",[115] in dessen Tiefe sich das „in ihm" einwohnende „ganze Pleroma" (Kol 1,19) begibt, um die Feindesmacht des Todes zu überwinden (vgl. den Argumentationszusammenhang in 1 Kor 15,20–27).

Versöhnung als Aktivität Gottes, vermittelt durch Christus, findet sich ähnlich in 2 Kor 5 (V. 18: ἐκ τοῦ θεοῦ τοῦ *καταλλάξαντος* ἡμᾶς ἑαυτῷ *διὰ* Χριστοῦ; in V. 19 in kosmischem Horizont: θεὸς ἦν ἐν Χριστῷ κόσμον *καταλλάσσων* ἑαυτῷ). Zudem begegnet das Friedensthema in Röm 5 (V. 1: *εἰρήνην* ἔχομεν πρὸς τὸν θεὸν *διὰ* τοῦ κυρίου ἡμῶν Ἰησοῦ Χριστοῦ;[116] V. 10: *κατηλλάγημεν τῷ* θεῷ[117] *διὰ* τοῦ θανάτου τοῦ υἱοῦ αὐτοῦ; V. 11: *δι'* οὗ νῦν τὴν *καταλλαγὴν* ἐλάβομεν; siehe auch in V. 9 ἐν τῷ αἵματι αὐτοῦ).

Eph 2,14–17 entfaltet das Thema christozentrisch: Das Leitmotiv εἰρήνη wird variiert in V. 14 (αὐτὸς γάρ ἐστιν *ἡ εἰρήνη* ἡμῶν), V. 15 (ποιῶν *εἰρήνην*) sowie V. 17 (εὐηγγελίσατο *εἰρήνην* ὑμῖν τοῖς μακρὰν καὶ *εἰρήνην* τοῖς ἐγγύς als collageartige Zitatkombination von Jes 52,7 und 57,19).[118] Die kosmisch-universale Perspektive im Kol-Hymnus wird hier insbesondere auf die Einheit der „beiden/zwei" (V. 14.15.16.18), der Nahen und Fernen (V. 13.17), nämlich περιτομή und ἀκροβυστία/τὰ ἔθνη (V. 11, jeweils ἐν σαρκί), fokussiert – welche durch das „Band des Friedens" (4,3) hergestellt wird:[119] „durch das Kreuz" *versöhnt* (ἀποκαταλλάξῃ als dritter neutestamentlicher Beleg) Christus „die beiden in *einem* Leib mit Gott" (2,16).

Mit dem Friedensbringer erfüllen sich messianische Verheißungen ersttestamentlicher Prophetie: etwa die messianische Vision in Jes 11 oder die mit dem Messias verbundenen Friedensverheißungen in Jes 9,5f.; Mi 5,4; Sach 9,10;

---

113 In Phil 4,7 in ähnlichem Zusammenhang ἡ εἰρήνη τοῦ θεοῦ.

114 Vgl. auch die bewirkte Heiligung der Gemeinde in V. 22.

115 Für das konkrete Syntagma διὰ τοῦ αἵματος τοῦ σταυροῦ αὐτοῦ mit seiner kühn zugespitzten Metaphorik gibt es keine Parallele. Die präpositionale Wendung διὰ τοῦ αἵματος (τοῦ ἰδίου/αὐτοῦ o. ä.) begegnet in Apg 20,28; Eph 1,7; Hebr 9,12; 13,12; vgl. 1 Joh 5,6 (δι' ὕδατος καὶ αἵματος); in Offb 12,11 mit dem Akkusativ (διὰ τὸ αἷμα τοῦ ἀρνίου). Vgl. auch 4 Makk 17,22 (καὶ *διὰ τοῦ αἵματος* τῶν εὐσεβῶν ἐκείνων καὶ τοῦ ἱλαστηρίου τοῦ θανάτου αὐτῶν ἡ θεία πρόνοια τὸν Ισραηλ προκακωθέντα διέσωσεν).

116 Zum Wir vgl. Jes 27,5 (LXX: ποιήσωμεν εἰρήνην αὐτῷ, ποιήσωμεν εἰρήνην).

117 Vgl. 2 Kor 5,20: καταλλάγητε τῷ θεῷ.

118 Jes 52,7 LXX: *εὐαγγελιζομένου* ἀκοὴν *εἰρήνης* (Röm 10,15 zitiert den Vers teilweise); 57,19 LXX: *εἰρήνην ἐπ' εἰρήνην τοῖς μακρὰν καὶ τοῖς ἐγγὺς* οὖσιν. Vgl. außerdem Nah 2,1 LXX: *εὐαγγελιζομένου* καὶ ἀπαγγέλλοντος *εἰρήνην*. Siehe auch Eph 6,15: τοῦ εὐαγγελίου τῆς εἰρήνης. In Apg 10,36 theozentrisch: *εὐαγγελιζόμενος εἰρήνην* διὰ Ἰησοῦ Χριστοῦ.

119 Vgl. auch die Berufung zum Frieden in 1 Kor 7,15.

Ez 34,25; 37,26. Intertexte sind außerdem der Friedensbote für Zion in Jes 52,7 oder der Frieden vermittelnde „Gottesknecht“ (53,5). Insofern ist eine christologische Interpretation – siehe bes. Eph – hier schon angelegt.

2.2.2 Metaphorisierung des Kriegsprogramms – Marginalisierung des Gerichts

Der kosmische Horizont in Kol 1,20 kann ferner an apokalyptischen Vorstellungen vom endzeitlichen Kampf gegen gottfeindliche Mächte anknüpfen (vgl. auch den Licht-Finsternis-Dualismus in Kol 1,13 mit den konträren Machtsphären bzw. „Reichen“).[120] Deutlicher noch wird dies in der Bildaussage von Kol 2,15, wenn Gott „die Mächte und die Gewalten“ ihrer Waffenrüstung entkleidet (ἀπεκδυσάμενος) und sie bloßstellt (ἐδειγμάτισεν) in Öffentlichkeit, indem er sie im Triumph einherführt (θριαμβεύσας)[121] – verbildlicht als endzeitlicher *Triumph* in apokalyptischer Motivik,[122] sowie im Kontrast zu epochenübergreifenden imperialen Bildprogrammen kriegerischer Eroberer (von den Assyrern bis zu den Römern). Der Hinweis auf das Kreuz (ἐν αὐτῷ am Versende bezieht sich auf τῷ σταυρῷ am Ende von V. 14) schafft einen Gegendiskurs zur imperialen Ideologie und herkömmlichen triumphalistischen Diskursen. In Eph 1,22 legt Gott in Aufnahme von Ps 110,1 Christus alles zu seinen Füßen.

Am Ende des Eph tauchen militärische Bilder von der „*Rüstung* Gottes“ (6,11.13), vom „Panzer der Gerechtigkeit“ (V. 14), vom „Schild des Glaubens“ (V. 16), vom „Helm der Rettung“ und „Schwert des Geistes“ (V. 17) auf, die Kriegsbilder assoziieren lassen. In dieser Metaphorisierung der Begriffe können sie aber gerade gegenpolig gelesen werden, um nach ersttestamentlichem Vorbild die scheinbar Ohnmächtigen zum Widerstand zu ermächtigen mit der Macht und Stärke Gottes.[123]

Im jeweiligen paränetischen Briefteil findet sich als Fragment eines Gerichtsmotivs (der Retter der einen ist der Richter der anderen) der Rekurs auf Gottes *Zorn* am Rande eingestreut. Während in Kol 3,6 die aufgezählten Laster den Zorn Gottes auf sich ziehen (δι᾽ ἃ ἔρχεται ἡ ὀργὴ τοῦ θεοῦ), „kommt“ in

---

120 In einem „apokalyptischen“ Szenario in Weish 5,17–23 kämpft der Kosmos gemeinsam mit Gott (ähnlich 16,17.24); in 18,15 tritt der Logos als πολεμιστής auf (vgl. auch die Gestalt des Vorkämpfers in 18,21–25).

121 Vgl. in den unumstrittenen Paulusbriefen 2 Kor 2,14. Entsprechungen zu römisch-imperialer Ikonographie bei Maier, Colossians (Anm. 74) 214–225.

122 Dazu vgl. 1 Kor 15,24f(f) . in Rezeption von Dan 7,27; Ps 8,7; 110,1.

123 Vgl. die kriegskritische Traditionslinie (Zerstörung von Kriegsgerät) in Hos 2,20; Sach 9,10; Ps 46,10. Klassische Bilder von Gott als Krieger werden in ersttestamentlichen Spättraditionen transzendiert: siehe etwa das Epitheton συντρίβων πολέμους („der Kriege zerschlägt“; ansonsten auf die Waffen bezogen) in Jdt 9,7; 16,2 in Aufnahme von Ex 15,3 LXX; Jes 42,13 LXX (diff. MT).

Eph 5,6 „der Zorn Gottes auf die Söhne des Ungehorsams" (vgl. 2,2f.) wegen der Täuschung mit leeren Worten (vgl. dazu Kol 2,4.8).[124] Die Adressierten sollen demgegenüber ihren Zorn ablegen (Kol 3,8; Eph 4,26.31). Der Vorstellungskomplex des endzeitlichen Gerichts tritt in den Deuteropaulinen in den Hintergrund[125] und schimmert nur marginal und fragmentarisch durch.[126]

2.3 Raumkonfigurationen: Himmlisches Thronen und irdisches Wohnen

2.3.1 Der Himmel als Raum der Transzendenz – Thronmotivik

Das göttliche Heilsdrama spielt sich in Raumkoordinaten ab, die von den „unteren Teilen der Erde" bis „über alle Himmel" reichen (siehe Eph 4,9f.)[127] und eine Dialektik von himmlischem und irdischem Bereich erkennen lassen – sowie von Distanz und Nähe.

Als τὰ ἄνω wird in Kol 3,1 (im Gegenüber zu τὰ ἐπὶ τῆς γῆς, V. 2)[128] definiert: „wo Christus ist zur Rechten Gottes sitzend (καθήμενος; Eph 1,20: καθίσας ἐν δεξιᾷ αὐτοῦ ἐν τοῖς ἐπουρανίοις)".[129] Die *Thronmotivik* nimmt die Vorstellung der Königsinthronisation in Ps 110,1 auf. Mit Gottes Thron im Himmel ist seine das All beherrschende königliche Macht konnotiert (Ps 103,19),[130] an der er den „Sohn" teilhaben lässt. Das „Sitzen" als göttliches Thronen ist Zeichen für die Divinität.[131] Die visionären Entfaltungen der Thronvorstellung in Ez 1 (mit Beschreibung der menschenähnlichen Gestalt der „Herrlichkeit JHWHs" auf dem Thron in V. 26–28) und Dan 7 (siehe V. 9 zum „Hochbetagten" und V. 13f. zum „Menschensohn") inspirieren die apokalyptische Rezeption, die neben 1 Hen auch z. B. in Offb 4f. deutliche Spuren hinterlässt.

124 Gegen Feinde: vgl. z. B. Ex 15,7f. oder Ps 7,7 („Steh auf, JHWH, in deinem Zorn"); wegen Israels Fehlverhalten: z. B. Jes 54,8; Klgl 2; 5,22.

125 Vgl. auch Hans Klein, Entwicklungslinien im Corpus Paulinum und weitere Studien zu Paulustexten (FRLANT 265), Göttingen 2016, 68f.79.

126 Etwa in Kol 1,22, wo die Rolle des Sohnes beschrieben wird: παραστῆσαι ὑμᾶς ἁγίους καὶ ἀμώμους καὶ ἀνεγκλήτους κατενώπιον αὐτοῦ. Hingegen beruft sich etwa 1 Thess 1,10 auf Jesus als τὸν ῥυόμενον ἡμᾶς ἐκ *τῆς ὀργῆς τῆς ἐρχομένης*. Kol 2,12–15 ist durchwegs im Aorist formuliert. Eine futurische Perspektive zeigt sich in 3,4.

127 In der Erläuterung des Zitats von Ps 68,19 in Eph 4,8.

128 Vgl. dazu Phil 3,19f.: τὰ ἐπίγεια – ἐν οὐρανοῖς; V. 14: τῆς ἄνω κλήσεως; sowie Joh 8,23: ἐκ τῶν κάτω – ἐκ τῶν ἄνω.

129 Vgl. die Erhöhung des Auferweckten in Röm 8,34.

130 Ps 102,19 LXX: κύριος ἐν τῷ οὐρανῷ ἡτοίμασεν τὸν θρόνον αὐτοῦ, καὶ ἡ βασιλεία αὐτοῦ πάντων δεσπόζει.

131 Daher ist es auch z. B. später Metatron versagt, der stehen muss (siehe Hen(hebr) § 20; bHag 15a). Vgl. auch die σοφία als πάρεδρος auf Gottes Thron in Weish 9,4.

Der göttliche Thronbereich ist hier eventuell noch über (Eph 1,21: ὑπεράνω) den von Engelmächten bevölkerten „Himmeln“ (οὐρανοῖς, im Eph auch ἐπουρανίοις[132]) imaginiert, die in Kol 1,16.20; Eph 1,10; 3,15 zusammen mit der „Erde“ (γῆ) Ort des Schöpfungs- und Erlösungswirkens sind. In Kol 1,23 tritt der οὐρανός (im Sg.) allerdings „der ganzen Schöpfung“ (πάσῃ κτίσει) gegenüber, wie auch in Kol 1,5 (in Bezug auf τὴν ἐλπίδα τὴν ἀποκειμένην ὑμῖν *ἐν τοῖς οὐρανοῖς*) und 4,1 (ἔχετε κύριον *ἐν οὐρανῷ*) sowie Eph 1,3 (ὁ εὐλογήσας ἡμᾶς ἐν πάσῃ εὐλογίᾳ πνευματικῇ *ἐν τοῖς ἐπουρανίοις* ἐν Χριστῷ) himmlische und göttliche Sphäre identisch sind.

Wenn in Kol 1,5 im Himmel die Hoffnung bereitliegt, wird im Unterschied zur temporalen Perspektive in den unumstrittenen Paulusbriefen die (vorweggenommene) Zukunftshoffnung auf das neue Leben in einer präsentischen Eschatologie *räumlich* konzipiert als im Himmel – angesichts der konkreten Erfahrungen einer gottfernen Welt – noch verborgene Wirklichkeit (vgl. 3,3: ἡ ζωὴ ὑμῶν κέκρυπται σὺν τῷ Χριστῷ ἐν τῷ θεῷ), die gleichwohl schon in den Kosmos hineinwirkt (siehe 1,6: καρποφορούμενον καὶ αὐξανόμενον).[133] Der Himmel ist – auch für den Eph – der „Raum von Gottes machtvollem Wirken. Es ist der jenseitige Raum der Transzendenz, in der das Künftige verborgen gegenwärtig ist. Denn in den Himmeln liegt schon alles bereit, was auf Erden noch Wirklichkeit werden soll.“[134]

Gottes Transzendenz bringt Jes 66,1f. (Zitat in Mt 5,34f.) in Verbindung mit dem Motiv des himmlischen Throns wie auch seiner Wohnstätte (dazu in 2.3.2) zum Ausdruck (hier nach der LXX zitiert):

> So spricht JHWH (Οὕτως λέγει κύριος):
> Der Himmel (ist) mir Thron (Ὁ οὐρανός μοι θρόνος),
> die Erde aber (ἡ δὲ γὴ) Schemel meiner Füße (ὑποπόδιον τῶν ποδῶν μου).
> Welches Haus könntet ihr mir bauen (ποῖον οἶκον οἰκοδομήσετέ[135] μοι;)?
> Oder welcher (wäre der) Ort meiner Ruhe (ἢ ποῖος τόπος τῆς καταπαύσεώς μου;)?
> Denn all dies hat meine Hand gemacht (πάντα γὰρ ταῦτα ἐποίησεν ἡ χείρ μου),
> und es ist all dies mein (καὶ ἔστιν ἐμὰ πάντα ταῦτα),
> spricht JHWH (λέγει κύριος) [...].

In Kol 1,13 „versetzt“ (μετέστησεν) Gott „aus der Macht der Finsternis [...] in das Reich (βασιλείαν) des Sohnes seiner Liebe“ (siehe demgegenüber in Kol 4,11: τὴν βασιλείαν *τοῦ θεοῦ*),[136] in Eph 2,6 lässt er die Mit-Auferweckten „mit-sitzen“ (συν-εκάθισεν) „in den Himmeln“ (ἐν τοῖς ἐπουρανίοις): Das Thronmotiv wird hier auch auf die Glaubenden angewandt (vgl. z. B. Offb 3,21, wo verheißen wird,

132 Siehe Eph 1,3.20; 2,6; 3,10; 6,12 (hier von feindlichen Mächten).

133 Zum Bereitliegen (Kol 1,5) der Heilsgüter vgl. z. B. 1 Hen 11,1; 25,7; ApcBar(syr) 4,3.7; 52,7.

134 Gese, Epheserbrief (Anm. 79) 23.

135 Zum Futur als Potentialis siehe Friedrich Blass/Albert Debrunner/Friedrich Rehkopf, Grammatik des neutestamentlichen Griechisch, Göttingen [17]1990, § 385, Anm. 1.

136 In der futurisch formulierten Eschatologie von 1 Kor 15,24–28 ist demgegenüber Christus die Herrschaft bis zur Unterwerfung der feindlichen Mächte befristet übertragen.

auf dem Thron von Vater und Sohn zu sitzen).[137] In räumlicher Metaphorik werden sie, durch Christus vermittelt, in den Bereich von Gottes Wirklichkeit aufgenommen.[138]

2.3.2 Einwohnung der göttlichen Fülle in Christi Leib

Dennoch bleibt Gott nicht in himmlischer Ferne thronen, sondern vermittelt sich „einwohnend“[139] in die Welt, wie Kol 1,19 in Aufnahme geprägter Terminologie formuliert: „denn in ihm (ὅτι ἐν αὐτῷ, d. h. dem Sohn) gefiel es (εὐδόκησεν)[140] der ganzen Fülle (πᾶν τὸ πλήρωμα) zu wohnen (κατοικῆσαι)“. Die parallele Formulierung in Ps 67,17 LXX bezieht sich auf den Zion: τὸ ὄρος, ὃ εὐδόκησεν[141] ὁ θεὸς *κατοικεῖν ἐν αὐτῷ*.[142] Außerdem verweist die göttliche „Fülle“ auf die Zions- und Schekinatheologie:[143] Im offenbar bereits in einem spezifischen Sinn theologisch-technisch verwendeten[144] Terminus πλήρωμα klingt an, wie die Herrlichkeit bzw. Gegenwart Gottes den Tempel,[145] die ganze Erde,[146] Himmel und Erde[147] oder (beeinflusst von philosophischen Konzepten) auch das All[148] „(er-)füllt“.

Kol 2,9 variiert: „denn in ihm wohnt die ganze Fülle *der Gottheit leibhaftig*“ (ὅτι ἐν αὐτῷ κατοικεῖ πᾶν τὸ πλήρωμα *τῆς θεότητος σωματικῶς*). Gegenüber

137 Offb 3,21: ὁ νικῶν δώσω *αὐτῷ καθίσαι μετ' ἐμοῦ ἐν τῷ θρόνῳ μου*, ὡς κἀγὼ ἐνίκησα καὶ *ἐκάθισα μετὰ τοῦ πατρός μου ἐν τῷ θρόνῳ αὐτοῦ*.

138 Vgl. auch Joh 14,2f.

139 Siehe dazu z. B. Bernd Janowski, Die Einwohnung Gottes in Israel. Eine religions- und theologiegeschichtliche Skizze zur biblischen *Schekina*-Theologie, in: ders./Enno Edzard Popkes (Hg.), Das Geheimnis der Gegenwart Gottes. Zur Schechina-Vorstellung in Judentum und Christentum (WUNT 318), Tübingen 2014, 3–40.

140 Vgl. das göttliche Wohlgefallen (τὴν εὐδοκίαν) in Eph 1,5.9.

141 Die Konstruktion von εὐδοκέω mit Infinitiv für das Handeln Gottes begegnet ebenso in Ps 39,14 LXX; Lk 12,32; 1 Kor 1,21; Gal 1,15f.; siehe insbesondere auch 2 Makk 14,35: *ηὐδόκησας* ναὸν τῆς σῆς σκηνώσεως ἐν ἡμῖν γενέσθαι.

142 Vgl. etwa auch Ps 132,13f.; 135,21; 1 Kön 8,13; Jes 8,18. Mit κατασκηνόω in der LXX wie in Sir 24,4.8: Ps 73,2 LXX; Joël 4,17.21; Sach 2,14; 8,3; Ez 43,7.9; κατασκήνωσις: Ez 37,27; Weish 9,8. Hingegen fragt Salomo in 3 Kön (= 1 Kön) 8,27 LXX im Blick auf den Tempel: εἰ ἀληθῶς *κατοικήσει* ὁ θεὸς μετὰ ἀνθρώπων ἐπὶ τῆς γῆς; (vgl. dazu Jes 66,1).

143 Vgl. Stettler, Kolosserhymnus (Anm. 112) 255–262.

144 Vgl. z. B. Joh 1,16. In Eph 1,10 einfach „Fülle der Zeiten“.

145 Siehe z. B. Ez 10,4; 43,5 (LXX: *πλήρης* δόξης κυρίου ὁ οἶκος); 44,4; Jes 6,1 LXX; 1 Kön 8,10f.; 2 Chr 5,13f.; Hag 2,7; in Ex 40,34f. die σκηνή.

146 So Jes 6,3 (LXX: *πλήρης* πᾶσα ἡ γῆ τῆς δόξης αὐτοῦ); Num 14,21; Ps 72,19 (= 71,19 LXX: *πληρωθήσεται*); Weish 1,7 (πνεῦμα κυρίου *πεπλήρωκεν* τὴν οἰκουμένην); vgl. auch Hab 2,14.

147 Vgl. Jer 23,24 LXX: μὴ οὐχὶ τὸν οὐρανὸν καὶ τὴν γῆν ἐγὼ *πληρῶ;*

148 Siehe z. B. Philo, Conf. 136: ὑπὸ δὲ τοῦ θεοῦ *πεπλήρωται* τὰ πάντα; in Gig. 27 wird τὸ πνεῦμα charakterisiert: τὸ πάντη δι' ὅλων *ἐκπεπληρωμένον*.

Kol 1,19 wird die göttliche „Fülle“ durch den philosophisch-abstrakten Terminus θεότης[149] expliziert (dieser „nimmt den sonst dominanten personalen Aspekt des biblischen Gottesgedankens zurück“),[150] während in Eph 3,19 die „Fülle“ direkt auf Gott bezogen wird (πᾶν τὸ πλήρωμα *τοῦ θεοῦ*).[151] Das hinzugefügte Adverb σωματικῶς hebt auf die „leibhaftig“ sichtbare Präsenz des „unsichtbaren[152] Gottes“ (vgl. Kol 1,15) ab, die sich in Christi σῶμα (aufgrund der prononcierten „Leib Christi“-Ekklesiologie[153] vom sozialen Körper und nicht inkarnatorisch[154] zu interpretieren) vermittelt. Inkorporiert in Christus, haben die Adressat*innen teil an dieser „Einwohnung“[155] des göttlichen πλήρωμα: „und ihr seid in ihm *erfüllt*“ (Kol 2,10: καὶ ἐστὲ ἐν αὐτῷ *πεπληρωμένοι*).[156] Die ekklesiologische Perspektive führt Eph 1,23 fort, wo explizit die ἐκκλησία als Christi „Leib“ (ἥτις ἐστὶν τὸ σῶμα αὐτοῦ) als „die *Fülle* dessen, der alles in allem *erfüllt*“ (*τὸ πλήρωμα* τοῦ τὰ πάντα ἐν πᾶσιν *πληρουμένου*, mit Eph 3,19 eher theozentrisch zu lesen:[157] ἵνα *πληρωθῆτε* εἰς *πᾶν τὸ πλήρωμα* τοῦ θεοῦ) bezeichnet wird.

So wird die Schekina „in“ Christus (lokal und instrumental) als „in ihm“ einwohnende[158] göttliche „Fülle“ erfahrbar – in der in ihm versammelten Gemeinschaft (ἐκκλησία) als seinem „Leib“,[159] der in kosmisch-universaler Zielrichtung „das Wachstum Gottes wächst“ (Kol 2,19: αὔξει τὴν αὔξησιν τοῦ θεοῦ; vgl. Eph 2,21; 4,16 τὴν αὔξησιν τοῦ σώματος). Daher kann auch Eph 4,13 von der

149 In Weish 18,9; Röm 1,20 begegnet θειότης.

150 Bormann, Brief (Anm. 105) 100.

151 In Eph 4,13 auf Christus (τοῦ πληρώματος *τοῦ Χριστοῦ*); vgl. Joh 1,16 vom Logos.

152 Vgl. TestAbr. A 9,7; 16,3f. (HSS varrieren); *Leben Adams und Evas* 35,3.

153 Zur paulinischen Leibmetaphorik siehe 1 Kor 6,15; 10,17; 12,12–27; Röm 12,4f. Weitere Belege im Kol: 1,18.24; 2,17.19; 3,15. Im Eph: 1,22f.; 4,4.12.16; 5,23,30.

154 In Kol 1,22 wird Jesu physischer Körper durch das Genitivattribut τῆς σαρκὸς αὐτοῦ bestimmt (vgl. dazu auch 2,11).

155 Bereits in der Exilszeit wird die auf den Tempel bezogene Schekina-Theologie auch auf das Volk Israel übertragen: Janowski, Einwohnung (Anm. 139) 19 verweist auf eine ergänzende „‚ekklesiologische‘ Dimension“.

156 Vgl. außerdem Kol 1,9 in Bezug auf die Erkenntnis des Willens Gottes (*πληρωθῆτε*) sowie 4,12 (mit variiertem Verb): *πεπληροφορημένοι* ἐν παντὶ θελήματι τοῦ θεοῦ – das dazugehörige Substantiv begegnet in Kol 2,2 beim „ganzen Reichtum der Fülle (πληροφορίας) der Einsicht, zur Erkenntnis des Geheimnisses Gottes, Christi“. Siehe auch Eph 5,18: *πληροῦσθε* ἐν πνεύματι.

157 Dagegen christozentrisch in Eph 4,10: ἵνα πληρώσῃ τὰ πάντα.

158 Daher kann der Gedanke auch christologisch angewendet werden: In Kol 3,16 soll ὁ λόγος τοῦ Χριστοῦ (mit den textkritischen Varianten κυριου und θεου) „in euch reich einwohnen (ἐνοικείτω)“ (vgl. Joh 1,14), in Eph 3,17 „wohnt“ (κατοικῆσαι) Christus in den Herzen der Glaubenden.

159 Zur Vorstellung von der Schekina als Gottes Leib in rabbinischen Texten siehe Gershom Scholem, Von der mystischen Gestalt der Gottheit. Studien zu Grundbegriffen der Kabbala, Frankfurt a. M. 1973, 143.147f. Vgl. auch *Shiʿur Qoma* in der Hekalot-Literatur: dazu ebd., 7–47; Jarl E. Fossum, The Image of the Invisible God. Col 1.15–18a, Jewish Mysticism and Gnosticism, in: ders., The Image of the Invisible God. Essays on the Influence of Jewish Mysticism on Early Christology (NTOA 30), Fribourg/Göttingen 1995, 13–39: 32–39.

„Fülle Christi" reden, welche die Glaubenden, zum vollkommenen Menschen (εἰς ἄνδρα τέλειον) gelangend, erreichen sollen (εἰς μέτρον ἡλικίας *τοῦ πληρώματος τοῦ Χριστοῦ*).

Das Bildfeld des Gottesbaus in Eph 2,20–22 (mit deutlichen Anklängen an 1 Kor 3,9–17)[160] expliziert die zugrunde liegende Tempelmotivik. Das Bild der Hausgemeinschaft im οἶκος Gottes am Ende von Eph 2,19 (siehe die οἰκεῖοι τοῦ θεοῦ) fließt in einem *conceptual blending* über in die Bildlichkeit des „Gotteshauses" als Bauwerk, dessen grundlegende Ausrichtung und Stabilität[161] in Christus gründen (welcher hier in messianischer Interpretation von Jes 28,16 als „Eckstein"[162] fungiert, V. 20):[163] In ihm wächst (αὔξει) der explizit die Adressat*innen mit-einschließende[164] Bau „zu einem heiligen Tempel im Herrn" (V. 21), der im parallel gebauten V. 22 als „Wohnung (κατοικητήριον) Gottes im Geist" qualifiziert wird (vgl. 1 Kor 3,16f.).[165] Das auf zukünftige Vollendung weisende Wachstum[166] des Baus knüpft an die göttliche Dynamik in Kol 2,19 an, die hier auf die Leibmetapher bezogen ist. Eph 4,12 überblendet die Metaphorik von (Haus-)Bau und Leib (als lebendigem Tempel) „zum (Auf-)Bau (οἰκοδομὴν) des Leibes Christi" (zum Wachstum siehe bes. V. 16: *τὴν αὔξησιν τοῦ σώματος* ποιεῖται εἰς *οἰκοδομὴν* ἑαυτοῦ ἐν ἀγάπῃ),[167] in dem sich Gottes „Wohnen" vermittelt.

---

160 Zur Bildlichkeit vgl. auch 1QS VIII,5–9.

161 Zu Eph 2,21: ἐν ᾧ πᾶσα οἰκοδομὴ *συναρμολογουμένη* vgl. die Leibmetaphorik in 4,16: ἐξ οὗ πᾶν τὸ σῶμα *συναρμολογούμενον*.

162 So z. B. Frederick F. Bruce, The Epistles to the Colossians, to Philemon, and to the Ephesians (NIC), Grand Rapids 1984, 304–306; Tet-Lim N. Yee, Jews, Gentiles and Ethnic Reconciliation: Paul's Jewish Identity and Ephesians (SNTSMS 130), Cambridge 2005, 204–207; Klein, Entwicklungslinien (Anm. 125) 194.

163 Zur Metaphorik vgl. auch Kol 1,23: τεθεμελιωμένοι; 2,7: ἐποικοδομούμενοι ἐν αὐτῷ.

164 Siehe Eph 2,20: ἐποικοδομηθέντες; V. 22: ἐν ᾧ καὶ ὑμεῖς *συν-οικοδομεῖσθε*.

165 Bereits in 1 Kor 3,16 spricht Paulus den Adressat*innen zu, „dass ihr der Tempel Gottes seid (*ναὸς θεοῦ* ἐστε) und der Geist Gottes in euch wohnt (*οἰκεῖ ἐν* ὑμῖν)" (individualisiert in 6,19: τὸ σῶμα ὑμῶν ναὸς τοῦ ἐν ὑμῖν ἁγίου πνεύματός ἐστιν). In 2 Kor 6,16 schließt sich an die analoge Aussage „denn wir sind Tempel des lebendigen Gottes" ein (stärker an der hebräischen Textfassung orientiertes) Zitat von Lev 26,11f., wo Gottes (Ein-)Wohnen (ἐνοικήσω) mit der Bundesformel (καὶ ἔσομαι αὐτῶν θεός, καὶ αὐτοὶ ἔσονταί μου λαός) verknüpft ist. Der Gedanke findet sich ähnlich in Ez 37, wo Gott einen ewigen „Bund des Friedens" (V. 26) und sein „Zelten unter ihnen" (V. 27) verheißt, sodass ihn auch die Völker daran erkennen (V. 28). Darüber hinaus bietet Sach 6,15 einen für Eph 2 interessanten Intertext, wenn „die Fernen [...] am Haus JHWHs bauen werden" (LXX: καὶ *οἱ μακρὰν* ἀπ' αὐτῶν ἥξουσιν καὶ *οἰκοδομήσουσιν* ἐν τῷ οἴκῳ κυρίου). Im NT vgl. ferner 1 Petr 2,5 (καὶ αὐτοὶ ὡς λίθοι ζῶντες *οἰκοδομεῖσθε* οἶκος *πνευματικὸς* εἰς ἱεράτευμα *ἅγιον*) sowie Mk 14,58; Joh 2,21 (τοῦ ναοῦ τοῦ σώματος αὐτοῦ); 4,23f. (ἐν πνεύματι).

166 Vgl. auch 1 Kor 3,6f. (ὁ θεὸς ηὔξανεν/ὁ αὐξάνων θεός); ferner Kol 1,6 (vom Evangelium); 1,10 (in der Erkenntnis Gottes).

167 Siehe auch die metaphorische Verwendung von οἰκοδομή in Eph 4,29.

3. Bilanz

Welche Arten von Gottes-Metaphern treten zu Tage? Es handelt sich zunächst um keine zusammenhängende Bildsprache wie in klassischen (bes. ersttestamentlichen) poetischen Texten, sondern um viele konventionalisierte Metaphern, die – hier ist die Briefgattung zu beachten – fragmentarisch an der einen oder anderen Stelle, kaum in einem längeren Text, auftauchen und auf davor und dahinter liegende Gesamtvorstellungen verweisen. Einzelne Metaphern erweisen sich als dominant, der Fokus liegt auf wenigen Bildfeldern. Wir finden die sozialen Rollen des Vaters (explizit), implizit des Königs (mit politischen Untertönen gegen kaiserzeitliche Ideologie), seltener auch des Richters (manchmal schimmert ein Gerichtsmotiv durch), klassische Emotionen von Liebe bis Zorn – d. h. anthropomorphe Bilder, die auf personale Gottesvorstellungen verweisen (sich dabei aber in einem androzentrischen Rahmen bewegen). Außerdem begegnen klassische Vorstellungen vom Schöpfer im Himmel – der jedoch nicht in himmlischer Ferne bleibt, sondern sich – in einer Überblendung der Konzepte – in universaler Liebe und grenzenlosem Erbarmen seinen Kindern zuwendet, Frieden schafft, vom Tod zum Leben erweckt und Anteil an Macht, Herrlichkeit, Fülle und Erkenntnis gibt. Ergänzend treten außermenschlich-abstrakte Größen aus der griechischen Tradition hinzu, die stärker Gottes Transzendenz betonen. Jegliche konkreten Beschreibungen Gottes fehlen. Einige kreative Bildaussagen ergeben sich insbesondere aus dem bildhaften *Handeln* Gottes, der dem Wort die Tür öffnet, erleuchtete Augen des Herzens gibt, den gelöschten Schuldschein zugleich fortschafft und ans Kreuz nagelt, Frieden stiftet durch das Blut des Kreuzes, Mächte und Gewalten entblößt im Triumphzug herumführt, durch Sünden Tote zu neuem Leben aufweckt, in das Reich seines geliebten Sohnes versetzt bzw. im Himmel sitzen lässt, dem es Wohnung zu nehmen gefällt im Sohn bzw. in dessen Leib, um alles und alle zu „erfüllen" (in der „Einwohnung" der „Fülle" gewinnt das Abstraktum Konkretheit).[168]

Wenn nur bestimmte Metaphern und Bildaspekte realisiert werden, ist dies zum einen natürlich der Briefgattung geschuldet. Doch gilt die nur ausschnitt- und schablonenhaft zu Tage tretende Fragmentarität der Bilder angesichts des sich jeglicher Definition entziehenden Gottes (vgl. auch das Bilderverbot) für biblische Gottesrede überhaupt. Metaphorische Rede entwickelt freilich imaginative und performative Kraft.

Welche Bilder fehlen im Blick auf biblische Textwelten (ohne dass sich ein Gesamt der Gottesbilder herstellen ließe, das Gott ausmachen würde)? Es sind z. B. nichtpersonale konkrete Metaphern (Fels, Burg etc.) – und insbesondere

168 Es ist kein Zufall, dass die meisten theozentrischen Formulierungen noch aus dem Kol stammen.

weibliche Bilder. Die Vielfalt ersttestamentlicher Bilderwelten wurde komprimiert, gebündelt und verdichtet in einer Reduktion auf wenige Rollen Gottes, die jedoch weitgehend die Rezeption steuerten und eine Festlegung auf bestimmte Gottesbilder zur Folge hatten.

Die nicht trenn- und auflösbare zunehmende Überlagerung und Vermischung von Gottes- und Christusbildern ist dabei programmatisch für die Deuteropaulinen. Während auf der Ebene der Gottesprädikationen *per se* das Repertoire kaum über die aus der Tradition vermittelten Sprachbilder erweitert wird, liegt in diesem *blending*[169] das innovative Potential der metaphorischen Gottesrede. Das „Bild" Gottes ist nach Kol 1,15 der Sohn.

169 Hier greife ich die Terminologie des einführenden Vortrags Ruben Zimmermann, Ein Bild ist nicht genug. „Mixed Metaphors" und ihr Wert für die biblische Gottesrede auf.

Gottes Raum und Gott als Raum. Ein Beitrag zur Metaphorik der Gottesrede in der Offenbarung des Johannes

Konrad Huber

Die Frage nach dem Gottesbild und der Rede von Gott in der Offenbarung des Johannes eröffnet ein vielschichtiges und facettenreiches Spektrum an Herangehensweisen, Themenstellungen und inhaltlichen Gewichtungen.[1] Ein Blick auf den im Text realisierten Raumaspekt, inszenierte Räume ebenso wie raumkonnotierte Aussagegehalte, kann dazu einen spezifischen und überraschend bedeutsamen Beitrag leisten, gerade wenn es um die Metaphorik der Gottesrede im letzten Buch des biblischen Kanons geht. Von der Charakterisierung der Erzählfigur Gott mittels der ihr „zugeschriebenen" Räume, die an sich schon zentrale Inhalte der theologischen Botschaft dieser Schrift hervorhebt und unterstreicht, lenkt die gewählte Frageperspektive den Fokus schließlich unweigerlich hin auf die unmittelbare Verwendung einer ganz bestimmten Raumgröße im Sinne einer in dieser Form singulären Gottesmetapher. Eingebettet ist dieser Weg von Gottes Raum zu Gott als Raum in eine Reihe von Basiskoordinaten, die sich aus dem Text selbst generieren und die Gottesrede der Johannesoffenbarung insgesamt bestimmen und die es eingangs in einem ersten Schritt zu skizzieren gilt.

1. Basiskoordinaten der Gottesrede in der Johannesoffenbarung

1.1 *Götzenpolemik in Offb 9,20 – oder: wie Gott (nicht) sein sollte*

Im Kontext der sechsten Posaunenvision (Offb 9,13–21), in der ein furchterregendes Heer von Reitern ein Drittel der Menschen durch Feuer, Rauch und Schwefel aus den Mäulern ihrer Pferde tötet (Offb 9,15.18), begegnet – singulär

1 Vgl. dazu in jüngerer Zeit etwa die Beiträge in Martin Stowasser (Hg.), Das Gottesbild in der Offenbarung des Johannes (WUNT 2,397), Tübingen 2015 (Lit.!) sowie Martin Karrer, God in the Book of Revelation, in: Craig R. Koester (Hg.), The Oxford Handbook of the Book of Revelation, Oxford 2020, 205–222 (Lit.!).

in der Johannesoffenbarung – in Offb 9,20 eine geradezu klassische Götzenpolemik,[2] die in der Weiterführung von Vers 21 in einen knappen Lasterkatalog einmündet. Gekennzeichnet wird damit das Tun all jener, die trotz der furchtbaren Plagen nicht umkehren (οὐ[δὲ] μετενόησαν) und anders, als es Ziel der Plagenreihen ist, an ihrem negativen Verhalten festhalten. Die Verehrung der Dämonen und der Götzen ist hier an erster Stelle genannt und in weiterer Folge in eine Linie gestellt mit Mord, Zauberei, Hurerei und Diebstahl.[3]

Die Götzenpolemik in Vers 20 ist dabei nicht zuletzt auch für die Frage nach der Vorstellung von Gott von Interesse, insofern darin deutlich wird, was Dämonen und Götzen (τὰ δαιμόνια καὶ τὰ εἴδωλα)[4] von einer wahren Gottheit unterscheidet und wie Gott demgegenüber sein oder eben nicht sein sollte. Drei Aspekte stehen dabei im Vordergrund:

1. Dämonen und Götzen sind von Menschenhand gemacht (ἐκ τῶν ἔργων τῶν χειρῶν αὐτῶν). Menschen, die sich vor diesen Machwerken niederwerfen und ihnen huldigen (προσκυνέω), beten Geschaffenes an, und zwar ihre eigenen Geschöpfe,[5] und damit gerade nicht den Schöpfer aller Dinge (vgl. Offb 4,11; 10,6).[6]
2. Die von den Umkehrunwilligen verehrten Götzen und Dämonen sind aus irdischen Materialien gefertigt. In absteigender Reihenfolge und im Sinne einer exemplarischen Aufzählung werden besonders kostbare (Gold, Silber) ebenso wie ganz alltägliche Substanzen (Stein, Holz) mit insgesamt fünf Adjektiven genannt (χρυσοῦς; ἀργυροῦς; χαλκοῦς; λίθινος; ξύλινος). Im Umkehrschluss lässt sich davon ausgehen, dass derartige Materialien keinesfalls die Substanz einer echten Gottheit und schon gar nicht die des biblischen Gottes ausmachen (können). Mit der Götzenpolemik liegt zwar ein literarisch gefestigter Topos vor, es steht aber zu erwarten, dass die Johannesoffenbarung in ihrer Vorstellungswelt konsequent bleibt und derartige Materialien, selbst das Gold, dann eben nicht – und sei es auch nur bildlich

---

2 Vgl. z. B. Dtn 4,28; Ps 115,4–7; 135,15–17; Weish 15,15; Mi 5,12; Jes 2,8; 17,8; 44,9–20; Jer 1,16; 10,3–5; Dan 5,4.23; Hab 2,18–19; 1 Hen 99,7; Jub 11,4; 3 Makk 4,16; Sib V, 77–85. Vgl. auch Dtn 32,17; 1 Kor 10,20; 1 Tim 4,1.

3 Vgl. auch Offb 21,8; 22,15. – Die Reihung in Offb 9,20f. macht indirekt deutlich, dass der Götzendienst als Ursprung aller weiteren Verfehlungen verstanden wird.

4 Jedenfalls die in Offb 9,20 inkriminierten Dämonen und Götzen. Wieweit im Sinne einer grundsätzlichen Dämonen- und Götzenpolemik zu generalisieren ist, bleibt fraglich, zumal die Johannesoffenbarung zwar aus einer monotheistischen Perspektive argumentiert, ohne freilich die Existenz anderer transzendenter Wesen, Dämonen etc. zu leugnen. Dämonen (δαιμόνια, auch als πνεύματα ἀκάθαρτα bezeichnet) begegnen auch in Offb 16,13f.; 18,2.

5 Darin unterscheidet sich die Verehrung dieser Dämonen und Götzen auch noch einmal von der Anbetung von Werken der Schöpfung (Gestirne etc.).

6 Vgl. Heinz Giesen, Die Offenbarung des Johannes (RNT), Regensburg 1997, 226; Craig R. Koester, Revelation. A New Translation with Introduction and Commentary (AYB 38A), New Haven 2014, 473.

– unmittelbar der Figur Gottes zuschreibt: Gott ist nicht golden bzw. aus Gold etc.[7]

3. Die als menschliches Machwerk bezeichneten Dämonen und Götzen können weder sehen noch hören noch umhergehen (οὔτε βλέπειν δύνανται οὔτε ἀκούειν οὔτε περιπατεῖν). Sie sind tote Materie. Umgekehrt heißt das: Von der wahren Gottheit erwartet man sich diese Eigenschaften, d. h. menschliche, sinnliche, personale Eigenschaften, dass Gott lebendig ist und entsprechend wahrnehmen und agieren kann.[8] Anthropologisch vorgestellte Eigenschaften und in der Folge Anthropomorphismen sind also nicht nur nicht ausgeschlossen, sondern geradezu erforderlich, um von Gott im Unterschied zu Götzen sprechen zu können. Umso mehr überrascht vielleicht, dass in der Johannesoffenbarung anthropomorphe Gottesaussagen auf ein Minimum reduziert und zugunsten des Aspekts der Transzendenz Gottes weitestgehend hintangehalten werden.[9]

---

7 Dessen ungeachtet, begegnet das Adjektiv χρυσοῦς mit Ausnahme von Offb 9,20; 17,4 selbstverständlich und häufig zur Kennzeichnung von Objekten, die dem himmlischen Bereich zugehören oder eine entsprechende Zugehörigkeit als Eigenschaft zugeschrieben erhalten (Offb 1,12.13.20; 2,1; 8,3; 9,13; 14,14; 15,6.7; 21,15). Das himmlische Jerusalem und die Straße der Stadt bestehen gar aus reinem Gold (Offb 21,18.21: χρυσίον καθαρόν; vgl. auch Offb 3,18). Die übrigen in Offb 9,20 genannten Adjektive finden sich sonst nicht mehr in der Johannesoffenbarung. Bemerkenswert ist freilich noch der Gebrauch von λίθος in Offb 4,3 (vgl. Offb 21,11.19; vgl. außerdem das χαλκολίβανον als Vergleich für die Füße des Menschensohngleichen in Offb 1,15; 2,18). Vgl. demgegenüber aber auch den Verweis auf diese Materialien in Offb 9,7; 17,4; 18,12.16.21.

8 Dass mit Sehen und Hören vorderhand Sinneseigenschaften der Rezeption genannt sind, mag zusätzlich von Bedeutung sein (für Gott indirekt vorausgesetzt etwa in Offb 5,8; 6,9–11; 7,17; 12,6; 21,4; das Moment der Bewegung erhält in der Bezeichnung Gottes als „der Kommende" [ὁ ἐρχόμενος] im Kontext der sog. Dreizeitenformel [Offb 1,4.8; 4,8] seine spezifische Konkretisierung). Dass ein expliziter Beleg für das Hören Gottes in der Johannesoffenbarung fehlt und in Offb 4 das Sehen an die Wesen um Gottes Thron „delegiert" ist, wertet Martin Karrer, Das Gottesbild der Offenbarung vor hellenistisch-frühkaiserzeitlichem Hintergrund, in: Martin Stowasser (Hg.), Das Gottesbild in der Offenbarung des Johannes (WUNT 2,397), Tübingen 2015, 53–81: 65f. insbesondere auch im Gegenüber zu Zeus-Jupiter als markante Verstärkung der Transzendenz und Erhabenheit Gottes zum Schutz vor einer vereinfachten Verschmelzung der Traditionen. – Von dem in Offb 13,14f. errichteten Standbild (εἰκών) des Tieres ist immerhin gesagt, dass ihm Lebensgeist (πνεῦμα) verliehen wird, sodass es sprechen kann (λαλέω) und die Menschen unter Androhung des Todes dazu bringt (ποιέω), es göttlich zu verehren (προσκυνέω; vgl. Offb 14,9.11; 15,2; 16,2; 19,20; 20,4). Das Standbild bleibt aber unverkennbar menschliches Machwerk (ποιῆσαι εἰκόνα), und seine menschlichen Eigenschaften und Fähigkeiten erweisen sich letztlich nur als von außen eingegeben, ja sogar – je nach Deutung der Passivform ἐδόθη in Offb 13,15 – als von Gott (!) ermöglicht. Direkte Rede für widergöttliche Größen fehlt ohnehin, auch das ein Moment der Götzenpolemik; vgl. M. Eugene Boring, The Voice of Jesus in the Apocalypse of John, NT 34 (1992) 334–359: 337f.

9 Vgl. Martin Karrer, Johannesoffenbarung. Teilband 1: Offb 1,1–5,14 (EKK 24,1), Ostfildern/Göttingen 2017, 431: „Die Apk hält [...] Anthropomorphismen im Gottesverständnis möglichst gering und zugleich an der Personalität des transzendenten, unanschaulichen

1.2 *Fehlende Figuration und eine begriffliche Differenzierung*

Sofern jede Rede von Gott immer schon metaphorische Rede ist, ist für die Gottesrede der Johannesoffenbarung selbstverständlich ebenfalls bildhafte Rede und metaphorische Ausdrucksweise zu erwarten und nicht anders denkbar. Das gilt umso mehr, als die Johannesoffenbarung ihre Botschaft insgesamt ja vorwiegend in Form von visionär inszenierten Bildern, von vielschichtigen Metaphern und markanten Symbolen vermittelt.[10] Auffallend ist dabei allerdings die folgende Beobachtung: Anders als für andere Protagonisten fehlt für Gott im Text eine symbolische Figuration. Jesus Christus etwa begegnet prominent in der Figur des Lammes (Offb 5,6 etc.), wird als Löwe und als Wurzelspross angekündigt (Offb 5,5), wird als Menschensohngleicher präsentiert (Offb 1,13; 14,14) oder bezeichnet sich selbst als strahlender Morgenstern (Offb 22,16). Der Satan tritt als feuerroter, siebenköpfiger Drache auf den Plan (Offb 12,3–4). Rom, das Imperium Romanum und seine Propagandamaschinerie werden in Gestalt von zwei furchterregenden Tieren (Offb 13) und in Gestalt der Hure Babylon (Offb 17) visualisiert. Das Gottesvolk tritt dem Betrachter als Himmelsfrau entgegen (Offb 12) und die Heilsgemeinde der Vollendung als Braut des Lammes (Offb 19,7; 21,9; 22,17) und in Gestalt der neuen Stadt Jerusalem (Offb 21,1–22,5). Vergebens aber sucht man in der Johannesoffenbarung nach einer analogen Figuration für Gott selbst.

Gottes fest." Zum auffallend gegenläufigen Gottesbild im äthiopischen Henochbuch vgl. den Beitrag von Loren T. Stuckenbruck, Gottesbilder in den Henoch-Gleichnissen (1 Hen 37 – 71). Ein Überblick in diesem Band. – Anthropomorphe Aussagen liegen vor, wenn etwa davon die Rede ist, dass Gott „spricht" (λέγω; Offb 1,8; 21,5f.; vgl. auch ὁ λόγος τοῦ θεοῦ in Offb 1,2 etc.), „verkündet" (εὐαγγελίζω; Offb 10,7), etwas ins Herz „gibt" (ποιέω; Offb 17,17) oder „sich erinnert" (μνημονεύω; Offb 18,5), wenn Gott als ein „Sitzender" bezeichnet wird ([ὁ] καθήμενος; Offb 4,2 etc.) oder als einer, der einen Ort „bereitet" hat (ἑτοιμάζω; Offb 12,6) und Tränen „abwischen" (ἐξαλείφω; Offb 7,17; 21,4; vgl. Jes 25,8), Dürstenden zu trinken „geben" (δίδωμι; Offb 21,6) und alles neu „machen" wird (ποιέω; Offb 21,5). Offb 6,16; 20,11; 22,4 sprechen vom „Angesicht" Gottes (πρόσωπον), Offb 15,3 spricht von den „Werken" und „Wegen" Gottes (τὰ ἔργα, αἱ ὁδοί; als zitathafte Anspielung freilich an Dtn 32,4; Ps 145,17). An Emotionen begegnen lediglich Gottes „Zorn" und „Wut" (ὀργή bzw. θυμός; Offb 6,17; 11,18; 14,10.19; 15,1.7; 16,1.19; 19,15). Einzelne Gottesepitheta konnotieren zudem einen Aktionsaspekt (vgl. Martin Stowasser, Gottesepitheta als Christusepitheta. Überlegungen zur Gottheit Gottes in der Offenbarung des Johannes, in: ders. [Hg.], Das Gottesbild in der Offenbarung des Johannes [WUNT 2,397], Tübingen 2015, 149–175, bes. 151f.157f.) und den Aspekt von Personalität (vgl. Karrer, Gottesbild [Anm. 8] 73–79; Karrer, God [Anm. 1] 210–212). In dieser Auflistung unberücksichtigt sind die zahlreichen *Passiva divina* im Text.

10 Vgl. dazu Konrad Huber, Imagery in the Book of Revelation, in: Craig R. Koester (Hg.), The Oxford Handbook of the Book of Revelation, Oxford 2020, 53–67 (Lit.!). Aktuell etwa auch Carsten Mumbauer, Visionen von Gut und Böse. Studien zur Bildtheologie der Offenbarung des Johannes (NTA 62), Münster 2020.

Nicht nur das, im Grunde finden sich in der Johannesoffenbarung auch keine typischen Gottesbilder bzw. Gottesmetaphern, wie man sie sonst aus biblischen Texten kennt. Es gilt meines Erachtens zu unterscheiden zwischen eigentlichen Gottesmetaphern/-bildern auf der einen Seite – Gott als Hirte, Gott als Winzer etc. – und Aussagen und Bezeichnungen im Sinne von Theologumena auf der anderen Seite, die ihrerseits freilich immer auch uneigentliche Gottesrede darstellen, ohne aber schon vordergründig metaphorischer Natur zu sein. Sucht man in der Johannesoffenbarung nach Aussagen über Gott, dann begegnet man weitestgehend dem, was ich als Theologumena verstehe und verstehen möchte, theologische Bezeichnungen, die etwas vom Wesen Gottes begrifflich zu umschreiben versuchen: Gott „der Seiende, der Er-War und der Kommende"/ὁ ὢν καὶ ὁ ἦν καὶ ὁ ἐρχόμενος, „der Allherrscher"/παντοκράτωρ, „der Herr"/κύριος, „das Alpha und das Omega"/τὸ ἄλφα καὶ τὸ ὦ, „der Anfang und das Ende"/ἡ ἀρχὴ καὶ τὸ τέλος, „der Heilige und Wahrhaftige"/ὁ ἅγιος καὶ ἀληθινός; die Rede von Gott als dem Schöpfer des Alls, von Gott, dem in alle Ewigkeit Lebenden etc. Im Grunde gilt das auch für die Vater-Bezeichnung: In der Johannesoffenbarung begegnet zwar durchaus die Bezeichnung Gottes als „Vater"/πατήρ (Offb 1,6; 2,28; 3,5.21; 14,1), sie bleibt aber auf die Beziehung zwischen Gott und Jesus Christus beschränkt,[11] bringt, so gesehen, also ebenfalls ein Theologumenon zum Ausdruck und liegt nicht auf derselben Ebene wie die Vatermetaphorik in den Evangelien.[12]

Es fehlt im Text der Johannesoffenbarung also nicht nur an sonst typischen Symbolfigurationen für Gott, sondern weitgehend auch an eigentlichen und unmittelbar greifbaren Gottesmetaphern. Dass dem nicht ganz so ist, versuche ich im Folgenden mit Blick auf die Raummetapher aufzuweisen, die ihrerseits freilich nicht auf Gott allein beschränkt bleibt.[13] Wenn sich zudem in Offb 15,3 in-

11 Dem entspricht die Bezeichnung Jesu Christi als „Sohn Gottes" (ὁ υἱὸς τοῦ θεοῦ) in Offb 2,18 (vgl. Offb 12,5). Das Moment der Gottessohnschaft wird zwar in Offb 21,7 auf die im Glauben standhaft bleibenden Christinnen und Christen ausgeweitet (αὐτὸς ἔσται μοι υἱός), die Bezeichnung Gottes als „Vater" (πατήρ) wird dabei aber auffällig und gegenläufig zum alttestamentlichen Referenztext 2 Sam 7,14 vermieden. Vgl. dazu auch Konrad Huber, „Gott bete an!" (Offb 19,10; 22,9). Christusbild und Gottesbild der Johannesoffenbarung im Spannungsfeld von wesensmäßiger und funktionaler Einheit und Differenz, in: Martin Stowasser (Hg.), Das Gottesbild in der Offenbarung des Johannes (WUNT 2,397), Tübingen 2015, 129–147: 144f.

12 Karrer, Gottesbild (Anm. 8) 64f. erwägt auch eine gezielte Differenzierung gegenüber Zeus-Jupiter. – Zur Vatermetaphorik für Gott vgl. auch den Beitrag von Markus Tiwald, Die Vatermetaphorik Jesu. Religionspsychologische Überlegungen zum jesuanischen Gottesbild in diesem Band (Lit.!).

13 Auch andere Gottesepitheta werden in der Johannesoffenbarung auf Christus übertragen: τὸ ἄλφα καὶ τὸ ὦ (Offb 1,8; 21,6 → Offb 22,13); ἡ ἀρχὴ καὶ τὸ τέλος (Offb 21,6 → Offb 22,13); κύριος (Offb 1,8; 4,8.11; 11,4.15.17; 14,13; 15,3.4; 16,7; 18,8; 19,6; 21,22; 22,5.6 → Offb 11,8; 17,14; 19,16; 22,20.21); ὁ ἅγιος, ὁ ἀληθινός (Offb 6,10 → Offb 3,7); ὁ ἀμήν (Offb 3,14). Nach

nerhalb einer Figurenrede, dem Lied der standhaft Überwindenden in der Vollendung, die Bezeichnung Gottes als „König der Völker“ (ὁ βασιλεὺς τῶν ἐθνῶν) findet, dann geht diese ohnehin singuläre[14] unmittelbare Gottesmetapher – wie sich zeigen wird – inhaltlich Hand in Hand mit dem, was als eine der Kernaussagen der über den Raumaspekt erfolgten Charakterisierung Gottes gilt.

2. Gottes Raum – himmlischer Thronsaal und Tempel

Der Blick auf die Charakterisierung über die Raumkategorie nimmt seinen Ausgangspunkt bei der Frage nach Gottes Raum. Gemeint ist damit nicht so sehr Gottes Einflussbereich und Aktionsraum allgemein, der Verfügungsraum Gottes, auch nicht jene Räume, die Gott gemacht und bereitet hat (vgl. Offb 12,6; 14,7). Wenn im Folgenden von Gottes Raum die Rede ist, dann geht es um jene Größen im Text der Johannesoffenbarung, die und insofern sie als Aufenthaltsbereich Gottes vorgestellt werden.

2.1 Ein himmlischer Thronsaal – Offb 4 – 5

Geht es um das Gottesbild der Johannesoffenbarung, dann ist man zuallererst auf die eindrückliche Vision in Offb 4 – 5 zu Beginn des apokalyptischen Hauptteils verwiesen. Sie ist nicht nur „theologische Mitte“,[15] sondern auch *theo*-logische Basis dieser Schrift. Der Seher Johannes erhält Einblick in den geöffneten

---

Stowasser, Gottesepitheta (Anm. 9) 149–175 handelt es sich um eine rein funktionale Bestimmtheit der Christologie; für die von ihm untersuchten Epitheta bleibt in sprachlich wie auch durch kontextuelle Verortung subtil durchgeführter Differenzierung die Zu- und Unterordnung Jesu Christi innerhalb des grundlegend theozentrischen Koordinatensystems der Johannesoffenbarung deutlich zum Ausdruck gebracht. Wie Stowasser (vgl. ebd., 166.171) hält beispielsweise auch Karrer, Gottesbild (Anm. 8) 71 die Auslassung des εἰμί in Offb 22,13 für eine entscheidende Differenz gegenüber der den Gottesnamen ΙΑΩ zum Klingen bringenden Selbstprädikation Gottes in Offb 1,8.

14 Gegebenenfalls ist auch noch die von der häufig belegten κύριος-Bezeichnung abweichende und stärker auf ein Gegenüber zur Sklavenmetaphorik abhebende Anrede Gottes als ὁ δεσπότης in Offb 6,10 zu nennen (vgl. Lk 2,29; Apg 4,24; 2 Tim 2,21; 2 Petr 2,1; für Jesus Christus Jud 4). Vgl. dazu auch Christiane Zimmermann, Die Namen des Vaters. Studien zu ausgewählten neutestamentlichen Gottesbezeichnungen vor ihrem frühjüdischen und paganen Sprachhorizont (AJEC 69), Leiden 2007, 290–313, die für Offb 6,10 als eigentlichen Akzent aber den politischen intendiert sieht (vgl. ebd., 309–311). Die universale Perspektive unterstreicht in Offb 15,3 auch die Kombination mit παντοκράτωρ.

15 So Giesen, Offenbarung (Anm. 6) 145.

Himmel und wird „im Geist“ Zeuge eines Geschehens, das zunächst und über weite Teile eine Theophanie ist – mit deutlichem Rückgriff auf vergleichbare Theophanievisionen in Ez 1,1–28 und Jes 6,1–13.[16] Ein indirekter Vorverweis darauf begegnet bereits in Offb 1,4, in der *Salutatio* im Rahmen der briefartigen Einleitung, wenn dort von „den sieben Geistern vor seinem Thron“ die Rede ist (τὰ ἑπτὰ πνεύματα τοῦ θεοῦ ἃ ἐνώπιον τοῦ θρόνου αὐτοῦ). Gemeint ist der Thron Gottes, der nach Offb 4 das räumliche Zentrum des Himmels darstellt, auf das hin alles ausgerichtet und fokussiert ist. Die „sieben Geister Gottes“ begegnen dort in Vers 5 in Gestalt von sieben lodernden Fackeln, die „vor dem Thron“ brennen.[17] Auch in Offb 3,21, im letzten Überwinderspruch der Sendschreiben, ist bereits vom Thron Gottes die Rede: Christus – so heißt es dort – hat sich mit seinem Vater „auf dessen Thron“ gesetzt (ἐκάθισα μετὰ τοῦ πατρός μου ἐν τῷ θρόνῳ αὐτοῦ).[18] Das Stichwort fällt also zu Beginn und am Ende des ersten Hauptteils der Johannesoffenbarung, noch bevor der Gegenstand selbst in Offb 4 explizit in den Blick kommt.

Mit καὶ ἰδοὺ θρόνος beginnt die Theophanieschilderung in Offb 4 mit einem Verweis auf den Thron, mit einer Requisite also, der die gesamte Szene freilich bestimmenden Visionsrequisite,[19] und erst im Anschluss daran ist in Vers 2 auch

16 Zur Rezeption der alttestamentlichen Prätexte vgl. z. B. Jan Fekkes, Isaiah and Prophetic Traditions in the Book of Revelation. Visionary Antecedents and their Development (JSNTS 93), Sheffield 1994, 141–158; Beate Kowalski, Die Rezeption des Propheten Ezechiel in der Offenbarung des Johannes (SBB 52), Stuttgart 2004, 102–118.307–324. – Zu Gottes Thronen und Thronvisionen vgl. außerdem Ps 110,1; 1 Kön 22; Dan 7.

17 Die sieben Geister Gottes, Sinnbild für die Fülle des Geistes Gottes, erfahren nicht nur die Figuration als ἑπτὰ λαμπάδες πυρός, sondern begegnen in Offb 5,6 auch im Symbol der sieben Augen des Lammes (ὀφθαλμοί ἑπτά); vgl. auch Offb 3,1 (Christus als ὁ ἔχων τὰ ἑπτὰ πνεύματα τοῦ θεοῦ). – Vielfach werden die sieben Geister Gottes als Engelwesen, als eine Sondergruppe heiliger Engel oder in der Rolle von Thronengeln Gottes gedeutet und in der Folge mit den mit Artikel als bereits bekannte Größe eingeführten sieben „Engeln“ in Offb 8,2 (οἱ ἑπτὰ ἄγγελοι) identifiziert; vgl. z. B. Giesen, Offenbarung (Anm. 6) 75f.126.207f.; Karrer, Johannesoffenbarung (Anm. 9) 215f.421. Nils Neumann, Hören und Sehen. Die Rhetorik der Anschaulichkeit in den Gottesthron-Szenen der Johannesoffenbarung (ABIG 49), Leipzig 2015, 256 denkt für Offb 8,2 an die sieben Gemeindeengel (Offb 1,20).

18 Zur in Offb 3,21 verheißenen Throngemeinschaft von Menschen vgl. z. B. Karrer, Johannesoffenbarung (Anm. 9) 370–372.

19 Der Begriff θρόνος findet sich allein in Offb 4 – 5 zwölfmal (Offb 4,2.3.4.5.6.9.10; 5,1.6.7.11.13) und ist auch darüber hinaus ein zentrales Motiv. Von insgesamt 62 Vorkommen im Neuen Testament finden sich allein 47 in der Johannesoffenbarung, 39 davon für den Thron Gottes (in Offb 22,1.3 zugleich auch Thron des Lammes, während Offb 7,17 wohl eher Gottes Thron meint), die übrigen Vorkommen in Verbindung mit Christus (Offb 3,21), den Ältesten (Offb 4,4 [zweimal]; 11,16) und den Auferweckten (Offb 20,4) sowie Satan (Offb 2,13) und dem Tier (Offb 13,2; 16,10). – Zum Thronmotiv und dessen Hintergrund, Bedeutung und Funktion vgl. Laszlo Gallusz, The Throne Motif in the Book of Revelation (LNTS 487), London 2014; zu Offb 4 – 5 vgl. ebd., 97–175. Gallusz wertet das

davon die Rede, dass Johannes auf diesem Thron jemanden sitzen sieht, niemand anderen – wie im weiteren Verlauf und spätestens mit dem Hymnus der vier Lebewesen in Offb 4,8 unmissverständlich deutlich wird – als Gott selbst. Was genau Johannes sieht, das Aussehen Gottes, bleibt völlig offen und wird im Text – sieht man von der Ausstrahlung seiner Erscheinung ab, die mit dem Aussehen eines Jaspis und eines Karneols verglichen wird[20] – nicht näher präzisiert. Es bleibt auf der Erzählebene bei dieser allgemeinen Bezeichnung Gottes als (ὁ) καθήμενος, als „Sitzender" (Offb 4,3.9.10; 5,1.7.13), und damit bei einer für sich genommen im Grunde völlig banalen anthropomorphen Aussage, die erst eigentlich über die zunächst vorweg genannte räumlich konnotierte Objektbestimmung ihren symbolischen Gehalt gewinnt.[21] Weitergehende Anthropomorphismen werden anders als in den traditionsgeschichtlichen Leittexten in der Vision vermieden.[22] „Der auf dem Thron Sitzende" ist in weiterer Folge die dominante Gottesbezeichnung in Offb 4 – 5 und ist insgesamt nahezu wie ein Titel

---

Thronmotiv „as a central principle, the master motif, which provides a theological framework for the entire book". (268)

20 Vgl. Walter Bauer, Griechisch-deutsches Wörterbuch zu den Schriften des Neuen Testaments und der frühchristlichen Literatur, hg. v. Kurt Aland u. Barbara Aland, Berlin [6]1988, 1170: „dem Aussehen nach einem Jaspis gleich". – Anders Karrer, Gottesbild (Anm. 8) 58f., der die „Materialität der Throngestalt von Offb 4" (58) hervorhebt. Vgl. auch Karrer, Johannesoffenbarung (Anm. 9) 414f.: Gott „besitzt eine glänzende, leuchtende Materialität, wie die Völker sie lieben". (415) Nils Neumann, Der Thron und die δόξα. Die anschauliche Charakterisierung Gottes in der Johannesoffenbarung, in: Ute E. Eisen/Ilse Müllner (Hg.), Gott als Figur. Narratologische Analysen biblischer Texte und ihrer Adaptionen (HBS 82), Freiburg i. Br. 2016, 374–395: 379–384.387f. betont das Moment der Anschaulichkeit; ausführlich Neumann, Hören (Anm. 17) 180–210.

21 Motivgeschichtlich legt sich freilich nahe, allein schon das Sitzen als ein Thronen zu verstehen; vgl. bes. Ps 110,1; vgl. etwa auch die häufige Bezeichnung Gottes als desjenigen, der auf den Kerubim sitzt/thront (1 Sam 4,4; 2 Sam 6,2; 2 Kön 19,15; 1 Chr 13,6; Ps 80,2; 99,1; Jes 37,16; Dan 3,55 etc.). Karrer, Johannesoffenbarung (Anm. 9) 414 weitet den religionsgeschichtlichen Rahmen und verweist unter anderem auf Zeus, der bei Homer „Sitzender" (ἥμενος) genannt wird (z. B. Il I 498; XXI 389): Johannes „gestaltet sein Thronbild so, dass auf den einen Gott Israels die Hoheit übergeht, die die Völker ihren höchsten Gottheiten attribuieren". Vgl. auch die Beschreibung von Phidias' Sitz-Statue des olympischen Zeus bei Pausanias V. 11,1. Insgesamt zu Identifikation und Konkurrenz mit Zeus-Jupiter vgl. Karrer, Gottesbild (Anm. 8) 51–66. – Die Haltung des Sitzens (κάθημαι) wird in der Johannesoffenbarung zudem von den Ältesten (Offb 4,4; 11,6 [Throne]), dem Menschensohngleichen (Offb 14,14.15.16 [Wolke]; 19,11.19.21 [Pferd]), Erdenbewohnern (Offb 14,6; sonst mit κατοικέω), negativen bzw. widergöttlichen Größen (Offb 6,2.4.5.8; 9,17; 19,18 [Pferd]) und der Hure Babylon (Offb 17,1.3.9.15 [Gewässer, Tier, Berge]; 18,7) ausgesagt und über das Objekt näher konnotiert. Im Gegenüber zur Gottesbezeichnung bemerkenswert ist die Äußerung der Hure Babylon in Offb 18,7: κάθημαι βασίλισσα. Zu den κάθημαι-Passagen vgl. auch Gallusz, Throne Motif (Anm. 19) 251–257.

22 Offb 4 erweist sich darin entschieden zurückhaltender als die zugrundeliegende alttestamentliche Tradition: Ez 1,26–28 spricht von einer Gestalt, die das Aussehen eines Menschen hat, und erwähnt dessen Hüften; Dan 7,9 spricht von Alter, Kleidung und dem Haar des Hauptes; Jes 6,1 erwähnt den Saum des Gewandes.

bzw. Eigenname gebraucht.[23] Erst in Offb 4,9.10 (und nur dort) tritt dieser markanten Gottesbezeichnung auf der Erzählebene die Rede von Gott als „dem Lebenden in die Äonen der Äonen" (ὁ ζῶν εἰς τοὺς αἰῶνας τῶν αἰώνων) erläuternd an die Seite.

Der Thron steht als Symbol, als Vergegenständlichung für Herrschaft und Macht. Gott wird über diesen spezifischen Gegenstand als einer charakterisiert und ausgewiesen, dem Herrschaft und Macht, dem königliche Würde, Stärke und Souveränität zukommen.[24] Die Gottesmetapher funktioniert vornehmlich also über einen Gegenstand im Himmelsraum („Thron"/θρόνος) und über die räumliche Zuordnung zu diesem Gegenstand („sitzen auf"/κάθημαι ἐπί). Figurencharakterisierung über Raum, über räumliche Kategorien trifft in weiterer Folge auch auf den in der Vision inszenierten Raum insgesamt zu, auf die räumliche Ausstattung des Himmels und darauf, was sich in diesem Himmelsraum abspielt. Es sollte sich also lohnen, mit Johannes einen Blick in diesen Raum zu werfen. Dabei zeigt sich, dass die Basismetapher bestätigt und vielfach verstärkt wird und zugleich das Moment einer absoluten Theozentrik unterstreicht.

Der Himmel wird in Offb 4 – 5 als ein großer Thronsaal präsentiert, in dessen Zentrum der Thron Gottes steht. Vierundzwanzig Throne rings um Gottes Thron mit vierundzwanzig Ältesten, die sich permanent vor Gott niederwerfen, ihm huldigen und ihre goldenen Kränze als Zeichen der Unterwerfung und Ehrerbie-

---

23 Vgl. Traugott Holtz, Gott in der Apokalypse, in: ders., Geschichte und Theologie des Urchristentums. Gesammelte Aufsätze, hg. v. Eckart Reinmuth u. Christian Wolff (WUNT 57), Tübingen 1991, 329–346: 338. Im Sinne einer Umschreibung für den Gottesnamen (vgl. Sir 1,8; 40,3) liegt darin zugleich auch eine Akzentuierung der Transzendenz Gottes (vgl. Gallusz, Throne Motif [Anm. 19] 123f.). Die auffallende und nahezu durchgängige Kasusanpassung bei den insgesamt zwölf Vorkommen des Syntagmas in der Johannesoffenbarung (Offb 4,2.9.10; 5,1.7.13; 6,16; 7,10.15; 19,4; 20,11; 21,5) wertet Thomas Paulsen, Zu Sprache und Stil der Johannes-Apokalypse, in: Stefan Alkier/Thomas Hieke/Tobias Nicklas (Hg.), Poetik und Intertextualität der Johannesapokalypse (WUNT 346), Tübingen 2015, 3–25: 14f. in Anlehnung an Traugott Holtz als Ausdruck virtuoser Sprachbeherrschung: „Sitzender und Thron verschmelzen so quasi zu einer Einheit". (14)

24 Gallusz, Throne Motif (Anm. 19) 37–50 unterscheidet fünf Bedeutungsebenen des Thronmotivs (Symbol of Divine Rulership; Symbol of Judgement; Place of Revelation; Symbol of Creative Power; Emblem of God's Victory). Das Gemeinte etwa mit βασιλεύω auszudrücken, hätte wohl eine gewisse Bedeutungseinengung zur Folge; das Verbum θρονίζω, biblisch nur in Est 1,2 belegt, hat stärker initiativen Charakter. – Mit Karrer, Johannesoffenbarung (Anm. 9) 408 unterstreicht das durative Imperfekt ἔκειτο zudem „Dauer und Stabilität über die irdischen Zeiten hinweg" (vgl. ebd., 414); dem korrespondiert die Tempusstruktur in Offb 4 samt deren Implikationen für das Gottesbild (vgl. ebd., 409). Die Nähe zur Prädikation als παντοκράτωρ betonen z. B. Holtz, Gott (Anm. 23) 337f.; Zimmermann, Namen (Anm. 14) 263f.

tung vor dem Thron niederlegen (Offb 4,4.10f.), sieben lodernde Fackeln und etwas wie ein gläsern-kristallenes Meer vor dem Thron (Offb 4,5.6),[25] vier Lebewesen inmitten des Thrones und rings um den Thron, die nicht müde werden, Gott Ehre und Dank zu erweisen (Offb 4,6–8),[26] und schließlich als äußerster Kreis eine immens große Schar von Engeln (Offb 5,11; vgl. 7,11f.) markieren den Thronsaal,[27] den Hofstaat und ein Hofzeremoniell, in das am Ende die gesamte Schöpfung, alle Geschöpfe im Himmel, auf der Erde, unter der Erde und auf dem Meer, mit ihrem Lobpreis einstimmt (Offb 5,13).[28] Dem Lamm, das Johannes in Offb 5,6 zu sehen bekommt, kommt eine Sonderrolle zu: Es steht „inmitten" (ἐν μέσῳ) des Thrones und der vier Lebewesen und „inmitten" (ἐν μέσῳ) der vierundzwanzig Ältesten und damit in unmittelbar nächster Nähe bei Gott und gehört, wie dann auch die gemeinsame Verehrung in Offb 5,13 deutlich macht, auf die Seite Gottes.[29]

---

25 Das gläserne Meer evoziert antike Vorstellungen des Himmelsgewölbes bzw. Firmaments (vgl. auch Gen 1,6–8). Die konkrete Beschreibung konnotiert zusätzlich Stabilität und Glanz. Vgl. dazu Karrer, Johannesoffenbarung (Anm. 9) 401.422, der auch auf das „Meer" genannte, große Reinigungsbecken im salomonischen Tempel hinweist (1 Kön 7,23) und von dort aus den Gedanken der Reinigung derer, die vor den Thron treten, mit angezeigt sieht. Zu den verschiedenen Deutungen vgl. auch Neumann, Hören (Anm. 17) 194–197, der an den Fußboden des Himmels denkt.

26 Die vier Lebewesen verweisen auf die Schöpfung (vgl. auch Offb 4,11). Vgl. Karrer, Johannesoffenbarung (Anm. 9) 424: „Symbole der Schöpfung umgeben also den Schöpfer."

27 Der Raum wird dabei vornehmlich über die Relation der einzelnen Visionselemente (Gegenstände, Figuren, Phänomene) zum Thron als deren Brennpunkt ausgespannt (vgl. κυκλόθεν; κύκλῳ; ἐκ; ἐνώπιον; ἐν μέσῳ). Hier wie auch später fällt dabei auf, dass es stets um „Inventar" geht, auf Bauelemente (z. B. Mauer, Fundamente, Ecken), aber mit Ausnahme der Säule in Offb 3,12 und der Tür in Offb 4,1 verzichtet wird (anders dann in Offb 21,9–22,5). Karrer, Johannesoffenbarung (Anm. 9) 396f. betont „die Distanz und Differenz des himmlischen Thronsaals zu irdischen Thronräumen" und spricht von einer „Weite des Raumes", die „grenzenlos ist wie die Herrschaft des thronenden Gottes" (vgl. Mt 6,9; 2 Kor 12,1–4; 1 Tim 6,16; Hebr 8 – 10).

28 Vgl. Giesen, Offenbarung (Anm. 6) 149: „Die Machtstellung eines altorientalischen Herrschers zeigt sich an der Größe und Erhabenheit seines Hofstaates." – Bezüge zu römischem Hofzeremoniell und kaiserlichen Akklamationen thematisieren z. B. David E. Aune, The Influence of Roman Imperial Court Ceremonial on the Apocalypse of John, BR 28 (1983) 5–26; Russell Morton, Glory to God and to the Lamb. John's Use of Jewish and Hellenistic/Roman Themes in Formatting his Theology in Revelation 4 – 5, JSNT 83 (2001) 89–109: 98–105; Martin Ebner, Spiegelungen: himmlischer Thronsaal und himmlische Stadt. Theologie und Politik in Offb 4f. und 21f., in: Bernhard Heininger (Hg.), Mächtige Bilder. Zeit- und Wirkungsgeschichte der Johannesoffenbarung (SBS 225), Stuttgart 2011, 100–131: 103–111.

29 Vgl. Huber, Christusbild (Anm. 11) 132–136. Zur Lokalisierung vgl. etwa auch Darrell D. Hannah, Of Cherubim and the Divine Throne. Rev 5.6 in Context, NTS 49 (2003) 528–542; Gallusz, Throne Motif (Anm. 19) 153–158. Neumann, Hören (Anm. 17) 215 versteht das ἐν μέσῳ τοῦ θρόνου im Sinne von „in der durch den Thron bestimmten Mitte" (vgl. ebd., 197f. zu Offb 4,6).

Gottes Souveränität und Überlegenheit illustriert die Vision auch durch den Verweis auf die Blitze, Stimmen und Donner, die von seinem Thron ausgehen (Offb 4,5; vgl. 11,19; 16,18).[30] Seine Herrlichkeit unterstreicht zudem der Regenbogen über dem Thron, dessen Aussehen einem Smaragd gleicht (Offb 4,3).[31] Als ein Attribut der göttlichen Macht und ein Symbol uneingeschränkter Autorität und Verfügungsgewalt ist schließlich auch die innen und außen beschriebene und siebenfach versiegelte Buchrolle zu verstehen, auf die in Offb 5,1 der Blick des Sehers fällt.[32] Der Gegenstand selbst und alles weitere Geschehen rund um diese Buchrolle – die verzweifelte Suche nach einem, der würdig ist, sie zu öffnen (Offb 5,2–5),[33] die Übernahme[34] durch das Lamm (Offb 5,8–10) und das schrittweise Lösen der sieben Siegel (Offb 6,1 – 8,1)[35] – geben das deutlich zu erkennen. Auch der Umstand, dass sich diese Buchrolle „in der Rechten" des auf dem Thron Sitzenden befindet (ἐπὶ τὴν δεξιὰν τοῦ καθημένου ἐπὶ τοῦ θρόνου; Offb 5,1.7), bringt das zum Ausdruck – neben dem „Sitzen" (κάθημαι) ein letzter Rest von anthropomorpher Vorstellung innerhalb der Theophanie von Offb 4 – 5, sofern die konkret gebrauchte Wendung, die ja nicht explizit von der rechten „Hand"

30 Mit diesen klassischen Theophaniemotiven (vgl. Ex 19,16; Ps 77,19; 104,7; Jes 29,6 etc.) klingt auch das Moment der Unnahbarkeit Gottes an. Vgl. dazu auch Gallusz, Throne Motif (Anm. 19) 124–127.

31 Textkritisch ist offen, ob in Offb 4,3 von einem „Regenbogen" (ἶρις) oder von „Priestern" (ἱερεῖς) rings um den Thron die Rede ist, ich folge aber der in Nestle-Aland[28] im Haupttext gebotenen Lesart. Karrer, Johannesoffenbarung (Anm. 9) 407.411–413 entscheidet sich prioritär für die älteste erhaltene griechische Überlieferung ἱερεῖς (vertreten von א* und A). Zur Deutung, die beide Varianten berücksichtigt, vgl. ebd., 415–418. Karrer weist unter anderem darauf hin, dass das Judentum vermeidet, den Regenbogen ἶρις zu nennen, und stattdessen τόξον gebraucht (vgl. Ez 1,28): „Die ‚Iris' ist in den vorneutestamentlichen Quellen der Antike der Regenbogen der Völker bzw. die Aureole, die bei den Völkern Hoheit und Heiligkeit ausdrückt." Im Falle der Lesart mit ἶρις bedeutet das: „Der eine Gott [...] beansprucht damit ein weiteres Motiv aus deren [= der Völker] Vorstellungen von göttlicher Sakralität". (417) Vgl. auch Offb 10,1. Gallusz, Throne Motif (Anm. 19) 105 betont diesbezüglich mit anderen den Bundesgedanken (vgl. Gen 9,8–17).

32 Manche denken aufgrund der beschriebenen Form auch an ein Symbol für die Richterfunktion Gottes, die in der Folge dem Lamm übertragen wird. Zur medialen Funktion des Buches vgl. Hans-Georg Gradl, Buch und Offenbarung. Medien und Medialität der Johannesapokalypse (HBS 75), Freiburg i. Br. 2014, 270–287.

33 Die Szene „stellt sich im Hintergrund einen himmlischen Thronrat vor" (Karrer, Johannesoffenbarung [Anm. 9] 398).

34 Subjekt des λαμβάνειν in Offb 5,7.8 ist das Lamm. Eine direkte Aussage über ein (anthropomorphes) Tun Gottes wird also auch hier vermieden.

35 Aufgrund der kompositorischen Verschachtelung gilt das im Grunde auch für das Geschehen der beiden weiteren Siebenerreihen bis jedenfalls Offb 16,21.

spricht,[36] die Buchrolle nicht überhaupt einfach „zur Rechten“, d. h. rechts neben Gott auf dem Thron lokalisiert.[37]

Die detailreiche Vision erweist sich insgesamt als eine narrativ entfaltete Metapher für Gott, den alles überragenden König und Herrscher. Die ihm entgegengebrachte universale Huldigung und der Inhalt der dabei gesungenen Hymnen (Offb 4,8.11; 5,13) tragen wesentlich dazu bei.[38] Der inszenierte Raum gibt den entscheidenden Rahmen vor für die bildhafte Charakterisierung Gottes.

Im weiteren Textverlauf erfährt dieser Raum Gottes schrittweise Veränderungen und Erweiterungen, insbesondere durch neues, zusätzliches Inventar, Modifikationen, die sich in ihrem semantischen Gehalt auf das Verständnis dieses Raumes auswirken und die, damit verbunden, auch auf das Gottesbild zurückstrahlen. Die Tatsache, dass in Offb 5,8 auch von Harfen und goldenen Schalen mit Räucherwerk, das noch dazu symbolhaft für die Gebete der Heiligen steht, die Rede ist, weist hier den weiteren Weg. Spätestens an dieser Stelle, vielleicht aber auch schon früher, etwa wenn in Offb 4,3 nicht von einem „Regenbogen“ (ἶρις), sondern ursprünglich von „Priestern“ (ἱερεῖς) die Rede sein sollte[39] oder sofern in Offb 4,4 die vierundzwanzig Ältesten in Analogie zu den Priester-

36 In Offb 1,16 (davon abhängig 1,17.20; 2,1) und Offb 10,2.5 ist demgegenüber χείρ ausdrücklich genannt. – Ob es angesichts der Vermeidung von Anthropomorphismen angezeigt ist, die präpositionale Wendung ἐνώπιον τοῦ θεοῦ μου in Offb 3,2 mit „in den Augen meines Gottes“ (so die Einheitsübersetzung) wiederzugeben, wäre ungeachtet des semantischen Gehalts der uneigentlichen Präposition anzufragen; anders Bauer, Wörterbuch (Anm. 20) 546f.

37 So vor dem Hintergrund der Verwendung des Idioms ἐπὶ τὴν δεξιάν in der antiken griechischen Literatur vertreten von Ranko Stefanović, The Meaning and Significance of the ἐπὶ τὴν δεξιάν for the Location of the Sealed Scroll (Revelation 5:1) and Understanding the Scene of Revelation 5, BR 46 (2001) 42–54: „on the throne at the right hand of God“ (52); letztlich fungiere die Buchrolle als „a surrogate for Christ.“ (53) Vgl. auch Gradl, Buch (Anm. 32) 239–241, der insbesondere „die präpositionale Bestimmung des Buchempfangs“ in Offb 5,7 als Hinweis „auf die Hand als Aufbewahrungsort der Buchrolle“ (239) wertet, in der Folge aber (vielleicht im Sinne einer Übernahme des Verzichts auf anthropomorphe Details) zumeist von einer Positionierung an/auf der rechten Seite Gottes spricht und festhält: „Unerheblich bleibt, ob das Buch einen Sitzplatz auf dem Thron Gottes bezeichnet oder in der Hand Gottes lokalisiert ist.“ (242) Unabhängig davon liegt das Attribut aber auf derselben Linie wie die übrigen Elemente der Theophanie.

38 Derartige Huldigungen im himmlischen Thronsaal finden sich auch später mehrfach: so in Offb 7,11–12; 11,16–18; 14,3; 19,1–8. Das ungewöhnliche ἄξιος εἶ wertet Ebner, Spiegelungen (Anm. 28) 105f. dabei als typisch griechisch-römische Herrscherakklamation und sieht es als eine ironische Vertauschung, wenn demgegenüber „die Verehrer des Tieres in Offb 13,4 zu einer typisch biblischen Formulierung“ (111) greifen (vgl. Ex 15,11; Ps 35,10; 71,19 etc.).

39 Siehe Anm. 31. Karrer, Johannesoffenbarung (Anm. 9) 415f. denkt an „priesterliche Engel unmittelbar bei Gott“ (416); vgl. Offb 5,11; 7,11. Die Lesart berücksichtige zudem „ein konstitutives Moment antiker Heiligtümer, die Tätigkeit von Priestern“ (416), und füge sich optimal in entsprechende Motivlinien der Johannesoffenbarung insgesamt ein.

und Levitenklassen im Tempel (1 Chr 24,4–19; 25,9–31) gedeutet werden,[40] ist das Geschehen im himmlischen Thronsaal als ein rituelles, geradezu liturgisches Geschehen zu erkennen, das zwar ohne Weiteres auch im Rahmen des antiken Hofzeremoniells seinen Platz hat,[41] vielleicht aber schon hier eine Veränderung der Raumsemantik in den Text einträgt.

2.2 Der Thronsaal als Tempel Gottes - Offb 7,15

Auf der begrifflichen Ebene wird die Bedeutungsveränderung des in Offb 4 – 5 geschauten Raumes erstmals in Offb 7,15 ausdrücklich gemacht. Im Kontext der Vision der unzählbar großen Schar der Vollendeten (Offb 7) ist dort davon die Rede, dass jene, die aus der großen Bedrängnis gekommen sind und ihre Gewänder im Blut des Lammes weiß gewaschen haben (Offb 7,14), „vor dem Thron Gottes“ (ἐνώπιον τοῦ θρόνου τοῦ θεοῦ) stehen werden und Gott Tag und Nacht „in seinem Tempel“ (ἐν τῷ ναῷ αὐτοῦ) dienen werden.[42]

Der himmlische Thronsaal, der zunächst mit dem Verweis auf Gottes Thron in Erinnerung gerufen ist, ist zugleich auch Tempel, ναός, Gottes himmlischer Tempel.[43] Vor dem Thron Gottes „sein“ (εἰμί) bedeutet nichts anderes als ein ununterbrochenes λατρεύειν, ein permanentes kultisches Dienen (vgl. Offb 22,3).

---

40 Die Ältesten sind wahrscheinlich aber als Repräsentanten des Gottesvolkes aus Israel und den Völkern zu deuten. Die Herrschaft Gottes ist damit primär mit eben dieser Relation verknüpft und nicht unmittelbar als eine „heilige[], kultische[] Herrschaft“ (Karrer, Johannesoffenbarung [Anm. 9] 418) verstanden.

41 Seit Augustus umgab sich auch der römische Herrscher mit Priesterkollegien zur Unterstreichung der kapitolinischen Würde. Nach Cassius Dio LCVII 4,3 erhöhte Domitian die Zahl der Liktoren, die den römischen Herrscher zeremoniell begleiten, von zwölf auf vierundzwanzig. Auch Assoziationen mit den Hymnoden legen sich nahe. Vgl. Aune, Influence (Anm. 28) 9.12–14; Ebner, Spiegelungen (Anm. 28) 107f.; Karrer, Johannesoffenbarung (Anm. 9) 416.420.

42 Die in Offb 7,9 erwähnten Palmzweige (φοίνικες) ebenso wie die Geste der anbetenden Huldigung in Offb 7,11 (προσκυνέω) und die beiden Hymnen in Offb 7,10.12 deuten bereits einen kultisch-liturgischen Kontext an. Neumann, Hören (Anm. 17) 245.263 sieht in den Palmzweigen „die Anerkennung von Gottes königlicher Macht“ ebenso wie „das Gottesvolk als politisch autonome Größe“ versinnbildlicht.

43 Tempel und Thronsaal Gottes fallen schon in alttestamentlicher Vorstellung zusammen; vgl. Gallusz, Throne Motif (Anm. 19) 24–27; die früheste Interpretation des Himmels als Tempel in nicht-kanonischen jüdischen Apokalypsen ortet Gallusz in 1 Hen 14 (vgl. ebd., 54). Weniger eindeutig als bei der parallelen Formulierung in Offb 7,15 und für die Interpretation entsprechend problematisch ist freilich die Formulierung in Offb 11,19; 14,17; 15,5, wo vom Tempel „im Himmel“ (ἐν τῷ οὐρανῷ) die Rede ist (vgl. auch Offb 12,12; 13,6). – Zu Tempel- und Kultvorstellung in der Johannesoffenbarung und deren Hintergrund vgl. neben den bereits genannten Titeln etwa auch Andrea Spatafora, From the “Temple of God” to God as the Temple. A Biblical Theological Study of the Temple in the Book of Revelation (TG.T 27), Rom 1997; Robert A. Briggs, Jewish Temple Imagery in the Book of Revelation (SBLit 10), New York 1999; Gregory Stevenson, Power and Place. Temple and

Die abschließend futurisch formulierte dritte Aussage führt beide räumlich konnotierten Aspekte – Thronsaal und Tempel – noch einmal enger zusammen und transponiert sie mit ihrer verbalen Ausdrucksweise in metaphorische Charakterisierungen des Wesens Gottes: Als „der Thronende" (ὁ καθήμενος) „zeltet" (σκηνόω) Gott gleichzeitig, schlägt sein „Zelt", sein Gotteshaus, über den glaubenstreuen Christen auf (vgl. Offb 21,3).[44] Der königliche Herrscher im Zentrum des Thronsaals ist zugleich kultische Gottheit, real gegenwärtig im Zentrum des Tempels. Dieser Gott wird damit nicht nur jedem und jeder uneingeschränkt zugänglich, sondern schafft mit seiner erhabenen Gegenwart auch einen heiligen Raum des Schutzes und der Geborgenheit für die, die ihm dienen.

2.3 *Zwischen Thronsaal, Tempel und Gerichtssaal – Offb 4 – 20*

Dass der himmlische Thronsaal auch ein kultischer Raum ist, heilig wie ein Tempel und als solcher abgegrenzt von der profanen Welt[45] und Raum unverbrüchlicher Gottesnähe, deutet sich schon vorher an. Von den textkritisch unsicheren Priestern in Offb 4,3, einer möglichen Deutung der Ältesten und den Harfen und Räucherpfannen in Offb 5,8 einmal abgesehen, ist nämlich im Kontext der Öffnung des fünften Siegels durch das Lamm in Offb 6,9 von den Seelen der Hingeschlachteten die Rede, die sich „unter dem Altar" (ὑποκάτω τοῦ θυσιαστηρίου) befinden und von dort aus die Stimme zu Gott erheben. Bemerkenswert ist dabei unter anderem, dass mit Offb 6,9 und vollends mit Offb 7,15 der Thronsaal just dann zum Tempel mutiert, wenn auch Menschen (Märtyrer; die Schar der Vollendeten) darin auftreten bzw. verortet sind (vgl. Offb 21,3).

Erst allerdings in Offb 8,2–5 erfährt man, dass dieser im Text wie selbstverständlich als bereits bekannte Größe eingeführte Altar, der später noch mehrfach genannt und als ein goldener Rauchopferaltar mit vier Hörnern vorgestellt ist (Offb 9,13; 14,18; 16,7),[46] „vor dem Thron" und damit in unmittelbarer Nähe Gottes steht (τὸ θυσιαστήριον τὸ χρυσοῦν τὸ ἐνώπιον τοῦ θρόνου; vgl. dann auch

---

Identity in the Book of Revelation (BZNW 107), Berlin 2001; Franz Tóth, Der himmlische Kult. Wirklichkeitskonstruktion und Sinnbildung in der Johannesoffenbarung (ABIG 22), Leipzig 2006.

44 Im Alten Testament vgl. neben σκηνή und σκήνωμα für das Zelten Gottes auch die Komposita κατασκηνόω/κατασκήνωσις (Num 35,34; 1 Chr 23,25; 28,2; Tob 1,4; Neh 1,9; Ps 68,17; 74,3; 78,60; 85,10; Weish 9,8; Jer 7,12; Ez 37,27; 43,7.9; Joël 4,17.21; Sach 2,14.15; 8,3). Als Aussage über die Weisheit vgl. Sir 24,4.8 innerhalb von Sir 24,1–12.

45 Vgl. dazu auch Karrer, Johannesoffenbarung (Anm. 9) 429: „Heiligkeit grenzt in der Antike ab. Sie markiert den Bereich, über den kein Irdischer verfügen kann und darf."

46 Vgl. Ex 30,1–3; 40,5; Num 4,11; Lev 4,7.18.25.30.34; Hebr 9,4. θυσιαστήριον ist alttestamentlich-frühjüdische Wortschöpfung, die dem paganen θυμιατήριον entspricht; vgl. dazu Hans-Josef Klauck, Θυσιαστήριον – eine Berichtigung, in: ders., Alte Welt und Neuer Glaube. Beiträge zur Religionsgeschichte, Forschungsgeschichte und Theologie des Neuen Testaments (NTOA 29), Fribourg/Göttingen 1994, 239–244.

Offb 9,13). Ein Engel vollzieht in dieser Szene zunächst wie ein Priester im Tempel eine liturgische Handlung: Mit einer goldenen Räucherpfanne bringt er auf dem Altar zusammen mit den Gebeten der Heiligen Weihrauch dar, dessen Rauch bzw. Duft vor Gott (ἐνώπιον τοῦ θεοῦ) emporsteigt. Erst anschließend wandelt sich die Szene in eine symbolische Ankündigung des göttlichen Zorngerichts, wenn derselbe Engel mit seiner Räucherpfanne glühende Kohlen vom Altar nimmt und auf die Erde schleudert (Offb 8,5; vgl. Ez 10,2; Lk 12,49; 2 Thess 1,7f.).

Auf den himmlischen Tempel verweist auch Offb 11,4, und zwar intertextuell über Sach 4,1–14 (bes. 4,2f.11.14), wenn die beiden Zeugen als „die zwei Ölbäume und die zwei Leuchter" (αἱ δύο ἐλαῖαι καὶ αἱ δύο λυχνίαι) bezeichnet werden, die „vor dem Herrn der Erde" (ἐνώπιον τοῦ κυρίου τῆς γῆς) stehen, zu Beginn der Szene also bei Gott im Himmel verortet sind. In der Vision des Propheten Sacharja sind ein goldener Leuchter und zwei Ölbäume genannt, symbolträchtige Größen, die zumindest im Fall des Leuchters an den Tempel denken lassen, aber auch für die beiden Ölbäume eine einschlägige Verortung „vor dem Herrn der ganzen Erde" (Sach 4,14) vornehmen.[47]

Offb 11,19 erweitert das Inventar um einen neuen Gegenstand, der den Himmelsraum ebenfalls als Tempel kennzeichnet: Die „Lade seines Bundes", Gottes Bundeslade wird sichtbar (ἡ κιβωτὸς τῆς διαθήκης αὐτοῦ). Gleich zweimal wird dabei festgestellt, dass sich die Bundeslade im ναός befindet, im „Tempel Gottes im Himmel" (ὁ ναὸς τοῦ θεοῦ ὁ ἐν τῷ οὐρανῷ). Als Symbol der Gegenwart Gottes im Tempel (vgl. 1 Kön 8,1.6)[48] und der Möglichkeit direkter Gottesbegegnung und als Symbol eines intakten Bundesverhältnisses zwischen Gott und dem von ihm erwählten Volk wird Gott bei aller Enthobenheit im Allerheiligsten über diesen spezifischen Gegenstand als ein Gott der Bundesbeziehung gekennzeichnet, als ein Gott der (gnädigen und fürsorgenden) Zuwendung zu seinem Volk[49] – ein Gottesbild, dem gleichwohl das *Fascinosum et Tremendum* mit eingeschrieben bleibt, wenn im selben Atemzug von Blitzen, Stimmen, Donnern, Beben und star-

---

47 Vgl. z. B. Koester, Revelation (Anm. 6) 498, der für die Ölbäume auf pagane Tempel verweist: „In the Greco-Roman world olive trees in sanctuaries and by altars were considered witnesses to divine power (Pausanias, Descr. 1.27.2; 1.42.7; 5.15.3). The olive trees in Revelation attest the power of the God of Israel." In Sach 4 sind die beiden Ölbäume Symbol für den Hohepriester Josua und den König Serubbabel und weisen diese als Gesalbte aus (vgl. Sach 3,1; 4,6f.).

48 Vgl. Karrer, Johannesoffenbarung (Anm. 9) 423, der unter Verweis auf den Kerubenthron (Ex 25,17–20) diesbezüglich Thron und Bundeslade in eine Linie stellt. Zur Verbindung des Thronmotivs mit dem Konzept der Bundeslade im Alten Testament und in der Johannesoffenbarung vgl. auch Gallusz, Throne Motif (Anm. 19) 21–23.234–243.

49 Vgl. dazu und zur Frage einer Bundeskonzeption in der Johannesoffenbarung insgesamt Martin Stowasser, Bundestheologie in der Johannesoffenbarung – eine Spurensuche, BZ 63 (2019) 71–91. Vgl. auch Giesen, Offenbarung (Anm. 6) 267: „Die Christen sollen in ihrer Bedrängnis wissen, daß Gott zu seinem Bund steht."

kem Hagel die Rede ist, die sich im Zuge dieser „offenbarenden" Vision als „Zeichen dafür, daß Gott nun selbst in Erscheinung getreten ist",[50] ereignen (vgl. Offb 4,5; 8,5; 16,18). Im unmittelbaren Kontext bietet sich zudem auch der mit der Bundeslade konnotierte Aspekt der sich kriegerisch-siegreich durchsetzenden Macht Gottes an.[51] Der geöffnete Tempel ermöglicht ungehinderten Einblick in den dieserart signifikant ausgestatteten Gottesraum und damit auch unmittelbare Schau des so charakterisierten Gottes.[52]

Ein weiteres Mal greifen die Vorstellungen vom himmlischen Thronsaal und vom himmlischen Tempel in Offb 15,1–8 ineinander, in der Szene, die das Ausgießen der sieben letzten Plagen durch die sieben Schalenengel (Offb 16,1–21) vorbereitet. Mehrfach ist ab Vers 5 betont, dass der Himmelsraum, der sich dem Seher öffnet (vgl. Offb 11,19), „Tempel" (ναός) ist (Offb 15,5.6.8 [zweimal]; vgl. 16,1). Vers 5 spricht pleonastisch vom „Tempel des Zeltes des Zeugnisses im Himmel" (ὁ ναὸς τῆς σκηνῆς τοῦ μαρτυρίου ἐν τῷ οὐρανῷ).[53] Aus diesem Sakralraum und damit unmittelbar von Gott her treten jene sieben prächtig gekleideten[54] Engel heraus, die in der Folge von einem der vier Lebewesen die sieben goldenen Zornesschalen überreicht erhalten (Offb 15,7). Die Vision ist eng mit

50 Giesen, Offenbarung (Anm. 6) 267. Als Begleitphänomene von Theophanien erinnern diese Ereignisse insbesondere auch an die Sinaitheophanie samt Bundesschluss. Erdbeben (Offb 6,12; 8,5; 11,13; 16,18) und Hagel (Offb 11,19; 16,21) konnotieren auch das Gericht und den siegreichen Zorn Gottes. Vgl. James S. Murray, The Urban Earthquake Imagery and Divine Judgement in John's Apocalypse, NT 47 (2005) 142–161, der insbesondere die Zerstörung von Städten durch Erdbeben (Offb 11,13; 16,17–21) vor dem konkreten zeitgeschichtlichen Hintergrund in der Provinz Asia als Ausdruck des Gerichts und des endgültigen Sieges Gottes über Rom und den Kaiser versteht.

51 Vgl. Stowasser, Bundestheologie (Anm. 49) 76–81. Stowasser zufolge sei in Offb 11,19 die Idee des Bundes nicht im Vordergrund und die Bundeslade auch nicht für eine konzeptionell relevante Bundestheologie in Anschlag zu bringen, der Kontext von Offb 11,19 (re-)aktiviere vielmehr „das Numinose der alten Ladeerzählungen (1 Sam 5 – 6; 2 Sam 6)", rekurriere „auf das kriegerische Element der Ladetradition" und akzentuiere in erster Linie „die machtvolle, ja vernichtende Gegenwart Gottes, die sich an den Feinden Israels bzw. – im Sinne des Johannes – an den Bedrängern der kleinasiatischen Gemeinden vollzieht". (80) Demnach trägt die Bundeslade in Offb 11,19 „eine theo-logische und keine ekklesiologische Ausrichtung". (91)

52 Darin liegt nach Giesen, Offenbarung (Anm. 6) 267 auf der Sachebene zugleich auch das Verbindende und Gemeinsame zwischen den auf der Bildebene vordergründig so widersprüchlichen Aussagen von Offb 11,19, wo vom Tempel Gottes im Himmel die Rede ist, und Offb 21,22, wo davon die Rede ist, dass es im himmlischen Jerusalem überhaupt keinen Tempel gibt. Vgl. dazu auch Stowasser, Bundestheologie (Anm. 49) 77.

53 Umstritten ist, wie die Genitivverbindung zu verstehen und die räumliche Vorstellung aufzulösen ist: Giesen, Offenbarung (Anm. 6) 346 unterscheidet zwischen Tempel (ναός) und Stiftshütte (σκηνή) im Tempel (vgl. Offb 13,6), hält aber auch eine Gleichsetzung der beiden Größen im Sinne eines explikativen Genitivs für möglich.

54 In diesem Zusammenhang wird zumeist auch die Kleidung der Engel, das reine, strahlende Leinen und der goldene Gürtel, als (hohe-)priesterlicher Ornat gedeutet. Vgl. etwa Tóth, Kult (Anm. 43) 395–400.

dem Vorausgehenden verknüpft, was allein schon die vorwegnehmende Erwähnung der sieben Schalenengel in Offb 15,1 zeigt. In Offb 15,2–4 ist allerdings nicht bzw. noch nicht vom Tempel die Rede, sondern als räumliche Größe eingangs „etwas wie ein gläsernes Meer, durchsetzt mit Feuer" (ὡς θάλασσα ὑαλίνη μεμιγμένη πυρί), genannt und damit an das bereits in Offb 4,6 geschaute „gläserne Meer" (ὡς θάλασσα ὑαλίνη ὁμοία κρυστάλλῳ) vor dem Thron Gottes inmitten des himmlischen Thronsaals erinnert. Jetzt stehen die siegreichen Christen auf diesem gläsernen Meer vor Gott wie auf einer Bühne, die „Harfen Gottes" in Händen (vgl. Offb 5,8; 14,2), und preisen mit dem Lied des Mose und des Lammes Gottes wunderbare und gerechte Taten und sein allein heiliges und anbetungswürdiges Wesen als das des einzigen wahren Gottes (Offb 15,3–4). Raumkoordinaten des Thronsaals und Gottesbild fügen sich wie schon in Offb 4 kongruent ineinander, wenn im Hymnus Gott als „Herr" (κύριος), als „Allherrscher" (παντοκράτωρ) und in dieser Form neu und singulär in der Johannesoffenbarung als „König der Völker" (ὁ βασιλεὺς τῶν ἐθνῶν)[55] betitelt wird. Das Moment der Unergründlichkeit und der Unnahbarkeit dieses Gottes veranschaulicht bildhaft am Ende der Visionssequenz in Offb 15,8 der Hinweis darauf, dass sich der himmlische Tempel mit dem Rauch der Herrlichkeit und Macht Gottes ganz und gar ausfüllt, sodass ihn für die Zeit der noch ausstehenden letzten Plagen niemand mehr betreten kann.[56]

In Offb 20 tritt schließlich das Motiv des Thrones noch einmal in den Vordergrund:[57] Von „Thronen" im Plural ist in Offb 20,4 die Rede und von denen, die sich darauf niedersetzen und das Gericht übertragen erhalten.[58] Und in Offb 20,11 wird zudem ein „großer, weißer Thron" erwähnt (vgl. Ez 1,26; Jes 6,1) und über den, der darauf sitzt, d. h. über Gott, gesagt, dass Himmel und Erde vor seinem Angesicht[59] fliehen (φεύγω). Das Motiv des Thrones illustriert hier erneut Gottes Königtum und Autorität. Der konkrete Kontext (Offb 20,4–6.11–15)

55 Vgl. Jer 10,7 (ohne LXX-Parallele). Als Titel findet sich βασιλεύς in der Wendung βασιλεὺς βασιλέων zweimal auch für das Lamm (Offb 17,14; 19,16). Vgl. außerdem βασιλεία und βασιλεύω für Gott (und Christus) in Offb 11,15.17; 12,10; 19,6. Zum Gebrauch des Epithetons vgl. auch Zimmermann, Namen (Anm. 14) 284f.

56 Erneut liegt damit ein Theophaniemotiv und Zeichen der Gegenwart Gottes vor (vgl. Ex 19,18; Jes 6,4; Ez 10,4).

57 Vergleichbar mit der Erzähltechnik in Offb 4 richtet sich der Blick in Offb 20,4 und Offb 20,11 zuerst auf die/den Thron/e, erst danach auf die darauf sitzende/n Gestalt/en.

58 Die nur andeutende Beschreibung führt zu unterschiedlichen Deutungen des Geschehens und derer, die auf den Thronen Platz nehmen. Vgl. dazu z. B. Giesen, Offenbarung (Anm. 6) 431–434, der ein wie immer geartetes Richterkollegium für unwahrscheinlich hält und unter Verweis auf Dan 7,22 an die Rehabilitierung der Christustreuen und deren Einsetzung in die königliche Mitherrschaft mit Gott und Christus (vgl. Offb 3,21) denkt. Vgl. auch Gallusz, Throne Motif (Anm. 19) 191–198.

59 Das ἀπὸ τοῦ προσώπου trägt hier stärker als in Offb 4 anthropomorphe Züge in das Gottesbild ein (vgl. Ps 114,7). Vgl. Offb 6,16, wo Berge und Felsen zum Verbergen (κρύπτω)

unterstreicht dabei vor allem eine spezifische Funktion dieses souveränen Herrschers: seine Funktion als universaler Richter (Offb 20,12.13; vgl. 11,18; 16,5; 18,8.20; 19,2 und 14,7; 16,7; 19,2; vgl. auch Dan 7,9f.).[60] Aus dem Thronsaal wird ein Gerichtssaal, aus dem Thron ein Richterstuhl, aus dem König der Weltenrichter. Die Bücher, die aufgeschlagen werden, und das Buch des Lebens (Offb 20,12; vgl. Dan 7,10; 12,1)[61] tragen zur räumlich inszenierten und entsprechend konnotierten Veranschaulichung dieses Gottesprädikats ebenso bei wie die Feststellung, dass für Erde und Himmel kein Platz mehr gefunden wurde, „eine kaum noch zu steigernde kosmische Metapher, um die überwältigende Hoheit des zum Gericht erscheinenden Gottes zu unterstreichen".[62]

2.4 Thronsaal und Tempel – eine Zusammenschau von Offb 4 – 20

Eine sukzessive Lektüre und detaillierte Analyse der vorausgehend nur grob angesprochenen Passagen im Textverlauf von Offb 4 – 20 lässt in der Zusammenschau des Geschilderten und der darin angelegten inhaltlichen Entwicklung eine Reihe von Akzentsetzungen erkennen, die zugleich auch das vermittelte Gottesbild betreffen.

Die Johannesoffenbarung eröffnet Einblick in den Himmel als *den* Raum Gottes.[63] Dabei präsentiert sie diesen göttlichen Aufenthaltsbereich auf zweifache Weise: zum einen als Thronsaal und zum anderen als Tempel bzw. Gottesraum. Akzentuiert die erste Imagination eine primär politische Dimension, ist es in der zweiten primär die sakrale Dimension dieses Raumes, ohne dass die beiden Dimensionen, darin gemeinantiken Vorstellungen folgend, streng voneinander zu

---

vor dem Angesicht Gottes aufgefordert werden. Erst in der Vollendung werden die Seinen das Angesicht Gottes sehen (Offb 22,4: ὄψονται τὸ πρόσωπον αὐτοῦ; vgl. Ps 17,15).

60 Vgl. Giesen, Offenbarung (Anm. 6) 431 bzw. 446.

61 Zum Buch des Lebens vgl. Offb 3,5; 13,8; 17,8; 21,27; 22,19; vgl. auch Phil 4,3. Insgesamt zu den Büchern in Offb 20,11–15 vgl. auch Gradl, Buch (Anm. 32) 359–379.

62 Giesen, Offenbarung (Anm. 6) 446.

63 Die Rede von οὐρανός als Aufenthaltsbereich Gottes gilt es dabei zu unterscheiden von der Verwendung des Begriffs οὐρανός für den Himmel und/oder das Firmament als „kosmische" Größe und „Ort" der Gestirne, Vögel etc. Vgl. dazu Konrad Huber, Imaginierte Topoi. Zu Raum und Raumkonzept in der Narration der Johannesoffenbarung, in: Adela Yarbro Collins (Hg.), New Perspectives on the Book of Revelation (BETL 291), Leuven 2017, 131–159: 147–149.

trennen wären.[64] Das Lexem θρόνος bzw. Thron und Throne als Gegenstand geben den Ausschlag für die Näherbestimmung im politischen Sinn.[65] Auf den sakralen Aspekt verweisen gleich mehrere Begriffe bzw. Größen: ναός („Tempel"), σκηνή („Zelt") und θυσιαστήριον („Altar") sind hier vorrangig zu nennen, aber auch die nur in Offb 11,19 erwähnte Bundeslade (ἡ κιβωτὸς τῆς διαθήκης).[66] Die je spezifische Charakterisierung von Gottes Raum strahlt entsprechend aus und nimmt Einfluss auf die Charakterisierung der Gottesfigur: Gott als alles machtvoll beherrschender König und Richter; Gott als die einzig wahre Gottheit in all ihrer Heiligkeit. Sie tut das im Sinne einer inszenierten Metapher, d. h. zur bildhaften Umschreibung zentraler Gottesprädikationen. Topologische Informationen im Text korrelieren dabei unter semantischer Rücksicht auffallend und häufig mit Aussagen über Gott bzw. Gottesepitheta in den Figurenreden, den zahlreichen Hymnen etwa, und auf der Ebene der Erzählstimme.

Während das Semantem „Thronsaal" eher auf einer allgemeinen, unspezifischen Ebene bleibt und Symbol für Königsherrschaft in einem universalen Sinn ist, das die widergöttliche Welt ebenso wie die Christinnen und Christen betrifft, letztlich alle Aktionsbereiche Gottes tangiert und dabei neben dem Herrschaftsaspekt auch den Gerichts- und Vergeltungsgedanken mit einträgt, zielt der Text dort, wo Gottes Raum als Tempel konnotiert, signifikant häufig auf die Beziehungsebene zwischen Gott und den ihm in Treue zugewandten Menschen, das Gottesvolk. Das Semantem „Tempel" inkludiert Aspekte wie Zuwendung und Schutz und allem voran den Aspekt der Bundesgemeinschaft. Aus der Perspektive der glaubenstreuen Christinnen und Christen und jedenfalls für sie liegt eine Koinzidenz beider Raumaspekte vor. Dieser Koinzidenz korrespondiert die in der Johannesoffenbarung mehrfach greifbare Charakterisierung des Gottesvolkes als einer Basileia *und* Priesterschaft Gottes (Offb 1,6; 5,10; 20,6; vgl. 22,3.5). Zugleich unterstreicht das, dass im Letzten beide Dimensionen – ob Thronsaal oder Tempel – als paränetisch angelegte Aussage mit ein und derselben pragmatischen Stoßrichtung zu verstehen sind: die Christinnen und Christen in einer

64 Gallusz, Throne Motif (Anm. 19) 100–102 sieht bereits in Offb 4 beide Aspekte angezeigt und hält ein künstliches Auseinanderdividieren für unangemessen, wobei der grundlegende kultische Aspekt stärker auf jüdische Traditionen als Hintergrund abhebe, der politische hingegen auf griechisch-römische Gegebenheiten.

65 Die weiteren im Konnex mit dem Thron(-saal) begegnenden Visionsrequisiten (Regenbogen, Fackeln, gläsernes Meer) sind diesbezüglich zu unbestimmt bzw. semantisch in beide Richtungen hin offen. Der politischen Ebene zuzuordnen sind wohl noch die Kränze. Karrer, Johannesoffenbarung (Anm. 9) 421 wertet auch die Fackeln als Herrschaftskonnotat, insofern sie gern den Auftritt eines Herrschers begleiten; Belege bei David E. Aune, Revelation 1–5 (WBC 52), Dallas 1997, 295f.

66 Musikinstrumente (Harfen, Posaunen), Schalen, Räucherpfanne und Räucherwerk sind, für sich allein genommen, jeweils wieder beiden Aspekten zuordenbar und erst je nach Kontext entsprechend konnotiert.

für sie herausfordernden und bedrängenden Gesamtsituation im Sinne von Vergewisserung, Zuspruch und Appell über den einzig allmächtigen und allein heiligen Gott ins rechte Bild zu setzen.

Die Frage, wann und warum sich im Textverlauf der Johannesoffenbarung der Raum Gottes verändert und ganz bestimmte Konnotationen in den Vordergrund treten, legt sich mit Blick auf die genannten Vorgaben jedenfalls nahe, soll an dieser Stelle aber nicht weiter vertieft werden. Allein schon der lexikalische Befund gibt zu erkennen, dass im Erzählduktus zunächst die Dimension des himmlischen Thronsaals im Vordergrund steht (Offb 4 – 7) und dass das dann noch einmal markant der Fall ist dort, wo der Gerichtsgedanke dominiert (Offb 19 – 20). Dazwischen, in den Kapiteln 8 – 16 also, scheint demgegenüber im Wesentlichen die Dimension des himmlischen Tempels bestimmend zu sein.[67]

3. Ein neuer Raum und Gott als Raum

Mit der Schlussvision in Offb 21,1 – 22,5 gelangt die Johannesoffenbarung an eine Stelle, in der ein neuer Raum bzw. Aufenthaltsbereich Gottes dem Seher präsentiert und eindrücklich beschrieben wird: das neue Jerusalem (Ἰερουσαλὴμ καινήν). Die bisher genannten Aspekte begegnen dort erneut; und ein für die Metaphorik biblischer Gottesrede besonders bedeutsamer Aspekt tritt noch hinzu.[68]

3.1 *Das neue Jerusalem als Raum Gottes – Offb 21,1 – 22,5*

Das neue Jerusalem wird in Offb 21,2 eingeführt als heilige Stadt, die aus dem Himmel von Gott her herabkommt (vgl. Offb 21,10). Im Zuge der Beschreibung dieser Stadt wird spätestens mit Offb 21,22 klar, dass diese Stadt nicht nur Aufenthaltsbereich des vollendeten Gottesvolkes ist, sondern zugleich auch ein

67 Zum lexikalischen Befund vgl. Neumann, Hören (Anm. 17) 176–180; insgesamt auch Gallusz, Throne Motif (Anm. 19) 225–234.260–268. – Das Einspielen immer neuer, zusätzlicher Requisiten im Verlauf der Visionserzählung lässt den Himmel im Sinne einer je gezielten Fokussierung auf bestimmte Größen im Raum deshalb auch nicht etwa als eine Art „Rumpelkammer", sondern als „Schnürboden" der Erwählungs- und Heilsgeschichte wahrnehmen.

68 Bereits vorher findet sich eine Reihe von Bezugspunkten und Vorausverweisen auf die abschließende Vision des himmlischen Jerusalems; vgl. z. B. Offb 2,7; 3,12.21; 7,9.15-17; 11,15; 15,4; 19,7–9. Motivliche Parallelen als Verbindung zwischen Offb 4,1–11 und Offb 21,9 – 22,5 benennt außerdem Neumann, Thron (Anm. 20) 384–387.

Raum, in dessen Mitte[69] Gott selbst und mit ihm das Lamm, also Christus, gegenwärtig sind. Auch vom Thron Gottes ist in diesem Zusammenhang wieder die Rede: Als „Thron Gottes und des Lammes" (ὁ θρόνος τοῦ θεοῦ καὶ τοῦ ἀρνίου; Offb 22,1.3) befindet er sich in dieser Stadt und ist Ausgangspunkt des Lebensstromes und Zielpunkt kultischer Verehrung. Zudem wird Gott erneut und insgesamt zweifach als „der auf dem Thron Sitzende" betitelt (Offb 21,3.5).[70]

Dieser Raum, das neue Jerusalem, wird auf das Großartigste beschrieben. Kostbare Materialien (wertvolle und farbenprächtige Edelsteine jeglicher Art, reinstes Gold, übergroße Perlen) sind die Bausubstanzen, aus denen ihre Mauer, Tore, Hauptstraße und Grundsteine bestehen, und demonstrieren den unermesslichen Schmuck und Reichtum der Stadt, die sich zudem in unvorstellbaren Dimensionen als Kubus im Ausmaß von 12.000 Stadien je Seite präsentiert.[71] Ihr Glanz und ihre Ausstrahlung werden mit einem kristallklaren Jaspisstein verglichen (Offb 21,11), jenem Edelstein, der bereits in Offb 4,3 genannt und dort zur Umschreibung der Gesamterscheinung Gottes herangezogen ist und der in der Schlussvision später noch einmal als Baumaterial der Mauer der Stadt und ihr erster Grundstein begegnet (Offb 21,18f.). So liegt es nahe, davon zu sprechen, dass diese himmlische Stadt ganz von der Herrlichkeit Gottes erfüllt ist (Offb 21,11), so sehr von der alles lichtvoll überstrahlenden Präsenz Gottes und Christi bestimmt ist, dass sie weder Sonne noch Mond benötigt und immerwährender Tag in ihr herrscht (Offb 21,23.25; 22,5).

69 Das gilt wohl auch unter räumlicher Rücksicht zumindest insofern, als in der antiken Stadt das zentrale Heiligtum auch topographisch an einem entscheidenden, zentralen Ort errichtet ist. Ausdrücklich thematisiert wird das in der Vision allerdings nicht, die Nennung der πλατεῖα unmittelbar im Zusammenhang mit dem Thron in Offb 22,2 (vgl. 21,21) scheint das aber vorauszusetzen (Dieter Georgi, Die Visionen vom himmlischen Jerusalem in Apk 21 und 22, in: Dietrich Lührmann/Georg Strecker [Hg.], Kirche [FS Günther Bornkamm], Tübingen 1980, 351–372: 365 denkt an Assoziation mit der griechischen Agora). Das konzentrische Voranschreiten der Beschreibung (vgl. Neumann, Thron [Anm. 20] 386f.) trägt ebenfalls zur Wahrnehmung der Mittelpunktstellung des Gottesthrones bei und bildet mit Offb 4 „eine Inclusio, die vom Thron Gottes ausgeht und wiederum auf ihn zuläuft" (ebd., 387); vgl. auch Neumann, Hören (Anm. 17) 391–397.

70 Ungeachtet der Präsenz Gottes in der Stadt kann die Johannesoffenbarung davon sprechen, dass diese Stadt „von Gott her" (ἀπὸ τοῦ θεοῦ; Offb 21,2.10) kommt. Letzteres wird, um einen Widerspruch zu vermeiden, im Sinne einer metaphorischen Charakterisierung der Herkunft des neuen Jerusalems als einer Herkunft aus dem Heiligkeitsbereich Gottes zu verstehen sein. – Der Thron Gottes ist in der Johannesoffenbarung anders als in der auch für das Alte Testament diesbezüglich singulären Theophanie in Ez 1 zwar als ein feststehendes Objekt vorgestellt, über das καταβαίνειν des neuen Jerusalems ist ihm letztlich dennoch ein vergleichbares Moment von Beweglichkeit und zielgerichteter Zugewandtheit zugeschrieben.

71 Zur Architektur im Vergleich mit dem griechisch-römischen Hintergrund vgl. z. B. Ebner, Spiegelungen (Anm. 28) 121–125.

Die Stadt erweist sich als eine Herrschafts-, eine Königsmetropole, die den Raum ganz und gar ausfüllt und dominiert. Zugleich erweist sie sich in ihrer Gesamterscheinung durch eine Reihe von Bildelementen auch als Heiligtum, als Tempel.[72] Die aus Offb 7,15 aufgegriffene Verheißung vom „Zelten“ Gottes und die Identifizierung der Stadt mit dem „Zelt Gottes“ bestätigen das bereits in Offb 21,3 (ἰδοὺ ἡ σκηνὴ τοῦ θεοῦ μετὰ τῶν ἀνθρώπων καὶ σκηνώσει μετ᾽ αὐτῶν). Erneut ist Gottes Raum auch als Gottesraum vorgestellt; Stadtmetaphorik und Tempelmetaphorik greifen auch bei der Beschreibung des himmlischen Jerusalems ineinander. Und erneut nimmt die Näherbestimmung des Raumes Einfluss auf die Charakterisierung Gottes und eng verbunden damit auch auf die Charakterisierung Jesu Christi: Königtum, Herrschermacht, Souveränität, Herrlichkeit, Heiligkeit, wahre Göttlichkeit und Ähnliches lassen sich einmal mehr als Inhalte dieser metaphorischen Charakterisierung benennen.

Für beide Bildaspekte – Stadt und Tempel – kommt dabei auch die Beziehungsebene zum Tragen. Das neue Jerusalem ist nicht nur Aufenthaltsbereich des vollendeten Gottesvolkes, es steht als Gesamtgröße auch symbolhaft für das Gottesvolk. Das Bild der „Braut“ (Offb 21,2.9; 22,17) bzw. „Frau des Lammes“ (Offb 21,9; vgl. bereits 19,7) zur Bezeichnung der Stadt trägt von vornherein den Gottesvolkgedanken mit ein,[73] und zahlreiche weitere Bildelemente, die symbolträchtigen Maßangaben etwa oder auch die Bezeichnung der Tore mit den Namen der zwölf Stämme der Söhne Israels (Offb 21,12) und der Grundsteine mit den Namen der zwölf Apostel des Lammes (Offb 21,14), tragen zusätzlich dazu bei. Dass der Bundesgedanke dabei eine zentrale Rolle spielt, macht die universalisierende Aufnahme der alttestamentlichen Bundesformel in der Audition in Offb 21,3 (vgl. Ez 37,27) schon zu Beginn der Vision ebenso deutlich wie die auf jede und jeden ausgeweitete Zusage der Gotteskindschaft in der Gottesrede von Offb 21,7 (vgl. 2 Sam 7,14).[74] In der Umkehrung bzw. Rückprojektion des Gesamt-

---

72 Ausführlicher dazu Konrad Huber, Volk Gottes als Tempel in der Offenbarung des Johannes, in: Andreas Vonach/Reinhard Meßner (Hg.), Volk Gottes als Tempel (Synagoge und Kirchen 1), Münster 2008, 195–231: 202–204. Eine undifferenzierte Identifizierung des neuen Jerusalems mit dem Tempel wertet Neumann, Hören (Anm. 17) 370 allerdings als „Verkürzung der Aussageabsicht des Textabschnitts“.

73 Als alttestamentliche Vorbilder für die Identifizierung Jerusalems/Zions bzw. des Gottesvolkes mit einer Braut oder Frau vgl. z. B. Jes 1,8; 52,2; 61,10; 62,4f.; 65,17–25; Jer 4,31; Ez 16. Während es dort um die Beziehung zu Gott geht, hebt die Johannesoffenbarung mit dem Bild auf die Beziehung zu Christus ab: Er ist Bräutigam bzw. Ehemann. Zur Thematik insgesamt vgl. auch Huber, Volk Gottes (Anm. 72) 204–210.

74 Vgl. dazu Stowasser, Bundestheologie (Anm. 49) 83–90, der hier den Gedanken der Entgrenzung und Universalisierung des Bundes hervorgehoben, ebenso gut aber auch ein insgesamt geringes Interesse an der Bundeskonzeption angezeigt sieht. Die darin zum Ausdruck kommenden Vorstellungen hätten jedenfalls „im Mainstream frühjüd. Theologie kaum noch als Ausdruck einer (grundsätzlich toraorientierten) Bundestheologie gegolten“. (90)

bildes auf die Gottesvorstellung kommt dabei nicht nur der Gedanke der Bundestreue Gottes zum Ausdruck, sondern indirekt – erstmals und nur hier auf Menschen bezogen – auch die Vatermetaphorik ins Spiel (Offb 21,7: αὐτὸς ἔσται μοι υἱός). Wo der tempeltheologische Aspekt in den Vordergrund tritt, erweist sich zudem die Gegenwart Gottes als eine unmittelbare, allen erfahrbare und keiner priesterlichen Vermittlung bedürftige Gegenwart (Offb 21,22; 22,3f.).[75]

Der Aspekt der Beziehungsebene strahlt auch auf die „Völker" (τὰ ἔθνη) und die „Könige der Erde" (οἱ βασιλεῖς τῆς γῆς) aus. Ob Thron- bzw. Herrschaftsmetaphorik oder Tempel- bzw. Kultmetaphorik dabei stärker zum Tragen kommen, lässt sich in diesem Zusammenhang nicht mehr vollends differenzieren: Im Kontext primär tempelkonnotierter Inhalte ist in Offb 21,24.26 jedenfalls davon die Rede, dass „die Völker" im Licht Gottes und des Lammes einhergehen werden und „die Könige der Erde" ihre Pracht in die Stadt bringen werden bzw. dass man die Pracht und die Herrlichkeit „der Völker" in die Stadt bringen wird. Der vom Thron Gottes und des Lammes ausgehende Fluss tränkt in Offb 22,2 „Holz des Lebens", das nicht nur zwölfmal Frucht bringt, Monat für Monat,[76] sondern mit seinen Blättern auch zur (im Gottesdienst verbindenden) Heilung „der Völker" gereicht (vgl. Ez 47,12). Ist im einen Fall (Offb 21,24.26) aus einer zentripetalen Perspektive das alttestamentliche Motiv der Umkehr signalisierenden Völkerwallfahrt angespielt,[77] so ist im zweiten Fall (Offb 22,2) vielleicht eher in zentrifugalem Sinn das Moment der „missionarischen" Bekehrung der Völker im Blick.[78]

---

75 Allen Einwohnern der Stadt kommt priesterliche Funktion zu: οἱ δοῦλοι αὐτοῦ λατρεύσουσιν αὐτῷ (Offb 22,3; vgl. 1,6; 5,10; 20,6). Vgl. auch Georgi, Visionen (Anm. 69) 361, der insgesamt „eine umfassende Integrierung der verschiedenen Vorstellungen von der Stadt" (362) dargestellt sieht: „Bei Johannes wird die biblische Verbindung zwischen neuer Stadt und Königtum radikalisiert. Der Seher sieht die Konflikte zwischen Gott und König, König und Tempel, Tempel und Stadt, König und Volk aufgehoben." (361)

76 Mit Giesen, Offenbarung (Anm. 6) 474 weist die Zahl zwölf auch hier „auf den ekklesialen Charakter der Heilsgemeinde" hin.

77 Im Anschluss etwa an Jes 60,3.5–7.11; Ps 72,10; Sach 14,7. Nach Giesen, Offenbarung (Anm. 6) 471f. ist freilich nicht „an die endzeitliche Völkerwallfahrt der Heiden zum Zion, sondern an die dem Ende vorausgehende christliche Mission" (472) gedacht. – Die Vorstellung, dass die Könige der Erde ihre Gaben darbringen, lässt wiederum auch, wenn nicht sogar stärker an Unterwerfung von (Vasallen-)Königen unter einen überlegenen Herrscher aus irdischer/m Herrschaftspraxis/-kontext (Hofzeremoniell) denken.

78 Eine universalisierende Perspektive sieht Karrer, Johannesoffenbarung (Anm. 9) 356f. bereits mit dem auffällig nichtjüdischen Motivhintergrund für die beschriftete Tempelsäule in Offb 3,12 angedeutet und sieht darin auch den heidenchristlichen Hintergrund der Adressaten abgebildet; vgl. dazu auch Martin Karrer, Ägyptische Einflüsse auf das Neue Testament, in: Jens-Frederik Eckholdt/Marcus Sigismund/Susanne Sigismund (Hg.), Geschehen und Gedächtnis. Die hellenistische Welt und ihre Wirkung (FS Wolfgang Orth) (Antike Kultur und Geschichte 13), Münster 2009, 253–280: 263f.; zur Integration der Völker sachlich präzisierend Martin Karrer, Eine Zeit des Lichts für Israel und die Völker. Das vom Himmel herabsteigende Jerusalem der Johannesapokalypse, in: Martin Ebner u. a. (Hg.),

In Offb 22,1–2 treten für das himmlische Jerusalem neben Stadt und Tempel schließlich noch bildhafte Züge des Paradieses. Auch diese Kennzeichnung ist im Text der Johannesoffenbarung längst vorbereitet, wenn im Überwinderspruch in Offb 2,7 dem glaubenstreuen Christen verheißen ist, vom „Baum des Lebens" (τὸ ξύλον τῆς ζωῆς) essen zu dürfen, der – so wörtlich – „im Paradies Gottes" ist (ὅ ἐστιν ἐν τῷ παραδείσῳ τοῦ θεοῦ).[79] Offb 22,1–2 greift dieses Bild auf, konkretisiert es und steigert es zu einer Illustration der endzeitlichen Überfülle. Der Aufenthaltsbereich Gottes und des Lammes und der Raum ihrer unmittelbaren Nähe und Gegenwart sind jetzt auch gezeichnet im Bild des Paradiesgartens.[80] Gott als der, der in seiner Souveränität und seiner den Menschen zugewandten Heiligkeit uneingeschränkt Leben in Fülle gibt und bewahrt, steht als Gottesaussage dabei an vorderster Stelle.[81]

3.2 *Gott und das Lamm als Tempel – Offb 21,22*

Während bisher die Metaphorik des visionär inszenierten Raumes das Gottesbild mitbestimmt, auf das Gottesbild sozusagen abfärbt, ist es an einer Stelle in der Johannesoffenbarung der Raum selbst, ein spezifischer Raum, der zur Metapher für Gott und für Christus wird – wenn vielleicht nicht unbedingt im Sinne einer typischen Symbolfiguration, so jedenfalls aber im Sinne einer expliziten Gottesmetapher.

In Offb 21,22 ist überraschend[82] davon die Rede, dass sich im himmlischen Jerusalem kein Tempel befindet, und dann erklärend hinzugefügt: „denn der

Zeit (JBTh 28), Neukirchen-Vluyn 2014, 159–181: 166–169 (zum gottesdienstlichen Aspekt vgl. ebd., 171–173).

79 Ausreichend Nahrung und Zugang zur Quelle des Lebenswassers wird zudem bereits in Offb 7,16f. und analog dann in Offb 21,6 in Aussicht gestellt.

80 Das Motiv des Paradiesgartens ebenso wie die damit eng verbundene Schöpfungsmetaphorik werden bereits in altorientalischer und in alttestamentlich-frühjüdischer Vorstellung für die bildhafte Ausgestaltung sowohl der Königsmetropole als auch des Tempels/Heiligtums herangezogen. Vgl. dazu etwa die Beiträge in Othmar Keel/Erich Zenger (Hg.), Gottesstadt und Gottesgarten. Zu Geschichte und Theologie des Jerusalemer Tempels (QD 191), Freiburg i. Br. 2002.

81 Wie in Offb 21,22 (siehe 3.2) wird auch in die Gottesaussage von Offb 22,1–2 Jesus Christus mit einbezogen.

82 Überraschend insofern, als allgemein in der Antike eine Stadt ohne Heiligtum kaum vorstellbar war und konkret die Neu- bzw. Wiedererrichtung des Jerusalemer Tempels für die alttestamentlich-frühjüdische Endzeiterwartung konstitutiv ist (vgl. z. B. Tob 14,5; Dan 8,14; Sib V, 422–428; differenziert dazu Peter Söllner, Jerusalem, die hochgebaute Stadt. Eschatologisches und Himmlisches Jerusalem im Frühjudentum und im frühen Christentum [TANZ 25], Tübingen 1998, 230–233). Georgi, Visionen (Anm. 69) 368 sieht darin das Ideal der säkularen hellenistischen Stadt realisiert. – Zeitgeschichtlich lässt sich die Aussage auch als Reflex auf und Umgang mit der Zerstörung des Jerusalemer Tempels deuten. Karrer, Gottesbild (Anm. 8) 62f. sieht auch eine Kontrastierung Roms: „Rom hat

Herr, Gott, der Allherrscher, ist ihr Tempel – und das Lamm" (ὁ γὰρ κύριος ὁ θεὸς ὁ παντοκράτωρ ναὸς αὐτῆς ἐστιν καὶ τὸ ἀρνίον). An dieser Stelle geht es nicht mehr um Gottes Raum, sondern um Gott als Raum. Hier begegnet eine echte Gottes-Metapher, eine Gottes-Metapher, die primär räumlich konnotiert ist[83] und die zugleich auch als Christus-Metapher fungiert: Gott bzw. Gott und das Lamm als ναός, als (Stadt-)Tempel.

Die Raum-Metapher „Tempel"/ναός im Sinne eines Gottesbildes aufzulösen, eröffnet Spielraum für vielschichtige Interpretationen: Gott und Christus als Offenbarungsort, als Ort des Heils, des Schutzes, der Bewahrung, der sicheren Zuflucht und der Ruhe und/oder der Tempel als Symbol für die Nähe und die Unmittelbarkeit der personalen Präsenz Gottes in all seiner Heiligkeit und Herrlichkeit und die Möglichkeit der Gottesbegegnung werden dabei zumeist als zentrale Aspekte einer stets auch nur ansatzweise gelingenden Annäherung an dieses Bild genannt.

Am nächsten kommt dieser für die Johannesoffenbarung singulären räumlichen Gottes-Metapher im Text selbst die Aussage vom „Zelten" Gottes (σκηνώσει ἐπ' αὐτούς/μετ' αὐτῶν) und der damit eng verknüpfte Hinweis auf das „Zelt Gottes" (ἡ σκηνὴ τοῦ θεοῦ μετὰ τῶν ἀνθρώπων).[84] Als ναός, als Tempel/Heiligtum, wird Gott in gewisser Weise geradezu selbst zu dem, was mit der Rede von σκηνόω und dem Begriff der σκηνή umschrieben werden kann. Innerbiblisch findet sich Vergleichbares noch in Jes 8,14 und in Ez 11,16, wo unter Verwendung des Ausdrucks מִקְדָּשׁ/ἁγίασμα jeweils in einem Gottesspruch die Rede davon ist, dass Gott „zum Heiligtum werden" wird bzw. den Exilierten „ein wenig zu einem Heiligtum geworden" ist.[85] Deutliche Nähe weist diese Gottes-Metapher der Johannesoffenbarung nicht zuletzt auch zur exilisch-nachexilisch geprägten und in der jüdischen Rezeption facettenreich, verzweigt und durch-

viele Tempel und ist dadurch irdisch und nicht himmlisch, eine Stadt mit Heiligtümern, nicht insgesamt heilige Stadt." (63) Vgl. auch Karrer, Zeit (Anm. 78) 163–165.

83 Ein nach Karrer, Zeit (Anm. 78) 177f. auch insofern bemerkenswerter Aspekt, als im himmlischen Jerusalem (anders bei Aristoteles) nicht etwa „die fortschreitende Zeit relevant" sei, „sondern die Begegnung mit dem Raum Gottes und Christi". (180) Karrer spricht abschließend (dennoch?) von einem „Bild der Raum-Zeit Gottes im himmlischen Jerusalem". (181)

84 Vgl. dazu auch Joh 1,14, das einzige Vorkommen des Verbums im Neuen Testament außerhalb der Johannesoffenbarung. Neben Offb 7,15; 21,3 begegnet das Verbum σκηνόω in Offb 12,12; 13,6 im Pluralpartizip zur Kennzeichnung der im Himmel Wohnenden (in Parallele zu [οἱ] οὐρανοί bzw. als explikative Apposition zur σκηνή Gottes, die nach Giesen, Offenbarung [Anm. 6] 306, deutlich macht, „daß die ‚Wohnstätte Gottes' eine Metapher für die enge Gemeinschaft mit Gott ist").

85 Jes 8,14: וְהָיָה לְמִקְדָּשׁ / ἔσται σοι εἰς ἁγίασμα; Ez 11,16: וָאֱהִי לָהֶם לְמִקְדָּשׁ מְעַט / καὶ ἔσομαι αὐτοῖς εἰς ἁγίασμα μικρόν. – Auf Ez 11,16 verweist auch Spatafora, Temple (Anm. 43) 237, der die Aussage in Offb 21,22 als „unique in the Scriptures" bezeichnet (insgesamt zu Offb 21,22 vgl. ebd., 224–247).

aus spekulativ entfalteten Vorstellung von der Schechina (שׁכינה), der „Einwohnung“ Gottes, seiner Anwesenheit in der Welt, im Heiligtum und inmitten der Gemeinschaft des Gottesvolkes, auf.[86] Das absolute הַמָּקוֹם („der Ort“) als rabbinische Bezeichnung, ja geradezu Eigenname für Gott geht ebenfalls in dieselbe Richtung.[87]

Mit einer architektonischen Größe als Bildspender gelingt es der Gottes-Metapher „Tempel“/ναός in Offb 21,22 erneut, anthropomorphe Vorstellungen zu vermeiden.[88] In der Bildhälfte funktioniert diese Metapher allerdings nur auf der Ebene der sekundär mit dem Bild verknüpften Konnotate. Allzu grobe Konkretisierungen greifen fehl: Anders nämlich als bei den symbolischen Figurationen sonst handelt es sich bei diesem Bild ja gerade nicht um ein Lebewesen, das sehen, hören und umhergehen könnte und das Lebensgeist in sich hat; und als ein Raum, ein Gebäude, ist ein Tempel im Grunde ja eigentlich auch etwas von Menschenhand Gemachtes, aus verschiedensten Materialen gefertigt, kostbaren Materialen wie Gold und Silber ebenso wie alltäglichen Materialien wie Stein und

---

86 Vgl. dazu etwa Bernd Janowski, „Ich will in eurer Mitte wohnen“. Struktur und Genese der exilischen *Schekina*-Theologie, in: ders., Gottes Gegenwart in Israel. Beiträge zur Theologie des Alten Testaments, Neukirchen-Vluyn 1993, 119–147.333–334, Bernd Janowski, Gottes Wohnung bei den Menschen. Eine Skizze der alttestamentlichen Schekina-Theologie, Sacra Scripta. Journal of the Centre for Biblical Studies 13 (2015) 9–33, oder die Beiträge in Bernd Janowski/Enno Edzard Popkes (Hg.), Das Geheimnis der Gegenwart Gottes. Zur Schechina-Vorstellung in Judentum und Christentum (WUNT 318), Tübingen 2014. Zum vorexilisch aus der Tempeltheologie entwickelten Aspekt der Präsenz tritt dabei zunehmend die Betonung einer ekklesiologischen, relationalen, bundestheologischen Komponente, im rabbinischen Judentum mit Tendenz hin zur Personifizierung in Gestalt einer eigenen (weiblichen) Wesenheit neben Gott. Zur Raumperspektive vgl. auch die Feststellung von Hanspeter Ernst, Die Schekhîna in rabbinischen Gleichnissen (JudChr 14), Bern 1994, 371: „Die Schekhîna qualifiziert die Wirklichkeit, in dem sie eine Differenz zum Bestehenden schafft und somit den Raum eröffnet, in dem der Mensch atmen kann. Pohier [Jacques Pohier, Wenn ich Gott sage, Olten 1980] hat dies mit der Metapher des offenen Raumes umschrieben.“ – Die Nähe der Schechina-Vorstellung zur Rede vom „Zelten“ ist häufig bereits mit Blick auf Joh 1,14 bemerkt worden; vgl. dazu etwa auch Uta Poplutz, „... und hat unter uns gezeltet“ (Joh 1,14b). Die Fleischwerdung des Logos im Licht der Schechina-Theologie, Sacra Scripta. Journal of the Centre for Biblical Studies 13 (2015) 101–114. Zur davon sich unterscheidenden Rezeption der Vorstellung in Offb 21,3 vgl. Jörg Frey, God’s Dwelling on Earth: ‚Shekhina-Theology‘ in Revelation 21 and in the Gospel of John, in: Catrin H. Williams/Christopher Rowland (Hg.), John’s Gospel and Intimations of Apocalyptic, London 2013, 79–103.

87 Als Raum konnotierte Größe in der Funktion einer Gottesmetapher findet sich alttestamentlich etwa auch die Rede von Gott als einer „Burg“ (מָעוֹז, מִשְׂגָּב bzw. ὀχύρωμα, καταφυγή o. ä.); vgl. z. B. 2 Sam 22,2f.33; Ps 9,10; 18,3; 31,3.4; 46,8.12; 48,4; 59,10.17.18; 62,3.7; 94,22; 144,2; Spr 10,29; Jer 16,19; Joël 4,16). Vgl. dazu auch den Beitrag von Ruben Zimmermann, Ein Bild ist nicht genug. „Mixed Metaphors“ und ihr Wert für die biblische Gottesrede in diesem Band.

88 Unmittelbar damit verknüpft ist die Rede vom Ausstrahlen bzw. Erhellen der Herrlichkeit Gottes (ἡ γὰρ δόξα τοῦ θεοῦ ἐφώτισεν αὐτήν; Offb 21,23).

Holz. Allzu rasch würde eine unbedarfte Konkretisierung in das Visier der eingangs erwähnten Götzenpolemik von Offb 9,20 geraten und unter die dort genannten Invektiven fallen. Das dürfte auch dem Verfasser der Johannesoffenbarung bewusst gewesen sein. Spätestens dort, wo von Anbetung (προσκυνέω) Gottes und des Lammes und von kultischem Dienst (λατρεύω) in Verbindung mit Tempel bzw. Heiligtum die Rede ist, bricht die in Offb 21,22 gebrauchte Raum-Metapher: Anbetung Gottes erfolgt selbstverständlich nicht als Anbetung *des* Tempels, sondern als Anbetung *im* Tempel (vgl. Offb 7,15; 22,3; auch 11,1).

4. Paradoxe Gleichzeitigkeiten – ein punktuelles Fazit

Die Vision des neuen Jerusalems in Offb 21,1 – 22,5 vermittelt, was die Vorstellungen vom Raum Gottes und von Gott als Raum angeht, im Letzten ein durchaus paradoxes Bild. Die Stadt, die als ganze zugleich Züge eines Tempels aufweist, ist unter eben dieser tempeltheologischen Rücksicht Aufenthaltsbereich Gottes und des Lammes. Gleichzeitig sind Gott und das Lamm Tempel dieser Stadt (Offb 21,22).

Das bemerkenswerte Zusammenspiel bzw. Ineinandergreifen dieser beiden Raumaspekte wird umso herausfordernder, wenn man zusätzlich noch das endzeitliche Gottesvolk als Größe in diese Gleichung einzutragen versucht. Die Stadt fungiert nämlich nicht allein als der Aufenthaltsbereich des endzeitlichen Gottesvolkes, sie repräsentiert ihrerseits wiederum symbolhaft dieses Gottesvolk. Das Gottesvolk erscheint als Königsmetropole und als Tempel gleichermaßen. Und in dieser Königsmetropole bzw. in diesem Tempel befinden sich Gott und das Lamm. Das Gottesvolk ist Raum Gottes und Christi. Gleichzeitig hat das Gottesvolk, jede und jeder Einzelne, in unmittelbarer Gegenwärtigkeit und uneingeschränkter Zugänglichkeit einen Tempel, einen sakralen Raum in Gott und dem Lamm.

Vielleicht lässt sich dieses geheimnisvolle, paradoxe und kaum fassbare Ineinander – ähnlich wie jenes zwischen Gott, Jesus Christus und den Seinen im Johannesevangelium und in den Johannesbriefen – im Sinne der Vorstellung von der „reziproken Immanenz" auflösen und so zumindest ansatzweise einholen.[89]

89 Zur Vorstellung der reziproken Immanenz vgl. bes. Klaus Scholtissek, In ihm sein und bleiben. Die Sprache der Immanenz in den johanneischen Schriften (HBS 21), Freiburg i. Br. 2000.

Die Bildlichkeit der Gottesrede in der neueren evangelischen Theologie. Beobachtungen und Überlegungen

Malte Dominik Krüger

Aus meiner Sicht haben die beiden Thesen „*Gottes-Rede* – d. h. Theo-Logie im strikten Wortsinn – kam [...] bisher [nämlich in letzter Zeit, MDK], verglichen mit Christologie, Pneumatologie, Ekklesiologie, Soteriologie und Eschatologie, kaum eigens in den Blick“[1] und „[E]s scheint so etwas wie ein Naturgesetz zu sein, dass man von Gott nur in Metaphern, d. h. in menschlicher Sprache sprechen kann“[2] eine hohe Plausibilität. Berücksichtigt man bei der ersten These den zeitdiagnostischen Charakter und versteht sie grundsätzlich, so kann man auch sagen: Für dasjenige, was christlich(e) Theologie genannt zu werden verdient, ist die Rede von Gott selbst entscheidend; und genau diese Rede erfolgt metaphorisch bzw. bildlich. Insofern ist im strengen Sinn die christliche Theologie immer eine Theologie des (Sprach-)Bildes. Diese Einsicht mag zwar teilweise insbesondere für das Selbst- und Fremdverständnis evangelischer Theologie kontraintuitiv erscheinen, ergibt sich aber aus ihrer Problemgeschichte und führt zu neuen Perspektiven. Dies soll im Folgenden in vier Schritten skizziert werden.[3]

---

1 Rückseite des „Flyers“ der zugrundeliegenden Tagung „Gottes-Bilder. Symposion zur Metaphorik biblischer Gottesrede“ vom 17. bis 19. Februar 2021 in Wien unter der Leitung von Frau Dr. Veronika Burz-Tropper an der Katholisch-Theologischen Fakultät der Universität Wien.

2 Ebd.

3 Der folgende Beitrag fasst kompakt zusammen, was an anderer Stelle ausführlicher entfaltet, begründet und kontextualisiert ist: Malte Dominik Krüger, Das andere Bild Christi. Spätmoderner Protestantismus als kritische Bildreligion, Tübingen 2017; ders./Markus Gabriel, Was ist Wirklichkeit? Neuer Realismus und Hermeneutische Theologie, Tübingen 2018; Malte Dominik Krüger/Andreas Lindemann/Arbogast Schmitt, Erkenntnis des Göttlichen im Bild? Perspektiven hermeneutischer Theologie und antiker Philosophie, Leipzig 2021, 33–60. Vor diesem Hintergrund beschränken sich die Fußnoten in diesem Beitrag auf das unbedingt notwendige Maß. Grundsätzlich gilt für diesen Beitrag: Ist eine Aussage oder ein Beleg nicht unmittelbar am Ende durch eine Fußnote nachgewiesen, ist die Angabe der im Text nachfolgenden Fußnote darauf zu beziehen.

1. Theologieverständnis und Schriftprinzip

Der Begriff „Theologie“ stammt nicht aus dem Christentum, sondern aus dem Bereich der griechischen Metaphysik.[4] So versteht Platon in der „Politeia“ seine Forderung nach der Unterscheidung unterschiedlicher Typen der Theologie als einen aufklärerischen Imperativ: Damit man dem Göttlichen nicht irdische Mängel andichtet, die ihm in Wahrheit nicht zukommen, muss die philosophische Vernunft tätig werden. Dies schließt bei Platon allerdings den reflektierten Einsatz mythischer Bilder ein, um den Grenzen menschlicher Erkenntnis gerecht zu werden. Darum kann man Platons Theologieverständnis nicht für einen ideellen Bildersturm vereinnahmen; vielmehr arbeiten auf diese Weise bei Platon die Vermögen der Vernunft und des Bildes zusammen Hand in Hand. Auch bei Aristoteles ist „Theologie“ – als Bezeichnung seines nachmals „Metaphysik“ genannten Unterfangens – nicht die bloße Hinnahme einer vorhandenen Volksreligiosität, sondern führt zu einem Gott, der in höchstem Maße der Vernunft entspricht und sogar deren wahrer Inbegriff ist. Dies schließt keineswegs „apathisch“ jede menschlich zugängliche Lebendigkeit von Gott aus. Vielmehr ist der aristotelische Gott die höchste Energie; und er vollzieht sich dabei in dem Modus derjenigen Lust, der Menschen entsprechen, wenn sie in der theoretischen Erkenntnis zu Einsichten um ihrer selbst willen kommen. Dass die philosophische Vernunft – jenseits von sinnesfeindlichem Ikonoklasmus und einseitigem Rationalismus – die Bilder der überlieferten Religion reinigt und läutert, führt in der Antike dann zu dem stoischen Schema der „theologia tripartita“, das sich schließlich auch bei Augustinus findet: Die „theologia fabulosa“ des Mythos und die „theologia civilis“ des Staates werden in der „theologia naturalis“ der Philosophie vernünftig aufgehoben und zurechtgebracht.[5]

Spätestens als die nachmals sogenannte Theologie im „christlichen“ Mittelalter beginnt, den Theologiebegriff so umfassend zu gebrauchen, wie es uns heute selbstverständlich erscheint, wird diese Intuition der „theologia tripartita“ im Christentum verändert fortgeführt: Zwar wird die pagane Fabeltheologie von der natürlichen Theologie der philosophischen Vernunft kritisiert, aber deren Vollendung soll wiederum die christliche Offenbarungstheologie vollbringen.[6] Die Schlagworte von „Natur“ und „Gnade“ helfen zeitgenössisch, dieses

4 Vgl. dazu und zum Theologiebegriff in diesem ersten Abschnitt insgesamt (mit einschlägigen Belegen und weiteren Literaturhinweisen) Gerhard Ebeling, Theologie I, RGG VI ([3]1962) 754–769; Wolfhart Pannenberg, Systematische Theologie I, Göttingen 1988, 83–93; Hans Blumenberg, Die Lesbarkeit der Welt, Frankfurt a. M. 1981, 48–50; Hans-Joachim Birkner, Natürliche Theologie und Offenbarungstheologie. Ein theologiegeschichtlicher Überblick, NZSTh 3 (1961) 279–295.

5 Vgl. ebd.

6 Vgl. ebd.

Verhältnis zu sortieren und zu justieren. Ebenso ist die Reformation dieser Weichenstellung verpflichtet, was einleuchtet, wenn sich die Westkirche in einen katholischen und reformatorischen Teil aufspaltet: Das Erbe verbindet. Zwar redet Martin Luther hermeneutisch nicht von „Natur" und „Gnade", sondern von „Gesetz" und „Evangelium".[7] Doch auch Luther betont: Gerade die von ihm kritisch – und teilweise in drastischen Worten – in ihre Grenzen verwiesene Vernunft ist wesentlich; denn die im „Gesetz" wirksame Vernunft der Natur bleibt bei Luther – wenn auch indirekt und nicht direkt – der Anknüpfungspunkt für das Evangelium.[8] Und das Evangelium setzt nach Luther ein theologisches Nach-Denken ins Werk, bei dem die Vernunft faktisch auch eine Rolle spielt. Sie denkt nämlich theologisch der faktischen Offenbarung Gottes hinterher.[9] So rückt das Schriftverständnis in den Mittelpunkt von Luthers Theologie.[10] Nach Luther legt sich die Bibel – hermeneutisch in den Gestalten von Gesetz und Evangelium – als Prinzip selbst aus. So ist Luther der Ansicht, dass literarische Zueignung und menschliche Aneignung übereinkommen, ohne dass Luther dies schlüssig erklärt.[11] So setzt einmal bei Luther die Geistmanifestation den Literalsinn voraus, und einmal setzt bei Luther der Literalsinn die Geistmanifestation voraus. Angesichts der Erfahrung Luthers, dass nicht jede Bibellektüre zum lutherischen Rechtfertigungsglauben führt, kann man dieses Schwanken verstehen. Theologisch unbefriedigend ist es trotzdem.[12]

Darum votieren die reformatorischen Schultheologien nach Luther auch anders: Die reformierte Orthodoxie bevorzugt den subjektiven Pol der Geistesmanifestation und erklärt die Selbstbeglaubigung des Heiligen Geistes zum Ankerpunkt. Die lutherische Orthodoxie bevorzugt den objektiven Pol des Literalsinns und formt dessen Zueignung in die Lehre (von) der Verbalinspiration um; danach ist das buchstäbliche Wort der Bibel das göttliche Wirken des Geistes.[13] In beiden Auswegen – der Selbstbeglaubigung des Geistes und der Verbalinspiration der Bibel – haben religiöse Bildlichkeit und literarische Selbstrelativierung nur eingeschränkt einen angemessenen Raum. Doch deren Wahrheitsmomente lassen sich nicht unterdrücken, wie die folgende Entwicklung veranschaulicht.

---

7 Vgl. ebd.

8 Vgl. zu dieser Deutung von Luthers Theologie ähnlich auch (mit einschlägigen Belegen und weiteren Literaturhinweisen) Paul Althaus, Die Theologie Martin Luthers, Gütersloh [7]1994, 21–96; Bernhard Lohse, Luthers Theologie in ihrer historischen Entwicklung und in ihrem systematischen Zusammenhang, Göttingen 1995, 204–235.283–294.

9 Vgl. ebd.

10 Vgl. dazu und zum Schriftverständnis in diesem ersten Abschnitt (mit einschlägigen Belegen und weiteren Literaturhinweisen) Jörg Lauster, Prinzip und Methode. Die Transformation des protestantischen Schriftprinzips durch die historische Kritik von Schleiermacher bis zur Gegenwart, Tübingen 2004, 1–44.

11 Vgl. ebd.

12 Vgl. ebd.

13 Vgl. ebd.

2. Historisierungsdruck und Projektionsverdacht

Die Fixierung der evangelischen Theologie auf die Bibel führt zu deren genaueren Untersuchung, um sie gegen vermeintliche Missverständnisse verteidigen zu können.[14] Dabei stellt sich gegen die ursprüngliche Absicht heraus, dass die Bibel nicht spannungsfrei ist. Vielmehr gibt es in der Bibel verschiedene Schichten und Stränge der Überlieferung, die nicht immer harmonieren, sondern auch im Ganzen auf Widersprüche, Irrtümer und Projektionen hindeuten. In der Aufklärungszeit ringt die evangelische Theologie an diesem Punkt intensiv mit sich selbst, wie mit diesem Befund zu verfahren ist. Schließlich siegt die Verpflichtung zur wissenschaftlichen Wahrhaftigkeit, ohne die religiöse Wahrheit nicht zu haben ist, wie man meint, und die Bibel wird in der evangelischen Theologie historisiert: Die Bibel wird als fehlbares Dokument menschlicher Glaubenszeugnisse wahrgenommen, durch die hindurch Gott erscheint. Auf diese Weise möchte man die wissenschaftliche Wahrhaftigkeit und die religiöse Wahrheit zusammenhalten.[15]

Doch die Historisierung klärt nicht nur auf, sondern erzeugt darin auch Druck. Denn der Sache nach führt die Historisierung zur Auflösung des altevangelischen Schriftprinzips – ob nun eher reformiert in der Selbstbeglaubigung des Geistes oder eher lutherisch in der Verbalinspiration des Buchstabens akzentuiert: Aus der Bibel als der Quelle des Glaubens wird nunmehr ein Gegenstand des Glaubens, dessen Glaubwürdigkeit selbst auf dem Spiel steht. Entsprechend verändert sich die Stellung der Schriftlehre. Sie rückt von den formal orientierten Prolegomena, in denen die Quelle der Theologie ausgewiesen wird, in die material ausgeführte Dogmatik ein, in der die Bibel selbst zum Objekt konstruktiv-kritischer Selbstprüfung der Theologie wird.[16] So setzt beispielhaft und wegweisend Friedrich Schleiermacher, der Vater des neueren Protestantismus, anstelle der Schriftlehre in den Prolegomena die Frömmigkeit bzw. deren subjektivitätstheoretische Rekonstruktion ein. In dieser Fluchtlinie erklärt sich auch, warum das Bibelverständnis im Protestantismus in bestimmter Hinsicht noch leidenschaftlicher als zuvor bedacht und diskutiert wird. Denn aus der Bibel als dem vorausliegenden Prinzip, das nicht zu verhandeln, sondern zu verstehen ist, wird ein umstrittener Gegenstand des Glaubens selbst, der materialdogmatisch auf dem Spiel steht.[17]

14 Vgl. zur Historisierung des Schriftprinzips (auch bei dem namentlich genannten Schleiermacher) in diesem zweiten Abschnitt insgesamt (mit einschlägigen Belegen und weiteren Literaturhinweisen) Lauster, Prinzip und Methode (Anm. 10) 19–65; Rochus Leonhardt, Skeptizismus und Protestantismus. Der philosophische Ansatz Odo Marquards als Herausforderung an die evangelische Theologie, Tübingen 2003, 143–277.

15 Vgl. ebd.

16 Vgl. ebd.

17 Vgl. ebd.

Man kann diese Einsichten und diesen Diskussionszusammenhang, der die evangelische Theologie seitdem in Atem hält, mit einer bekannten Wendung von Wolfhart Pannenberg als „die Grundlagenkrise der modernen evangelischen Theologie“[18] bezeichnen. Denn: Mit der Historisierung der Bibel wird zwar der wissenschaftlichen Wahrhaftigkeit entsprochen, doch die Vergewisserung der religiösen Wahrheit scheint in weite Ferne gerückt. Wenn die Bibel als unverbrüchliche Glaubensquelle wegfällt, kommt es mit einer gewissen Unausweichlichkeit zu heiklen Fragen: Spiegelt sich vielleicht die Frömmigkeit in der Bibel nur in einem historisch frühen Stadium, so dass es gar keinen archimedischen Punkt des Glaubens gibt? Wenn viele Erzählungen der Bibel historisch nicht stimmen, wie sie in der Bibel überliefert sind, woran soll sich dann der Glaube halten? Glaubt der Glaube am Ende nur sich selbst? Aber: Was schützt ihn dann davor, als bloße Projektion zu gelten? Dass so gedacht werden kann, zeigt die zeitgenössische Diskussion der Religionskritik im Anschluss an den Hegelianismus und Ludwig Feuerbach deutlich.[19] Danach ist Gott eine überflüssige und schädliche Projektion des Menschen, der sich als Mensch darin verfehlt und entfremdet.

Auch aktuell dürfte sich der Springpunkt dieser Diskussion kaum vom Tisch wischen lassen: Wenn die Bibel historisch das Produkt eines religiösen Bewusstseins ist, warum sollte es sich dann mit ihrem Gottesbild anders verhalten? An dieser Stelle verbinden sich die – um der Wahrhaftigkeit der Theologie notwendige – Historisierung der Bibel mit dem religionskritischen Projektionsverdacht, welcher der religiösen Wahrheit offenbar entgegensteht. Auf diese basale Herausforderung antwortet die evangelische Theologie im 19. und 20. Jahrhundert – idealtypisch zugespitzt – mit zwei einander widersprechenden Antworten.[20]

18 Wolfhart Pannenberg, Die Krise des Schriftprinzips, in: ders., Grundfragen systematischer Theologie. Gesammelte Aufsätze, Göttingen 1967, 11–21: 13.

19 Vgl. dazu und zum Folgenden in diesem zweiten Abschnitt sachlich grundlegend Falk Wagner, Christentum in der Moderne. Ausgewählte Aufsätze, hg. v. Jörg Dierken/Christian Polke, (Dogmatik in der Moderne 9), Tübingen 2014, 161–527.

20 Diese Opposition gehört zu den Standard-Lesarten evangelischer Theologiegeschichtsschreibung (vgl. z. B. populär Heinz Zahrnt, Die Sache mit Gott. Die protestantische Theologie im 20. Jahrhundert, München [9]1990, 13–57; vgl. z. B. aktuell Folkart Wittekind, Theologie religiöser Rede. Ein systematischer Grundriss, Tübingen 2018, 9–12) und verdankt sich vor allem dem Selbstverständnis der Kerygmatheologie, die sich – nicht untypisch protestantisch – als (un-)historische Rückkehr zu einem Ursprungszustand begreift. Der Kulturprotestantismus hat diesen (un-)historischen Selbstausschluss der Kerygmatheologie rezipiert und kritisch gegen die Kerygmatheologie ins Feld geführt. Die wechselseitige Abgrenzung scheint für die eigene Identität elementar zu sein, wodurch schon eine faktische Relativierung angebahnt ist: Was nur im Bezug auf Anderes sein Selbst hat, kann dieses Selbst nicht ohne Anderes haben. Theologiegeschichtlich sind inzwischen ohnehin die Übergänge schon teilweise detailliert erkundet worden (vgl. z. B. Hartmut Ruddies, Karl Barth und die liberale Theologie. Fallstudien zu einem theologischen Epochenwechsel, Diss. Göttingen 1994). Eine wichtige Rolle dürfte u. a. Wilhelm Herrmann, dem Mar-

3. Kulturprotestantismus und Kerygmatheologie

Die beiden Antworten der evangelischen Theologie kann man unter den Bezeichnungen des Kulturprotestantismus und der Kerygmatheologie fassen.[21] Familienähnliche Begriffe für den Kulturprotestantismus sind etwa die Bezeichnungen des Neuprotestantismus und der Liberalen Theologie; familienähnliche Begriffe für die Kerygmatheologie sind etwa Offenbarungspositivismus und Wort-Gottes-Theologie. Alle diese Bezeichnungen sind im Sprachgebrauch der jeweiligen Gegenseite nur bedingt positiv gemeint. Diese Polarisierung hängt mit den prinzipiellen Positionierungen zusammen.

Der Kulturprotestantismus verarbeitet den Historisierungsdruck und den Projektionsverdacht, indem er auch die vermeintlich überzeitlichen Gottesbilder der Dogmatik historisiert und auf die religiöse Anlage der menschlichen Subjektivität zurückführt. Letztere ist nur geschichtlich fassbar, allerdings darin der menschlich fassbare Ankerpunkt auch der christlichen Religion, so der Grundtenor des insbesondere Friedrich Schleiermacher und Ernst Troeltsch zugeschriebenen Kulturprotestantismus. Auf diese Weise werden kulturprotestantisch der Historisierungsdruck und der Projektionsvorwurf in der nur geschichtlich greifbaren Idealbildung Gottes in der menschlichen Subjektivität mit ihrer religiösen Anlage aufgefangen. Die Kerygmatheologie hingegen widerspricht diesem kulturprotestantischen Weg, weil sie in ihm eine Preisgabe des christlichen Wahrheitsanspruches sieht: Anstelle Gottes und seiner Offenbarung würde der Mensch und seine Religion treten, so lautet die Kritik der insbesondere Karl Barth und Rudolf Bultmann zugeschriebenen Kerygmatheologie an die Adresse des Kulturprotestantismus.

Darum wählt die Kerygmatheologie eine andere Weise, mit dem Historisierungsdruck und Projektionsvorwurf umzugehen. Auch die Kerygmatheologie gibt ihnen statt, bezieht dieses Stattgeben aber nur auf die menschliche Religion, nicht auf die göttliche Offenbarung. Zu diesem Ergebnis kommt die Kerygmatheologie, indem sie den in der evangelischen Predigt sich definitiv aussprechenden Glauben – tendenziell: präsentisch-eschatologisch – als Unterbrechung des Weltzusammenhanges begreift. Aufgrund dieser vermeintlich analogielosen Unterbrechung des Weltzusammenhanges, mit der dem Menschen im evangelischen Glauben zuvor unbekannte Möglichkeiten des Gottes-, Welt- und Selbstverständnisses zugespielt werden, weist die Kerygmatheologie den Historisierungsdruck und Projektionsvorwurf zurück. Diese „Lösung“ ist aus Sicht des

burger Lehrer Karl Barths und Rudolf Bultmanns, zukommen (vgl. z. B. dazu schon Wolfgang Greive, Der Grund des Glaubens. Die Christologie Wilhelm Herrmanns, Göttingen 1976).

21 Vgl. dazu und zum Folgenden in diesem dritten Abschnitt (mit einschlägigen Belegen und weiteren Literaturhinweisen): Krüger, Bild Christi (Anm. 3) 3–25; Krüger/Lindemann/Schmitt, Erkenntnis des Göttlichen (Anm. 3) 39–62.

Kulturprotestantismus im Sinn der wissenschaftlichen Wahrhaftigkeit zutiefst unbefriedigend. Denn es gibt, so die kulturprotestantische Kritik an der Kerygmatheologie, keine Möglichkeit für die evangelische Theologie, aus der Menschheitsgeschichte und Religionskultur auszusteigen, um dann die eigene Partikularansicht dem Menschen als göttliche Offenbarung frontal entgegenzuhalten. Auf diese Weise verwandelt – gegen ihre ursprüngliche Absicht – die Kerygmatheologie den christlichen Gottesglauben in einen Akt, der viel mit menschlicher Willkür und wenig mit einem glaubwürdigen Gott zu tun hat.

Diese Debatte zwischen Kulturprotestantismus und Kerygmatheologie wird im 19. und 20. Jahrhundert innerhalb der evangelischen Theologie in regelrechten Schulkämpfen und Geistesschlachten ausgefochten – mit unterschiedlichen Ergebnissen und Erfolgen. Der Kulturprotestantismus passt offenbar im Kaiserreich gut in den Geist der Zeit und leistet hier wertvolle Dienste der Vermittlung. Die Kerygmatheologie erlangt insbesondere in den Krisen- und Kriegsjahren die Deutungshoheit; theologische Frontalkonfrontation und gesellschaftliche Verwerfungen sind anscheinend untergründig verflochten und helfen der Kirche bei ihrem Fortbestand. Seit den 1960er Jahren und der gesellschaftlichen Konsolidierung wird im deutschsprachigen Protestantismus – vor allem infolge der Schleiermacher- und Troeltsch-Renaissance – wieder der Kulturprotestantismus tonangebend. Er neigt teilweise zu einer Musealisierung, so wird kritisch beanstandet, wenn bewährte Konzepte der Vergangenheit in theologiegeschichtlich immer feinere Differentialen zerlegt werden. Umgekehrt gibt es jedoch ebenfalls im Kulturprotestantismus eine direkt beanspruchte Deutungskompetenz in Fragen der Normativität. Weiterhin gibt es beharrungsstarke Milieus der Kerygmatheologie. Dies ist im deutschsprachigen Protestantismus im Bereich der universitären (Systematischen) Theologie eher nicht sehr ausgeprägt der Fall. Doch teilweise gibt es – gern unter dem Schlagwort der auch theologisch vermittelnd auftretenden und auf gesellschaftliche Relevanz abzielenden „Öffentlichen Theologie" – in kirchenleitenden Kreisen und im sich vereinsähnlich verhaltenden Kernmilieu der erodierenden Volkskirche immer noch bzw. wieder Tendenzen zur Kerygmatheologie. Der Blick auf freikirchliche Migrationskulturen vor Ort, das weltweit erfolgreiche Missionsmodell der Pentekostalen und die digitale Zugänglichkeit von Menschen scheint bei bestimmten Protagonisten der Kerygmatheologie wieder Hoffnung auf einen Stimmungsumschwung aufkommen zu lassen.

Diese Hoffnung – gleichsam auf eine digital und „glokal" befeuerte Erweckung der Kerygmatheologie – dürfte allerdings soziologische und theologische Grenzen haben. Soziologisch hat die inzwischen multireligiöse Gesellschaft nur bedingt Interesse an binnentheologischen Deutungskämpfen des Protestantismus, die entweder zunehmend undurchschaubarer oder altbekannt wirken. „Theologengezänk" ist noch nie attraktiv gewesen. Doch angesichts der faktischen Marginalisierung und angesichts von gesellschaftlichen Verteilungskämpfen (jenseits der Religion im engeren Sinn) wird der Binnenstreit der Theologie noch unattraktiver. Theologisch dürfte ein neuer Wechsel der Deutungshoheit zur Kerygmatheologie an inhaltlichen Verschiebungen scheitern. Denn sowohl der Kulturprotestantismus als auch die Kerygmatheologie haben sich faktisch angenähert. So hat der Kulturprotestantismus seine harten transzendentalphilosophischen Argumentationsfiguren auf weichere, kulturwissenschaftlich und sinntheoretisch beschreibbare Symbolisierungsprozesse menschlicher Religion umgestellt.[22] Und: Die Kerygmatheologie ist faktisch dazu übergegangen, die göttliche Offenbarung aus menschlicher Sicht sprachbildlich bzw. „metaphorologisch" zu fassen, um selbst anschlussfähig zu bleiben: Was aus der Welt nicht verständlich sein soll, ist immerhin aus deren Sicht sprachbildlich verständlich.[23] So lautet die inhaltliche Opposition nicht mehr fundamental „Gott oder Mensch" bzw. „Offenbarung oder Religion", sondern relativ „Metapher oder Symbol".[24]

4. Neuansätze und Zukunftsperspektiven

Diese relative Annäherung kann – an unterschiedlichen Standorten mit unterschiedlichen Akzentsetzungen[25] – zu einem Neuansatz im Zeichen des „Bildes" führen: Die kulturprotestantische Symboltheologie und die kerygmatheologische „Metaphorologie" kommen darin überein, was man kulturwissenschaftlich

---

22 Dies könnte man exemplarisch am Werk des Hallenser Systematikers Ulrich Barth aufzeigen (vgl. z. B. Ulrich Barth, Religion in der Moderne, Tübingen 2003; vgl. dazu Michael Moxter, Vernunft innerhalb der Grenzen der Religion. Neuere Entwürfe der Religionsphilosophie, PhR 54 [2007] 3–30).

23 Dies könnte man exemplarisch am Werk des Tübinger Systematikers Eberhard Jüngel aufzeigen (vgl. Eberhard Jüngel, Gott als Geheimnis der Welt. Zur Begründung der Theologie des Gekreuzigten im Streit zwischen Theismus und Atheismus, Tübingen [4]1982; vgl. dazu Dirk Evers/Malte Dominik Krüger (Hg.), Die Theologie Eberhard Jüngels. Kontexte, Themen, Perspektiven, Tübingen 2020).

24 Die alternativen Versuche, entweder in Anlehnung an G. W. F. Hegel die Profangeschichte „cum grano salis" wieder als Heilsgeschichte zu deuten (Wolfhart Pannenberg), oder mit einer gleichsam ursprungsontologisch aufgeladenen Schleiermacherdeutung den Lebensbegriff einzusetzen (Eilert Herms), kommen meines Erachtens nicht ohne die bildhermeneutischen Grundfiguren der Verschränkung von Ganzheit und Kontrafaktizität und einer Fundierung bzw. Relativierung des Diskursiven aus; insofern lassen sich hier meines Erachtens auch Brücken zu einem bildhermeneutischen Ansatz bauen (vgl. dazu mit einschlägigen Hinweisen: Krüger/Lindemann/Schmitt, Erkenntnis des Göttlichen [Anm. 3] 46, Anm. 30).

25 Man kann hier etwa an die akademischen Standorte Zürich, Hamburg, Rostock, Göttingen, Heidelberg und Marburg denken.

aktuell („iconic turn") und philosophisch traditionsreich mit dem Bildbegriff fassen kann.[26]

Das Schlagwort „Bild" meint hier nicht bloß zeitdiagnostisch unser Leben in einer Zeit der – digital befeuerten – Bilderflut, der Inszenierung und des Spektakels, der Überwachung, des (Computer- und Smartphone-)Bildschirms und des Imaginären. Vielmehr ist „Bild" auch und vorrangig – im Anschluss vor allem an Willhelm Diltheys Hermeneutik und neueste lebenswissenschaftliche Einsichten – ein anderer Begriff für das, was man ansonsten „Struktur" menschlicher Wirklichkeitserfahrung nennt. So ist mit „Bild" das körperlich gebundene Verhalten gemeint, das für die ursprüngliche Realisierung gestalthafter Erfahrungen steht, die dann sublimiert zu dem Sprach- und Vernunftvermögen führt.[27] Mit den bildlichen Prozessen sind – insbesondere über das Zeigen der Gestik – welterschließende Einstellungen angesprochen, deren Sinnbildungen vorbegrifflich ablaufen, das animalische Reiz-Reaktionsschema durchbrechen und dabei Präsenz sowie Abwesenheit ganzheitlich und kontrafaktisch miteinander verschränken.[28] Weil gerade dies Eigenarten der Einbildungskraft bzw. des Bildvermögens sind, ist vom „Bild" die Rede. Die Rede vom „Bild" ist daher nicht auf optische Phänomene beschränkt, auch wenn diese Phänomene für das Bildliche prägnant sind, sondern schließt alle gefühlsfundierten und sinnlichen Erlebnisse des Menschen ein.[29] Wesentlich ist die Realisierung der vorfindlichen Realität in der Einbildungskraft, wie es im deutschen Idealismus schon J. G. Fichte

---

26 Vgl. dazu und zum Folgenden in diesem Abschnitt, was eine bildhermeneutische Philosophie und Theologie angeht (mit einschlägigen Belegen und weiteren Literaturhinweisen): Krüger, Bild Christi (Anm. 3) 151–541; Krüger/Lindemann/Schmitt, Erkenntnis des Göttlichen (Anm. 3) 33–160.

27 Vgl. dazu und zum Folgenden den hermeneutischen Ansatz des symbolischen Pragmatismus Ferdinand Fellmann, Symbolischer Pragmatismus. Hermeneutik nach Dilthey, Reinbek bei Hamburg 1991, bes. 9–105; Edmund Husserl, Phantasie und Bildbewusstsein, Hamburg 2006.

28 Vgl. ebd.

29 Vgl. ebd. Der Vorteil des Bildbegriffs gegenüber dem Symbolbegriff besteht in seiner elementareren Einbettung: Bilder zeigen etwas *als* etwas; im Fall von Symbolen steht etwas *für* etwas; auf diese Weise setzt Symbolkompetenz das Bildvermögen voraus, weil die Als-Struktur einfacher als die Für-Struktur ist. Der Vorteil des Bildbegriffs gegenüber dem Metaphernbegriff besteht ebenfalls in dieser Eigenart: Sprachbilder implizieren schon ein vorausliegendes Bildvermögen. Hierbei kann das Bildvermögen allerdings nicht gegen das Sprachvermögen (und Vernunftvermögen) ausgespielt werden. Denn so wie das Sprachvermögen und Vernunftvermögen im Bildvermögen fundiert sind, so drängt das Bildvermögen strukturell (nämlich über die Figur der anwesenden Abwesenheit bzw. der Verschränkung von Dasein und Nicht-Dasein) über sich hinaus in die Diskursivität; geschichtlich (also phylogenetisch und ontogenetisch) sind diese Vermögen ohnehin verflochten. Darüber hinaus hat der Bildbegriff zwei fachspezifische Vorteile. Zum einen ist er in der aktuellen kulturwissenschaftlichen Diskussion („iconic turn") gut zuhause, zum anderen ist er zutiefst traditionell, wie exemplarisch Platons (Urbild-Abbild-) Philosophie und der Einbildungsbegriff in den idealistischen Philosophien von J. G. Fichte und F. W. J. Schelling verdeutlichen.

und F. W. J. Schelling konzipieren, mithin die negationstheoretische „Entwirklichung“ und Unterbrechung der Realität im Menschen. So entsteht ein „Innen“ und „Außen“, ein Selbst und eine Welt, ein Subjekt und ein Objekt. Auf diese Weise wird sich der Mensch als geschichtliches Lebewesen in seiner Einbildungskraft bzw. in seinem Bildvermögen seiner selbst gewahr. Dabei ist von Anfang an eine soziale Dimension im Spiel.[30]

Dieses ursprüngliche Leben des Menschen in und aus Bildern bzw. dieses Leben in der auf die vorfindliche Realität bezogenen Einbildungskraft kann man phylogenetisch und ontogenetisch unterschiedlich rekonstruieren. Wesentlich sind die Einsichten der evolutionären und philosophischen Anthropologie: Die Fähigkeit, „Nein“ sagen und dies festhalten zu können, ist auschlaggebend.[31] Denn wird in Gefühlen und Affekten vom Menschen die Wirklichkeit so realisiert, wie es andere Lebewesen auch tun, so kommt mit dem Bildvermögen eine Negation ins Spiel, die den Menschen spezifisch unterscheidet. Indem der Mensch in seiner Einbildungskraft etwas über den Augenblick hinaus für sich festhält, was sich ihm gleichwohl in der Realität entzieht, behandelt er etwas, was nicht da ist, als anwesend. Diese Verschränkung von Dasein und Nicht-Dasein bzw. die Sublimierung von Dasein ins Sosein motiviert den Bildbegriff. Denn er steht für etwas, bei dem Anwesenheit und Abwesenheit miteinander in einer konstruktiven Negation verflochten sind; „Bilder“ in diesem grundlegenden Sinn zeigen nämlich, was sie selbst nicht sind, aber genau dasjenige, was sie so zeigen, wird in konkreter Negation, d. h. analog, dargestellt. Hierbei sind Bilder nicht nur offenkundig von einer relativen Kontrafaktizität, sondern auch in ihrer jeweiligen Realisierung von einer relativen Ganzheit geprägt: Sie erschließen etwas. In der Sprache wird dieses anschauliche Negationsvermögen in ein diskursives und in der Vernunft in ein reflexives Negationsvermögen sublimiert – mit der doppelten Pointe, dass das jeweilige Vermögen einerseits immer flexibler und filigraner wird und andererseits grundlegend an das Bildvermögen gebunden bleibt: Das anschauliche Bildvermögen zeigt sich in dem diskursiven Sprachvermögen in Metaphern, Gleichnissen und Unschärfen und in dem reflexiven Vernunftvermögen in auch so bezeichneten Weltanschauungen und Weltbildern. Letztere sind genauso wenig für das Vernunftvermögen vollständig tilgbar wie für das Sprachvermögen die Metaphorik. Anders gesagt: In der sprachlichen Metaphorik meldet sich das die Sprache fundierende Bildvermögen explizit zu Wort, wenn die Metapher kontrafaktisch etwas in seiner Ganzheit sehen lässt und dabei imaginativ mit konstruktiven Spannungen arbeitet. In der Sprachbildlichkeit kommt eine wahrnehmungsnahe Plastizität zum Tragen, die

30 Vgl. ebd.

31 Vgl. dazu und zum Folgenden auch Michael Tomasello, Die Ursprünge der menschlichen Kommunikation, Frankfurt a. M. 2009; Reinhard Brandt, Können Tiere denken? Ein Beitrag zur Tierphilosophie, Frankfurt a. M. 2009.

sich durch inhaltlich kalkulierte Spannungen und produktive Unschärfen auszeichnet und so kreative, imaginative Potentiale freisetzt; eine Gegen-Welt kommt zum Vorschein, die zu neuen Perspektiven auf die alte Welt führt.

Aus diesen anthropologischen Rahmenbedingungen können auch religiöse Menschen nicht aussteigen. Inhaltlich ergibt sich vielmehr eine gewisse Plausibilität: Wenn die im inneren Bildvermögen vorhandenen Charakteristika der relativen Kontrafaktizität und relativen Ganzheit entgrenzt und für unbedingt angesehen werden, dann werden religiöse Einstellungen gelebt und religiöse Vorstellungen gebildet: Es entstehen Religionskulturen mit Gottesbildern, in denen Kontrafaktizität und Ganzheit zusammenkommen.[32] Insofern widerlegt sich auch der religionskritische Projektionsverdacht selbst: Er ist im Recht, aber er verkennt, dass die Dimension – wenn auch nicht logisch beweisbar, sondern nur anthropologisch beschreibbar – des Unbedingten dem menschlichen Bildvermögen eingeschrieben ist.

Das spezifisch christliche Gottesbild hängt hierbei an der Ostererfahrung des dadurch entstehenden christlichen Glaubens. Denn mit Ostern wird aus Jesus als demjenigen, der in Sprachbildern, Gleichnissen und Metaphern über seinen Gott redet und sich entsprechend verhält, selbst das Bild Gottes: Jesus erweist sich mit Ostern als das Bild seines Gottes – und animiert so zu (s-)einem kultischen Gedenken, das in der Verkündigung sprachbildlich und in den Sakramenten bildaffin ist.[33] Dass Jesus mit seiner gleichnishaften Predigt über Gott imaginativ zur göttlichen Gegenwelt anregt, die durch Jesu Tod hindurch für das menschliche Leben offensteht, passt gut dazu. Denn genau diese Gegenwelt wird in der nachösterlichen Verkündigung und Sakramentsteilhabe immer wieder neu Menschen eröffnet. Bezieht man diese Einsichten auf die Frage sprachbildtheoretischer Einsichten der zuvor skizzierten Anthropologie, so kann man sagen: In der durch Jesus erschlossenen Gottes-Bildlichkeit des christlichen Glaubens verdichtet sich eine bzw. die anthropologische Eigenart des Menschen, im Bildvermögen auf eine Unbedingtheitsdimension von Kontrafaktizität und Ganzheit angelegt zu sein. Die „Verdichtung“ bzw. die offenbar kaum überbietbare Konkretion besteht darin, dass im Christentum der Stifter selbst zum direkten, unmittelbaren Bezugspunkt der Religion wird, weil der Stifter selbst als (Sprach-)Bild Gottes bzw. als anschauliches Wort Gottes erscheint.

Mit dieser bildhermeneutischen Deutung im Rahmen der gegenwärtigen Anthropologie und Kulturwissenschaften ist auch ein dezidierter Brückenschlag

32 Vgl. zu Ganzheit und Kontrafaktizität als Signaturen des Religiösen auch Jörg Dierken, Ganzheit und Kontrafaktizität. Religion in der Sphäre des Sozialen, Tübingen 2014.

33 Vgl. dazu und zum Folgenden beispielhaft und dafür anregend auch Eberhard Jüngel, Paulus und Jesus. Eine Untersuchung zur Präzisierung der Frage nach dem Ursprung der Christologie, Tübingen [6]1986; Ruben Zimmermann (Hg.), Hermeneutik der Gleichnisse Jesu. Methodische Neuansätze zum Verstehen urchristlicher Parabeltexte, Tübingen 2008.

zum alttestamentlich-biblischen und griechisch-philosophischen Erbe verbunden.

Das Werden von Jesus zum Bild Gottes ist ohne die im alttestamentlich-biblischen Bilderverbot sich aussprechende Dynamik des Monotheismus nicht denkbar. Diese Dynamik besteht darin, irdische Niederlagen als himmlische Siege wahrzunehmen: Je tiefer „Israel" angesichts seiner Niederlagen sinkt, umso höher denkt es von der Macht seines Gottes.[34] Denn die Entscheidung „Israels", angesichts des Traumas des babylonischen Exils den eigenen Gott unter seinem Gegenteil (nämlich dem Sieg fremder Götter und Herrscher) zu entdecken, ist nicht nur kontrafaktisch. Vielmehr führt diese Einsicht auch zum Ganzheitsanspruch des Monotheismus, wenn infolgedessen JHWH für die ganze Schöpfung zuständig wird. Er steigt zum einzigen Gott auf, dessen Unvergleichbarkeit im Bilderverbot zum Ausdruck kommt; rückblickend werden die älteren Frömmigkeitsformen als Verfehlungen erklärt, die gerade zum aktuellen Zustand geführt haben. Im Neuen Testament wandert dieses monotheistische Deutungsschema mit Ostern „nur" in das sichtbare, wahrnehmbare Erscheinen Jesu nach Ostern ein: Jesus wird zum Bild, zur Ikone Gottes. Denn auch hier erscheint Gott unter seinem Gegenteil, sein offenkundiges Scheitern am Todeskreuz wird zum geglaubten Sieg im Ostererlebnis.

Und zum griechisch-philosophischen Erbe ergibt sich der Brückenschlag aus der spätmodernen Bildhermeneutik, wenn man zur Kenntnis nimmt:[35] Platon vertritt keine Zwei-Welten-Theorie, sondern nimmt eine Kaskade von bildhaften Manifestationsstufen des bildlosen Absoluten („Anhypotheton") innerhalb einer Wirklichkeit an. Diese Seinsstufen sind Projektionen des Absoluten, die der Mensch – im „Liniengleichnis" – ausgehend von dem Bildvermögen („eikasia") nachvollziehen kann. Zu dieser Einsicht gehört bei Platon, dass die menschliche Sprache bildlich geprägt ist. Insofern verwundert es nicht, dass Platon vom Absoluten selbst in Gleichnissen spricht und bewusst religiös gefärbte Bilder einsetzt. Diese Aspekte – insbesondere Platons Identifikation der für den Menschen offenstehenden Wirklichkeitsstruktur mit der Bildlichkeit – lassen die Kritik, eine Hermeneutik des Bildes sei auf die Optik oder gar Gemälde an der Wand beschränkt, wie sie Europa nach der Renaissance weithin kennt, recht abwegig

34 Vgl. dazu und zum Folgenden Thomas Römer, Die Erfindung Gottes. Eine Reise zu den Quellen des Monotheismus, Darmstadt 2018, bes. 84–272; Gerd Theißen, Die Religion der ersten Christen. Eine Theorie des Urchristentums, Gütersloh ^{2}2001, 71–98.

35 Vgl. dazu und zum Folgenden Christoph Poetsch, Platons Philosophie des Bildes. Systematische Untersuchungen zur platonischen Metaphysik, Frankfurt a. M. 2019, bes. 25–157.199–350; Werner Beierwaltes, Denken des Einen. Studien zur neuplatonischen Philosophie und ihrer Wirkungsgeschichte, Frankfurt a. M. ^{2}2016, bes. 73–122.436–455. M. E. müsste man hierbei auch die Theologie des Aristoteles berücksichtigen, die in einem intrikaten Verhältnis zu Platons Philosophie des Absoluten steht (vgl. zu einer heutigen Erneuerung der Theologie des Aristoteles auch Arbogast Schmitt, Gibt es ein Wissen von Gott? Plädoyer für einen rationalen Gottesbegriff, Heidelberg 2019).

aussehen. Über die Verbindung von Platonismus und Idealismus unterstreichen dies auch die Philosophien von J. G. Fichte und F. W. J. Schelling. Allgemeiner kann man vor diesem Hintergrund sagen: Eine bildhermeneutische Theologie ist nicht nur eminent gegenwartsoffen, sondern führt auch in die Tiefen der großen abendländischen Traditionen, wie sie in der hebräischen Bibel und griechischen Philosophie zu finden sind.[36]

Insgesamt kann man so das Fazit ziehen: Das Thema der Gottes-Bilder leitet die evangelische Theologie in systematischer Hinsicht dazu an, ihre eigene Geschichte von Geltungsansprüchen und Konzeptionen besser zu verstehen. Eine Reduktion der Frage nach den Gottes-Bildern auf Einzelfragen der Hermeneutik oder die Anwendung einer bestimmten Hermeneutik im Bereich der Dogmatik wäre eine unzulässige Verkürzung und Entschärfung. Vielmehr ist evangelisch die Frage nach dem Gottes-Bild als Verarbeitung des eigenen Theologie- und Schriftverständnisses zu begreifen, das infolge des Historisierungsdrucks und des Projektionsverdachts in eine schwerwiegende Krise geraten ist. Die anvisierten Lösungen des Kulturprotestantismus und der Kerygmatheologie führen über die Begriffe des Symbols und der Metapher aktuell zu Versuchen, evangelische Theologie insgesamt als „Bildlehre des Glaubens“[37] zu begreifen. Auf diese Weise avanciert die Frage nach der Bildlichkeit Gottes zu einer der Schlüsselfragen des evangelischen Glaubens, der so ökumenisch neue Brücken zur ikonenfreudigen Orthodoxie und zum sinnesfreundlichen Katholizismus realisieren könnte. Und: Evangelisch ist dieses Erkunden der Bildlichkeit Gottes ohne die Exegese nicht möglich, die gegenüber den Sprachformen des Bildes, des Gleichnisses und der Metapher sensibel ist.[38]

36 Deswegen leuchten m. E. die Überlegungen, die alten Sprachen aus dem Theologiestudium herauszunehmen oder zu relativieren, nur sehr bedingt ein.

37 Vgl. zu diesem Vorschlag (im Anschluss an Ernst Fuchs, der Theologie als „Sprachlehre des Glaubens“ verstehen wollte) Krüger/Lindemann/Schmitt, Erkenntnis des Göttlichen (Anm. 3) 39–62.

38 Vgl. dazu exemplarisch im Bereich evangelischer Theologie Jüngel, Paulus und Jesus (Anm. 33); Zimmermann, Hermeneutik der Gleichnisse Jesu (Anm. 35).

Metapher und Zwischenraum. Thesen zur an-archischen Gottesrede der Bibel

Jakob Helmut Deibl

1. Metaphern drücken den gastlichen Charakter von Sprache aus

Nehmen wir nach dem *Durchgang* durch die Beiträge des Kongresses noch einmal einen neuen *Anlauf*, dem, was uns in den Metaphern *angeht*, *nachzugehen*. Wie *gehen* wir dabei *vor*? Als *Ausgangspunkt* wähle ich eine kleine Theorie der Metapher, die Hans-Dieter Bahr in seinem Buch *Die Sprache des Gastes* entfaltet hat.[1] Dort zeigt er den Zusammenhang von Metapher und dem Wortfeld „gehen" auf.

Blicken wir kurz zurück. Bei der Tagung *Gottes-Bilder*, die ein *Symposion zur Metaphorik biblischer Gottesrede* darstellte, ist es vor allem um eine *Analyse* dessen gegangen, was metaphorische Rede von Gott im Speziellen und Metapher im Allgemeinen bedeutet. Die Analyse richtet sich mithin auf die Metapher: „Metaphernanalyse",[2] können wir mit Jörg Hagemann sagen, der einen sehr erhellenden Text über Metapher und Metonymie geschrieben hat. Metaphernanalyse, das ist ein Hinweis darauf, dass die Analyse fundamentaler als die Metapher ist. Mithilfe der Analyse hofft man, die Metapher in den Griff zu bekommen. Die Metapher ist Objekt, die Analyse Werkzeug.

Klassisch beginnt die Analyse der Metapher mit dem Verweis auf eine Opposition, die binäre Scheidung von Metapher und Metonymie.[3] Dass uns diese Unterscheidung über die bekannten Schulbeispiele hinaus aber oft nicht gelingen will, ist keineswegs trivial. Die Analyse spiegelt, wie Bahr ausführt, „nur ihre eigenen logischen Funktionen"[4] zurück auf Metapher und Metonymie. Die „identifizierende Unterscheidung", Merkmal der Analyse, bringt dabei aber „den Gegenstand ihres Bedeutens [die Metapher] selber zum Verschwinden",[5] steht doch die Metapher für eine Form übertragenden und gerade nicht (streng) definierenden Gebens von Bedeutung. Wenn die Analyse zu einer klaren und

1 Vgl. Hans-Dieter Bahr, Die Sprache des Gastes. Eine Metaethik, Leipzig 1994, 93–100.
2 Jörg Hagemann, Metapher und Metonymie, in: Sven Staffeldt/Jörg Hagemann (Hg.), Semantiktheorien. Lexikalische Analysen im Vergleich, Tübingen 2017, 231–262: 238.
3 Vgl. Bahr, Die Sprache des Gastes (Anm. 1) 99.
4 Ebd., 100.
5 Ebd., 100.

eindeutigen Definition der Metapher kommt, wie es die Abgrenzung von der Metonymie insinuiert, hat sie diese schon verfehlt. Wenn sich die Analyse jedoch auf sich selbst richtet, deckt „die Analyse der Analytik" auf, „daß sie unvermeidlich selber von einer bestimmten Metaphorik getragen ist".[6] Das bedeutet eine Umkehrung der ursprünglichen Annahme, dass die Analyse fundamentaler als die Metapher ist.

Inwiefern wird die Analyse von einer bestimmten Metaphorik getragen?[7] Es sind die klar und bestimmt gesetzten *Schritte*, es ist das *schrittweise Vorgehen*, welches der Analyse den systematischen Charakter verleiht, mit dem sie auch Anarchisches zähmen kann. So entwirft etwa Jörg Hagemann ein *methodisches Vorgehen*[8] zum Auffinden von Metaphern, eine „Auffindungsprozedur",[9] die er folgendermaßen beschreibt:

> Als ertragreich für die Analyse des vorliegenden Beispieltextes hat es sich erwiesen, in einem ersten Schritt die Beantwortung folgender Frage zu einzelnen Sätzen des Beispieltextes stringent zu verfolgen [...].[10]

Es geht in der „Analyse" mithin um einen „ersten Schritt", der konsequent zu „verfolgen" sei, woran sich – in diesem Fall – noch drei weitere Schritte anschließen.[11] Deutlich wird dabei die große Präsenz von Worten aus dem semantischen Feld „gehen". Und tatsächlich: Ohne den ersten *Schritt* zu setzen, *geht nichts*. Der Schritt ist das Verlassen der stabilen Lage, das Vorstrecken eines Beins, welches das Gleichgewicht aufgeben lässt, sich einen Moment dem Fallen überlässt, um mit dem Aufsetzen des Fußes auf den tragenden Grund dieses aufzuhalten und wieder in eine stabile Lage zu kommen. Ein Zwischenraum hat sich eröffnet, bevor das andere Bein nachgezogen wird und der Vorgang von neuem beginnt. Wer nicht *Schritt für Schritt vorgeht* und sich je neu einem kontrollierten Spiel von Fallen und Getragen-Werden aussetzt, wird keinen *Zugang* zur Thematik finden und in der Analyse nicht *voranschreiten* können. Wer an den *Übergängen* etwas *übergeht* oder Schwierigkeiten *umgeht*, dem wird zumindest einiges *entgehen*, wenn er nicht gar zu *Umwegen* gezwungen wird. Er wird vielleicht *Rückschritte* machen. Allerdings, der „Schritt zurück" (Heidegger) wird bisweilen als *methodisches Vorgehen* sogar empfohlen. Wer alles auf einmal will und *Schritte überspringt*, kommt zu Fall. Wer in seinen Schlussfolgerungen *zu weit geht*, schweift vielleicht vom *Weg* ab. Dagegen ist *methodisches Vorgehen* das *Bahnen der Wege* für die kontrolliert zu setzenden *Schritte*. Dies schließt die ständige Prüfung des *tragenden Untergrundes* mit ein. Ob der *Weg* den allgemein üblichen Standards *folgt*, entscheidet nicht zuletzt die Scientific Community, mit der man einen guten

---

6 Ebd., 100.
7 Die folgenden Überlegungen sind eine Paraphrase von ebd., 93–95.
8 Vgl. Hagemann, Metapher und Metonymie (Anm. 2) 250.
9 Ebd., 249.
10 Ebd., 249.
11 Vgl. ebd., 249f.

Umgang pflegen sollte. Allzu leicht kann sich sonst zeigen, dass man sich auf einem *Holzweg* befindet. Der *Weg* hat sich *umgekehrt*: Ausgehend von der Metaphernanalyse, d. h. der Analyse der Metaphern, sind wir bei den Metaphern der Analyse *angekommen*.

Fassen wir den *Weg* zusammen: „Metapher" ist selbst Metapher für den *Vorgang des Übertragens* von Bedeutungen, welcher der Sprache zutiefst eingeschrieben ist. Die Metapher ist das Hinübertragen über den Abgrund, der mit jedem neuen Verlassen des Gleichgewichts im Fallen aufklafft. Sie lässt sich nicht ohne metaphorische Rede darstellen. Noch die Reflexion ihrer *Sprengung* bedient sich metaphorischer Rede.[12] Die Metapher generiert Bedeutung und ist *mitgängig* (Dieter Mersch)[13] mit jedem Schritt, den wir in der Analyse von Bedeutungen setzen. Selbst oft nicht explizit sichtbar, ist sie doch das, was all unsere Schritte der Analyse *begleiten* können muss.

Mit Hans-Dieter Bahr, dessen philosophische Arbeit nicht zuletzt einer *Metaphorologie* (Hans Blumenberg) der Gastlichkeit in allen ihren Formen gilt, könnten wir sagen: Die Metapher ist Ausdruck des gastlichen Charakters der Sprache. Sie nimmt uns als Sprechende gastlich auf, trägt uns und ermöglicht das ständige Übertragen von Ähnlichem und Unähnlichem. Mitunter ermöglicht sie sogar die Übertragung in andere Sprachen, evozieren doch gewisse Metaphern in unterschiedlichen Sprachen ähnliche Bedeutungen, man denke nur an die metaphorisch verzweigte Rede von Jesus als dem Weinstock und Gott als dem Winzer (Joh 15), die Frucht zu bringen vermag noch in den unterschiedlichen Übersetzungen.

2. Die Frage nach der angemessenen Rede von Gott ist in theologischer Hinsicht fundamentaler als die Frage nach dem Dasein Gottes

Theologie ist Rede von Gott. Wenn sie sich nicht gänzlich in Religions- und Kulturwissenschaften auflöst – zwei Disziplinen, deren Forschungsergebnisse von der Theologie in ihrer Bedeutung nicht überschätzt werden können –, muss ihre Rede auf Gott bezogen sein. Ansonsten braucht es Theologie nicht.[14] Hier beginnt

12 Vgl. in diesem Band Thomas Hieke, Von der Unzulänglichkeit des menschlichen Redens von Gott. Hos 11 und andere Metaphernsprenger im Alten Testament.

13 Für die Hinweise auf Dieter Mersch danke ich Sibylle Trawöger.

14 Daran zu erinnern, mag überflüssig erscheinen, trifft jedoch einen Punkt, der durchaus nicht selbstverständlich ist. Im Kontext einer neutestamentlichen Tagung möchte ich Jochen Flebbes einleitende Worte zu seiner Arbeit über Gott im Römerbrief zitieren: „Gott ist ‚the neglected factor in New Testament theology'[...]. Diese Feststellung von Nils A. Dahl aus dem Jahre 1975 gilt auch heute noch, und sie trifft insbesondere den gegenwärtigen

jedoch auch die Schwierigkeit. Dass Theologie von Gott reden muss, will sie Theologie sein, stellt uns vor die Frage, *wie* man denn von Gott reden kann. Das ist keine nebensächliche Frage; und es ist auch nicht bloß eine Standardfrage, wie sie sich in allen wissenschaftlichen Disziplinen stellt, wenn diese auf ihre Methodik und ihre spezifische Sprache reflektieren. In der Theologie reicht diese Frage tiefer.

In der gesamten biblischen Tradition haftet dem Namen Gottes etwas Prekäres, sich der Sprache Entziehendes an, das aber gleichwohl nicht in ein Verstummen mündet, sondern wieder Sprache hervorbringt. Hat nicht die Unaussprechlichkeit des Gottesnamens etwas höchst Produktives an sich, weil sich rund um das, was als Zentrum nicht besetzt werden darf, Spiel und Paradox, Annäherung und Innehalten, Bild und Metapher einstellen? Wenn christliche Theologie ihren Ausgangspunkt im biblischen Kanon hat,[15] geht diese prekäre Situation, die wir mit dem Gottesnamen verbinden, in sie ein und zeigt sich in der Verlegenheit, eine adäquate theologische Rede von Gott zu finden.

Es wäre verkürzt zu sagen, Theologie muss sich dieser Frage neben anderen *auch* widmen. Ich wage die These, dass Theologie diese Frage *ist*. Theologie ist letztlich die systematische und sich immer erneuernde Abarbeitung an der Frage nach einer angemessenen Rede von Gott. Natürlich hat Theologie auch andere wichtige Themen. Diese sollen in keiner Weise in ihrer Bedeutung geschmälert werden. Was sie jedoch alle *als Theologie* zusammenhält und fokussiert, ist die Bezogenheit auf die Frage, wie angemessen von Gott zu reden ist. Ich halte diese Frage für fundamentaler noch als die Frage, ob es einen Gott gibt. Letztere nämlich setzt schon voraus, über ihren Gegenstand – Gott – sprechen zu können.[16]

Stand der Paulusforschung" (Jochen Flebbe, Solus Deus. Untersuchungen zur Rede von Gott im Brief des Paulus an die Römer, Berlin 2008, 1).

15 Für die katholische Kirche wurde das im Rahmen des Zweiten Vatikanischen Konzils verbindlich ausgesprochen in der Konstitution *Dei Verbum* (vgl. DV 24).

16 Das ist freilich kein neuer Gedanke. Im neunten Artikel der Quaestio 1 der *Summa theologica* behandelt Thomas von Aquin die *Frage nach der Rede von Gott*. Dort wird der Satz verhandelt: „Die heilige Schrift gebraucht mit Recht Bilder und Figuren." (Thomas von Aquin, Vollständige deutsch-lateinische Ausgabe der Summa Theologica. Übersetzt von Dominikanern und Benediktinern Deutschlands und Österreichs, hrsg. vom Katholischen Akademikerverband. Salzburg [2]1933, Sth I, q. 1, a. 9). Erst die zweite Quaestio ist dem *Dasein Gottes* gewidmet. Ich gebe ein weiteres Beispiel aus der jüngeren Geschichte der Theologie: Bevor Karl Rahner im *Grundkurs des Glaubens* die Frage nach der Erkenntnis Gottes stellt, beginnt er mit einer „Meditation über das Wort Gott", in der es heißt: „[...] das Einfachste und Unausweichlichste in der Gottesfrage ist für den Menschen die Tatsache, daß in seinem geistigen Dasein das Wort ‚Gott' gegeben ist." (vgl. Karl Rahner, Grundkurs des Glaubens. Einführung in den Begriff des Christentums, Freiburg i. Br. [4]1976, 55).

3. Biblisch ist Gott nicht in der Gesamtheit der Verweise zu finden, sondern in der Deaktivierung von deren Totalität

Im Verlauf der Tagung wurden zahlreiche Analysen einzelner biblischer Texte, Bilder und Metaphern für Gott präsentiert. Damit konnte die Tagung exemplarisch Perspektiven auf die Gottesrede in der Bibel aufzeigen. Können wir die vielen detaillierten Betrachtungen noch einmal auf das Ganze der Bibel beziehen? Versuchen wir dies in einem Gedankenexperiment, das sich mit geeigneter digitaler Unterstützung wohl tatsächlich durchführen ließe. Wir könnten alle biblischen Bezeichnungen für „Gott" sammeln und alle Stellen der Hebräischen Bibel und des Neuen Testaments suchen, in denen Gott – entweder direkt mit Namen oder indirekt in Verweisen und Metaphern – vorkommt. Die Ergebnisse ließen sich anschließend nach verschiedenen Hinsichten clustern, etwa nach der jeweiligen grammatikalischen Verwendung des Wortes Gott, nach den inhaltlichen Zuschreibungen etc. Auf diese Weise ließe sich ein sehr genaues Profil der biblischen Gottesrede ermitteln.

Ich weiß nicht, ob es eine solche computerbasierte Analyse des biblischen Corpus bereits gibt; bevor ich näher darauf eingehe, möchte ich innehalten und eine Passage aus Heideggers Aufsatz *Der Ursprung des Kunstwerkes* zitieren. Auch wenn Heidegger an dieser Stelle von *Welt* und nicht von *Gott* spricht, halte ich seine Überlegung für unseren Zusammenhang für aufschlussreich.[17] Wo Heidegger „Welt" schreibt, können wir für einen Moment das Wort „Gott" einsetzen:

> Welt ist nicht die bloße Ansammlung der vorhandenen abzählbaren oder unabzählbaren, bekannten und unbekannten Dinge. Welt ist aber auch nicht ein nur eingebildeter, zur Summe des Vorhandenen hinzu vorgestellter Rahmen. *Welt weltet* und ist seiender als das Greifbare und Vernehmbare, worin wir uns heimisch glauben. Welt ist nie ein Gegenstand, der vor uns steht und angeschaut werden kann. Welt ist das immer Ungegenständliche, dem wir unterstehen, solange die Bahnen von Geburt und Tod, Segen und Fluch uns in das Sein entrückt halten.[18]

---

17 Überdies könnten wir sagen, dass wir spätestens seit der Kritik von Kant wissen, dass sich im Zugriff auf den Weltbegriff strukturell ähnliche Schwierigkeiten ergeben wie beim Begriff Gottes: Es handelt sich um Ideen, denen kein gegebener Gegenstand korrespondieren kann.

18 Martin Heidegger, Der Ursprung des Kunstwerkes. Mit einer Einführung von Hans-Georg Gadamer, Stuttgart 1960, 40f. Die Rede von „Segen und Fluch" erinnert stark an Schlüsselpassagen aus dem Buch Deuteronomium (Dtn 11,26–28; 30,1–3a). Die Stelle zeigt, wie Heidegger, einer der Autoren, der sich wohl zumindest zeitweise aufs Entschiedenste vom biblischen Denken distanziert, dennoch immer wieder auf eine biblische Sprache zurückgreifen muss. (Vgl. Isabella Guanzini, The Pauline Understanding of Life in the Young Heidegger [1920–21], JRAT 5,1 (2019) 120–135, [translated by Natalie Eder]

Beziehen wir die eben gehörte Stelle auf Gott, oder genauer auf die Gottesrede der Bibel, würde dies bedeuten: Gott ist nicht die Ansammlung aller anführbaren biblischen Stellen, die von ihm sprechen. Er ist aber auch nicht das Ganze oder der Rahmen, der zur Sammlung der einzelnen Stellen noch hinzukommen könnte. Wir könnten sagen: *Gott ist nie ein Gegenstand, der vor uns steht und angeschaut werden kann. Gott ist das immer Ungegenständliche, dem wir unterstehen* [...] Und wie Heidegger sagt „*Welt weltet*", müssten wir eine analoge *figura etymologica* für Gott finden, die den Verbalcharakter des Gottesnamens zum Ausdruck bringen kann.[19] Gott entzieht sich sämtlichen Formen der Repräsentation wie auch der Totalität. Was ist damit gemeint?

Die Problematik der Repräsentation wird biblisch im Bilderverbot reflektiert, das eine Schranke gegenüber den Versuchen der Repräsentation des Göttlichen darstellt.[20] Zunächst bezieht sich das Verbot auf das Artefakt, genauer das Kultbild, derselben Logik folgend muss die Schranke aber auch auf den Text ausgeweitet werden, wenn man diesen positiviert als eine Summe von Stellen auffasst. Dies ergäbe eine räumliche Präsenz des Textes als Bild, dem der Charakter des Entzugs, dass im Schreiben, Lesen und Rezitieren der Text nie als ganzer verfügbar ist, verloren ginge. Auch der Text ist nicht einfach Ort der Repräsentation Gottes, verstanden in dem Sinne, dass man Gott in der Gesamtheit der von ihm sprechenden Stellen abgebildet finden könnte.

Bleiben wir noch bei der Problematik der Totalität und weiten wir sie vom bloßen Sammeln und Addieren der Teile zu einem Ganzen, zum philosophischen

---

DOI:10.30965/23642807-00501007) Heidegger hat im Jahr 1920/21 eine Vorlesung gehalten, deren zweiter Teil besonders den beiden Briefen des Apostels Paulus an die Gemeinde von Thessaloniki gewidmet war (vgl. Martin Heidegger, Phänomenologie des religiösen Lebens [GA 60], Frankfurt a. M. 1995).

19 Für diesen Hinweis danke ich Marian Weingartshofer. Vgl. auch Kurt Appel, Tempo e Dio. Aperture contemporanee a partire a Hegel e Schelling. Postfazione di Pierangelo Sequeri, Brescia 2018, 152–158. „Die Bedeutung des Gottesnamens ist streng an die Zeit gebunden, sodass der Weg zum Tetragramm über eine Verbalisierung Gottes führt: JHWH ist also kein Substantiv (weder wie ein Subjekt noch wie ein Objekt), sondern ein Verb." (ebd., 154 [Übersetzung JHD])

20 Auch wenn dessen Entstehung, Reichweite und Deutung im Einzelnen strittig ist, gilt es als gesichert, dass es sich nicht um ein Kunstverbot handelt, sondern um ein Fremdgötterverbot, das Konsequenzen für den Kult nach sich zieht. Das Bilderverbot hat eine lange Geschichte der Entwicklung; wenn der darin ausgedrückte Gedanke jedoch einmal gefasst und formuliert ist, liegt seine Verallgemeinerung und philosophische Reflexion nicht mehr ferne. Vgl. Theodor Seidl, Kunstverbot oder Kultverbot? Zum Verständnis des alttestamentlichen Bilderverbots, in: Erich Garhammer (Hg.), BilderStreit. Theologie auf Augenhöhe, Würzburg 2007, 29–45; Peter Zeillinger, Repräsentation einer Leerstelle, oder: Auszug ins Reale. Zur politischen Bedeutung des biblischen Exodus, der historisch nicht stattgefunden hat, JRAT 4,2 (2018) 212–282: 242–244, DOI: https://doi.org/10.14220/23642807-00402013; Christoph Dohmen, Religion gegen Kunst? Liegen die Anfänge der Kunstfeindlichkeit in der Bibel?, in: ders., Studien zu Bilderverbot und Bildtheologie des Alten Testaments (SBA.AT 51), Stuttgart 2012, 60–72.

Verfahren der Steigerung von Begriffen bis zu jenem Punkt, an dem sie in eine Totalität umschlagen. Ich beziehe mich dabei auf jenen Gestus klassischer Metaphysik, welcher Gott und Totalität gleichsetzt und dabei stets Superlative verwendet: Allwissenheit, Allgüte und Allmacht, allumfassende Liebe, *ens perfectissimum, summum bonum, potentia dei absoluta, Deus semper maior, causa sui* etc. Ich möchte nicht darauf hinaus, dass diese Begriffe philosophische Spekulation seien, die mit der Bibel keinen Zusammenhang hätte. Biblisch können sie etwa an den Begriff des *pléroma* anknüpfen:[21] „und alles legte er unter seine Füße und gab ihn als Haupt über alles der Kirche, die sein Leib ist, die Fülle dessen, der alles in allem erfüllt" (Eph 1,22f.).[22] Nachdem auf engstem Raum schon zweimal das Wort „alles" (πάντα) und außerdem das Wort „Haupt" (κεφαλὴν) vorkommt („alles legte er unter seine Füße", „Haupt über alles"), folgt die alles übersteigende Wendung „die Fülle dessen, der alles in allem erfüllt" (τὸ πλήρωμα τοῦ τὰ πάντα ἐν πᾶσιν πληρουμένου). Diese bildet einen Rahmen, dessen Außenglieder die „Fülle" (πλήρωμα) und „erfüllt" (πληρουμένου) sind, welche das „alles in allem" (τὰ πάντα ἐν πᾶσιν) umschließen. Dichter und kunstvoller können Fülle und Totalität wohl kaum ausgedrückt werden. An diese biblische Aussage können auch jene zuvor genannten philosophischen Begriffe anknüpfen. Ich sage nun nicht, jene Begriffe seien falsch. Im Gegenteil, wir brauchen sie, wenn wir von Gott reden wollen. Wenn man sie jedoch ihrer ästhetischen und poetischen Kraft entkleidet, wenn man sie nicht *auch* ironisiert, ist man schnell bei einer Theologie, die insofern verarmt, als sie nur mehr in Superlativen und einem Gestus der je größeren Überbietung zu sprechen vermag. Man gerät in Gefahr, bei einem Gottesbegriff zu landen, dessen einzig adäquates Bild die Totalität ist, die alle anderen Begriffe zusammenfasst. Wo man diese verwendet, aber aus dem Duktus ihrer begrifflichen Entwicklung löst, sie stillstellt und als Attribute Gottes prädiziert, ist man in einer Totalisierungsmaschinerie gefangen, der man nur schwer entkommt. Anders verhält es sich, wenn man diese Begriffe selbst als *Momente* entwickelt, die Teil einer Bewegung des Geistes sind, wie dies etwa Hegel in der *Wissenschaft der Logik* tut.[23]

All die angeführten philosophischen Begriffe kongruieren nicht ohne weiteres mit dem narrativen Gehalt der biblischen Erzählungen, mit ihren Bildern

---

21 Es handelt sich um einen Schlüsselbegriff der Bibel, der etwas versteckt bei Markus (Mk 2,21; 6,43; 8,20), offen jedoch bei Johannes (Joh 1,16) und in den paulinischen Briefen (Gal 4,4; 1 Kor 10,26; besonders Eph 1,23) vorkommt.

22 „καὶ πάντα ὑπέταξεν ὑπὸ τοὺς πόδας αὐτοῦ καὶ αὐτὸν ἔδωκεν κεφαλὴν ὑπὲρ πάντα τῇ ἐκκλησίᾳ, ἥτις ἐστὶν τὸ σῶμα αὐτοῦ, τὸ πλήρωμα τοῦ τὰ πάντα ἐν πᾶσιν πληρουμένου" (Eph 1,22f.); vgl. in diesem Band Andrea Taschl-Erber, Gottesbilder in den Deuteropaulinen. Metaphernrezeption im Kontext von Bildfeldtraditionen.

23 Ich behaupte nicht, irgendeine Philosophie oder Theologie hätte die Gleichsetzung von Gott und Totalität jemals unmittelbar so vertreten, es handelt sich viel eher um einen Schatten, der mit verschiedenen Konzeptionen einherzugehen scheint und der noch heute – was freilich genauer auszuführen wäre – in vielen Denkfiguren weit über Philosophie und Theologie hinaus präsent ist, etwa in den Phantasmen totaler Überwachung.

und Metaphern von Gott, liegen diesen aber auch nicht per se fern, wie der Verweis auf den Begriff *pléroma* zeigt. Die biblischen Metaphern sind jedoch *auch* geprägt von Formen der *kénosis*, des Rückzugs, der Unaussprechlichkeit des Namens, des Mit-Seins, des Sich-Entziehens, der Unterbrechung, der Einwohnung, der Inkarnation, ja sogar der Umkehr Gottes (Jona,[24] Joël 2,13f.). Ich halte es nicht für zielführend, einen schroffen Gegensatz dieser beiden Denkweisen, die sich in der abendländischen Geistesgeschichte immer wieder verbunden haben, zu konstatieren. Vielmehr müssten ausgehend vom biblischen Gottesgedenken jene genannten Motive (*causa sui* etc.) zu Momenten herabgestuft werden. Sie haben durchaus ihre Bedeutung, sind aber nicht letzter Horizont des Gottesgedächtnisses und müssen noch einmal verabschiedet werden, um *in* diesem Abschied ihr Bestehen zu haben. Das Phantasma der Totalität muss deaktiviert werden, um sich der Rede von Gott annähern zu können.

4. Die Rede von Gott ist biblisch auf Zwischenräume verwiesen und hat metaphorischen Charakter

Ebenso wenig wie die Gesamtheit aller Sätze von Gott zu einem Bild von Gott führt, lässt sich ein einzelner Satz, in dem das Wort Gott vorkommt, automatisch als eine Aussage über Gott verstehen. Entsprechend dem Bilderverbot ist keine denotative Äußerung unmittelbar als Repräsentation Gottes anzusehen. Wo aber im biblischen Text zeigt sich dann, was oder wer Gott ist, wenn im Kanon ja durchaus der Anspruch auftritt, dass es in ihm um Gott geht und nicht allein um das, was einer Logik der Welt folgt (vgl. Gal 1,10).

Das Bilderverbot stößt uns vom Festhalten eines Satzes, d. h. von der Vorstellung, dass Gott in irgendwelchen Aussagen repräsentiert sei, immer wieder fort und gönnt uns keinen Ruhepunkt; gleichzeitig werden wir immer wieder in den Text zurückgezogen, wenn wir ihn als Kanon und Heilige Schrift verstehen wollen. So werden wir von Aussage zu Aussage geleitet, ohne eine davon absolut setzen zu können. Was oder wer Gott ist, zeigt sich vielleicht gerade in dieser Bewegung, in welcher sich die Zwischenräume einzelner Aussagen auftun. Dies bedeutet nicht, dass es ohne all die Namen, Bilder, Begriffe, Sätze und Erzählungen ginge. Ohne sie gäbe es keine Zwischenräume, sondern nur Schweigen. Sie dürfen aber eben nicht in ihrer Unmittelbarkeit festgehalten werden. Erst, wenn man sich von Satz zu Satz, von Bild zu Bild bewegt und auf die Übergänge zu achten beginnt, werden die Zwischenräume in der Dichte des Textes hörbar. Sie

24 Vgl. dazu Klaus Heinrich, Parmenides und Jona. Vier Studien über das Verhältnis von Philosophie und Mythologie, Basel u. a. 1992 [1966].

sind der Ort, an dem nach Gott zu fragen ist und von dem auch die Rede über Gott ihren Ausgang zu nehmen hat.[25]

Die Metapher ist nun genau jene Sprachform, die sich dieser Bewegung des Übergangs verpflichtet weiß. Metaphern sind eine Form der übertragenen oder übertragenden Rede und dadurch charakterisiert, dass sie nicht direkt bezeichnen. In den Worten von Ernst Fuchs: Wesentlich bei der Metapher ist „das Distanz Gewinnen, um besser hinsehen oder würdigen zu können, nicht der bewußte Vergleich [...] und vor allem nicht die Erweiterung des Erkenntnisfeldes an sich".[26] Die der Metapher innewohnende Distanz bewirkt eine Verzögerung, sie ist „kein ausgeführter Vergleich" und strebt „deshalb nicht auf eine Satzganzheit"[27] hin. Sie macht ihren indirekten, übertragenen, analogischen Charakter deutlicher als Bild- oder Sprichwort, die offensichtlich immer noch eine Form von Ganz- oder Abgeschlossenheit, von Unmittelbarkeit und Identität der Relata suggerieren (weil das Bildwort „sich ja selbst genügt"):[28]

> Offenbar kann die Wahrheit dessen, was Jesus bzw. seine Berichterstatter oder Prediger meinen, eben nicht direkt anschaulich gemacht werden. Auch „Vater im Himmel" ist *keine* direkte Rede.[29]

Metaphern sind ein Spiel der Annäherung von Ähnlichem und Fremdem, das sich nie völlig auflösen lässt und nicht in einer Identität (oder Identifizierung von einem mit dem anderen) aufgeht. Sie nehmen den Zwischenraum in sich auf, ohne ihn auszufüllen und zum Verschwinden zu bringen. Sie selbst sind dieser Zwischenraum. Oder anders gesagt: Die Metapher trägt durch ihn hindurch, oder über ihn hinüber. Aber hier fügen sich die Bilder nicht mehr bruchlos ineinander, sondern treten in eine Spannung ein. An dieser Stelle zeigt sich, wie zu Beginn mit Hans-Dieter Bahr angedeutet, dass die Analyse der Metapher nicht in Definitionen aufgeht, sondern in ein Spiel von Metaphern übergeht.

Rede von Gott, die sich an den Übergängen und in den Zwischenräumen ereignet, hat metaphorischen Charakter. Anders als denotative Sprachformen sucht die Metapher dem sich entziehenden Charakter des Gottesnamens zu entsprechen. *Die Wirklichkeit Gottes und des Glaubens kann*, wie Jochen Flebbe in seinem Beitrag zur Tagung ausgeführt hat, *nur metaphorisch ausgesagt werden.*

---

25 Wollte man es philosophisch-dialektisch ausdrücken, könnte man, angelehnt an eine Formulierung von Hans-Dieter Bahr, sagen, dass es die Zwischenräume sind, in denen Gott nicht aufhört, nicht zur Sprache zu kommen.

26 Ernst Fuchs, Hermeneutik, Bad Cannstatt ^{2}1958 [1954], 214. Ernst Fuchs zufolge führt die Analogie über das Bildwort zur Metapher.

27 Ebd., 216.

28 Ebd., 218.

29 Ebd., 216.

5. Die metaphorische Rede von Gott ist kein defizienter Modus

Dass die Rede von Gott metaphorischen Charakter hat bedeutet jedoch nicht, dass sie per se defizient und unzulänglich ist, dass die Metaphern bestenfalls auf etwas noch hinter ihnen Stehendes, Eigentlicheres verweisen. Vielmehr habe Flebbe zufolge das Wirken des Geistes selbst metaphorisierenden Charakter; im *Metaphorisieren* liege Gottes heilschaffendes und neuschaffendes Wirken, weil sich darin eine *Neuperspektivierung alles Irdischen* ereigne, ohne diesem seine Bedeutung zu nehmen oder es gar zu zerstören.[30]

An dieser Stelle lässt sich mit einer Bemerkung Hegels aus der *Enzyklopädie* anschließen. Hegel wendet sich darin gegen die Feststellung, man könne Gott eigentlich nicht erkennen, wie sie letztlich auch hinter der Haltung steht, welche die Rede von Gott in Metaphern als notwendig, aber defizient ansieht: Man müsse von Gott in Metaphern reden, weil uns seine eigentliche Wirklichkeit nicht zugänglich sei. Unter Berufung auf Platon und Aristoteles – wobei dies für das Christentum umso mehr gilt – sagt Hegel,

> daß Gott nicht neidisch ist. Man kann dies gleichfalls den neuen Versicherungen entgegensetzen, daß der Mensch Gott nicht erkennen könne; – diese Versicherungen [...] sind um so inkonsequenter, wenn sie innerhalb einer Religion gemacht werden, welche ausdrücklich die *geoffenbarte* heißt, [...]. Wenn es mit dem Wort *Gott* überhaupt in der Religion Ernst ist, so darf und muß die Bestimmung auch von ihm, dem Inhalte und Prinzip der Religion, anfangen, und wenn ihm das Sichoffenbaren abgesprochen wird, so bliebe von einem Inhalte desselben nur dies übrig, ihm *Neid* zuzuschreiben. Wenn aber vollends das Wort *Geist* einen Sinn haben soll, so enthält derselbe das Offenbaren seiner.[31]

Hegel zufolge kann dafür aber keine denotative Sprache verwendet werden. Er selbst hat, was hier nicht ausgeführt werden kann, die Sprachform des *spekulativen Satzes* ausgebildet, der eine Bewegung in das Gefüge jedes Satzes bringt und dessen Tendenz, sich zu definitorischer Sprache zu verhärten, aufbricht.[32] Anknüpfend an Hegel möchte ich an dieser Stelle die Metapher ins Spiel bringen. Sie verweist nicht auf ein unerkennbares Jenseits ihrer selbst, das vor unseren Versuchen des Zugriffs bewahrt werden müsste. *Ihr selbst* sind Distanz, Zurückhaltung, Brüchigkeit eingeschrieben, wodurch sie sich von einer unmittelbar denotativen Sprache abhebt und das Phantasma der Totalität auflöst.

---

30 Vgl. in diesem Band Jochen Flebbe, Die andere Wirklichkeit. Paulus, Gott und die Metapher.

31 Georg Wilhelm Friedrich Hegel, Enzyklopädie der philosophischen Wissenschaften III (Werke 10), hrsg. von Eva Moldenhauer/Karl Markus Michel, Frankfurt a. M. 1986, 373.

32 Vgl. Kurt Appel, Zeit und Gott. Mythos und Logos der Zeit im Anschluss an Hegel und Schelling, Paderborn 2008, 225–232.

6. Die metaphorische Rede von Gott hat poetischen Charakter. Sie kann dann problematisch werden, wenn sie zum Ausgangspunkt weiterer (ethischer oder theoretischer) Begründungen gemacht wird

Die Metapher setzt Ernst Fuchs zufolge eine „beachtliche Sprachkraft"[33] voraus. Nirgends aber wird *Sprachkraft* so deutlich hörbar wie in der Dichtung, in der es niemals nur um Inhalte, sondern immer auch um die Sprache selbst geht. Auf dem Weg über die Dichtung lässt sich vielleicht lernen, wie wir die metaphorische Rede der Bibel hören können. Ich möchte mich dazu auf ein Gedicht der aus Wien stammenden Dichterin und Philosophin Sophie Reyer beziehen.[34] Sie prägt in einem Gedicht die Wendung „Dichtigkeiten / der Welt" und stellt diesen die Metapher gegenüber. Das Gedicht hat keinen Titel, sondern beginnt, wie alle Gedichte des Bandes, in dem es sich findet, mit einem Doppelpunkt.

:
können Augen
Blumen sein?

Metaphern schweigen
angesichts der Dichtigkeiten
der Welt

das letzte Wort
heißt:
und[35]

Das Zum-Klingen-Kommen des Gedichtes ist subtil gestaltet. Am Beginn steht ein Doppelpunkt, der normalerweise zwei Satzteile verbindet und eine Erwartungshaltung aufbaut, öffnet er doch das, was vor ihm genannt war, auf etwas, das nach ihm kommt.[36] Wo er isoliert gesetzt wird, wie in diesem Gedicht, tritt die Verbindung zweier unmittelbar identifizierbarer Relata in den Hintergrund und nimmt er vielleicht rein die Bedeutung einer eröffnenden Geste an. Nach dem sichtbaren, aber unhörbaren Doppelpunkt, der unbestimmt auf das Kommende hin öffnet, setzt der worthaft hörbare Teil des Gedichtes mit einer Frage

33 Fuchs, Hermeneutik (Anm. 26) 213. Freilich ist für Ernst Fuchs die Parabel, nicht die Metapher die eigentliche der Verkündigung Jesu angemessene Sprechweise. Sie bewahre neben den bildkritischen Vorzügen der Metapher auch die Ruhe des Bildwortes, welche der Metapher abgehe (vgl. Fuchs, Hermeneutik [Anm. 26] 219).

34 Vgl. Jakob Helmut Deibl, Poetik des Fragilen. Über die Dichtung von Sophie Reyer, RaT-Blog 18/2021 (07. Mai 2021), https://rat-blog.at/2021/05/07/poetik-des-fragilen-uber-die-dichtung-von-sophie-reyer/ [31.05.2021].

35 Sophie Reyer, Queen of the Biomacht, ehrlich. Gedichte, Innsbruck u. a. 2019, 95.

36 Für diesen Hinweis danke ich Martin Vöhler.

ein, welche zur Thematik der Metapher hinführt: „können Augen / Blumen sein?" Wie sollte das möglich sein? Tatsächlich nennt man eine Knospe, aus der ein Blatt oder eine Blüte werden kann, Auge. Aber auch, wo die Staubgefäße bei einer Blume in Kreisform angeordnet und von Blütenblättern umgeben sind, spricht man von einem Auge der Blumen. Diese Metapher ist in der Dichtung bekannt. In Hölderlins Gedicht *Der Äther* heißt es über Letzteren: „Himmlischer! sucht nicht dich mit ihren Augen die Pflanze?" (*Der Äther*, V. 12)[37] „Blume" steht bei Hölderlin wiederum für Worte: „Nun, nun müssen dafür Worte, wie Blumen, entstehen", ist in *Brod und Wein* (V. 90) zu lesen. Über die Frage „können Augen / Blumen sein?" werden wir vom unhörbaren Doppelpunkt langsam zur Frage nach dem Wort und der Metapher geleitet, welche dann in der nächsten Strophe – nun in einer sehr bestimmten Aussage – auch direkt ausgesprochen wird: „Metaphern schweigen". Das bezeichnet – in der Sprache – einen Rückfall aus dem Wort ins Schweigen. Der Grund dafür wird knapp, aber sehr klar benannt: Sie schweigen „angesichts der Dichtigkeiten / der Welt". Beschrieben ist damit eine Welt, in welcher das Netz der bedeutungsgebenden Verknüpfungen so eng gewoben ist, dass es keine Lücken und Zwischenräume mehr geben kann, weil immer schon alles mit allem verschaltet ist. Das „letzte Wort" des Gedichtes wie auch des Bandes, dem der Text entnommen ist, lautet „und". Es ist nicht ein Wort des Abschlusses, welches die Welt der Dichtigkeiten und schweigenden Metaphern versiegelte, sondern ein Wort, das sie neu öffnen möchte. Es ist jenes Wort, welches, ähnlich dem Doppelpunkt, eigentlich nichts bedeutet, sondern Platzhalter für den Zwischenraum schlechthin ist und das (anarchische) Spiel der Metaphern in Gang zu halten vermag.[38]

Es gilt, den poetisch-eröffnenden Charakter der biblischen Metaphern von Gott wiederzugewinnen, anstatt die Metaphern einseitig auf ihren ethischen oder theoretischen Gehalt hin aufzulösen. Ernst Fuchs hat, wie erwähnt, darauf hingewiesen, dass die metaphorische Rede „vor allem nicht die Erweiterung des Erkenntnisfeldes an sich"[39] darstelle. Sie hat imaginative Kraft, wird aber problematisch, wenn ihr ästhetisch-poetischer Charakter zurückgedrängt wird. Sie wird dann entweder nur mehr als schmückendes Beiwerk gesehen, das eigentlich entbehrlich ist. Oder aber sie wird unmittelbar zum Ausgangspunkt oder

---

37 Die Gedichte Hölderlins werden zitiert nach Friederich Hölderlin, Sämtliche Werke und Briefe (Münchner Ausgabe 1), hrsg. von Michael Knaup, München u. a. 1992 und Darmstadt 1998.

38 Eine großartige Veranschaulichung dessen findet sich in Peter Handkes Reisejournal *Gestern unterwegs*. Dort gibt es immer wieder über ein „und" vermittelte Zusammenstellungen von Worten, etwa: „‚Und': Übergang und Aufleben (außen das Gewitter mit Wolkenbruch, und innen in den erhellten Häusern die Kinder mit den Farbstiften, und unten das Nachklingen des Donners im Fahrrädermetall)." (Peter Handke, Gestern unterwegs. Aufzeichnungen November 1987 bis Juli 1990, Frankfurt a. M. 2007, 191f.)

39 Fuchs, Hermeneutik (Anm. 26) 214.

Abschluss einer (theoretischen, praktischen/ethischen) Begründungskette gemacht. Zeigen wir dies an der Metapher von Jesu Adressierung im Gebet – „Vater im Himmel". Diese Metapher wird schief, wenn von ihr patriarchale Rollen in Gesellschaft und Kirche abgeleitet werden. Sie wird schief, wenn aus ihr eine sanktionierende Vaterrolle Gottes deduziert wird, die von denen ausgeübt wird, die sich als Vertreter dieses Vaters aufspielen. Sie wird problematisch, wenn sie absolut gesetzt wird und mütterliche Aspekte Gottes ausschließt. Sie erhält einen eigenartigen Klang, wenn mit der Himmelsmetapher eine Entwertung der Erde gegenüber dem eigentlich relevanten Himmel begründet wird und damit Formen weltverneinenden Handelns gerechtfertigt werden.

Damit möchte ich nicht die Bedeutung der Metaphern schmälern; im Gegenteil – ich halte sie gerade *nicht* für eine defiziente Rede von Gott, die deshalb nötig würde, weil andere *eigentlichere* Formen nicht verfügbar wären. Die Metapher ist nicht defiziente Rede, die analysiert und deren Charakter in andere Sprachformen kanalisiert werden müsste. Der Metapher haftet – auch und gerade in der Rede von Gott – etwas Utopisch-Anarchisches an, das nicht zu schnell domestiziert werden sollte, will man ihre Sprachkraft erhalten.

Hans Blumenberg prägte den Begriff der „absoluten Metapher"; dabei handelt es sich um „‚Übertragungen', die sich nicht ins Eigentliche, in die Logizität zurückholen lassen".[40] Ich schließe mit einem Wort von Hans Blumenberg:

> Dieses Vorfeld des Begriffs [zu dem die vielgestaltige Metaphorik gehört] ist in seinem „Aggregatszustand" plastischer, sensibler für das Unausdrückliche, weniger beherrscht durch fixierte Traditionsformen. Hier hat sich oft Ausdruck verschafft, was in der starren Architektonik der Systeme kein Medium fand. Hier wird behutsame Forschung noch reiche Bestände erheben können.[41]

40 Hans Blumenberg, Paradigmen zu einer Metaphorologie, Frankfurt a. M. 1998, 10. Das Zitat lautet in voller Länge: „Zunächst können Metaphern *Restbestände* sein, Rudimente auf dem Wege *vom Mythos zum Logos*; als solche indizieren sie die cartesische Vorläufigkeit der jeweiligen geschichtlichen Situation der Philosophie, die sich an der regulativen Idealität des puren Logos zu messen hat. Metaphorologie wäre hier kritische Reflexion, die das Uneigentliche der übertragenen Aussage aufzudecken und zum Anstoß zu machen hat. Dann aber können Metaphern, zunächst rein hypothetisch, auch *Grundbestände* der philosophischen Sprache sein, ‚Übertragungen', die sich nicht ins Eigentliche, in die Logizität zurückholen lassen. Wenn sich zeigen läßt, daß es solche Übertragungen gibt, die man ‚absolute Metaphern' nennen müßte, dann wäre die Feststellung und Analyse ihrer begrifflich nicht ablösbaren Aussagefunktion ein essentielles Stück Begriffsgeschichte (in dem so erweiterten Sinne)."

41 Hans Blumenberg, Licht als Metapher der Wahrheit. Im Vorfeld der philosophischen Begriffsbildung, in: ders., Ästhetische und metaphorologische Schriften. Auswahl und Nachwort von Anselm Haverkamp, Frankfurt a. M. 2001 [1957], 139.

Dieser Ausblick gilt nach mehr als sechs Jahrzehnten unvermindert. So freut es mich sehr, dass Veronika Burz-Tropper mit ihrer Tagung und der daraus hervorgehenden Publikation genau diese Thematik wieder zur Diskussion gestellt hat: die Rede von Gott in Bildern, die Rede von Gott in Metaphern. Ich danke herzlich für die Möglichkeit, dass wir uns hierüber an drei Tagen austauschen durften und unsere Überlegungen nun in den Texten noch nachklingen können.

Autorinnen und Autoren

Wolfgang Augustyn, Prof. Dr., Stellvertretender Leiter des Zentralinstituts für Kunstgeschichte, München.
Veronika Burz-Tropper, Dr., bis 22.01.2022 Projektleiterin „Gottes-Rede im Johannesevangelium" (Austrian Science Fund: FWF, Hertha-Firnberg-Programm T-627), anschließend Senior Research Fellow, Institut für Bibelwissenschaft/NT, Katholisch-Theologische Fakultät, Universität Wien.
Jakob Helmut Deibl, Ass.-Prof. PD Dr. Dr., Forschungszentrum RaT (Religion and Transformation in Contemporary Society), Katholisch-Theologische Fakultät, Universität Wien.
Kurt Erlemann, Prof. Dr., Lehrstuhl für Neues Testament und Alte Kirche, Evangelische Theologie, Bergische Universität Wuppertal.
Jochen Flebbe, PD Dr., Abteilung Neues Testament, Evangelisch-Theologische Fakultät, Universität Bonn.
Thomas Hieke, Prof. Dr., Abteilung Altes Testament des Seminars für Biblische Wissenschaften, Katholisch-Theologische Fakultät, Johannes Gutenberg-Universität Mainz.
Konrad Huber, Prof. Dr., Abteilung Neues Testament des Seminars für Biblische Wissenschaften, Katholisch-Theologische Fakultät, Johannes Gutenberg-Universität Mainz.
Malte Dominik Krüger, Prof. Dr., Systematische Theologie, Evangelische Theologie, Philipps-Universität Marburg.
Katharina Pyschny, Jun.-Prof. Dr., Lehrstuhl Biblische Theologie, Zentralinstitut für Katholische Theologie, Humboldt-Universität zu Berlin.
Loren T. Stuckenbruck, Prof. Dr., Lehrstuhl Neues Testament und antikes Judentum, Evangelisch-Theologische Fakultät, Ludwig-Maximilians-Universität München.
Andrea Taschl-Erber, PD Dr., Vizerektorin für religiöse Bildung und interreligiösen Dialog, Kirchliche Pädagogische Hochschule Wien/Krems.
Markus Tiwald, Prof. Dr., Institut für Bibelwissenschaft/NT, Katholisch-Theologische Fakultät, Universität Wien.
Ruben Zimmermann, Prof. Dr., Professur Neues Testament I, Evangelisch-Theologische Fakultät, Johannes Gutenberg-Universität Mainz.

Namensverzeichnis

Verzeichnis antiker Autoren

Stichwortverzeichnis

Stellenverzeichnis

Altes Testament